이효석 전집 2

이효석 전집 2

초판 1쇄 인쇄 2016년 11월 23일
초판 1쇄 발행 2016년 11월 28일

엮은이 이효석문학재단
펴낸곳 서울대학교출판문화원
펴낸이 성낙인

책임편집 현우진
디자인 장혜원

출판등록 제15-3호

주소 (08826) 서울 관악구 관악로 1
대표전화 02-880-5252 | 팩스 02-888-4148
마케팅팀(주문상담) 02-889-4424, 02-880-7995
이메일 snubook@snu.ac.kr
홈페이지 www.snupress.com

ISBN 978-89-521-1797-7 04810
978-89-521-1795-3 04810 (세트)

이효석 전집

단편소설 2

이효석문학재단 엮음

이효석(구본웅 그림)

❶ '푸른집' 정원에서

❷ '푸른집' 서실에서

❸ 1939년 평양 대동공전 영문학 교수 시설

❹ 1929년 경성제대 재학 시절

❺ 1940년대의 이효석과
그의 육필 서명

❻ 부인 이경원

❼ 말년의 이효석

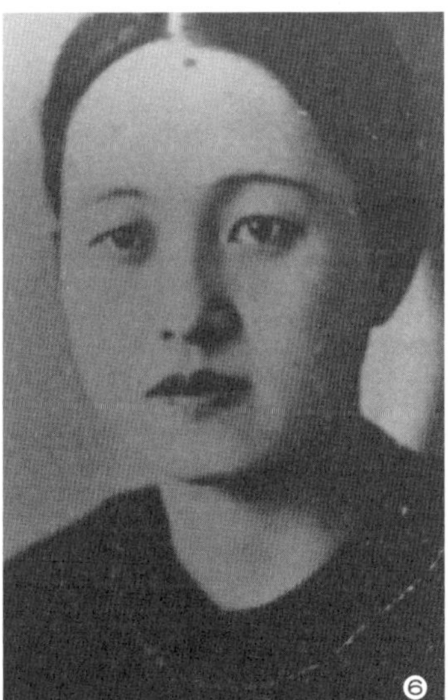

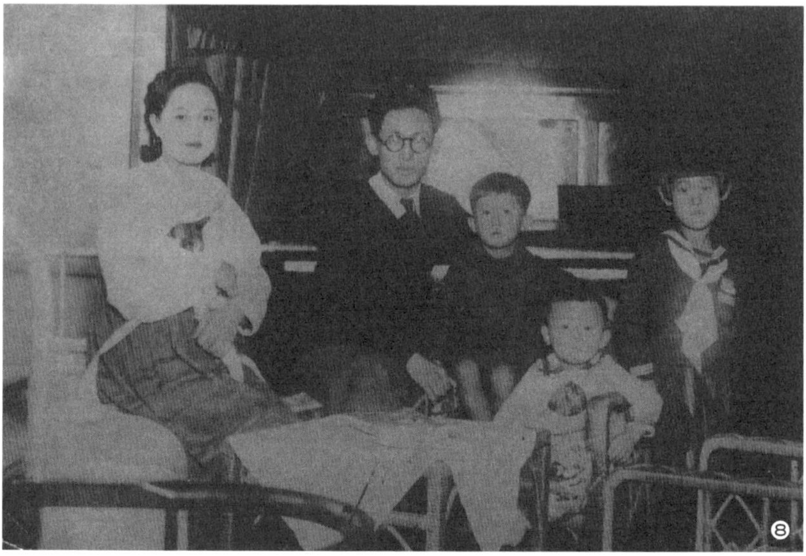

❽ 가족사진('푸른집' 거실에서)
❾ 부인 이경원과 함께

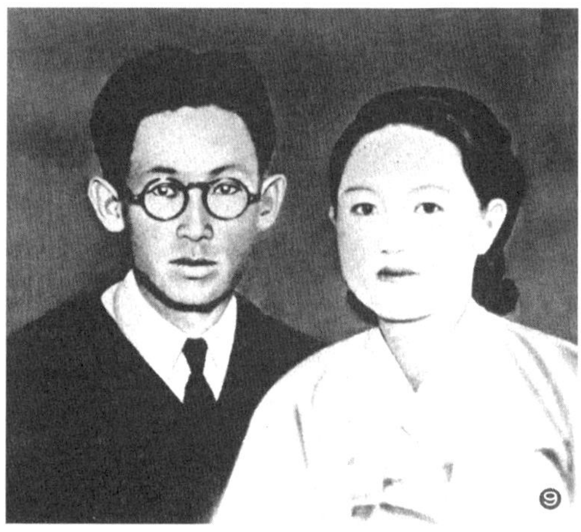

⑩ 모친 강홍경
⑪ 부친 이시후와 모친 강홍경

◆ 이효석 전집 교감 및 편집을 마치고

최초의 이효석 전집은 1959년에 춘조사(春潮社)에서 간행된 『李孝石全集』(전 5권)이다. 이 한 질의 책은 이효석의 장남 이우현의 헌신적 노력의 결실로 빛을 보게 되었다. 1956년에 경기고등학교를 졸업한 그는 연소한 나이로 국립도서관 등지를 찾아다니면서 1942년에 작고한 부친의 작품들을 일일이 모아서 필사한 후 다섯 권의 전집으로 묶었던 것이다.

그 후 미국 유학길에 올랐던 이우현은 반생 동안 고국을 떠나 살다가 2011년에 귀국했다. 이듬해 사재를 출연하여 이효석문학재단을 설립한 그는 부친의 문학을 기리는 몇 가지 중점 사업을 시작하였다. 그중의 하나가 텍스트 비평을 거친 정본 전집 간행 사업이다. 기왕에 전집을 편찬해 본 경험이 있는 그에게 이번 전집 출간이 결코 생소한 일은 아니었을 것이다. 그러나 50여 년 전에 나온 전집과 이번 전집은 그 성격이 판이하다고 할 수 있다. 왜냐하면 이번에 간행된 것은 원전을 포함한 관련 문헌을 엄격히 교감하면서 작성한 텍스트로 이루어진 이른바 '결정판' 전집이기 때문이다.

교감 작업은 쉽지 않았다. 예전부터 우리나라 학계에서 문헌학이나 훈고학은 학문의 중요 분야로 전승되어 왔지만, 근자에 이르러서는 웬일인지 원전 문헌을 교감하는 일이 소홀히 대접되고 있다. 학자들이 개인적인 필요성에 따라 문헌을 조사하고 정본 텍스트를 확정한 사례는 더러 있지만, 현대의 중요 작가들, 특히 소설가들의 작품이 철저한 텍스트 비평을 거쳐 정본 전집으로 출간된 예는 찾아보기 어렵지 않을까 싶다. 이런 풍토 속에서는 문헌 교감에 대한 학계의 깊은 이해나 호의적 후원을 얻어 내기가 쉽지 않았고, 또 그런 작업의 준거가 될 만한 학계의 관행이나 기준을 찾아보기도 어려웠다.

어려움은 거기에 그치지 않았다. 이효석은 1920년대 말엽에서 1940년대 초엽에 걸쳐 작품 활동을 했는데, 그 시기에는 국한문 혼용이 시작된 지 얼마 되지 않아 우리말 정서법이 제대로 확립되어 있지 않았으므로 작가들마다 어법이 달라 극심한 혼란을 겪고 있었다. 그래서 오늘날의 독자들이 70, 80년 전의 우리나라 문헌을 대할 때에는 현대 영국 독자들이 400여 년 전 셰익스피어 시대 영어를 마주하는 것에 못지않은 어려움을 겪을 수도 있다. 바로 이 점이 텍스트 비평을 거친 정본 전집 간행의 필요성이나 그 시급성을 정당화해 주지만, 한편 그 작업에 임하는 사람들에게는 적잖은 부담이 되고 있다.

전집에 수록할 정본 텍스트를 작성하기 위해서 우리는 우선 작업 지침을 마련한 후 전문가들의 자문을 거쳤다. 2012년 9월에 구성된 이효석 전집 텍스트 교감·편집 팀은 이 지침에 의거하여 기왕에 나온 전집의 텍스트를 전산 입력한 후 그 최초본 및 후속본과 대조 교감하는 작업을 시작했다. 개개 작품의 텍스트는 담당 위원에 의

해 교감된 후 소위원회의 검토를 거쳐 잠정적으로 확정되었다. 이런 방식으로 개별 작품의 교감 작업이 세 차례 이루어졌다. 이런 절차의 교감을 거친 텍스트는 최종적으로 작업 책임자에 의한 교감을 거쳐 정본 텍스트로 확정되었다. 새로이 발굴된 작품도 모두 이와 같은 과정을 거쳤다. 한편 이효석이 일어로 쓴 작품들은 모두 번역해서 이번 전집에 수록했다. 그중의 일부는 기왕에 번역되어 있었지만 이번에 거의 전부를 새로이 전문 번역가들에게 청탁하여 번역했음을 밝혀 둔다.

이 모든 과정을 거쳐 오면서 우리는 이효석의 작품에 나오는 어휘를 모아 사전으로 편찬해야 할 필요성을 절감하게 되었다. 그래서 이효석 특유의 어휘와 사투리 및 잘 쓰이지 않거나 뜻이 어려운 표현들을 골라서 그 뜻풀이와 함께 제6권 권말 부록에 '이효석 어휘 해설'로 달았다.

이 전집 편찬을 처음 기획할 때 우리는 이효석을 연구하는 학자들에게 꼭 필요한 연구 자료가 될 수 있을 뿐만 아니라, 교양 있는 일반 독서대중이 읽기에도 적합할 만큼 반듯한 텍스트를 제공하자는 데 주안점을 두었다. 아울러 이번 전집의 출간이 우리나라 학계에서 이른바 '결정판 정본 전집' 간행의 필요성을 일깨우는 계기가 될 수 있기를 바란다. 이런 목표를 달성하기 위해서 우리는 최선의 노력을 기울였지만, 실제로 얼마만큼의 성과를 거두었는지 모르겠다. 전집 출간 후에도 이효석문학재단에서는 계속해서 텍스트를 살피고 미흡한 대목이 눈에 띄면 바로잡아 두었다가 개정판에 반영하고자 한다. 이런 후속 작업이 성공적으로 수행될 수 있도록 각계의 독자 여러분들이 기탄없는 질정을 아끼지 않기를 바란다.

전집 간행을 위한 자문에 꾸준히 응해 주시고 격려해 주신 분들과 일어 작품을 우리말로 옮겨 주신 장순하 선생, 한성례 선생 및 이로미 선생에게 고마움을 전한다. 아울러 새로이 이효석의 많은 작품을 발굴하여 빛을 보게 한 이현주 박사에게도 감사 드린다. 그리고 3년이 넘는 긴 세월 동안 어려운 일을 마다 않고 분담해 주신 네 분 젊은이들의 노고도 이 자리에서 기억하고 싶다. 그러나 무엇보다도 그 숱한 모임에 빠짐없이 합석해 주신 이우현 편찬위원장의 열성을 잊을 수 없다. 끝으로, 출판업이 유례없는 어려움에 처해 있는 시기임에도 이 전집의 간행을 선뜻 맡아 주신 서울대학교출판문화원 관계자 여러분께 감사를 드린다.

2016년 11월

이효석 전집 교감·편집 책임자

이상옥

◆ 감사의 글

— 유족을 대표하여

선친께서 작고하신 지 75년이라는 세월이 흘렀다. 1925년부터 1945년까지는 일제의 강압적인 식민 정책과 다양한 이데올로기가 충돌하며 한국사에 암흑이 드리운 혼란기였다. 국어와 한문이 혼재하였고, 어법 기준이 고르지 못하였으며, 일본어를 국어로 강요당한 시대였다. 이 시기에 선친께서는 지식인이자 문필가로서 모진 시련을 겪지 않을 수 없었다.

선친께서 「메밀꽃 필 무렵」을 발표한 1936년 무렵은 한국문학이 근대문학에서 현대문학으로 자리를 잡아 가면서 시, 소설, 수필, 평론 등이 장르적 개별성을 드러내며 분화하는 시기였다. 이러한 때 이효석은 '소설을 배반한 소설가'로 불렸다. 작품 속에 시적 요소와 산문적 요소를 뒤섞어 장르의 경계를 허물었기 때문이다.

경향문학적 요소를 뒤로하고 순수문학을 추구함으로써 이효석은 한국문학사에 당신의 이름을 분명히 새겨 넣었으며, 시적 문체로 승화한 단편소설들은 지금까지도 많은 독자들의 사랑을 받고 있다.

사실 선친의 전집을 엮는 일은 이번이 두 번째이다. 나는 미국으로 유학하기 전, 3년 동안 도서관을 헤집으며 아버지의 작품을 필사하여 1959년 춘조사에서 5권 분량으로 전집을 간행한 바 있다. 50

여 년이 지나 그 작업을 다시 시작하는 감회가 새롭다.

새로이 편찬되는 '이효석 정본 전집'에 대해 이상옥 교수는 "이효석을 연구하는 학자들에게 꼭 필요한 연구 자료가 될 수 있을 뿐만 아니라, 교양 있는 일반 독서대중이 읽기에도 적합할 만큼 반듯한 텍스트를 제공하는 데 주안점을 두었다."라고 말하였다. 이상옥 선생의 헌신적 노고가 없었다면 이와 같은 텍스트 비평을 거친 전집 간행은 어려웠을 것이다. 특히 우리나라 학계에서 처음 간행되는 '결정판 정본 전집'이 근현대문학사 연구의 필요성을 일깨우는 계기가 되기를 바란다는 말씀을 늘 귀하게 여기고 있다.

이 작업을 하는 동안 작은 바람이 있었다. 나를 비롯한 우리 네 남매를 위한 글을 찾고 싶었다. 너무도 개인적인 바람이지만, 요절하신 아버지의 사랑을 그런 식으로라도 확인하고 싶었고 보상받고 싶었다. 그 소망을 이룰 수는 없었지만, 그때 미처 발견하지 못한 작품들을 찾을 수 있었고, 여러 번의 교정을 거치며 잘못된 부분들을 바로잡을 수 있었다.

이런 일들은 아낌없는 자문과 격려를 보내 주신 문단과 학계의 여러분 덕분에 가능하였다. 깊이 머리 숙여 감사의 마음을 전한다. 3년여의 긴 여정에서 한결같이 함께 호흡을 맞춰 주신 편찬위원 송민자, 공강일, 이지훈, 그리고 나보령 선생께 심심한 사의를 표한다. 그 고마움 길이 가슴에 새겨 간직할 것이다. 또한 우수한 번역으로 전집을 새로이 단장해 주신 장순하, 한성례, 이로미 선생을 비롯한 많은 분들께 진심으로 감사한 마음을 전한다.

끝으로 이 전집의 출간을 맡아 주신 서울대학교출판문화원의 여러분에 대해서는 '감사하다'는 표현만으로는 모자라 최고의 찬사를 찾고 싶은 마음이 절실하다.

생전에 쓰셔서 발표하신 아버님의 글을 모두 모은 결정판을 이제서야 영전에 드리게 되었다. 함께 기뻐해 주시리라 믿는다.

2016년 11월

이우현

차례

단편소설

권외 차례

단상(斷想)의 가을
이등변삼각형의 경우
두 처녀상
성수부(聖樹賦)
여름 삼제(三題)
지협(地峽)의 가을
데생
순진한 정미를 느끼게 하는 '블랑슈' 급의 여인
북국춘신(北國春信)
6월에야 봄이 오는 북경성(北鏡城)의 춘정
발발이
바다로 열린 녹대(綠帶)
동해의 여인(麗人)
뛰어들 수 없는 거울 속 세계
모기장
수상록
C항(港)의 일척(一齣)
처녀해변의 결혼
샹송 도톤
청포도의 사상
생활의 기록
사랑하는 까닭에
영서(嶺西)의 기억
고요한 '동'의 밤
전원교향악의 밤
실없는 출발
사온사상(四溫肆想)
남창영양(南窓迎陽)
호텔 부근
마음에 남는 풍경
쇄사(瑣事)
에돔의 포도송이
화춘의장(花春意匠)
시를 찾는 마음
나의 수업 시대
피서지 관북통신
주을(朱乙)의 지협(地峽)
마치 빈민굴에 사는 심정
인물 있는 가을 풍경
구도(構圖) 속의 가을
국화분
밀른의 아침
채롱
늪의 신비
일기일절(日記一節)
Miss 다니엘 다리유
남방비행 기타(南方飛行 其他)
여성의 매력
감명 깊은 서적 소개
낙엽을 태우면서
낙랑다방기
수선화
포화(飽和)된 배열
인물 시험
행복의 부부
만습기(晩習記)
오월의 불만
유경식보(柳京食譜)
마리아 막달라
소하일기(銷夏日記)
상하의 윤리
첫 고료
야과찬(野菓讚)
R의 소식

◆ **서간문**

◆ **평론**

◆ **좌담**

일러두기

1. 이 전집 편찬의 기본 방침은 작가의 최초본을 포함한 원본에 되도록 충실하자는 데 있다. 그러므로 사투리와 작가 고유의 어휘는 가급적 존중되었고, 맞춤법과 띄어쓰기만 현행 규정에 따라 바로잡았다.
2. 소설 작품 속의 대화 부분은 원전을 거의 존중했다. 그러나 소설과 산문을 가리지 않고 서술문에서는 사투리를 가급적 표준말로 바꾸었다.
3. 의미가 모호한 대목도 그 뜻을 짐작할 수 있는 경우에는 고치지 않고 그대로 두었다. 확실한 비문은 뜻이 통하게 바로잡기도 했으나, 더러는 그대로 두고 각주로 비문임을 밝혔다.
4. 각주는 최소화하고 그 대신 미심한 낱말 및 생소한 표현은 그 뜻풀이와 함께 6권 권말 부록의 '이효석 어휘 해설'에 첨부해 두었다.
5. 원전의 한자는 모두 한글로 전환했지만, 의미소통에 필요한 경우 괄호 속에 남겨 두었고, 드물게는 원전에 없는 한자를 추가하기도 했다.
6. 대화 부분은 " "로, 강조 부분은 ' '로, 단행본 제목은 『 』로, 단행본 속의 장별 제목이나 작품 제목은 「 」로, 정기간행물, 영화, 악곡 등의 제목은 《 》로, 그리고 혼잣말 부분은 ( )로 각각 표기했다.
7. 모든 저작물은 장르별로 구분한 후 거의 모두 저작 연대순으로 배열했다.
8. 작품마다 그 말미에 탈고 일자, 간행 일자, 잡지사가 기획한 편집 제목 등을 밝혀 독자나 연구가가 참고할 수 있게 했다.

단편소설

성화(聖畵)

1.

스스로 비웃으면서도 어린아이의 장난과도 같은 그 기괴한 습관을 나는 버리지 못하였다. 꿈을 빚어내기에 그것은 확실히 놀라운 발명이었던 까닭이다. 두 개의 렌즈를 통하여 들어오는 갈맷빛 거리는 앙상한 생활의 바다가 아니요 아름다운 꿈의 세상이었다.

그 세상을 바라보고 있는 동안만은 귀치않은 현실도 나의 등 뒤에 멀다. 생각하기에 따라서는 굳이 도망하여야 할 현실도 아니겠지만 나는 모르는 결에 그 방법을 즐기게 되었다.

비밀은 간단하다. 쌍안경 렌즈에 갈맷빛 채색을 베푼 것이다. 나의 생활의 거의 반은 이 쌍안경과 같이 있다. 우두커니 앉아 궁리에 잠기지 않으면 렌즈를 거리로 향하는 것이 이층에서 보내는 시간의 전부였다. 그 쌍안경의 마술이 뜻밖에 놀라운 발견을 하게 된 것을 생각하면 그 기괴한 습관을 한결같이 비웃을 수만도 없다.

(유례가 아닌가.)

거리 위를 대중없이 거닐던 렌즈의 방향을 문득 한곳에 박고 나는 시선의 주의를 집중시켰다. 그러나 비치는 것은 안정된 정물이 아니요 움직이는 물화인 까닭에 인물의 걸음을 따라 핀트가 틀어지고 동그란 화폭이 이지러진다. 나사를 풀었다 감았다 하면서 초점을 맞추기가 유난스럽게 힘 든다.

(유례일까?)

손가락이 가늘게 떨린다. 눈이 아프고 숨이 막히는 것은 전신이 극도로 긴장된 까닭일까. 한 사람의 인물의 정체를 판정하기에 사실 나는 우스꽝스러우리만치 있는 노력을 다하였다. 행길의 거리가 줄어듦을 따라 흐렸던 렌즈가 차차 개어지더니 초점이 바로 박혀 마침 인물의 모양이 또렷이 솟아올랐다. 듬직한 고기를 낚았을 때와 같은 감동에 마음이 뛰놀았다. 오뚝한 얼굴, 검소한 차림, 찌그러진 구두가 한 걸음 한 걸음 눈 속으로 뛰어들어온다. 렌즈의 장난으로 전신이 갈맷빛이라고는 할지라도 그것은 꿈속의 인물이 아니요 어김없는 현실의 인물이다.

"유례!"

두 치 눈앞에 유례를 나는 급작스럽게 정답게 불렀다. 그러나 눈 아래 검은 점까지 보이는 지경이면서도 실상인즉 먼 거리에 반가운 목소리가 통할 리 없음을 속간지럽게 여겨 나는 쌍안경을 그 자리에 던지고 이층을 뛰어 내려갔다. 천리 밖에서 온 반가운 손님을 맞이하는 듯한 감격이었다.

가가는 며칠 닫히고 있는 중이라 아래층 홀이 광 속같이 어둡게 비어 있는 것도 요행이었다. 뒷문을 차고 골목을 나가 큰 행길 모퉁이에서 손쉽게 유례를 찾아낼 수 있었다.

"옳게 맞혔군."

인사를 한다는 것이 됩데 이런 딴소리를 하면서 앞을 막고 섰을 때 유례는 주춤하고 나를 바라보더니 비로소 표정의 긴장이 풀렸다.

"언제 나오셨소. 보석이 된다는 소식은 들었으나."

"선생이 나와서 뵈는 첫 분예요. 그러나 노상에서 이렇게 뵈옵게 되긴 우연인데요."

"유례를 어떻게 발견한 줄 아시우. 망원경으로 거리를 샅샅이 들쳤다면 웃으실까."

필요 이상의 이런 말까지를 전할 제는 나의 마음은 확실히 즐겁게 뜬 모양이었다.

"가시는 방향은."

"또렷한 것이 없어요. 어쩐지 정신이 얼떨떨해서 지향이 잡히지 않는군요. 그러나 하긴 누구보다도 먼저 선생을 찾을 생각은 했지만. 만나는 사람이 많으면 자연 수다스럽고 귀찮을 뿐이니까요. 무엇보다도 먼저 몸을 푹 휴양해야겠어요."

"마침이군요. 가가로 가십시다."

주저하지 않고 선뜻 발을 떼어 놓는 것이 반가웠다. 유례와 나란히 서서 걸으면서 비로소 나는 그에게 물어야 할 가장 중요한 말을 잊은 것을 깨달았다.

"건수 무사한가요."

"별일 없는 모양예요."

질문도 간단은 하였으나 유례 자신도 짧게 대답할 뿐이지 같이 들어갔던 남편의 소식을 장황히 전하지는 않았다. 통달치 못한 까닭일까. 필요치 않다고 생각한 까닭일까.

"몸이 튼튼한 편이니 고생만 안 되면 다행이죠."

쓸데없는 소리를 하면서 유례를 볼 수밖에는 없었다. 피곤—이라는 것보다는 주림의 빛이 유례의 전신을 폭 쌌다.

먹을 것 입을 것 얼굴은 기름에 주렸고 발에는 구두가 필요하다. 윤택이 없고 굽이 닳아빠진 헌 구두가 나의 신경을 유심히도 어지럽혔다.

가가에 이르렀을 때 나는 그를 이층으로 인도하고 피로의 포도주 대신에 아침에 온 우유를 제일 큰 잔에 가득 따라서 권하였다. 그에게는 축배보다도 먼저 젖이—영양이 필요하다고 느낀 까닭이다.

바에 올 만한 계급은 산이나 바다에 피서를 떠났는지 가가가 한산하기 짝이 없으므로 여름 한 고패를 문을 닫히기로 하였다. 그것을 기회로 보라는 듯이 란야는 함손을 데리고 해수욕을 내뺀 지 여러 날이 되었다. 실상인즉 가가까지 닫힌 것은 요사이 생활이 어지간히 문란하여 온 란야에게 대한 꾸지람이요 경계인 셈이었으나 란야는 도리어 담차게도 그 기회를 이용한 것이다. 거리의 룸펜이요 불량자인 함손의 어느 구석에 쓸모가 있느냐고 물으면 돈 없고 일 없는 궁측스런 꼴이 알 수 없이 마음을 당긴다고 대답하는 란야였다. 가난을 싫어하는 란야에게 궁측스런 꼴이 마음에 들 리는 만무하나 극도로 유물적이요 감가적인 란야의 경우이니 아마도 눈에 띄지 않는 그 어느 곳에 그를 끄는 요소가 있으리라고 짐작된다. 용돈이 떨어지면 나에게서 졸라다가 모르는 곳에서 함손과 같이 낭비하여 버리는 눈치까지 알면서도 나는 두 사람의 관계에 한마디도 입을 넣지 못하는 마음이었다. 일 없이 거리에서 건들거리는 란야를 끌어다가 가가를 연 지 일 년이 넘는 동안에 나는 그에게서 받을 것은 받았고 그 역 나에게 줄 것을 다 준 후이라 두 사람의 마음이 어느덧 늘어지고 심드렁하여진 관계도 있기는 있겠지만 나는 벌써 란야의 처신에 대하여서는 천치같이 되어서 드러내 놓고 질투라는 것을 느끼지 못하리만치 속이 누그러진 모양이다. 그러기에 그의 마음의 자유를 말같이 놓아주는 것은 반드시 나의 게염에 끓는 마음을 부처 같은 참을성으로 누른 연후의 일은 아니었다. 함손과 지내는 동안의 그의 시간은 나의 알 바 아니요 나의 방으로 돌아왔을 때의 그를 나는 천연스럽게 받아들일 수 있었다. 이런 태도가 란야의 탕일한 마음을 더욱 기르게 되었는지는 모르나 그는 확실히 두 사람과의 생활을 각각 칼로 베인 듯이 쪼개어 생활하는 놀라운 기술을 가졌다. 란야들이 내뺀 뒤의 시간을 나는 이층에 앉아 쌍안경과 씨름하면 그만이었다. 쌍안경에 지치면 맞은편 벽에 걸린 한 폭의 성화를 하염없이 바라보는 법도 있다.

호프만의 그 성화는 언제부터인지도 모르게 은연히 나의 마음을 끌게 되었다. 크브로의 청년에게 딴 세상을 가르치는 기독의 손길이 나에게는 무한한 유혹이었다. 청년 대신에 내 자신을 그 자리에 세워 보면 그 유혹은 한층 더하였다. 기독의 말을 이해치 못하고 무거운 번민을 품은 채 하염없이 가 버린 청년과는 달리 나는 내 자신의 뜻으로 기독을 이해할 수 있고 내 자신의 '아직도 한 가지 부족한 인생'을 느낄 수 있었다.

그러한 요구는 란야와의 현세적 생활의 피곤에서 결과되었음에 틀림없는 것이나 나의 마음속에는 이 역 어느 때부터인지도 모르게 란야와 대차적으로 유례의 자태가 우렷이 떠오르기 시작한 것이다. 욕심과 피부의 감각밖에 없는 란야에게서 떠나 근대적 이지의 덩어리와도 같은 유례에게로 생각은 말같이 달렸다. 그러나 그렇다고 기독의 손길이 가르치는 세상이 나에게 있어서 유례들의 행동의 세상을 의미하는 것은 아니었다. 하기는 그들의 행동의 세상이라는 것도 나에게는 그다지 먼 것이 아니고 종이 한 장의 벽이 놓였을 뿐이었다. 그만큼 나는 그들을 이해하고 동감할 수는 있었으나 끝내 그것을 행동으로 옮길 수는 없었다. 행동에는 용기가 필요하고 용기는 생각이 편벽된 때 솟는 것이다. 인류가 쌓아 온 전 지식의 이해는 나에게서 온전히 용기를 뺏어 버렸다. 따라서 유례들의 행동을 물끄러미 바라볼 뿐이요 그들의 세상은 여전히 종이 한 장 건너편의 것이었다. 그런고로 유례는 나에게는 유물적 행동의 대상이 아니고 일종의 정신적 우상으로 비치었다. 유례를 데리고 행동의 세상을 떠나 더 높은 세상으로 들어감이 나에게 있어서는 바로 그 성화의 의미였다. 그 길은 하나밖에 없다. 유례와 함께 현실 세상을 떠남이다. 생각이 여기에 이르러 '낙타가 바늘 구멍으로' 나가기보다도 어려운 그 길을 생각할 때 몸에 소름이 쭉 끼치면서도 한편 마음은 즐거웠다.

이때부터 나는 일종의 예감을 가지고 한결같이 유례를 기다리기 시작하였다. 유례가 많은 동무들과 함께 들어간 지는 거의 반년이 넘었다. 들어가는 마지막까지도 길은 다르면서도 나는 그를 은밀히 보호하였고 두 사람 사이에는 최대한도의 우정이 흘렀다. 가지가지의 기억을 되풀이하면서 나는 이층에 혼자 앉아 호프만의 그림을 바라보며 쌍안경으로 유례를 찾은 셈이다. 그러므로 이날의 해후는 몹시도 암시적이요 기쁜 것이었다.

받은 우유를 다 마시고 난 유례는 어머니의 젖꼭지에서 떨어진 어린아이와 같이 저으기 얼굴이 빛났다.

"더 드릴까."

"욕심쟁이로 아시나 봐요."

"차입할 동무도 없었을 텐데 벌충으로 실컷."

"한 잔이면 그만이지요."

"한 잔의 젖으로 해결되는 인생."

나는 유례의 겸양의 얼굴을 엿보면서 다음 말을 잇기까지에는 한참이나 걸렸다.

"현대의 이상은 기껏 그뿐일까."

역시 한참이나 있다가 유례는

"더 무엇이 있단 말예요."

"유물의 싸움이 전부라면 인생은 너무나 가엾지 않을까."

유례의 눈은 별같이 맑아 보인다.

"영혼을 말씀하시고자 하는 셈이지요?"

"반동으로 몰릴까?"

"적어도 오늘의 문제는 아닐 거예요."

"그럼 내일의."

"죽은 후에나 있거나 말거나."

농이겠지만 유례의 답변에 나는 뭉긋하여 '죽은 후에나'의 뜻이 머릿속에 아롱아롱 어른거렸다. 그것은 또한 유례에게 대한 나의 생각의 종점인 까닭이다. 나는 극히 자연스럽게 벽 위의 그림으로 시선을 옮겼다. 마치 유혹을 받은 듯이 유례의 눈도 나의 시선을 따랐다.

"기독이 가르치는 세상을 알게 되었다면 나를 비웃으려우."

"그 세상으로 들어가시고 싶단 말예요?"

"동무만 있다면."

나는 여기서도 나의 속뜻을 얼마간 노골적으로 표시한 셈이었다.

"무엇을 즐겨 그 좁은 문으로 들어가겠어요."

"즐겨서가 아니라 참고 들어가야지요."

"참을 필요가 있을까요."

유례의 뜻과 나의 뜻의 핀트가 꼭 들어맞지 않음이 슬펐다. 차라리 그가 딴소리를 꺼내는 것이 나에게는 그 자리에 도움이 되었다.

"지금 제게는 기독의 그림보다도 이것이 더 긴할 법해요."

하고 책상 위의 그림책을 집어든 것이다. 불란서에서 오는 모드(mode)의 잡지였다. 파리 남녀의 가지가지의 양자가 사치한 채색에 쌓여 페이지마다 꽃피었다. 유례는 누그러진 표정으로 장을 번겨갔다.

"옳은 말이오. 유례에게는 지금 무엇보다도 생활이 필요하오. 반년 동안 잃었던 생활을 한꺼번에 가장 풍부하게 빼어야 할 것이오. 생활의 테두리가 만월같이 꼭 찼을 때 내 말한 뜻이 알려지리다."

단숨에 내지껄이고 나는 유례가 들치는 책장을 넘겨다보며

"어느 맵시 어느 감이 마음에 드는지 말해 보시우. 우선 옷을 장만합시다. 다음엔 구두를 갈고."

재촉하는 듯한 어조에 유례는 어안이 벙벙한 모양이었다.

"뼈부터 궁골(窮骨)로 생겼는지 평생 가난이 비위에 맞어요. 생활이 찼다간 짜장 딴생각이 들게요."

진정으로 들을 필요 없는 나는 그 말을 무시하고 뒤미처

"두말 말고 생활을 설계합시다."

하고 마치 건축을 설계하려는 고명한 기사와도 같이 책상 위의 종이와 연필을 집어 들었다.

"갖은 진미를 먹어야 할 것. 음악을 풍성히 들어야 할 것. 좋은 그림을 보아야 할 것. 영화를 적당히 감상해야 할 것. 몸을 충분히 휴양해야 할 것."

지껄이는 한편 번호를 따라 조목조목 내려 적고는 얼마간 자신 있는 눈초리로 유례를 바라보았다.

"보시오. 다 건강한 것이지 하나나 불건전한 조목이 있소?"

"뜻은 감사하오나 과분한 사치는 동무에게 죄예요."

"쓸데없는 겸손이지. 많은 동무 중에서 한 사람이라도 회복되고 충실하여지면 반가운 일이 아니겠소. 죄니 양심이니 하는 것이야말로 도리어 일종의 장식물이 아니오. 본성대로 오는 대로 받아들이는 것이 더 인간적인가 하오. 인간을 떠나 무엇이 있소."

나는 됩데 내 일류의 역설로 장황하게 그를 꾸짖는 것이었다. 그가 삼자코 있음을 보고 마지막으로 못을 박는 듯이 내 자신의 결론

으로 그를 휘이고야 말았다.

"의견을 버리고 내 설계대로만 좇으시오. 불과 얼마 안 가 온전한 몸을 만들어 드릴게."

2.

들어간 후로 숙소가 어지러워진 까닭에 우선 알맞은 셋집을 골라 옮기도록 한 후에 시절에 맞도록 외양을 정돈시키니 유례는 신부와도 같은 초초한 인상을 주었다. 새 구두의 감상을 그는 처음으로 요트를 탄 것 같다고 표현하였다. 외모가—형식이—정리되니 마음도 저으기 조화되어 유례는 차차 나의 계획에 순응되어 가는 모양이었다. 순응이라기보다는 거의 짐승 같은 탐욕을 가지고 주렸던 생활을 암팡지게 먹으려는 듯도 한 탐탁한 열정이 보였다고 함이 옳을는지 모른다.

"거리에서 가장 생활적인 곳이 어델까요."

그의 이러한 질문도 극히 자연스럽게 들렸다.

"가장 생활적—."

다따가의 물음에는 나도 문뜩 막히지 않을 수 없었다.

"노래 듣고 춤추고—거리낌 없이 마음껏 천치같이 즐거워할 수 있는."

"그럴듯한 청이오."

그러나 카페로 인도할 수도 없는 터이므로 문뜩 호텔이 있음을 생각한 것은 나로서는 지당한 처치였다.

오후가 늦어 우리는 거리에서 하나인 호텔을 찾았다. 검은 드레스를 입은 유례는 호텔의 문을 들어서자 소년같이 흥분하여 다변이었다. 행여나 동무들의 눈에라도 뜨일까 하여 일부러 뒷골목을 돌아온 그였만은 문을 들어서서부터는 거리낄 것도 없고 어색하지도 않은 늘 드나드는 인종같이 익숙하고 천연스런 걸음임에 나는 얼마간 놀라기까지 하였다. 사치한 카펫도 부드러운 그의 발밑에서는 만날 임자를 만난 듯이 아깝지 않게 밟혔다.

하루 동안의 그 속의 생활을 온전히 즐기기 위하여 각각 방까지 정하고는 그 안의 설비를 이용함이 마치 일류의 손님같이 손 익었다. 식당에는 사람들이 웬만큼 빈 때를 깐보아서 내려갔으나 그래도 유례는 남은 사람들의 시선을 알뜰히 끌었다. 천연스럽게 앉았으면서도 처음 받는 찬란한 만찬의 식탁에 저으기 현혹한 모양이었다.

"무슨 고긴 줄 아시우."

나는 농담 삼아 접시의 고기로 그를 떠보았다.

"닭고기요."

"천만에. 칠면조외다."

유례는 오도깝스럽게—가 아니라 침착하게 눈알을 굴렸다.

"이 술은."

"백포도준가요."

"하긴 샴페인도 백포도주 같기는 하지요."

"샴페인이란 말예요?"

납작한 유리잔을 어색하게 입술에 대었다. 처음 받는 진미에 유례는 도리어 대담하여져서 등대하고 섰는 보이의 눈치도 무시하고 마음대로 거동하였다.

"팔자 없는 곳에 한몫 들려니 왜 이리도 편편치 못해요. 어차피 귀부인이 아닌 바에야 되고 말고 하지요."

식도를 함부로 쓰고 냅킨으로 입까지 훔쳤다.

식후 식당을 나가 정원을 거닐 때에는 옴츠렸던 사지가 활짝 펴져 자유로운 자세로 돌아갔다. 정원의 규모를 말하고 화단 꽃을 칭찬하는 나긋나긋한 양자는 익숙한 부인의 그것이었다. 지붕 밑을 떠나 하늘 아래로 나갈 때 유례의 거동은 한결 자유로워지는 것 같다.

그러나 산보를 마치고 다시 안으로 들어가 로비에 앉았을 때에는 수많은 시선이 어지럽게 흐르는 속임에도 유례의 자태는 의젓하고 부드러웠다. 음악이 이미 시작되었고 남녀는 한 패, 두 패씩 겯으고 나서기 시작하였다.

탱고의 리듬이 마음을 달뜨게 간질렀다. 겯은 짝들은 물고기같이 미끄럽고 풍선같이 가볍고 바다 위에 되뚝거리는 요트의 무리다. 휩쓸리고 싶은 유혹을 느끼면서도 초보의 스텝도 못 밟는 유례와는 겯을 수도 없는 까닭에 나는 하는 수 없이 소파에 들러붙어 '벽의 꽃' 노릇을 할 수밖에 없었다.

"움직이는 꽃밭이라고 할까요."

춤추는 무리를 유례는 이렇게 비유하고 곧 뒤를 이어 비평적으로

"그러나 그뿐예요. 꽃이란 아름다울 뿐이지 속이 있어서는 안 되니까요."

"그 꽃이 되기를 원하지 않으려우."

"천치가 되란 말이지요."

"오늘 밤은 천치같이 생활을 탐험하러 온 터가 아니오? 맑은 정신으로야 생활에 취할 수 있소."

"도저히 취할 수야 있나요. 이런 꽃이 비위에 맞을 리 없어요."

음악이 끝나고 새 곡조의 반주가 시작되었을 때 낯모를 사나이가 와서 유례에게 춤의 상대자 되기를 청하였다. 유례는 거절하고 뒤미처 자리를 일어섰다. 그 결에 나도 같이 일어나 로비를 나갔다. 역시 사람의 숲을 떠나 넓은 천정 밑으로 나가는 편이 자유롭고 거북하지 않은 것 같아 어두운 정원을 유례와 같이 나 역 해방된 느낌으로 거닐 수 있었다.

"유례의 당장의 원이 무엇이오."

돌연한 질문에 유례는 의아하여 반문하였다.

"무슨 뜻예요."

"가령 지금 눈앞에 한 덩이의 횡재가 있다면 그것으로 무엇을 하시겠소."

"샘 속 벌레에게 바다를 말씀하시는 셈예요."

"횡재란 있으랴면 있는 것이니까."

"가난한 사람들을 모아 놓고 그 위에 뿌릴 수도 없고—어떻게 쓰면 좋을까요."

"농담이 아니오. 알다시피 내게 얼마간의 사유재산이 있지 않소. 가가까지 훌두드려 팔면 상당한 액일 것이나 지금의 내게는 벌써 필요치 않은 것이오. 생활에 소용된다면 나는 즐겨 그것을 유례에게 제공할 작정이오."

이어서 나는 오래전부터의 원이던 해외여행의 계획을 버렸다는 것, 이 거리에서 족히 모든 생활을 꿈으로 살았다는 것, 가령 파리에 간댔자 꺼진 열정을 다시 불붙일 신통한 것이 없으리라는 것, 결국 나는 생활에 피곤하였다는 것을 대충 이야기하였다.

"가방 속에 가득 든 지전을 가지고 항구의 호텔 한 간 방에 있는 신세—이것이 현대인의 최대의 원이라고 하나 그것이 꿈만침 생각될 젠 확실히 나는 생활할 힘을 잃은 것 같소. 아무것도 다 집어치우고 산속에 널집이나 한 간 짓고 자작나무와 백양나무를 심고 그 속에서 염소나 한 마리 길러 보았으면 하는 소극적 원이 있을 뿐이오. 염소는 종이를 좋아하니 지리한 소설책이나 한 장 뜯어 먹이면서 날을 지우고 싶소."

"왜 그렇게까지 생각하여요……. 피곤하신 것은 란야 때문일까요."

란야를 드는 것은 유례로서는 당연하다고 할까. 그러나

"란야를 통하여 여자란 여자는 죄다 안 셈이나 그렇다고 란야쯤이 전폭의 이유는 아닐 거요. 앞으로 올 생활의 전 내용을 지금에 있어서 벌써 전 육체를 가지고 짐작할 수 있는 까닭에 미래라는 것은 내게 아무 매력도 흥미도 일으키지 못하는 것요……. 하긴 란야와의 사이도 쉬이 청산하여야 하겠고 이어서 가가도 그만두어야겠는데 그렇게 되면 자연 생활도 갈어야 될 터이니 과분의 재산은 필요치 않은 것이오."

"그렇다고 제가 그것을 받을 무슨 값이 있어요. 너무도 과만한 뜻을."

"유례 이외에 그 뜻을 이을 만한 사람은 없으니 말요."

그러는 동안에 정원을 여러 차례나 왔다 갔다 하면서도 결국 아무 결정도 해결도 없이 그대로 각각 방으로 돌아갔다. 야단스럽게 생활하러 왔으면서도 너무도 고요한 그림이었다. 나는 일부러 불을 끄고 창에 의지하여 하염없이 밤거리를 내려다보았다. 멀리 불란서 교회의 뾰족 지붕이 어둠 속에 우렷이 나타나고 그 위에 검은 십자가가 그럴 듯이 짐작되었다. 보고 있는 동안에 차차 윤곽이 선명하여지자 문뜩 호프만의 그림이 머릿속에 떠올랐다. 다시 십자가가 눈에 보이더니 그것이 볼 동안에 커지며 삽시간에 눈앞까지 육박하여 온다. 무서운 착각에 나는 날쌔게 외면하여 버렸다. 앞에 놓인 길은 피할 수 없는 십자가의 길 같다.

지난날 란야와 같이 같은 방에서 유숙할 때와는 얼마나 한 차이인가. 그때에는 다만 생각 없는 열정만이 있었다. 그러던 것이 지금에는—나는 여기서 별안간 유례를 생각하고 밤 인사를 보내러 이웃 방까지 갔다. 그러나 유례의 자태는 어느덧 사라졌던 것이다.

3.

이튿날 그의 숙소에서 유례를 발견하였다. 아무 일도 없었던 듯한 천연스런 태도와 웃음으로 나를 맞이하였다.

"그런 법이 있소."

"용서하세요. 그렇게 할 수박에 없었어요. 주무시는 것도 같기에 깨울 수도 없고 혼자 도망했지요."

"무엇 때문에 그렇게까지 조급히 군단 말요."

"어쩐지 죄 되는 것 같아서요."

나는 문뜩 입을 다물었다. 그의 '죄'의 뜻이 짐작되었기 때문이다. 건수의 의식이 응당 그를 지배하고 있을 것을 나는 깜빡 잊고 있었음을 깨달았다.

"무얼 그리 심각하게 생각하고 계서요."

침묵을 거북히 여겨 유례는 웃음소리를 냈다.

"호텔은 제게 당치 않은 곳예요. 로비는 사람을 주렵만 들게 하고 금빛 벽은 이유 없이 사람을 압박하는걸요. 거리에서는 얼마든지 생활도 즐겨 할 수 있으나 호텔이란 이 세상에서 갈 마즈막 곳 같아요."

"당초에 제의는 왜 했소?"

"그 대신 호텔 외의 생활이라면 어디든지 설계대로 좇겠어요. 분부라면 어디든지 가지요. 자 거리로 나가실까요."

확실히 미안은 해 하는 태도나 유례는 몸을 가볍게 쓰면서 마음도 역 가벼운 눈치였다. 핸드백을 들고 사뿐히 일어섰다.

거리에 나가 백화점에 들렀을 때 그의 소위 '대중적'인 그곳 식당에서는 호텔 식당에서와 같은 거북한 예절을 무시할 수 있었으므로 유례는 한결 누그러진 태도였다. 접시의 고기를 가리켜

"이것야 칠면조 아닌 틀림없는 닭고기겠지요."

하고 농을 거는 그였다.

"더한층 떨어져 오리고긴지도 모르지."

"고기에도 사람만큼 계급이 있군요."

유례는 식도를 함부로 쓰고 냅킨으로 입까지 훔쳤다. 그러나 그

것은 호텔에서 한 것과 같은 꾸며낸 대담한 태도가 아니고 극히 자연스럽게 주위에 어울리는 것이었다.

학생이 전람회를 구경하는 것과도 같이 공들게 우리는 백화점의 층층을 세밀히 보아 내려갔다. 그동안의 시민의 생활경향을 자세히 살펴보자는 유례의 청으로였다. 소시민을 비평하는 것보다는 그 속에 휩쓸려 사는 편이 유례의 축난 건강에는 더 자양이 되리라고 나는 생각은 하였으나.

복작거리는 지하층에 내려갔을 때에 유례는 별안간 발을 멈추고 나를 돌아보았다.

"무슨 향기예요?"

나도 그 자리에 서서 그가 발견한 향기를 감식하려 하였다.

"거리에서 맡는 향기는 아니에요."

"향수 냄샐까. 화장 냄샐까."

"그런 사람 냄새가 아니에요."

"그럼 꽃 냄새."

"솔잎 냄새 같기도 하고 나무 진 냄새 같기도 한데요."

"옳지."

말을 듣고 생각을 하니 그제서야 겨우 짐작되었다.

"알았소. 오존 냄새요."

나는 나의 판단이 틀리지 않음을 단언하고 큰 백화점에는 거개 오존 발생기를 장치하였다는 것을 설명하였다.

"오존—어쩐지 금시에 속이 시원해지는 것 같아요."

"당연하죠. 사람 냄새가 아니요, 거리 냄새가 아니요—산이나 바다 냄새니까."

"실컷 맡았으면 몸이 당장에 회복될 것 같아요."

"옳게 말했소. 산이나 바다로 갑시다. 응당 가야 할 곳을 미처 생각지 못했었구려."

그 자리에서 그 시간에 여행을 결정하고 그 길로 여행에 들 것을 준비하러 층 위로 올라갔다. 새로이 커다란 트렁크를 두 개 장만하고 옷벌과 일용품을 될 수 있는 대로 풍부하게 갖추었다. 아직 떠나지도 않은 여행의 감동에서 나는 오래간만에 생활의 활기를 얻어 마음이 짝 없이 유쾌하였다.

떠날 시간과 목적지를 결정한 후 유례를 보내고 혼자 가가로 돌아와 이층에서 여행에 필요한 물건을 더 생각하고 있을 때 별안간의 손님이었다. 문을 익숙하게 열고 성큼 뛰어들어온 것은 오랫동안 없던 란야였다.

"바다가 독하긴 하군. 인도 병정같이 새까맣게 탔을 젠."

"첫인사가 그것뿐예요."

란야는 불만한 듯이 모자를 벗어 던지고 방 가운데 우뚝 섰다.

"사슴같이 기운차구."

"더 형용해 보세요."

짜장 사슴같이 껑충 달려들어 란야는 나의 목을 얼싸안았다.

"성인인가요. 돌부처가요. 놀고 들어와도 이렇게 천연스러울 젠."

목에 감긴 그의 팔을 풀어 슬며시 물리치며 나는

"때려 달란 말인가."

하고 여전히 표정을 이지러뜨리지는 않았다.

"도리어 그 편이 낫지요. 노염도 없고 게염도 없는 것보다는. 그렇게 천치같이 천연스러우면 통길 힘조차 없어져요."

"게염이라니. 게염은 애정의 표시인데 그 꼴에 여전히 내게 애정을 요구한단 말인가."

"이젠 그런 권리도 없단 말예요? 그럼 차라리 내쫓지요. 왜 문지방을 넘게 해요."

"맘대로 나갈 게지."

소리는 쳤으나 짜장 나는 천치나 아닐까 하는 생각도 들지 않음은 아니었다.

"옳지. 나가라고 했지요."

란야는 입술을 비쭉하고 영화 속에서와 같이 어깨를 으쓱하였다.

"정말예요? 또 한 번 말해 봐요."

성큼 달려들어 무릎 위에 올라앉더니 야살스럽게 나의 턱을 쥐어 흔들었다.

"아닌 때 짐은 웬 짐예요."

나는 아무 감동도 주지 않는 그의 몸을 굳이 밀어 떨어뜨리려고도 하지 않고 눈은 딴전을 보았다.

"바다에 가려고."

"철 지난 바다로 가시는 법도 있나요. 사람도 없는 파도 소리만 있는."

"그래야 해수욕복을 입지 않거든."

"오라. 해수욕복을 싫어하시는 성미지요—월계나무 잎새 대신에 호박 잎새나 잔뜩 뜯어 가시지요. 아담같이 앞을 가리게. 호박 잎새는 잔가시가 있어서 조심 안 하시면 살이 아플걸요."

오도깝스럽게 깔깔 웃고 목덜미를 더운 입으로 물었다. 이 미치광스런 애정의 표현에도 나는 돌같이 동하지 않는다. 란야는 나의 다리를 꼬집으며 건강한 전신으로 육박한다.

"이브는 누구예요. 대세요."

거의 여자의 본능적 신경으로 그것을 알아챈 것 같다.

"내게 무엇을 속이세요. 일언일동이 역력히 설명하는 것을. 나를 돌려놓고 결국 곱절의 자미를 보셨으니 하긴 큰소리도 할 만하렷다. 사람 없는 가을 해변에 한 쌍이 서면 옛날의 낙원같이 즐겁겠지요."

"……."

"들으니 유례도 나왔다지요. 탄 자리에 다시 불이 붙으면 좀체 끌 수 없을걸요."

"……."

"왜, 뜨끔은 하세요. 유례라면 돌에도 감정이 통하는 모양인가요."

"웬 소리요, 대종없이 함부로."

나는 금시에 정색하고 란야를 밀쳐 버렸다.

"유례와의 사이를 오해하지 마오."

유례에게 대한 미안한 답변을 겸하여 나는 나의 입장을 선명하게 설명하려는 듯이 목소리를 높였다.

"돌부처도 노여하시네. 서쪽에서 해가 뜬 것같이 어울리지 않아요. 차라리 가만히 계시지 황급하게 구시면 더 수상치 않아요?"

조롱이 끝나기 전에 나의 손은 란야의 볼을 갈기고 있었다.

란야의 마지막 마디가 이상하게도 마음속에 젖어들며 나는 곧 나의 경솔한 거동을 뉘우쳤다. 그의 말마따나 도리어 그에게 수상한 느낌을 주었을 것을 생각하면 부끄럽기도 하였다. '돌부처'의 낯짝에다 제 손으로 흙을 끼얹은 셈임을 생각하면 치가 떨렸다.

순간 상기되었던 란야의 얼굴빛이 즉시 풀어지고 아무 대거리도 없이 온순하고 침착한 태도로 돌아간 것도 나에게는 도리어 심히 겸연쩍은 노릇이었다. 그의 목소리조차 부드럽다.

"말이 과했다면 용서하서요. 유례에게 대한 제 인식만 고치면 그만 아녜요. 모든 것을 옛 동지에게 대한 존경으로 돌려보내면 그뿐 아녜요—어서 여행이나 즐겁게 하서요. 바다생활이나 자미있게 하고 돌아오서요."

란야가 이렇게 풀어지면 풀어질수록 나는 더욱 겸연쩍고 나의 흥분의 이유가 어디 있었던지를 이해하기 어려웠다. 차라리 그의 화제가 빗나가 피차의 주의가 다른 방향으로 흐름이 원이었다. 그렇기 때문에 다음과 같은 그의 제의는 나를 괴롭히는 것이 아니요 도리어 누그럽혀 주는 효과가 있었다.

"유례의 말이라면 놀라셔도 제 말이라면 놀라시지 않으니—어데 얼마나 냉정하신가 볼까요."

"또 무슨 장난을 하려고."

"오래간만에 돌아와도 놀라지 않으며 짜증을 내도 놀라지 않으며 목을 물어도 놀라지 않으서—어떻게 하면 놀라신단 말예요."

"어떻게든지 놀라게 해 보구려."

란야는 문뜩 새로 그와는 다른 문제를 꺼내는 듯이 어소를 살아

침착하게 말줄을 풀었다.

"—사나이가 있어요. 항산도 없고 할 일도 없는 거리의 가난뱅이. 설마 금덩이가 우러날까 하고 바란 것은 아니었으나 풍신이 아까워 발에 채이는 돌멩이를 줏는 셈 치고 주워올렸지요. 튼튼만 한 줄 믿었더니 차차 알고 보니 초라한 신세에 병까지 폭 씌었어요. 어차피 거리의 죄겠지만 이상하게도 그런 신세이므로 마음이 더욱 쏠림은 무슨 까닭인지요. 회복되어야 할 바다에서는 도리어 피를 게웠어요. 기쁨의 바다가 아니요 우울의 바다였어요. 병세는 날로 더한 것 같고 가난은 물같이 새어들고—기구한 인연을 어쩌면 좋아요."

"옛날이야기로 들어야 옳소, 란야의 현실로 들어야 옳겠소."

장황한 그의 이야기에 나는 얼마간 현혹한 느낌이 없지 않았다. 란야의 어조는 확실히 애원하는 듯도 한 부드러운 것이었다.

"처분대로 하서요."

"이야기라면 차라리 소설책을 읽는 편이 낫지."

"소설가 아닌 제가 자미있게 이야기할 수야 있나요—이 무미한 이야기를 어떻게 전개시켰으면 좋겠어요?"

나는 더 농담을 계속할 수도 없어 진담으로 돌아가며

"함손이 그런 졸장부인 줄은 몰랐구려. 불량스런 거리의 갱으로만 여겼더니 듣고 보니 병든 이야기의 주인공이란 말요. 가련한 약질인지고."

동정의 어조일지언정 물론 모욕의 어조는 아니었다. 한참이나 있다가 란야는

"아까 어떻게든지 놀라게 해 보라고 말씀하셨지요. 지금 이 자리

에 문뜩 함손이 나타난다면 놀라시겠어요?"

"놀라기보다도 진저리가 나겠소. 아예 그런 연극은 꾸미지 마오. 해쓱한 병든 얼굴을 굳이 내게 보일 필요가 있소."

손을 들어 굳게 사절하고 나는 말을 이었다.

"해결의 길은 한 가지밖에 없잖우. 내겐 그 이야기 속에 참례할 권리도 의무도 없으나 될 수만 있다면 좋게 처리하는 것이 국외자로서도 기꺼운 일임에는 틀림없으니까."

하면서 책상 서랍을 열고 여럿 되는 예금통장 중에서 하나를 들쳐 냈다. 내용을 살펴볼 필요조차 없으므로 그대로 란야에게 내밀었다.

"한 반년 동안의 요양비는 될 것요. 될 수 있는 대로 한적한 곳에 가서 회복에 힘쓰도록 함이 좋을 것이오."

그것이 바란 것이면서도 란야는 한참 동안이나 넋을 잃은 것 같이 서 있을 뿐이었다.

"어떻게 하면 감사의 뜻을 나타낼 수 있을까요."

천치같이 우두커니 서서 손을 가늘게 떨면서—이윽고 눈썹 끝에 눈물이 맺히며—이것이 그의 나에게 대한 감사의 표현이었다.

나는 문뜩 란야에게서 '운명의 여자'를 본 듯하였다. 이어서 곧 나 자신이 더한층 '운명적'임을 깨달았다. 란야가 함손을 받들듯이 나는 그 란야 자신과 아울러 유례까지를 섬기는 셈이 아니었던가. 실로 마음속에는 유례의 그림자가 있으므로 나는 란야에게 대하여 그와 같은 너그러운 태도를 가질 수 있게 되었음을 깨닫고 가슴은 부끄럽게 수물거렸다. 그러나 백지장같이 해쓱한 함손의 꼴을 목전에 보지 않고 지낸 것은 다행이었다고 마음 한편으로는 은근히 기뻐도 하였다.

4.

란야의 일건을 처리하고 난 나는 무거운 짐이나 벗어 놓은 듯싶었다. 몸이 개운하여 날개가 돋친 것 같다. 유례와의 여행도 즐겁게 기대되었다. 란야가 함손과 고요한 생활을 시작할 것과 같이 나는 유례와 고요한 생활을—하고 생각하다 문득 엄격한 반성으로 돌아가며 나와 유례와의 사이는 물론 함손과 란야의 사이와는 의미가 근본적으로 다르며 앞으로 올 생활도 그 양식이 스스로 같지 않다는 것을 마음속에 밝히고 설명하려고 애쓰는 것이었다.

란야는 예금통장을 가진 채 어디론지 사라져 버렸다. 눈앞에 보이지 않는 란야와 함손과의 생활은 나에게는 말하자면 제목만을 알고 내용은 펴 보지 않은 야릇한 이야기책인 셈인고로 그들의 간 자취와 있을 곳도 나에게는 안개 속인 것이며 알아낼 필요조차 없는 것이다. 나는 나대로 혼자 뒤떨어져 가가를 닫치고 행장을 들고 집을 나오면 그만이었다. 가가 분은 자물쇠로 잠근 위에 군데군데 못까지 박고 휴업의 간판을 내걸었다. 다시 돌아오지 않을 폐가와 같이도 보였다. 꿈의 보금자리인 이층과도, 나를 무한히 유혹한 호프만의 성화와도 영영 하직일 듯한 느낌이 났다. 알 수 없는 한 줄기의 감상이 유연히 가슴속에 솟는 것이었다. 슬픈 탓인지 기쁜 탓인지도 모르게 발꿈치는 땅에 들어붙어 무거웠다.

일부러 유례의 집을 찾아 첫걸음부터 동행이 되었다. 새 생활에 대한 감동으로 유례는 빛나는 아침을 맞이한 아이와 같이 부드러운 표정이었다. 간 지 얼마 안 되는 새 구두도 벌써 발에 꼭 맞아 조금도 어색함 없이 그 체모에 어울렸다. 새 구두의 경우와 마찬가지로 나와의 사이도 어느덧 익숙하여져서 티끌만큼도 겸연하고 서투른 점이 없었다. 거리에서의 그의 자태는 구름같이 가볍게 보였다.

여행의 목적지로 동해안의 먼 곳을 고른 데는 별다른 이유가 없었다. 될 수 있는 대로 서울을 멀리하고 싶었고 차 속의 시간을 지리하지 않을 정도에서 길게 가지고자 하였고 끝으로 아름다운 동해의 창파와 그 부근의 고요한 피서지를 그 어느 곳보다도 사랑한 까닭이었다. 물론 유례의 의견도 그와 일치되어 별다른 제의가 없었다. 기차 속의 시간을 될 수 있는 대로 즐겁게 하기 위하여 일부러 오후 차를 골랐다. 차 속은 상당히 복잡하였으나 건듯하면 가라앉으려는 마음에는 그편이 도리어 도움이 되었다. 기실 평범한 사람들의 얼굴이 모다 각각 그 무슨 비밀을 품은 것같이 나에게는 신비롭게만 보였다.

거의 일주야가 걸리는 여행에 지칠까를 두려워하여 많은 시간을 식당차에서 보냈다. 나는 흰 식탁 위에 트럼프 쪽을 펴놓고 의미 없이 하트의 여왕을 고르려고 애썼다. 알맞게 흔들리는 차 안의 기분은 마치 기선의 선실과도 같으며—여객기의 객실도 그러려니 짐작된다. 차라리 기선을 타고 멀리 바다를 건너거나 그렇지 않으면 여객기에 올라 첩첩한 산맥을 넘어 대륙을 내뺐으면 하는 공상도 들었으나 혼자라면 몰라도 유례와는 하릴없는 노릇이었다.

고원지내에 들어서 높은 영(嶺)에 걸린 것은 황혼에 가까운 때였다. 영은 얼마든지 길고 차는 되서 기운이 부치는 모양이었다. 창밖에 새풀이 손에 잡힐 듯이 흔들린다. 나는 씨근거리는 기차와 호흡을 맞추며 눈은 한결같이 밖을 바라보며 그 무엇을 찾았다. 이윽고 차는 기적 소리와 함께 그곳에 다다랐다. 나는 감동의 어조로 유례의 주의를 끌었다.

"보시오. 여기가 분수령!"

차는 산맥의 최고지점을 지나는 중이었다. 그러나 유례는 나의 새삼스런 주의와 은근한 속 뜻을 알 바 없어 평범한 표정을 지녔을 뿐이었다.

"이 분수령이 또한 내 생활의 분수령이 될는지도 모르오. 이곳을 넘는 때 나는 서울과 지금까지의 생활과 영영 작별하는 셈일 듯하니 말이오."

"왜요. 무슨 말씀예요."

하기는 유례가 내 뜻을 알 리는 없었다. 나 자신 나의 결심의 정도를 확실히 잡지 못한 형편이 아니었던가. 나는 '그것'을 이미 확적히 마음속에 작정하였는지 못하였는지 마음은 갈팡질팡하여 안개 속같이 아리숭할 따름이었다.

"해발 팔백 미터!"

유례의 주의에 나도 분수령의 표지를 내다보았다. 하아얀 기둥이 삽시간에 눈앞을 지나갔다. 순간 이상하게도 그것은 나에게 한 폭의 환영을 번개같이 가져왔다—바다 위에 솟은 팔백 미터의 간드러진 기둥 꼭대기에서 일직선으로 바다에 떨어지는 나 자신의 꼴이 펀뜩 눈을 스친 것이다. 이 돌연한 어지러운 환영에 나는 주물트려 놀라며 전신에 소름이 쪽 돋는 것이었다.

잠 안 오는 밤을 침대차에서 고시랑거리다가 날이 밝자 뛰어내려 세수를 마치는 길로 식당차에 들어갔다. 거기서 나는 우연히 꼭두새벽부터 예측치도 못한 광경에 부딪쳤다. 마치 그 광경을 보러 그렇게 일찍이 그곳에 들어간 것과도 같았다—두 사람의 보이가 무슨 까닭으로인지 식탁 위에 진을 치고 맹렬한 육박전에 열중되어 있는 중이었다. 식탁 위에 깔리운 보이는 부치는 기운에 꼼짝달싹 못하고 적수의 공격에 몸을 맡기다시피 하고 높은 고함을 치는 법도 없이 약한 목소리로 어르고 있을 뿐이었다. 내가 들어가자 두 사람은 문득 싸움을 중지하고 깔렸던 편도 날쌔게 몸을 일으켜 아무 일도 없었던 듯이 어슬어슬 몸을 움직였다. 불같은 분을 품은 욕지거리일 터임에도 불구하고 두 사람의 건네는 말은 은근한 회화같이 부드럽고 입은 저고리같이도 하아얀 얼굴에는 이렇듯 한 노기를 찾아볼 수는 없었다. 그 싸움 가운데에서 이상한 것은 그것을 방관하고 섰는 다른 한 사람의 보이였다. 그는 한편에 가담하는 법도 만류하는 법도 없이 냉정하게 그러나 부드러운 낯으로 동료의 싸움을 바라만 보고 있었다. 모든 것이 부드럽게 보이면서도 기실 눅진한 끈기가 흘렀다. 이상스런 한 폭의 그림이었다.

그 평화스럽고도 격렬한 싸움은 나에게는 우연히도 진한 암시였다. 여행의 목적지에 도착할 날 새벽부터 목격하게 된 그 괴이한 인연을 나는 결코 유쾌히 여기지 않으며 식당 문을 닫았다.

목적지에 도착되자 우리는 바다도 멀지 않고 산도 가까운 온천거리에 행상을 내렸다. 개울로 향한 여관 이층에 각각 방을 잡고 산속의 생활이 시작되면서부터 나의 마음속에는 식당에서 목격한 것과 같은 진득한 싸움이 일어나게 되었다.

"저는 지금 꿈속 사람인 셈예요."

유례는 짐을 정리하고 나서 말하였다.

"꿈속 아니고는 이러한 행동을 할 리 없어요. 정신없이 짐을 싸 가지고 기차를 타고 이런 곳에 내려 이런 방에까지 들게 된 것이 모다 꿈예요. 무슨 까닭에 무엇 하러 왔는지를 도모지 분간할 수 없군요. 이 꿈이 깨일 때 저는 얼마나 부끄러워하고 뉘우치게 될는지 몰라요."

유례가 이런 반성에 잠길 때 나는 또한 내 자신의 생각과 괴롬 속에 잠겼다. 두 가지의 마음이 두 사람의 보이같이 평화스럽게 은근히 싸우는 것이었다. 울적한 심사를 뿌리칠 겸 나는 유례를 꼬여 즉시 산속으로 산보를 떠났다.

산속은 드문드문 별장이 선 외국 사람들의 피서촌이었다. 초행인 유례에게 나는 그 마을에 관한 여러 가지 지식을 이야기하면서 걸었다. 유례는 적지 않은 흥미를 가지고 캐물으므로 나에게는 그것이 한 큰 도움이 되었다. 여름이 지난 까닭에 피서객들은 거반 하얼빈이나 상해로 가 버린 뒤이므로 마음이 쓸쓸하였으나 그 한적한 맛이 첫 가을의 정취로는 도리어 맞는 것이었다. 나는 언덕을 올라기 행여나 주인이 있을까 생각하면서 비행기식 저택을 기웃거렸다. 별장의 주인 콜리에프 씨와 면목이 있는 까닭이었다. 아직 도회로 돌아가지 않은 콜 씨는 다행히 뜰 안을 거닐고 있었다. 나는 그 중년의 노인과 반갑게 인사하고 유례와 함께 뜰 안에 들어감을 읻었다. 어디서인지 뒤미처 젊은 부인이 나타나 친절하게 맞이하며 앞장을 서서 응접실로 베란다로 후원으로 안내하면서 새삼스럽게 집의 규모를 자랑하는 것이었다.

꽃 없는 온실 앞에 이르렀을 때 부인은 문득 유례를 가리키며 '레이디'냐고 나에게 물었다. 너무도 당돌하고 급스러운 질문인 까닭에 나는 두 사람의 사이를 장황하게 설명할 수도 없어 그렇다고도 그렇지 않다고도 대답할 겨를이 없이 웃어만 보였다. 부인 자신이 어떻게 짐작하였는지는 모르나 유례는 나의 그 태도를 별로 불쾌히 여기는 빛도 없이 나와 같이 픽 웃을 뿐이었다. 그러는 동안에 콜 씨는 두 송이의 달리아를 꺾어다 나와 유례의 옷자락에 꽂아 주었다. 꽃밭에서 해바라기 씨를 정신없이 까먹는 콜 씨의 막내딸인 어린 소녀조차 우리를 유심히 바라보는 것이다.

"주인에 비겨 부인이 너무도 젊어요."

비행기관을 나와 다시 언덕을 내려오면서 유례가 이렇게 의아해할 때 나는 기다렸던 듯이 마침 설명하려던 터요 하고 부부의 비밀을 귀띔하여 주었다.

"하얼빈서 얻은 제이 부인이라나요."

"오라. 그러니까 벽지에다 별장을 꾸며 놓고 여름 한철을 와서 숨어 있는 셈이죠."

산속은 시절에 대하여 한결 예민한 듯하다. 가을을 잡아들었을 뿐이나 나뭇잎들은 물들기 시작하였고 마을길은 쓸쓸하게 하얗게 뻗쳐 있다. 길 위에도 나무 사이에도 별장 베란다에도 피서객 남녀의 그림자는 벌써 흔하게 눈에 뜨이지 아니한다. 그들은 한여름 동안 기르고 익힌 꿈을 싸 가지고 푸른 능금이 익으려 할 때 손을 마주 잡고 하얼빈으로 상해로 달아난 것이다. 붉은 푸른 흰 지붕의 비인 별장들은 알을 까 가지고 달아난 뒤의 새둥우리요 머루넝쿨과 다래넝쿨 아래 정자는 끝난 이야기의 쓸쓸한 배경이다. 조그만 극장 닫힌 문간에는 가을 청결검사 종이 표지가 싸늘하게 붙었고 홀 안에는 울리지 않는 피아노가 거멓게 들여다보인다. 벽 위의 그림이 칙칙하고 무대에 장치한 질그릇의 독들이 앙상하다. 운동장 구석의 먼지 앉은 벤치에도 때 묻은 그넷줄에도 지천으로 버려진 초콜릿 종이에도 사라진 꿈의 찌꺼기가 고요하게 때 묻었을 뿐이다. 한 잎 두 잎 떨어지는 낙엽은 이야기의 부스러기와도 같다.

남이 꿈을 깐 뒷자리를 하염없이 거닐기란 웬일인지 이야기를 잃은 초라한 거지 같은 느낌이 문득 든 까닭에 쇠를 잠근 별장 앞을 지나기도 먼지 앉은 벤치에 걸어앉기도 멋쩍어 우리는 양코스키 씨의 터 안으로 발을 옮겨 놓았다. 꿀을 치는 벌떼 풀 먹는 소들 뛰노는 사슴들—쓸쓸한 마을 속에서 그곳만은 생활이 무르녹아 있는 듯하다. 그러나 기운찬 사슴 떼를 바라보고 있는 동안에 별안간 란야의 자태가 머릿속에 떠올랐다. 필요치 않은 환영을 떨쳐 버리려고 애쓰며 나는 즉시 그곳을 떠나 골짝 아래 식당으로 유례를 이끌었다.

산에서 짠 우유와 꿀과 머루잼과—사치하지는 못할망정 산골 식당의 점심으로는 신선한 풍미였다. 개울물 소리며 벽에 꽂힌 새풀과 단풍잎새가 떨린다. 휑뎅그레한 긴 식탁 맞은편 구석에 앉아 이쪽을 연해 바라보는 한 쌍의 남녀 그들이 아마도 피서지의 마지막 한 쌍일 듯싶다. 쉴 새 없이 소군거리는 품이 이날 밤으로 떠나자는 마지막 의논이 아닐까. 단발한 동그란 얼굴에 붉은 입술을 재게 놀리는 여자—란야와 흡사한 종류의 인상을 주는 여자이다. 나는 여기서도 또 필요 없는 란야의 그림자에 마음을 어지럽힐 까닭이 없으므로 웬만큼 앉았다 자리를 일어섰다.

바위너설을 지나 험한 개울 위에 어마어마하게 높게 걸린 널다리에 이르렀을 때 나는 문득 아찔하였다. 누긋누긋 휘는 다리 아래 수십 길 되는 곳에 새파란 물이 거품을 품기며 바위 사이로 용트림하여 흐르고 있음을 보려니 별안간 기차로 분수령을 넘을 때에 본 환영이 생생하게 눈을 스친 까닭이다. 바다 위에 솟은 팔백 미터의 간드러진 기둥 꼭대기에서 일직선으로 떨어지는 내 자신의 꼴이 바로 그 다리 위에서 떨어지는 꼴로 변하였던 것이다. 순간 나는 주춤하여 몸을 끌고 새삼스럽게 유례를 보았다. 다리가 휘는 바람에 유례도 겁을 먹고 나를 붙들었다. 나의 마음은 순식간에 다시 풀리며 즉시 겁을 먹은 어리석음을 뉘우치고 도리어 그 무엇을 결심하기에 넉넉한 마음의 여유조차 가질 수 있었다. 다리는 나에게 정다운 유혹이 아니었던가. 나는 순간의 어색한 공기를 풀기 위하여 다리에 관한 한 가지의 이야기를 유례에게 들려주었다.

지난해 여름 다리 아래 소에서 목욕하던 피서객 중의 한 여자가 다리 위에서 물에 잠기려 하다가 잘못 떨어져 목숨을 버려 지금에는 낯선 땅 무덤 속에 붉은 십자가와 함께 잠자고 있다는—나에게는 무한한 흥미를 주는 그 이야기가 그러나 유례에게는 그닷한 감동을 주지 못하는 듯하였다.

"실족해서 떨어졌다면 그다지 로맨틱할 것이 있어요?"

"어떻게 돼서 떨어졌든지 간에 떨어진 그 사실이 내게는 유혹이오. 얼굴도 모르는 그 여자가 물속에서 나를 부르는 듯도 하오."

"왜 그렇게 말씀하세요."

유례는 흔들리는 다리 위에서 문득 나에게 전신을 쏠리고 둥그런 눈망울로 나를 똑바로 쳐다보는 것이었다. 그의 얼굴이 나의 얼굴 앞에 불과 몇 치의 거리로 가까이 있다.

밤은 괴로웠다. 이웃방의 유례가 의식의 전부를 차지하여 좀체 잠이 들지 않았다. 그러나 생활의 설계를 실천함이 유례를 그곳까지 이끈 목적임을 반성하고 이튿날 아침은 일찍이 일어나 그의 소원인 바다로 떠났다.

차로 한 시간이 걸렸다. 누구나가 다 하는 것같이 해수욕복을 입고 그 모래 위에 뒹굴기도 멋쩍어 궁벽한 곳을 찾아 등대를 구경하기로 하였다. 그것은 확실히 신기한 생각이었다. 등대에는 통속소설의 세상과는 다른 아름다운 시가 있으려니 짐작된 까닭이다. 유례는 즐거운 기대에 차 속에서 유쾌하게 회화하였다.

먼지와 해어 냄새의 항구를 지나 고개를 넘은 높은 산기슭에 등대가 있다. 파란 산 푸른 바다의 짙은 배경 속에 뜬 하이얀 집들은 호수 위에 뿌려진 조개껍질이다. 일면으로 깔린 조약돌 우윳빛 페인트 조촐한 화단—모두가 종이 위에 채색된 수채화의 인상이지 흙덩이 위에 선 현실의 풍경은 아니다. 바다로 깎아내린 산등에 솟은 등대는 꿈속의 탑. 속세를 떠난 그 아름다운 그림 속에서는 사람의 거동조차 유장하고 넉넉하다. 우리의 청을 승낙하고 등대 안으로 길을 인도하는 젊은 당직 간수의 걸음은 게걸음같이 느렸다. 아직도 세상에는 그렇게 아름다운 곳이 남아 있었던가 하는 감격을 못 이기면서 한 조각의 풍경도 놓치지 않겠다는 면밀한 주의로 길 구석구석을 살피며 간수의 뒤를 따랐다.

일등선실과도 같은 등대의 탑 안은 어두컴컴하고 탑 꼭대기 등불까지에는 두 층으로 나누인 긴 층대가 섰다. 이십 해리를 비추는 사만팔천 촉광의 위대한 백열등—그것은 땅 위의 태양이다. 그 태양으로 오르는 층대는 마치 천당으로 통하는 길과도 같아 좁고 험하여 겨우 한 사람만을 통하게 되었다. 길은 외통이요 오를 사람은 둘이다. 층대 어귀에 서서 (나는 유례에게) 길을 사양하였다.

유례는 서슴지 아니하고 앞장을 서서 층대에 발을 걸었다. 나는 무심히 뒤미처 그의 뒤를 따랐다. 올라 보니 층대는 사다리같이 곧고 좁아 유례와 나는 거의 일직선 위에 서게 되었다. 다시 말하면 유례는 나의 목말을 타고 두 어깨 위에 올라선 셈과도 같았다. 유례의 발은 바로 나의 코앞에 있고 난간을 붙든 두 팔에는 치맛자락이 치렁거리는 지경이었다. 층대의 철판이 턱에 부딪치므로 나는 하는 수 없이 얼굴을 위로 쳐들 수밖에는 없었다. 그것은 극히 자연스러운 무심중의 행사였으나 나는 다시 급스럽게 얼굴을 내려뜨렸다. 그러다가 철판에 턱을 호되게 찧고 도로 떠받들리울 수밖에는 없었다. 별안간 태양을 마주 본 듯이 눈이 부셨던 까닭이다. 골이 어지럽고 현기증이 났다. 무심중에 보게 된 유례의 몸이 사만팔천 촉광 이상의 광채를 가지고 나의 눈을 둘러 빼었던 것이다. 지상의 태양은 오만 촉광의 등대가 아니고 참으로 유례의 육체였던 것이다. 탑 꼭대기에까지 올라가 찬란하게 타는 프리즘의 백열등은 본체만체하고 탑문을 박차고 나왔을 때 나는 허둥거리는 몸을 위태스럽게 철난간에 부딪쳐 버렸다. 수십 길 되는 난간 아래는 물감덩어리를 풀어놓은 듯이도 짙은 푸른 바다다. 그러나 나의 몸이 떨리고 다리가 허전거리는 것은 그 바다가 무서워서가 아니요 층대에서 받은 무서운 감동으로 인함이었다.

유례의 몸이 떨림은 발아래가 무시무시한 까닭일까. 난간에 의지한 몸을 부르르 떨더니 별안간 나의 곁에 쏠려 전신을 던져 왔다.

품 안에 날아든 새를 붙드는 셈으로 나는 유례를 두 팔에 안았다. 몸이 허공에 뜬 것같이 떨린다. 유례의 얼굴이 눈이 입이 나의 얼굴 밑에 가깝다. 번개같이 더운 입이 유례의 이마를 스쳤다. 바다가 고요하고 하늘이 높다. 그대로 한 몸이 되어 난간을 뛰어넘어 단숨에 바닷속으로—그것이 단 하나의 길이언만 오래간만에 유례의 몸을 안은 그 자리에서 나의 머릿속은 순간 꺼진 필름장같이 부옇게 비었을 뿐이었다.

오래간만에 유례의 몸을—오래간만에—꺼진 필름장같이 비었던 머릿속은 문득 환해지며 다시 그림이 연속되는 필름장같이 지난 기억의 한 폭이 비치어지기 시작하였다.

유례에게는 아직 건수가 없고 나에게는 란야가 안 생겼을 때였다. 나는 학교를 마쳤을 뿐 아직도 생애의 지향이 서지 못한 채 셋방에 뒹굴며 하는 일 없이 나날을 지웠다. 학교에서 강(講) 받은 철학의 체계도 인생의 향방을 결정하여 주지는 못하였다. 해골을 모아 짜 놓은 비인 탑과도 같은 쓸모없는 철학의 많은 노트를 모조리 뜯어 불살라 버리고 굳이 활기를 찾으려고 생활의 앞길을 노렸으나 헛수고였다. 가령 직업으로 말하더라도 나의 마음을 당기는 직업은 하나도 없었고 그렇다고 가지고 있는 과만한 재산을 쓸 길도 그것을 바치고 싶은 방향도 없었다. 그런 나의 무위의 성격을 비웃는 듯이 유례는 그 자신의 굳센 신념의 목표로 향하여 활기 있는 행동의 열정을 모조리 쏟는 것이었다.

마침 유례는 그를 길러 준 여학교의 파업을 지도할 임무를 띠고 주야로 분주할 무렵이었다. 기어코 파업은 불성공으로 단결은 깨뜨러지고 희생자를 내기 시작하자 이윽고 등 뒤의 주동이 주목되었다. 벌써 구체적 인물이 판정되어 지칭을 받게 됨을 알았을 때 유례는 하는 수 없이 거리의 눈을 피하여 이쪽저쪽 몸을 옮길 수밖에 없었다.

"마저마저 걸릴 듯한 형세예요."

신변에 가까운 그물 기슭을 피하는 물고기와도 같은 민첩한 자세로 나의 방에 뛰어든 것은 늦은 저녁때였다. 긴장된 때의 눈방울이란 공기같이 차고 전신에는 탄력이 넘쳤다. 방향 잃은 물고기를 나는 방 속에 가두었다. 방 안에서는 유리항아리 안의 금붕어같이 연하고 부드러운 자세였다.

신변의 위험은 감쪽같이 잊어버리고 아무 일도 없었던 것같이 밤 늦도록 제각각 책장을 번겼다. 무의미한 파업의 경과보고를 듣기도 괴로운 일일 듯하여 나는 유례에게 책을 권하고 읽던 소설책을 펴든 것이었다. 그러나 유례 자신의 마음속은 알 바 없어도 나는 모처럼 숨어든 유례를 옆에 놓고 마음속에는 아무 파도도 없는 듯이 천연스럽게 독서에만 열중하고 있을 수가 없었다. 당시 나에게는 달리 애정의 대상 되는 여자가 (란야가 아니라) 있었다고는 하였으나 의식의 그 어느 구석에 유례의 자태도 늘 떠나지 아니하고 맴돌고 있었던 까닭이다. 그것이 곧 애욕을 의미하였든지 않았든지는 알 바 없다.

책에 지쳤던지 자정을 넘었을 때에는 유례는 한구석에 그대로 쓰러져 쉽게 잠이 들었다. 이불을 걸쳐 주고 나는 내 자리에 누웠으나 눈은 말똥말똥해지고 정신은 더욱 맑아 갈 뿐이었다. 등불이 지나쳐 밝은 죄도 있었겠으나 그렇다고 불을 끌 수도 없었다. 하는 수 없이 이불을 푹 쓰고 고시랑거리다 어느 결엔지 약간 잠이 든 모양이었으나 그것은 짧고 어지러운 잠이어서 다시 눈이 뜨였을 때에는 골이 무겁고 관자놀이가 후둑후둑 뛰었다. 잠드는 약이라도 먹어 볼까 하고 일어나 책상 서랍을 들칠 때 애써 안 보려고 하던 유례 쪽으로 자연 눈이 가는 것을 어찌할 수 없었다.

목석이 아닌 바에 사람을 옆에 두고 그렇게 곤하게 잠들 수 있을까. 유례는 이불을 차고 무례하게 아랫몸을 드러내 놓고 얼굴을 불그레 물들이고 단잠에 폭 빠져 있지 않은가. 방 안에는 나밖에는 꺼릴 눈은 하나도 없었으나 그래도 그의 벗은 몸을 덮어 주려고 가까이 가 이불을 끌어올리다 나는 힘을 잃고 그 자리에 푹 주저앉아 버렸다. 정신없이 유례에게 몸을 부딪쳤다. 얼굴이 맞닿았다. 방 안이 어지럽게 핑핑 돌았다.

"웬일이서요. 이럴 법 있나요."

깜짝 놀라 유례는 눈을 떴다. 그러나 짜증을 내며 불시에 나의 뺨을 치는—법도 없이 애써 나의 몸을 밀쳐 버리려고도 하지 않았다.

"이미 사랑하는 사람이 계시지 않어요."

다른 말도 많을 터인데 하필 이러한 말을 함은 무슨 뜻인지를 알 수 없었다. 겸양의 말일까. 연애의 공덕을 지키자는 뜻일까. 사랑하는 사람이 없었다면 모든 것을 나에게 바칠 수 있다는 의미일까. 나는 금시에 냉정한 반성으로 돌아가며 더웁던 몸이 순간에 식어 버리고 나의 꼴이 몹시 겸연쩍음을 느꼈다.

유례의 몸은 별안간에 따뜻한 피를 잃고 마치 신성한 그림같이 엄숙한 '터부'같이 싸늘하게 보여 더 다치기 어려운 것이었다. 그러므로 내가 불같이 유례를 훔치려고 한 것은 사랑이었든지 그렇지 않으면 단순한 짐승의 욕심이었든지를 모르고 말았다.

그 밤과 이 밤과는 퍽도 다르다. 바다에서 등대에서 돌아온 밤 한결같이 타오르는 열정의 불꽃은 도저히 끌 바 없었다. 그 밤에 시작된 열정은 이 밤에 맹렬히 살아나 곱절의 세력으로 불붙는 것이었다. 타는 몸을 어쩌는 수 없어 나는 잠자리를 일어나 아닌 때 목욕실로 내려갔다. 그러나 뜨거운 온수는 도리어 몸을 덥힐지언정 마음을 식히지는 못하였다. 바로 창밖 기슭에는 한 포기의 느릅나무인지 느티나무인지의 아름드리 고목이 우거져 가뜩이나 어두운 창을 칙칙한 검은 그림자로 압박하고 있다. 허물없는 그 고목까지도 깨끗하게 나의 답답한 마음을 뒤덮는 결과밖에는 되지 않았다. 이웃 간 여탕에서는 이 역 아닌 밤중에 목욕하는 사람이 있는 눈치였다. 그 역 잠안 오는 사람임에 틀림없다. 유례나 아닐까 생각하며 고요히 철벅거리는 물소리를 들으면서 나는 욕실을 나가 잠옷을 걸쳤다.

일단 방으로 돌아갔으나 마치 유령에게나 홀리운 것같이 발은 허둥허둥 되돌아 정신없이 옆방으로 향하였다. 아무렇게 되거나 마지막 결단을 내자는 셈판이었는지 모른다.

그러나 유례는 방에 없었다. 유례 대신에 텅 빈 방에서 날쌔게 나는 무엇을 보았던가. 유례의 존재를 대변하는 듯도 한 한 장의 편지가 책상 위에서 나의 시선을 끌었다. 넓은 책상 위에 꼭 한 장 놓인 흰 봉투의 오똑한 편지가.

달려들어 그 편지를 집은 결과 멀리 떨어져 있는 건수에게로 보내는 유례의 편지임을 알고 순간에 그것을 꾸짓꾸짓 꾸겨 손아귀에 훔쳐 쥔 것은 삽시간의 거의 미치광이의 거동같이 황망한 것이었다. 편지를 다시 펴서 떨리는 손으로 죽죽 찢어 내용이 사라져 버린 의미 없는 종이조각을 뭉크려 쥐었을 때 복도에 발소리가 나며 유례가 들어왔다.

여탕에서 목욕하던 사람은 역시 유례였다. 잠옷의 앞을 되고 말고 두 손으로 여며 쥐고 수건을 어깨에 걸치고 들어오는 유례를 향하여 나는 다짜고짜로 찢어 쥔 편지의 뭉치를 뿌렸다. 유례는 영문을 몰라 그 자리에 주춤 섰다.

확실히 바른 정신을 잃은 착란된 꿈속의 거동이었다. 이어 나는 불같이 유례에게 달려들어 부서져라 그의 몸을 안고 얼굴을 찾았다. 유례는 순간에 모든 것을 이해한 것이었다. 굳이 발버둥 치며 나의 몸을 밀쳐 버리지는 않았다. 침착하게 입술을 허락하였다. 나는 욕심쟁이같이 언제까지든지 얼굴을 떼려고 하지 않았다. 입술은 숯는 피같이 더웠다.

나는 이 밤같이 건수에게 질투를 느낀 적은 없다. 불붙는 게염 용솟음치는 미움—원시인이 던지는 창살과도 같은 날카로운 감정이 건수를 쏘았다. 그 무서운 질투로 말미암아 나는 비로소 내가 유례를 사랑하고 있음을 깨달았다. 오랫동안 유례에게로 기울어 맴돌던 갈피갈피의 감정—그것은 모두 사랑의 감정이었던 것이다. 장구한 마음의 방황은 그 사랑의 확증을 얻으려고 싸운 시험 과정임을 알 수 있었다. 실로 오래간만의 발견이었다. 그러나 한 발견도 그 자리에 무슨 결과를 가져올 수 있던가. 아무 열매도 맺을 수 없었다. 때가 늦었고 모든 형편이 너무도 뒤틀려진 것이다.

이윽고 유례는 얼굴을 돌리며 나의 몸을 밀쳤다. 무엇을 더 요구할 수 있었던가. 그 이상 더 사랑의 증거를 주고 사랑의 표시를 빼앗을 수 있던가. 그의 몸을 놓치지 않으려고 빽쓰는 나의 팔을 물리치고 유례는 방 가운데 주저앉으며 팔로 얼굴을 가리어 버렸다.

"더 괴롭게 하지 마세요. 제 처지를 생각해 주세요."

금방 울 듯한 목소리였다.

더 손을 댈 수도 없어 나는 산란한 정신을 부둥켜안고 방을 뛰어나가 뜰에 내려섰다. 허둥지둥 골짝을 내려가 개울가 돌밭에 섰다. 방에 돌아가지 못할 운명을 잘 아는 나는 어두운 밤 돌 위에서 밤을 새울 수밖에는 없었다.

긴 꿈이라도 꾼 것 같다. 어찌 되어 그 개울가에 섰으며 그 전에는 무슨 일이 일어났던지가 머릿속에 까맣고 아득하다. 당금(當今) 서 있는 곳이 서울이 아니며 방 안이 아니며 틀림없는 개울가인가.

그것은 무슨 까닭인가 하는 갈피갈피의 착각이 마음속을 구름같이 휘저어 놓았다.

어느 맘 때나 되었는지 나는 문득 등 뒤에 울음소리를 들은 듯하여 돌아섰다. 어둠 속에 유례가 서서 느끼고 있는 것이었다. 나는 가까이 가서 어깨에 손을 얹었다.

"알고 보니 때가 너무 늦었었소. 달을 보러 나왔을 젠 이미 새벽이 가까웠구료. 좀 더 일즉이 마음의 의향을 종잡았던들—."

짜장 새벽이 가까웠는지 밤기운이 몸에 차다.

5.

길은 하나밖에 없었다. 기어코 마지막으로 그 길이 왔음을 깨닫고 나의 마음은 설레는 법 없이 도리어 침착하였다.

무위의 생애에 끝으로 하나 남은 희망은 유례였으나 그것을 알게 된 순간이 곧 또한 유례를 떠나야 할 순간임은 확실히 저주된 인생인 것이다. 저주된 인생을 떠남이 나에게는 차라리 구원이다. 동시에 그것은 영원히 유례를 차지하는 수단도 된다.

그러나 그 길은 반드시 새삼스럽게 작정된 길도 아니다. 평소부터 늘 예감하여 오던—호프만의 그림을 보기 시작한 때부터 마음속에 우렷이 짐작되고 유례와 같이 기차로 분수령을 넘을 때에 웬만치 작정된—말하자면 마음속에 익숙한 길이었다. 그것이 이 밤에 마침내 유례에게 대한 감정의 성질이 확정되자 동시에 결정적으로 작정되었을 뿐이다. 해발 팔백 미터의 기둥 꼭대기에서 일직선으로 바다로 떨어지던 어지럽던 환영이 절실한 현실의 요구로 변하여 눈앞에 나타났을 뿐이다.

유례의 몸을 옆에 가까이 두고도 그것이 '터부'인 까닭에 다치지 못하고 있는 것은 기쁜 것이 아니라면 슬픈 것이어야 할 것을 마음은 눈도 깜짝 안 하고 무감동하게 침착함은 대체 무슨 까닭이었을까.

간밤의 기억도 다 잊어버린 듯이 나는 무심히 행장을 정리하였다. 실상은 그럴 필요도 없었겠으나 일이 난 후에 어지럽게 널려 있을 꼴이란 상상하기도 을씨년스러운 까닭에 그런 주밀한 마음씨를 아끼지 않았다. 트렁크 속에 넣을 것을 다 수습한 후에 서울에 있는 가가의 처리와 예금통장의 처치를 부탁하는 유례에게 보내는 편지를 써서 그 속에 넣고 주인에게는 은밀히 유례가 머무르고 있을 동안까지의 숙박료를 넉넉하게 치러 주고는 낮쯤 되었을 때 유례를 이끌고 여관을 나갔다.

가을 하늘이 유리조각같이 단단해 보인다. 바로 산기슭의 푸른 한 폭은 때리면 깨뜨러질 것같이 맑다. 산허리의 단풍이 날이 새롭게 물들었고 그것이 고기비늘 같은 조각구름과 아름답게 조화되었다. 이런 자연의 풍물을 한 폭 한 폭 감상할 만한 마음의 여유조차 있었던 모양이다. 유례와의 마지막 산보의 한 걸음 한 걸음을 아깝게 여기면서 피서촌으로 향하였다.

한 줄기의 곧은 하아얀 마을길은 들어갈수록 낙엽이 어지럽다. 백양나무 아카시아 다래넝쿨의 낙엽이 한층 민첩하고 빠른 것 같다. 머루송이가 군데군데 떨어진 길바닥에 병든 나무 잎새가 한 잎 두 잎 펀득펀득 날아 떨어졌다. 문득 베를렌의 「샹송 도톤(Chanson d'automne)」의 구절이 가슴속에 흘렀다. 들리지 않는 바이올린의 멜로디가 확실히 나의 걸음의 반주로 뼈를 아프게 긁는 것이다. 낙엽과 나—나와 낙엽! 두 번째 들어간 산 식당의 마지막 오찬—그것은 최후의 만찬과도 같이 검소한 것이었다. 빵과 포도주—포도주를 대신하는 꿀은 그다지 달지도 않았으나 그렇다고 쓰지도 않았다.

식당을 나가 기어코 다다를 곳에—마지막 목적지에 서게 되었다. 깊은 소 위에 어마어마하게 걸린 높은 널다리 위에 다시 선 것이다. 다리가 출렁거리고 물 위 나뭇잎 같은 것은 전과 일반이다. 다른 것은 나의 마음뿐이다.

"좁은 문이 지금의 내게는 탄탄대로로 보이는구료."

나의 목적을 예료한 듯이 끝까지 나의 거동을 세밀히 관찰하던 유례는 그 한마디에 나의 마음을 간파한 눈치였으나 놀라는 표정을 하였을 뿐 다따가 말은 못 이었다.

나는 그가 못 미치는 동안에 꾀바르게 혼자 떨어져 어느덧 다리의 거의 복판까지 걸어가 섰다.

"내내 건투하시오. 현실의 유례에게는 내 손이 닿지 않으니 유례를 마음대로 가질 수 있는 세상으로 가려는 것요. 외국 여지의 본을 받아 붉은 십자가를 세울 필요도 없소."

농으로 보이려고 될 수 있는 대로 웃으면서 난간의 쇠줄을 잡고 널판 기슭에 나섰다. 벌써 일순도 주저할 필요는 없었다.

"참으세요. 기다리세요."

유례가 황겁히 외치면서 뛰어올 때에는 나는 벌써 발을 빗디디고 잡았던 쇠줄을 놓은 뒤였다.

얼굴이 뜨고 오금이 근실거리는 극히 짧은 순간 문득 눈앞에는 푸른 물 대신에 유례, 건수, 란야 세 사람의 모양이 회오리바람같이 휩쓸려 뱅돌다가 다음 순간 탈싹 부서져 버렸다. 몸이 찢어지는 것 같고 어깨가 쑤욱 솟는 것 같고—의식은 거기서 끊어졌다.

이야기는 끝났어야 할 것이나 질긴 목숨이 소생된 까닭에 더 계속된다. 소에 빠진 채 바위에 몸을 부딪치거나 영영 솟지 않거나 하였던들 그만이었을 것을 공교롭게도 혹은 공칙하게도 몸은 길이로 살촉같이 물속에 잠겼다가 깊은 타격도 상처도 받지 않고 다시 쑤욱 솟으면서 물 위에 떠올랐던 것이다. 물론 그 당장의 감각이라든가 의식이라든가는 전혀 기억 속에는 없었고 다시 눈이 뜨였을 때는 여관방 복판에 누워 있는 자신을 발견하였을 뿐이었다.

의사가 막 다녀간 뒤였다. 새 요 위에 누운 나의 주위에는 시중드는 하녀들의 오락가락하는 그림자가 어지럽고 알코올 냄새 약 냄새가 코에 맡였다. 팔에는 주사를 맞은 뒷자리가 여러 군데요 머리와 다리에는 붕대가 친친 감겨 있었다. 무거운 환자의 병실같이 화로에는 숯불이 이글이글하고 주전자에서는 김이 무럭무럭 오르며 천정에는 여러 폭의 축인 수건이 걸려 있다. 물론 그 모든 어수선한 사이로 무엇보다 먼저 유례의 자태가 눈에 띈 것은 두말할 것 없다.

문득 눈을 뜨고 두리번거리기 시작하였을 때 유례는 선뜻 머리맡에 다가앉으며 나의 겨드랑 밑에서 체온계를 뽑았다. 들여다보더니 금시에 긴장되었던 얼굴이 풀리며 기껍게 나를 바라보면서 체온계를 흔들어 수은을 내린다.

"됐어요. 평온에 가까워 왔어요."

되지 않아야 할 것이 된 것은—없어야 할 목숨이 붙여진 것은 나에게는 빼저린 비꼬임이었다. 이루지 못한 비극은 희극보다도 더 우스꽝스러운 것이다. 미치광이 같은 주제를 광대 같은 꼴을 유례의 앞에 드러내 놓기가 겸연하고 부끄러웠다. 물론 차라리 물속에 고스란히 꺼져 버렸다면 얼마나 다행이었을까. 다시 살아났댔자 거사 이전의 그 감정 그 형편의 연장 이외에 아무것도 오지는 않을 것을.

"평온에 가깝다는 것이 나를 축복하는 말이요? 그놈의 체온계를 분질러 버렸으면."

"안정하세요. 흥분은 금물예요."

유례는 침착하게 목소리를 부드럽혀 나의 감정을 문지르고 가라앉히려 애쓰는 눈치였다.

"허수아비는 논 가운데나 세우지, 산송장은 무엇에 쓴단 말요."

말도 끝나기 전에 나의 비웃음의 태도를 경계하는 듯이 유례는

"생명을 멸시함은 사랑을 성취하는 도리가 아닐 것예요. 길이 좁다면 참으면서 정성껏 걸어감에 값이 있지 않을까요."

"무슨 값이란 말요."

반문하면서도 언제인가 호텔 방에서 바라본 밤 교회당의 검은 십자가가 짜장 앞길에 놓였음을 문득 깨달았다. 무덤 앞에 세울 십자가가 죽은 후의 운명을 대신하여 생전의 앞길을 가로막은 것이다.

"반가운 소식 전해드릴까요."

무거운 침묵을 깨뜨리며 유례는 어조를 갈았다.

"놀라실까요. 란야가 맞은편 여관에 와 있어요."

별로 놀라지도 않고 천연스럽게 듣노라니 유례는 어저께 변이 일어났을 때 우연히 거리에서 란야를 만났다는 것, 같이 여관까지 달려와 누구보다도 많이 나의 시중을 들었다는 것, 얼마 안 있으면 찾아올 법하다는 것을 이야기하였다.

말하는 그의 표정을 살필 필요도 없었으나 극히 천연스럽고 사실 반가운 듯도 한 말씨였다. 친한 동무의 소식을 말하는 그런 어조였다. 반드시 발뺌을 하는 것도 같지 않은 의젓한 태도였다. 그러나 그것이 물론 나에게는 슬픈 일이어서는 안 된다. 잠자코 들었다.

얼마 안 되어 정말 란야가 왔다. 세 사람의 태도는 서로 아무 속임도 없는 듯 능청맞은 것이었다.

차라리 눈앞에 유례를 보지 말게 되기를 원하였다. 안타까운 회포는 더 많이 눈으로부터 들어오는 까닭이다.

이 원을 풀어 주려는드키 또는 꼴 보라는드키 일도 공교롭게 되었다.

저녁 무렵은 되어 유례는 신문을 얻어 들고 얼마간 급스럽게 들어왔다.

"한 걸음 먼저 떠나야겠어요."

이유를 말하는 대신에 신문을 내밀며 한 곳을 가리켰다.

떨릴 것도 없고 놀랄 것도 없다.

건수가 중병으로 말미암아 보석으로 출옥하였다는 소식이 보도되어 있다.

그것이 힘든 노력이었는지는 모르겠으나 나는 냉정한 이성을 잃지는 않았다.

"가구 말구. 얼른 떠나시오."

부드러운 충고라느니보다도 침착한 선언이었다.

"꿈을 깨고 현실로 행동으로 돌아갈 때요. 꿈—잠깐 동안의 꿈으로 생각하고 발을 돌리면 그만이니까."

"노여워하서요?"

"권리가 있나."

"왜 웃는 낯으로 못 보내 주서요."

"울 필요가 없는 것같이 웃을 필요도 없잖우."

정말 울 것이 없었던가. 나는 뜨거운 눈을 꾸욱 감았다.

"필요가 없는 것을 왜—."

유례는 나의 젖은 눈을 본 것이다. 눈물을 책망하려는 것이다.

"티가 들어도 눈물은 나고 하품을 해도 눈물은 나는 법이니까."

주책없는 눈물의 핑계는 이렇게밖에는 댈 수 없다. 거북스런 마음의 눈을 뜰 수도 없어 감은 채 느끼는 마음을 꾹 누르고 있으려니 유례의 손가락이 눈을 훔치는 모양이었다. 나는 무거운 목소리를 힘껏 자아냈다.

"가시오. 눈을 감고 있는 동안에 내 곁을 떠나시오."

목소리가 사라진 뒤까지도 여음이 마음속에 길게 울려 마치 체조교사의 호령 같은 목소리가 아니었던가 하는 쓸데없는 착각이 일어나는 것이었다.

유례가 가 버린 뒤는 가을벌레 소리가 문득 그쳤을 때와 같은 정서였다. 쓸쓸은 하나 평온하다. 아마도 마지막 작별이었겠건만 마음은 설레지 않았다. 건수에게 안부의 말이라도 한마디 선하였더면

하는 여유조차 생겼다.

유례를 대신하는드키 란야는 나의 옆을 떠나지 않았다. 하녀들과 함께 나의 시중을 들기에 정성을 다하였다. 나에게 보이지 않는 곳에서 유례와의 사이에 어떤 교섭과 거래가 있었는지는 모르겠으나 유례와 나의 그동안의 여러 가지의 과정을 아는지 모르는지 알고도 깨달았는지 천연스럽고 의젓한 태도였다. 마치 온종일 집을 잊어버리고 밖에서 놀던 아이가 시침을 떼고 천연스럽게 집을 찾아 들어온 때와도 같다.

"역시 사람을 잘못 봤어요. 속았어요. 함손은 천생의 불량자예요. 주제넘게 그를 기르랴고 한 것이 불찰이었지요. 가난뱅이 주제에 무서운 '돈 후안'인 것을."

함손에게는 다시 새 짝이 생겼다는 것, 정양차로 피서지까지 동행하였다가 그대로 갈라졌다는 것을 이야기하였다. 나에게는 아무 필요 없는 소식이었으나 그것을 실토하는 란야의 속뜻은 짐작된다. 구태여

"어떻게 하란 말요."

하고 물을 필요도 없기는 없었다.

"뻔질뻔질하다고 책하시겠죠."

날렵하던 그 기개는 간 곳 없고 거북스럽고 겸연쩍은 란야의 태도였다.

—다시 나에게로 돌아오자는 것이다.

물론 나에게는 그 뜻이 이제 와서는 아무 감격도 정서도 가져오지는 못하였다. 란야는 벌써 나에게는 향기를 잃은 고깃덩이요 김

빠진 한 잔의 술이었다. 등 뒤에 질질 끌릴 무거운 짐을 느낄 뿐이었다.

"생활의 요구에는 얼마든지 응할 수 있으나 쓸모없는 열정은 천당으로나 날려 보냄이 어떻소."

말이 가혹하였을까.

"저를 죽이자는 셈이죠."

란야는 짧게 외치고 나의 가슴 위에 푹 꼬꾸라졌다. 두 어깨가 움쭐 움쭐 파도치기 시작하였다.

그러나 나는 가슴 위에 사람을 느끼는 대신에 물건을 느꼈다. 숨이 가빠 쳐들려고 하나 맥이 없다.

"됩데 사람을 죽이자는 셈인가."

뻐저린 비꼼임에도 시침을 떼고 어여쁜 해맑은 얼굴을 들려고도 하지 않았다. 몸을 얼싸안은 두 팔은 말다리같이 탄력이 있다.

온천의 밤은 의미 없이 저물어 갔다. 마치 이 이야기와도 같이 고요하게.

《조선일보》, 1935. 10. 11 ~31.

수탉

을손은 요사이 울적한 마음에 닭 시중도 게을리하게 되었다. 그 알뜰히 기르던 닭들이 도무지 눈에도 들지 않으며 마음을 당기지 못하였다. 모이는새로에 뜰 앞을 어른거리는 꼴을 보면 나뭇개비를 집어 들게 되었다. 치우지 않은 우리 속은 지저분하기 짝 없다.

네 마리를 팔면 한 달 수업료가 된다. 우리 안의 수효가 차차 줄어짐이 그다지 애틋한 것은 아니었다. 도리어 제때 가질 운명을 못 가지고 우리 안을 헤매는 한 달 동안의 운명을 벗어난 네 마리의 꼴이 눈에 거슬렸다. 학교에 안 가는 그 한 달 수업료가 늘려진 것이다.

그 네 마리 중에서도 못난 한 마리의 수탉—가장 초라한 꼴이었다. 허울이 변변치 못한 위에 이웃집 닭과 싸우면 판판이 졌다. 물어뜯기운 맨드라미에는 언제 보아도 피가 새로이 흘러 있다.

거적눈인 데다 한쪽 다리를 전다. 쭉지의 깃이 가지런하지 못하고 꼬리조차 짧다. 어떤 때면 암탉에게까지 쫓겼다. 수탉 구실을 못하는 수탉이 보기에도 민망하였으나 요사이 와서는 민망한 정도를 넘어 보기 싫은 것이었다. 더구나 한 달의 운명을 우리 안에 더 붙이게 된 것이 을손에게는 밉살스럽고 흉측스럽게 보일 뿐이었다.

학교에 못 가는 마음이 몹시 답답하였다.

능금을 따고 낙원을 쫓기운 것은 전설이나 능금을 따다 학원을 쫓기운 것은 현실이다.

농장의 능금은 금단의 과실이었다.

을손들은 그 율칙을 어긴 것이다.

동무들의 꼬임에 빠졌다느니보다도 을손 자신 능금의 유혹에 빠졌던 것이다. 능금은 사치한 욕망이 아니다. 필요한 식욕이었다.

당번은 다섯 명이었다. 누에를 다 올린 후이라 별로 할 일 없이 한가하였던 것이 일을 저지른 시초일는지 모른다. 잡담으로 자정이 되기를 기다렸다가 일제히 방을 나가 어둠 속에 몸을 감추고 과수원의 철망을 넘었다.

먹다 남은 것을 아궁이 속에 넣은 것은 감쪽같았으나 마지막 한 개를 방구석 뽕잎 속에 간직한 것이 실책이었다.

이튿날 아침 과수원 속의 발자취가 문제되었을 때 공교하게도 뽕잎 속의 그 한 개가 발견되었다.

수색의 길은 빤하다. 간밤의 다섯 명의 당번이 차례로 급주임 앞에 취조를 받게 되었다.

굳게 언약을 해 놓고서도 어느 때나 마찬가지로 사람의 단결이란 그 어디로부터인지 교묘하게 부서진다. 약한 한 사람의 동무의 입에서 기어코 실토가 된 모양이었다. 한 사람씩 거듭 불려 들어갔다.

두 번째 호출이 시작되었을 때 을손은 괴상한 곳에 있었다.

몸이 무거워 그곳에 들어간 것이 아니라 얼마 동안의 귀치않은 시간을 피하려 일부러 그런 곳을 고른 것이었다.

한 사람이 들어가 간신히 웅크리고 앉았을 만한 네모진 그 좁은 공간—거북스럽기는 하여도 가장 마음 편한 곳도 그곳이었다. 그곳에 앉았으면 마치 바닷물 속에 잠겨 있는 것과도 같이 몸이 거뿐한 까닭이다.

밖 운동장에서는 동무들의 지껄이는 소리, 웃음소리, 닫는 소리에 섞여 공 구르는 가벼운 소리가 쉴 새 없이 흘러와 몸은 그 즐거운 소리를 타고 뜨는 것 같다.

을손은 현재 취조를 받고 있을 당번의 동무들과 자신의 형편조차 잊어버리고 유유히 주머니 속에서 담배를 한 개 집어내서 불을 붙였다. 실상인즉 담배도 능금과 같이 금단의 것이었으나 율칙을 어김은 인류의 조상이 끼쳐 준 아름다운 공덕이다. 더구나 그곳에서 한 모금 피우기란 무상의 기쁨이라고 을손은 생각하는 것이었다.

이것도 그곳의 특이한 풍속으로 벽에는 옷을 입지 않을 때의 남녀의 가지가지의 원시적 자태가 유치한 필치로 낙서되어 있다. 간단한 선, 서투른 그림이면서도 그것은 일종의 기쁨이었다.

을손도 알 수 없는 유혹을 받아 주머니 속에서 무딘 연필을 찾아 향기로운 연기를 길게 뿜으면서 상상을 기울여 그림을 그리기 시작하였다.

능금을 먹은 위에 담배를 피우며 낙서를 하며—'위반'을 거듭하는 동안에 을손은 문득 학교가 싫은 생각이 불현듯이 들었다—가령 학교에서 능금 딴 제자를 문초한 교사가 일단 집에 돌아갔을 때 이웃집 밭의 능금을 딴 어린 아들은 무슨 방법으로 처벌할 것이며 그 자신 능금을 따던 소년시대를 추억할 때 어떤 감상과 반성이 생길 것인가. 또 혹은 학교에서 절제의 미덕을 가르치는 교사 자신이 불의의 정욕에 빠졌을 때 그 경우는 어떻게 설명하여야 옳을 것인가—마치 십계명을 설교하는 목사 자신이 간음의 죄에 신음하는 것과도 흡사한 그 경우를.

가깝게 생각하여 특수한 과학과 기술을 배워야 그것을 이용할 자신의 농토조차 없는 형편이 아닌가.

변변치 못하다. 초라하다. 잔단 보수를 바라 이 굴욕을 받는 것보다는 차라리 좁고 거북한 굴레를 벗어나 아무 데로나 넓은 세상으로 뛰고 싶다.

을손의 생각은 고삐를 놓은 말같이 그칠 바를 몰랐다.

아마도 오래된 듯하다.

하학 종소리가 어지럽게 울렸다.

이튿날 아버지는 단벌의 나들이 두루마기를 입고 학교에 불리웠다.

무기정학의 처분이었다.

아버지는 어안이 벙벙한 모양이었다—정든 아들을 매질할 수도 없었으므로.

을손은 우리 안의 닭을 모조리 훌두드려 팔아 가지고 내빼고 싶은 생각이 불같이 났으나 그것도 할 수 없어 빈손으로 집을 떠났다.

이웃 고을을 헤매이다가 사흘 만에 다시 집으로 돌아왔다.

밭일도 거들 맥없어 며칠은 천치같이 보낼 수밖에 없었다.

우리 안의 닭의 무리가 눈에 나 보였다. 가운데에서도 못난 수탉의 꼴은 한층 초라하다. 고추장에 밥을 비벼 먹여도 이웃집 닭에게 지는 가련한 신세가 보기에도 안타까웠다.

못난 수탉, 내 꼴이 아닌가—을손은 화가 버럭 났다.

한가한 판이라 복녀와는 자주 만날 수는 있는 처지였으나 겸연쩍은 마음에 도리어 주저되었다.

을손의 처분을 복녀는 확실히 좋게 여기지는 않는 눈치였다.

복녀는 의지의 여자였다. 반년 동안의 원잠종 제조소의 견습생 강습을 마친 터이라 오는 봄부터는 면의 잠업 지도생으로 나갈 처지였다. 건듯하면 게을리 되는 을손의 공부를 권하여 주고 매질하여 주는 복녀였다. 학교를 마치면 맞들고 벌자는 언약이었으나 을손의 이번 실수가 복녀를 실망시킨 것은 확실하였다. 무능한 사내—복녀에게 이같이 의미 없는 것은 없었다.

하루 저녁 복녀를 찾았을 때 을손에게는 모든 것이 확적히 알려졌다.

나온 것은 복녀가 아니요 복녀의 어머니였다.

"앞으론 출입도 피차에 잦지 못하게 될 것을 생각하니 섭섭하기 그지없네."

뜻을 몰라 우두커니 서 있으려니 복녀의 어머니는 말을 이었다.

"기어코 알맞은 사람을 하나 구해 봤네."

천 근 같은 무쇠가 등골을 내려쳤다.

"조합에 얌전한 사람이 있다기에 더 캐지도 않고 작정하여 버렸어."

복녀는 찾아볼 생각도 못하고 을손은 허전허전 뛰어나왔다.

(복녀의 뜻일까, 춘향모의 짓일까.)

물을 필요도 없었다.

눈앞이 어둡고 천지가 헐어지는 것 같았다.

며칠 동안은 눈에 아무것도 어리우지 않았다.

앙상한 밤송이 같은 현실.

한 달이 넘어도 학교에서는 복교의 통지도 없다.

저녁때였다.

닭이 우리 안에 들어 각각 잠자리를 차지하였을 때 마을 갔던 수탉이 어슬어슬 돌아왔다.

또 싸운 모양이었다.

찢어진 맨드라미에는 피가 생생하고 퉁겨진 죽지의 깃이 거꾸로 뻗쳤다.

다리를 저는 것은 일반이나 걸어오는 방향이 단정치 못하다. 자세히 보니 눈이 한쪽 찌그러진 것이었다. 잠긴 눈으로 피가 흘러 털을 물들였다.

참혹한 꼴이었다.

측은한 생각은 금시에 미움의 감정으로 변하였다. 을손은 불같은 화가 버럭 났다.

(— 그 꼴을 하고 살아서는 무엇해.)

살기를 띤 손이 부르르 떨렸다. 손에 잡히는 것을 되구 말구 닭에게 던졌다.

공칙하게도 명중되어 순간 다리를 뻗고 푸득거리는 꼴에서 을손은 시선을 피해 버렸다. 끊었다 이었다 하는 가엾은 비명이 을손의 오장을 뒤흔들어 놓는 듯하였다.

《삼천리》, 1935. 11.

분녀

1.

우리도 없는 농장에 아닌 때 웬일인가들 의아하게 여기고 있는 동안에 집채 같은 도야지는 헛간 앞을 지나 묘포밭으로 달아온다. 산도야지 같기도 하고 마바리 같기도 하여 보통 도야지는 아닌 데다가 뒤미처 난데없는 호개 한 마리가 거위영장같이 껑충대고 쫓아오니 도야지는 불심지가 올라 갈팡질팡 밭 위로 욱여든다. 풀 뽑던 동무들은 간담이 써늘하여 꽁무니가 빠져라 산지사방으로 달아난다. 허구많은 사람 다 두고 도야지는 굳이 이쪽을 겨누고 욕박이 오는 것이다. 분녀는 기겁을 하고 도망을 하나 아무리 애써도 발이 재게 떨어지지 않는다. 신이 빠지고 허리가 휘는데 엎친 데 덮치기로 공칙히 앞에는 넓은 토벽이 막혀 꼼짝부득이다. 옆으로 빗빼려고 하는 서슬에 도야지는 앞으로 왈칵 덮친다. 손가락 하나 놀릴 여유도 없다. 육중한 바위 밑에서 금시에 육신이 터지고 사지가 떨어지는 것 같다.

팔을 꼼짝달싹할 수 없고 고함을 칠래야 입이 움직이지 않는다.

분녀는 질색하여 눈을 떴다.

허리가 빼근하며 몸이 통세난다.

문득 짜장 놀라서 엉겁결에 소리를 치나 소리는 나오지 않는다. 입안에는 무엇인지 틀어 막히우고 수건으로 자갈을 물리어 있지 않은가. 손을 쓰려 하나 눌리었고 다리도 허리도 머리도 전신이 무거운 도야지 밑에 있는 것이다. 몸에 칼이 돋히기 전에는 이 몸도 적을 물리칠 수 없지 않은가.

어둠 속에서도 경풍할 변괴에 부끄러운 생각이 났다. 어머니 앞에서도 보인 법 없는 몸뚱이를 하고 옷으로 덮으려 하나 생각뿐이다. 어머니는—하고 가까스로 고개를 돌리니 윗목에 누웠고 그 너머로 동생이 코 고는 소리가 들린다. 같은 방에 세 사람씩이나 산 넋이 있으면서도 날도적을 들게 하다니 멀건 등신들이라고 원망할 수도 없는 것은 된 낮일에 노그라져서 함빡 단잠에 취하여 있는 것이다. 발로 차서 어머니를 깨우고도 싶으나 발이 닿기에는 동이 떴다.

삼경이 넘었을까 밤은 막막하다. 열린 문으로는 바람 한숨 없고 방 안이나 문밖이 일반으로 까마득하다. 먼 하늘에는 별똥 하나 안 흐른다.

"원망할 것 없다. 둘만 알고 있으면 그만야. 내가 누구든—아무에게나 다 마찬가진걸."

더운 날숨이 이마를 덮는다. 부스럭부스럭하더니 저고리 고름을 올가미 지어 매 주는 눈치다.

간단하고 감쪽같다. 노석은 흔적 없이 '훔칠 것'을 훔치고 늠실하고 나가 버렸다.

몸이 풀리우자 분녀는 뛰어 일어나 겨우 입봉창을 빼기는 하였으나 파장 후에 소리를 치기도 객쩍다.

대체 웬 녀석인가. 뛰어나가 살폈으나 간 곳 없다. 목소리로 생각해보아도 알 바 없고 맺혀진 옷고름을 만져 보는 건 뜻 없다. 하늘이 새까맣다. 그 새까만 하늘이 부끄럽고 디딘 땅이 부끄럽고 어두운 밤을 대하기조차 겸연스럽다.

몸이 무지근하다. 우물에서 물을 두어 두레 퍼 올려 얼굴을 씻고 방에 들어가 등잔에 불을 켰다. 어둠 속에서 비밀을 가진 방 안은 밝을 때엔 천연스럽다. 땅 그 어느 한구석이 무질러 떨어졌을 것 같다. 하늘의 별 한 개가 없어졌을 것 같다. 몸뚱이가 한구석 뭉척 이지러진 것 같다. 반쪽 거울을 찾아들고 얼굴을 비치어 보았다. 코며 입이며 볼이며가 상하지 않고 제대로 있는 것이 도리어 신기하게 여겨졌다. 어차피 와야 할 것이겠지만 그것이 너무도 벼락으로 급작스리 어처구니없게 온 것이 분녀에게는 알 수 없이 겸연스러웠다.

얼굴과 몸을 어루만지며 어머니의 잠든 양을 물끄러미 바라보려니 별안간 소름이 치며 가슴이 벌린다. 무서운 생각이 신뜻 들며 어머니를 깨우고 싶다. 그러나 곤한 눈을 멀뚱하게 뜨고 상기된 눈방울로 이쪽을 바라보는 것을 보면 분녀는 딴소리밖엔 못하였다.

"새까맣게 흐린 품이 천둥하고 비 올 것 같으우."

묘포 감독 박추의 짓일까. 데설데설하며 엄부렁한 품이 아무 짓인들 못할 것 같지 않다. 계집아이들 틈에 끼어 인부로 오는 명준의 짓일까. 눈질이 영매스러운 것이 보통 아이는 아니나 워낙 집안이 억판인 까닭에 일껏 들어간 중등학교도 중도에서 퇴학하고 묘포 인부로 오는 것이 가엾긴 하다. 그러나 그라고 터놓고 을러멨다고 하면 응낙할 수 있었을까. 군청 급사 섭춘이나 아닐까. 행길에서도 소락소락 말을 거는 쥐알봉수. 그 초라니라면 치가 떨려 어떻게 하나.

잠을 설굳혀 버린 분녀는 고시랑고시랑 생각에 밤을 샜다. 이튿날은 공교로이 궂은 까닭에 비를 칭탈하고 일을 쉬고 다음 날 비로소 묘포로 나갔다. 같은 생각이 머릿속에 뱅 돌아 사람을 만나기가 여간 겸연쩍지 않다. 사람마다 기연미연 혐의를 걸어 보기란 면난스런 일이었다.

하늘이 제대로 개이고 땅이 이지러지지 않은 것이 차라리 시뻐스럽다. 천지는 사람의 일신의 괴변쯤은 익지 않은 과실이 벌레에게 긁히운 것만큼도 대수롭게 여기지 않는 모양이다. 하긴 다행이지. 몸의 변고가 일일이 하늘에 비치어진다면 귀분이 순야 옥녀 모든 동무들에게 그것이 알려질 것이요 그들의 내정도 역시 속 뽑히울 것이다. 이런 생각이 들자 별안간 그들은 대체 성할까 하는 의심이 불현듯이 솟아오르며 천연스러운 얼굴들이 능청스럽게 엿보였다.

박추와 명준에게만은 속내를 들리운 것 같아서 고개가 바로 쳐들리지 않았다. 다시 살펴도 가잠나룻이 듬성한 검센 박추. 거드름부리는 들때밑, 이 녀석한테 당하였다면 이 몸을 어쩌노. 잠자코 풀 뽑는 무죽한 명준이. 새침한 몸집 어느 구석에 그런 부락부락한 힘이 들어 있을꼬. 사람은 외양으론 알 수 없다. 마치 그것이 명준이요 적어도 명준이었으면 하는 듯이 이렇게 생각은 하나 면상과 눈치로는 그가 그인지 누가 그인지 도무지 거니챌 수 없다. 이러다가는 평생 그 사람을 모르고 지내지나 않을까.

맡은 이랑의 풀을 뽑고 난 명준은 감독의 분부로 이깔 포기에 뿌릴 약제를 풀어 무자위로 치기 시작하였다. 한 손으로 물을 뿜으며 다른 손으로 물줄기를 흔들다가 고무줄이 빗나가는 서슬에 푸른 약물이 옥녀의 낯짝을 쏘았다. 옥녀는 기겁을 하여 농인 줄만 알고 저 녀석 얼뜨기같이 해 가지고 요새 무슨 곡절이 있어 하고 쏘아붙인다. 명준은 픽 웃으며 마침 손이 빈 분녀에게 고무줄을 쥐어 주고 뿌려 주기를 청하였다. 두 사람이 자연스럽게 한 무자위로 협력하게 되자 옥녀는 더 말이 없었다.

통의 것을 다 쳤을 때 다시 물을 길을 양으로 분녀는 명준의 뒤를 따라 도랑으로 내려갔다. 도랑은 풀이 가리어 밭에서 보이지는 않는다. 명준은 손가락으로 물탕을 치며 낯이 부드럽다.

"일하기 싫지 않니."

대번에 농조로

"너 어떤 놈에게로 시집가련. 박추한테라도."

"미친것, 디띠기."

"시집갔니 안 갔니."

관자놀이가 금시에 빨개진 것을 민망히 여겨 곧 뒤를 이었다.

"평생 시집 안 갈 테냐."

"망할 녀석."

"난 이 고장에서 없어지겠다. 살 재미없어. 계집애들 틈에 끼어 일하기도 낯없다. 일한대야 부모를 살릴 수 없고 산다란 세금도 못

물어 드잡이를 당하는 판이 아니냐. 이까짓 고향 고맙잖어. 만주로 가겠다. 돌아다니며 금광이나 얻어 보련다. 엄청난 소리지. 그러나 사람의 운수를 알 수 있니."

"정말 가겠니."

"안 가고 무슨 수 있니. 이까짓 쭉쟁이 땅 파야 소용 있나. 거기도 하늘 밑이니 사람이 살지 설마 즘생만 살겠니."

물을 나르고 다시 도랑으로 내려왔을 때 명준은 다따가 분녀의 팔을 잡았다.

"금덩이를 지고 올 때까지 나를 기다려 주련."

눈앞에 찰락거리는 명준의 옷고름이 새삼스럽게 눈에 뜨이자 분녀는 번개같이 정신이 번쩍 들었다. 끝을 홀쳐 맨 고름이 같은 꼴의 제 옷고름과 함께 나란히 드리운 것이다.

"네 짓이었구나."

분녀는 짧게 외치고 고개를 떨어뜨렸다.

"언제까지든지 나를 기다리고 있으련."

박추의 소리가 나자 두 사람은 날쌔게 떨어져 밭으로 갔다. 분녀는 눈앞이 아찔하며 별안간 현기증이 났다.

그뿐 명준은 다시 묘포밭에 나타나지 않았다. 다음 날도 다음 날도. 며칠 후에 짜장 만주로 내뺐다는 소문이 들렸다. 분녀는 마음이 아득하고 산란하여 일을 쉬는 날이 많았다.

2.

분녀는 그렇게 눈떴다.

인생의 고패를 겪은 지 이태에 몸은 활짝 피어 지난 비밀의 자취도 어스레하다. 껍질에 새긴 글자가 나무가 자람을 따라 어느 결엔지 형적이 사라진 격이다.

이제 아닌 때 별안간 불풍나게 두 번째 경험을 당하려고 하는 자리에 문득 옛 생각이 떠오르지 않을 수 없었다. 흐르는 향기같이 불시에 전신을 휩싼다. 피가 끓으며 세상이 무섭고 가슴이 두근거리며 손가락이 떨린다. 물동이를 깨뜨린 때와도 같이 겁이 목줄을 죄인다.

대체 어떻게 하여서 또 이 지경에 이르렀나 생각하면 눈앞이 막막하다.

거리에 자주 비쭉거린 것이 잘못일까. 만갑이에게는 어찌 되어 이렇게 허름하게 보였을까. 돈도 없으면서 가가에 들어가서 이것저것 탐내는 것부터 틀렸다. 집안이 들고날 판에 든벌의 옷도 과람한데 단오빔은 다 무엇인가. 돈 있는 사람들의 단오놀이지 가난한 멀떠구니의 아랑곳인가. 이곳 질숙 저곳 기웃하며 만져 보고 물어보고 눈을 까고 한숨 쉬고 하는 동안에 엉큼한 딴꾼에게 온전히 깐보이고 감잡히었다. 만갑이는 가가에 사람이 비인 때를 가늠 보아 미처 겨를 사이도 없게 몸째 덜렁 떠받들어 뒷방에 넣고 안으로 문을 잠근 것이다.

부락스러운 꼴이 사내란 모두 꿈에서 본 도야지요 엉큼한 날도적이다. 훔친 뒤에는 심드렁하다.

"가지고 싶은 것 말해 봐—무엇이든지 소용되는 대로 줄게."

"욕을 주어도 분수가 있지 사람을 어떻게 알고 이 수작이야."

분녀는 새삼스럽게 짜증을 내며 보기 좋게 볼을 올려붙였다. 엄청난 짓을 당하면서 심상한 낯을 지닐 수도 없고 그렇게라도 할 수밖엔 없었다.

"미워 그랬나."

"몰라. 녀석."

쏘아붙이고는 팔로 눈을 받치고 다따가 울기 시작하였다. 사실 눈물도 나왔다. 첫 번에는 겁결에 울기란 생각도 안 나던 것이 지금엔 눈물이 솟는 것이다. 그 무엇을 잃은 것 같다. 다시 찾을 수 없을 것 같다. 안타까운 생각에 몸이 떨린다.

"울긴 왜. 사람은 다 그런 것이야. 단오에 들 것 한 벌 갖추어 줄게."

머리를 만지다 어깨를 지긋거리면서

"삽삽하게만 굴면야 이 가가라도 반 노나 줄걸."

가가에 인기척이 나는 까닭에 분녀는 문득 울음을 그쳤다. 부르다 주인의 대답이 없으니 사람은 나가 버렸다. 만갑이는 급작스럽게 말을 이었다.

"여편네가 중풍으로 마저마저 거꾸러저 가는 판이니 그렇게만 된다면야 나는 분녀를 새로 맞어다 가가를 맡길 작정인데 뜻이 어떤가."

울면서도 분녀는 은연중 귀를 솔깃하고 있었다.

"잘 생각해 볼 일이야."

듬직이 눌러 놓고 만갑이는 한 걸음 먼저 방을 나갔다. 손님을 보내기가 바쁘게 방문을 빼꼼히 열고 불러냈다.

"이것 넣어 둬."

소매 속에다 무엇인지를 틀어넣어 주는 것이다. 분녀는 어안이 벙벙하였다.

집에 돌아와 소매 갈피를 헤치니 지전 한 장이 떨어졌다. 항용 보던 것보다는 훨씬 넓고 푸르다. 과람한 것을 앞에 놓고 분녀는 저으기 마음이 누근하였다. 군청 관사에 아침저녁으로 식모로 가서 버는 한 달 월급보다 많다. 월급이라야 단돈 4원으로는 한 달 요(料)의 보탬도 못 된다. 화세(火稅)로 얻어 부치는 몇 뙈기의 밭을 그래도 어머니와 동생이 드세게 극성으로 가꾸는 덕에 제철 제철의 곡식이 요를 도우니 말이지 그것도 없다면야 분녀의 월급으로는 코에 바를 나위도 없을 것이다. 왼 곳에 가 있는 오빠가 좀 더 온전하다면 집안이 그처럼도 군색지는 않으련만 엉망인 집안에 사람조차 망나니여서 이웃 고을 목탄조합에 가 있어 또박또박 월급생애를 하면서도 한 푼 이렇다는 법 없었다. 제 처신이나 똑바로 하였으면 걱정이나 없으련만 과당하게 건들거리다 기어코 거덜나고야 말았다. 늦게 배운 오입에 수입을 탕갈하다 나중에 공금에까지 손찌검을 한 것이다. 탄로되었을 때에는 오백 소수나 감춰 낸 뒤였다. 즉시 그 고을 경찰에 구검되었다가 검사국으로 넘어간 것은 물론이어니와 신분보증을 선 종가에 배상액을 빗발같이 청구하므로 종가에서는 펏질 뛰어늘어 야기를 부리는 것이다. 집안은 망조를 만난 듯이 스산하고 을씨년스럽다.

불의의 수입을 앞에 놓고 분녀는 엄청나고 대견하였다. 어떻게 했으면 옳을까. 집안일에 보태자니 빛 없고 혼잣일에 쓰자니 끔찍하고 불안스럽다. 대체 집안사람들에게는 출처를 어떻게 말하면 좋을까. 관사에서 얻어 내 왔다고 해서 곧이 들을까. 가난에 과만은 도리어 무서운 일이다.

왈칵 겁도 났다. 술집 계집이나 하는 짓이 아닌가. 집안사람도 집안사람이려니와 명준에게 상구에게 들 낯이 있는가. 설사 만주에는 가 있다 하더라도 첫 몸을 준 명준이가 아닌가. 그야말로 불시에 금덩이나 짊어지고 오면 어떻게 되노.

그러나 명준이보다도 당장 날마다 만나게 되는 상구에게 대하여서는 어떻게 한단 말인가. 확실히 그를 깔보고 오기는 했다. 그렇기 때문에 벌써 피차에 정을 두고 지낸 지 반년이 넘는데도 몸 하나 까딱 다치지 못하게 하여 왔다. 그 역 몸은 다칠 염도 하지 않았다. 그러니 그는 깔보일 인금인가. 명준이같이 역시 눈질이 보통 재물(才物)은 아니다. 학교도 같은 학교나 명준이같이 중도에서 폐학할 처지도 아니요 그것을 마치고는 서울 가서 윗학교를 치를 생각이라니 그렇게만 된다면야 취직도 한층 높아 고을학교만을 졸업하고 삼종훈도로 나가거나 조합 견습생으로 뽑히우는 것과는 격이 다르다. 다만 세월이 너무 장구한 것이 지리하다. 지금 학교를 마치재도 이태 윗학교까지 필함은 어느 천년일까. 그때까지에는 집안은 창이 날 것이다. 몸까지 허락하면 일이 됩데 틀어질 것 같아서 언약만 하여 놓고 손가락 하나 까딱 못하게 한 것이다. 상구 역시 그것을 원하지 않았고 공부에 유난스럽게 힘을 들이는 모양이다. 그러는 동안에 이 꼴이 되고 말았다.

허랑한 몸으로 상구를 어찌 대하노. 그렇다고 그를 당장에 단념할 신세도 못 되고 진 죄를 쏟아 놓고 울고 뛸 수는 더욱 없는 것이다.

생각과 겁과 부끄럼에 분녀는 정신이 섞갈린다.

3.

학교가 바쁜지 여러 날이나 상구를 만날 수 없다. 눈앞에 면대하지 않으니 겁도 차차 으스러지고 도리어 마음은 허랑하게만 든다.

실상은 다음날로라도 곧 가려 하였으나 겸연쩍은 마음에 그럴 수도 없어 며칠은 번겼다. 그날 부랴부랴 그곳을 나오느라고 만갑이 가가에 물건을 잊어 둔 것이다. 물건도 물건이거니와 공칙히 손에 걸치는 옷가지인 까닭에 안 찾을 수도 없고 밤이 이슥하기를 기다려 분녀는 조심스러이 거리로 나갔다.

행길에는 사람들이 듬성듬성하다. 전과는 달라 한결 조물거리는 마음에 사방을 엿보며 가가로 들이가자 기다리고 있던 듯이 만갑이는 성큼 뛰어나온다.

"올 사람도 없을 듯하군."

밀창을 드르렁드르렁 밀고 휘장을 치고 가가를 닫히는 것이다.

"곧 갈 텐데."

"눈어림만 했더니 맞을까."

골방 문을 냉큼 열더니 만갑이는 상자를 집어낸다. 넢개를 여니 뾰족한 구두. 새까만 광채에 분녀는 눈이 어렵다.

팔을 나꾸어 쪽마루로 이끈다.

분녀는 반갑기보다도 무섭다.

"그까짓 구두쯤."

불 하나를 끄니 가가 안은 어둑스레하다.

만갑이는 마루에 걸터앉자 강잉히 팔을 잡아끈다. 뿌리치고 빼다가 전대 모슬기에서 붙들렸다.

"손가락 겨냥 좀 해 볼까."

우격으로 끌리운다.

마루에 이르기 전에 만갑이는 날쌔게 남은 등불을 마저 죽여 버렸다.

어두운 속에서 분녀는 씨름꾼같이 왈칵 쓰러졌다. 더운 날숨이 목덜미를 엄습한다. 굵은 바로 얽어 매인 것같이 몸이 가쁘다.

"미친것."

즐겨서 들어온 것은 아니나 굳이 거역할 것이 없는 것은 몸이 떨리기는 하나 거듭하는 동안에 마음이 한결 유하여진 것이다. 무엇보다도 어둠에는 눈이 없는 까닭에 부끄러운 생각이 덜하다.

별안간 밀창을 흔드는 인기척에 달팽이같이 몸이 움츠러들었다. 시침을 떼려던 만갑이는 요란한 소리에 잠자코 있을 수 없어 소리를 친다.

"천수냐?"

하는 수 없이 문을 여니 천수가

"아단났어요."

어느 결엔지 들어와서

“병환이 더해서 댁에서 곧 들어오시라구요.”

“더하다니.”

“풍이 나서 사람을 몰라봐요.”

“곧 갈게, 어서 들어가.”

천수가 약빠르게 불을 켜는 바람에 분녀는 별수 없이 어지러운 꼴을 등불 아래 드러냈다. 움츠러들며 외면하였으나 천수의 눈이 등에 와 붙은 것 같다.

“녀석 방정맞게.”

만갑이의 호통에보다도 천수는 분녀의 꼴에 더 놀랐다.

이튿날 상구가 왔다.

임시 시험이라고는 칭탈하나 오월도 잡아들지 않았는데 모를 소리였다. 어떻든 그를 만나기는 퍽도 오래간만이다. 거의 하루 건너로 찾아오던 것이 문득 끊어지더니 두 장도막을 넘긴 것이다. 하기는 전 모양 그 모양 지닌 책보도 전의 것대로였다. 다만 얼굴이 좀 그슬렸고 눈망울이 그 무슨 먼 생각에 멍뚱하다. 필연코 곡절이 있으련만—그것을 꼬싯꼬싯 묻기에 분녀는 심고를 하며 상구의 말과 눈치가 될 수 있는 대로 자기의 일신의 변화 위에 떨어지지 않도록 발뺌을 하느라고 애를 썼다. 속으로는 상구한테서 정이 벌써 이렇게도 떴나 하고 궁리 다른 제 심정을 민망하게도 여겼다. 거짓 없는 상구의 입을 쳐다보기도 죄만스럽다.

“시골학교 재미 적다. 서울로나 갈까 생각하는 중이다.”

새삼스런 소리에 분녀는 의아한 생각이 나서

"아무 델 가면 시험 없나. 뚱딴지같이 다따가 서울은 왜."

"조사가 심해서 책도 맘대로 읽을 수 없어. 책권이나 빼겼다. 서울 가면 책도 소원대로 읽을 거 동무도 흔할 거."

"책 책 하니 학교 책이나 보면 됐지 밤낮 무슨 책이야."

책보를 끌러 활짝 헤치니 교과서 아닌 몇 권의 책이 굴러 나왔다. 영어책도 아니요 수학책도 아니요 그렇다고 소설책도 아닌 불그칙칙한 껍질의 두터운 책들이다. 분녀는 전부터도 약간은 상구가 그러스름한 책을 읽고 있는 것과 그것이 무슨 속인가를 짐작하여 행여나 하는 의심을 품고 오기는 왔다.

"집에 두면 귀치않겠기에 몇 권 추려 가져왔다. 소용될 때까지 간직했다 주렴."

"주제넘게 엉큼한 수작하다 망할 장본이야. 까딱하다 건수 윤패꼴 되려구."

"함부로 지껄이지 말아. 쥐뿔도 모르거든."

상구는 눈을 부르댔다.

"너 요새 수상하드라. 태도가 틀렸어."

소리를 치며 책을 냉큼 들어 분녀의 볼을 갈긴다.

"어떻게 알고 그런 주제넘은 대꾸야."

돌리는 얼굴을 또 한 번 갈기다가 문득 고름 끝에 옭아매인 반지를 보았다.

"웬 것야."

잡아채이니 고름이 떨이진다. 상구는 금시에 눈이 찢어져 올라가며 불이라도 토할 듯 무섭게 외친다.

"어느 놈팽이를 웃어 붙였니. 개차반. 천보."

머리채가 휘어 잡혔다. 볼이 얼얼하고 이빨이 솟는 듯하나 분녀는 아무 대답 없다. 모처럼의 기회에 차라리 죽지가 꺾이우게 실컷 맞고 싶다. 미안한 심사가 약간이라도 풀려질 것 같다.

"숫제 그 손으로 죽여 주었으면."

실토였다. 눈물이 솟는다.

"큰 것 죽이지 네까짓 것 죽이러 생겨났겐."

결착을 내려는 듯이 몸째 차 박지르고 상구는 훌쩍 나가 버렸다.

어쩐지 마지막일 것 같아 분녀는 불현듯이 설워지며 공연히 그를 설군힌 것을 뉘우쳤다.

저녁때 밭에서 돌아오기가 바쁘게 어머니는 황당하게 설렌다.

"들었니 상구 말이다."

분녀의 얼굴에는 아직도 눈물자욱이 부숙부숙한 채로다.

"요새 더러 만나 봤니. 이상한 눈치 보이지 않던. 들어갔단다."

"네? 언제요?"

분녀는 눈이 번쩍 뜨인다.

"망간 거리에서 소문 듣고 오는 길이다. 윤패 건수들과 한 줄에 달릴 모양이다. 사람 일 모르겠다."

"낮쯤 와서 책까지 두고 갔는데요."

"낌새채고 하직 차로 왔었나 보다. 멀건 소소리패들과 휩쓸려 지내드니 아마도 그간 음특한 짓을 꾸민 게야."

"눈치가 이상은 하였으나 그렇게까지 되다니요."

사실 분녀는 거기까지는 어림하지 못하였다. 아까 상구와 끝내 말다툼까지 하다 그의 심사를 설굳히게 된 것도 실상은 그의 말이 전과는 달라 수상하게 나온 까닭이었다.

"녀석들의 언걸입었거나 그렇지 않으면 철모르고 덤볐거나 한 게야. 사람은 겉 볼 안이 아니구먼. 이 일을 어쩌노."

어머니로서는 공연한 걱정이었다.

"윗학교는 애시당초 틀렸지. 초라니 같은 것. 사람 잘못 가렸어."

슬그머니 딸을 바라본다. 분녀의 얼굴은 안온한 것도 같고 아득한 것도 같다.

"사람과 생각이 다른 것야 하는 수 없지요."

"넌 어떻게 생각하느냐 말이다. 분하지 않으냐."

"분하긴요."

면숙한 얼굴을 은연중 바라보며 어머니는 은근한 목소리로

"너희들 그간 아무 일 없었니."

분녀는 부끄러운 뜻에 화끈 얼굴이 달며 착살스런 어머니의 눈초리에서 외면하여 버렸다.

"있었다면 탈이다."

수삽스러운 생각에 어머니가 자리를 뜬 것이 얼마나 시원한지 알 수 없다. 어머니에게 대하여서보다도 애무한 상구에게 대하여 더 부끄럽다. 일신이 별안간 더럽고 께끔하다.

어쩐지 어심아하여 밤이 늦었을 때 분녀는 골목을 나갔다. 남문거리에 가서 한 모퉁이에 서기만 하면 웬만한 그날 소식은 거의 귀에 들려온다. 행길 복판 게시판 옆에 두런두런 모여서들 지껄지껄

하는 속에서 분녀는 영락없이 상구의 소문을 가달가달 훔쳐 낼 수 있었다.

건수가 괴수였다. 모여서 글 읽는 패를 모으려다가 들키운 것이다. 학교에서는 상구 외에도 두 사람 거리에서는 건수와 윤패네 세 사람. 상구는 건수에게서 책을 빌렸을 뿐이나 집을 속속들이도 수색당하고 학교에서는 나오는 대로 퇴학을 맞을 것이다.

상구도 이제는 앞길이 글렀구나 생각하면서 분녀는 발을 돌렸다. 이렇게 될 것을 예료하고 그를 숨기고 허랑하게 처신을 하여 온 것 같아 면목 없고 언짢다.

집에 돌아오니 상구의 두고 간 책이 유난스럽게 눈에 뜨인다. 그리웁기보다도 도리어 책망하는 원혼같이 보여서 쓸어 들고 아궁 앞으로 내려갔다.

"차라리 태워 버리는 것이. 글거리가 남잖아. 피차에 낫지."

불을 그어대니 속장부터 부싯부싯 타기 시작한다. 먹과 종이 냄새가 나며 두터운 책이 삽시간에 불덩이가 된다. 어두운 부엌 안이 불길에 환하다. 상구와는 영영 작별 같다. 악착한 것 같아 분녀는 눈앞이 어질어질하다.

4.

날을 지남을 따라 무겁던 마음도 차차 홀가분하여지고 상구에게 대하여 확실히 심드렁하게 된 것을 분녀는 매정한 탓일까 하고도 생각하였다. 굴레를 벗은 것같이 일신이 새운하다. 매일 곳 없으며 책할 사람 없다고 느끼는 동안에 마음이 활짝 열려져 엉뚱한 딴사람으로 변한 것 같다.

어느 날 저녁 느직하게 도야지물을 주고 우리에 의지하여 하염없이 들여다보고 있을 때 문득 은근한 목소리에 주물트리고 돌아서니 삽작문 어귀에 사람의 꼴이 어뜩한다. 홀태양복을 입고 철 잃은 맥고를 쓴 것이 갈데없는 만갑이다. 혹시 집안사람에게라도 들키면 하고 밖으로 손짓하며 뛰어갔다.

"동문 밖까지 와 줄 텐가. 성 밑에 기다리고 있을게."

만갑은 외면하여 돌아서며 다짜고짜로 부탁이다.

"의논할 일이 있어. 안 오면 낭패야."

대답할 여지도 없게 다짐하고는 얼굴도 똑똑히 보이지 않고 사람의 눈을 피하는 듯이 휙 가 버린다. 어둠 속에 달아나는 꼴이 어령칙하다. 약빠른 꼴이 믿음직은 하나 너무도 급작스러워서 분녀는 미심하게 뒷모양을 바라본다. 여편네 병이 위중한가.

방에 돌아와 망설이다가 행티가 이상한 까닭에 담보를 내서 가 보기로 하였다. 물론 그에게는 그만큼 마음이 익은 까닭도 있었다.

동문을 나서니 벌판이 까마아득하고 늪이 우중충하다. 오리 밖 바다가 보이는지 마는지 달 없는 그믐밤이 금시에 사람을 호릴 듯하다.

길 없는 둔덕으로 들어서 성곽 밑으로 다가서기가 섬찟하고 께끔하다. 여우에게 홀리우는 것은 이런 밤일까. 여우보다는 사람에게 홀리우는 것이 그래도 낫겠지 하는 생각에 문득 성벽에 납작 붙은 만갑을 발견하였을 때에는 차라리 반가웠다.

사내는 성큼 뛰어 와 날쌔게 몸을 끌었다. 무서운 판에 분녀는 뿌듯한 힘이 믿음직하여 애써 겨루려고도 하지 않고 두 팔에 몸을 맡겨 버렸다.

"분녀."

이름을 부를 뿐 다른 말도 없이 급작스리 허리를 조이드니 부락스럽게 밀친다.

"다짜고짜로 개처럼 무어야, 원."

분녀는 세부득 쓰러지면서 게정거리나 어기찬 얼굴이 입을 덮는다. 팔이 떨리며 몸짓이 어색하다.

"말이 소용 있나."

목소리에 분녀는 웅끗하였다.

"녀석, 누구야."

소리를 지르나 입이 막히운다.

"만갑인 줄만 알었나. 어수룩하다."

"못된 것. 각다귀."

손으로 빰을 하나 올려 쳤을 뿐 즉시 눌리워 꼼짝할 수도 없다.

"듣지 않을 듯해서 깜쩍같이 만갑이로 변해 보았나. 세집을 속이기란 여반장이야. 맥고 쓰고 홀태양복만 입으면 그만이니."

천수도 사내라 당할 수 없이 빡세다.

"띤은 만갑이와 좋긴 좋구나. 여기까지 나오는 것 보니. 녀석도 여편네는 마저마저 거꾸러지는데 말 아니야. 물건을 낚시 삼아 거리의 계집애들 다 망쳐 놓으니."

천수의 심청은 생각할수록 괘씸하였으나 지난 후에야 자취조자 없으니 하릴없는 노릇이다. 마음속에 담고 있을 뿐 호소할 곳도 없으며 물론 말할 곳도 없다. 그러나 이상하게도 날을 지날수록 괘씸한 마음은 차차 스러져 갔다.

어차피 기구하게 시작된 팔자였다. 명준이 때나 천수 때나 누구인 줄도 모르고 강박으로 몸을 맡겼다. 당초에는 몸을 뜯고 울고 하였으나 지금 와 보면 명준이나 천수나 만갑이까지도—다 같다. 기운도 욕심도 감동도 사내란 사내는 다 일반이다. 마치 코가 하나요 팔이 둘인 것같이 뛰어나지 못한 사내도 나은 사내도 없고 몸을 가지고만 아는 한정에서는 그 누구가 굳이 싫은 것도 무서운 것도 없다. 명준에게 준 몸을 만갑에게 못 줄 것 없고 만갑에게 허락한 것을 천수에게 거절할 것이 없다.

다만 부끄러울 뿐이다. 벗은 몸을 본능적으로 가리우게 되는 것과 같은 심정으로 그것은 여자의 한 투다.

문만 들어서면 세상의 사내는 다 정다웁다. 천수를 굳이 괘씸히 여길 것 없다.

분녀는 이렇게까지 생각하게 되었다. 마음이 허랑하여졌다고 할까. 확실히 새 세상을 알기 시작한 후로 심정이 활짝 열리기는 열렸다. 아무리 마음속을 노려보아도 이렇게밖엔 생각할 수 없다. 천수를 안된 놈이라고만 칭원할 수 없다.

정신이 산란하여 몸이 노곤하다. 살림은 나아지는 법 없고 일반인 데다가 어느 날 또 발등에 불이 떨어졌다. 이웃 고을 재판소에서 검사국으로 넘어갔던 오빠의 재판이 열리는 것이다. 조합 당사자들에게 호출이 왔을 것은 물론이나 경찰에서 참량하여 집에도 통지가 왔다. 들어간 후로는 꼴을 본 지도 하도 오랜 까닭에 어머니만이라도 참례하여 징역으로 넘어가기 전에 단 눈보기만이라도 하였으면 하나 재판을 내일같이 앞두고 기차로 불과 몇 시간이 안 걸리는 곳인데도 골육을 보러 갈 노자가 없는 것이다. 어머니는 딸을, 딸은 어머니를 쳐다만 보며 종일 동안 궁싯거릴 뿐이었다.

생각다 못해 분녀는 밤늦게 거리로 나갔다. 만갑이밖엔 생각나는 것이 없다. 통사정하면 물론 되기는 될 것이다. 말하기가 심히 거북하여서 주저될 뿐이다.

휑드렁한 가가에는 그러나 만갑의 꼴은 보이지 않는다. 구석에 박혀 있는 천수가 빈중빈중 웃으며 나올 뿐이다.

"만갑이 보러 왔니. 온천으로 놀러 갔다."

위인이 없다면 말도 할 수 없기에 얼빠진 것같이 우두커니 섰노라니 천수는 민망한 듯이 덜미를 친다.

"요전 일 노엽니."

뒤를 이어

"무슨 일인지 내게 말하렴. 났으니 말이지 만갑이에게 말해도 소용없을 줄이나 알어라. 네게서 벌써 맘 뜬 지 오래야. 요새는 남도집 월선이와 좋아 지내는 모양이드라. 여편네 병은 내일내일 하는데."

분녀는 불시에 뒤통수를 얻어맞은 것 같다. 눈앞이 아득하다.

"가가라도 반 떼어 주겠다고 꼬이지 않든. 여편네가 죽으면 후실로 들여 가가를 맡기겠다고 하지 않든. 누구에게든지 하는 소리. 그게 수란다."

기둥을 잃은 것 같다. 몸이 떨린다. 그를 장래까지 믿었넌 것은 아니나 너무도 간특스럽게 속히운 셈이다.

"만갑이처럼 능청스럽지는 못하나 네게 무엇을 속이겠니. 무슨 일이든 말하렴. 내 힘엔 부친단 말이냐."

"아무것도 아니다."

"어떻게 생각할지 모르나 돈이라면 여기 잔돈푼이나 있다. 어떻게 여기지 말고 소용되는 대로 쓰려무나."

천수는 지갑을 내서 통째로 손에 쥐여 준다. 분녀는 알 수 없이 눈물이 솟는다. 예측도 못한 정미에 가슴이 듬뿍해서 도리어 슬프다.

5.

어머니는 재판소에 갔다 온 날부터 심화가 나서 누웠다 일어났다 하였다. 훌렁바지를 입고 용수를 쓴 오빠의 꼴이 눈앞에 어른거려 잠을 못 이루는 눈치다. 눈물이 마를 새 없고 눈시울이 부어서 벌겋었다. 몇 해 징역이나 될까. 판결이 궁금하다니보다 무섭다. 엄정한 재판장의 모양이 눈에 삼삼하다. 종가에서는 발조차 일절 끊었다.

스산한 속에도 단오가 가까워 온다.

거리 앞 장대에서는 매년같이 시민운동회가 성대하게 열린다는 바람에 거리 사람들은 설렌다. 일 년에 한 번 오는 이 반가운 명절 때문에 사람들은 사는 보람이 있는 듯하다. 씨름이 있고 그네가 있고 활이 있고 자전거 경주가 있다. 사람들은 철시하고 새 옷 입고 장대로 밀릴 것이다.

분녀는 징황은 못 되었으나 그래도 명절이 은근히 기다려진다.

제사 지낼 떡은 못 빚을지라도 만갑에게서 갖추어 얻은 것으로 이럭저럭 몸치장은 될 것이다. 무엇보다도 올에는 그네를 뛰어 상에 들 가망이 있는 것이다.

"자전거 경주에 또 나가 보겠다."

천수가 뽐내는 것을 들으면 분녀도 마음이 뛰놀았다.

"을손이를 지울 만하냐."

"올해야 설마 짓고땡이지 어데 갈랴구. 우승기 타 들고 거리를 돌게 되면 나와 살겠니."

"밤낮 살 공론이야."

이렇게 말한 것이 실상에 당일에는 어찌된 일인지 도무지 신명이 나지 않았다.

못을 박은 듯이 빽빽이 선 사람 틈으로 자전거 경주를 들여다보고 있노라니 앞장 서서 달아나던 천수는 꽁무니를 쫓는 을손과 마주 스치더니 급작스런 모슬기를 돌 때 기어코 왈칵 쓰러져 일어나는 동안에는 벌써 맨 뒤에 떨어져 버렸다. 을손의 간악한 계교에 얼입히웠다고 북새를 놓았으나 을손이 벌써 일등을 한 뒤라 공론이 천수에게 이롭지 못하였다. 조마조마 들여다보던 분녀는 낙심이 되어 차례가 와 그네에 올랐을 때에도 마음이 허전허전하였다.

나조차 마저 실패하면 어쩌노 생각하며 애써 힘을 주어 솟구기 시작하였다.

회똑거리던 설개도 차차 편편하여지고 두 손아귀의 바도 힘차고 탐탁하게 활같이 휘었다 펴졌다 한다. 그네와 몸이 알맞게 어울려 빨리 닫는 수레를 탄 것같이 유쾌하다. 나갈 때에는 눈앞이 휘연하고 치맛자락이 너볏이 나부낀다. 다리 밑에 울며줄며 선 사람들의 수천의 눈방울이 몸을 따라 왔다 갔다 한다. 하늘에 오를 것 같고 땅을 차지한 것도 같다. 땅 위의 걱정은 어디로 날아간 듯싶다.

바에 달린 줄이 휘엿이 뻗어 방울이 딸랑 울릴 때도 얼마 남지 않은 것 같다. 아래에서는 연방 추스르는 말과 힘을 메기는 고함이 들린다. 몸은 펴질 대로 펴지고 일등도 멀지 않다.

그때였다. 들어왔다 마지막 힘을 불끈 내어 강물같이 후렷이 솟아나갈 때 벌판으로 달리는 눈동자 속에 문득 맞은편 수풀 속의 요절할 한 점의 광경이 눈에 들어왔다. 순간 눈이 새까매지고 허리가 휘춘 꺾이우며 힘이 푹 스러지는 것이었다.

"왕가일까."

추측하며 재차 솟구며 나가 내려다보니 움직이지도 않고 그대로 서 있는 꼴이 개울 옆 수풀 그늘 아래 완연하다. 그 불측한 녀석은 참다못해 그 자리에 선 것이 아니요 확실히 일부러 그 꼴을 하고 서서 이쪽을 정신없이 쳐다보는 것이다. 아마도 오랫동안 그 목적으로 그 짓을 하고 섰던 것이 요행 주의를 끌어 눈에 뜨인 것이리라. 거리에서 드팀전을 하고 있는 중국인 왕가인 것이다.

"음칙한 것."

속으로는 혀를 차면서도 이상하게도 한눈이 팔려 분녀는 노리는 동안에 팽팽하게 당기던 기운이 왈싹 잦아들며 그네가 줄기 시작하였다. 허리가 꺾이우고 다리가 허전하여 드니 다시 힘을 줄래야 줄 수 없다. 팔이 떨려 바가 휘춘거리고 발에 맥이 풀려 설개가 위태스럽디. 벌써 자세가 빗나가고 몸과 그네가 틀리기 시작하였다. 거의 방울이 마저마저 울리려 하던 푯줄이 옴츠려 들게만 되니 그네는 마지막이요 일등은 날아갔다. 분녀는 아홉 소끔의 공을 한 소끔의 실책으로 단망할 수밖엔 없었다. 줄 아래 사람들은 공중의 비밀은 알 바 없어 혹은 탄식하고 혹은 소리치며 다만 분녀의 못 미치는 재주를 아까워하는 것이다.

이렇게 된 바에야 하고 분녀는 줄어드는 그네 위에서 담대스럽게 녀석을 노려서 물리치려고 하였다. 그러나 이상한 것은 노리는 동안에 그를 물리치기는커녕 이쪽의 자세가 어지러워질 뿐이다. 오금에 맥이 빠지고 나부끼는 치마폭이 부끄럽다.

일종의 유혹이었다. 천여 명 사람 속에서 왕가의 그 꼴을 보고 있는 것은 분녀뿐이다. 말하자면 두 사람은 많은 총중의 눈을 교묘하게 피하여 비밀히 만나고 있는 셈도 된다. 왕가의 간특스런 손짓과 마주치는 분녀의 시선은 말 없는 대화인 셈이다. 분녀는 부끄러운 생각에 얼굴이 붉어졌다.

줄에서 내렸을 때까지도 좀체 흥분이 사라지지 않았다.

좀상에는 들었으나 상보다도 기괴한 생각에 몸이 무더웁다.

이 괴변을 누구에게 말하면 좋은가. 혼자만 알고 있는 것이 옳을까 생각하며 천수를 찾았으나 많은 눈 속에서 소락소락 말을 붙일 수도 없어서 집으로 돌아와서야 겨우 기회를 잡았으나 천수는 홧김에 술이 거나하게 취하여 있다.

"개울가로 나오련. 요절할 이야기 들려줄게."

"분해 못 견디겠다. 을손이 녀석."

분녀는 혼자 먼저 나갔으나 시납시납 거닐어도 천수의 나오는 꼴이 보이지 않는다. 분김에 을손과 맞붙어 싸우지나 않는가.

양버들 숲을 서성거리는 동안에 어두워졌다. 개울까지 나갔다 다시 수풀께로 돌아오면서 하릴없이 왕가의 생각에 잠겨 본다—초라한 꼴로 거리에 온 지 오륙 년이나 될까. 처음에는 마병장사를 하던 것이 차차 늘어 지금에는 드팀전으로도 제일 크다. 실속으로는 거리에서 첫째 부자라는 소리도 있으나 아직도 엄지락총각의 신세를 면하지 못하여 가끔 술집에 가서는 지전을 물 쓰듯 뿌린다고 한다. 중국 사람은 왜 장가가 늦을까. 여편네가 귀한 탓일까.

수풀 그늘 속으로 들어가려던 분녀는 기겁을 하고 머물었다. 제 소리의 범이 있는 것이다. 왕가는 마치 그를 기다리고 있던 것같이 벙글벙글 웃으며 앞에 막아선다. 하기는 낮에 섰던 바로 그 자리이긴 하다. 도깨비에게 홀린 것도 같다.

쭈뼛 솟았던 머리끝이 가라앉기도 전에 몸이 왕가의 팔 안에 있다. 입을 벌리기에는 너무도 어처구니없고 삽시간이라 겨룰 틈도 없다.

"평생이 이다지도 기구할까."

분녀는 혼자 앉았을 때 스스로 일신이 돌려 보였다.

수풀 속에서 왕가에게 강박을 당하였을 때 악을 다하여 겨뤘다면 겨루지 못하였을까. 가령 팔을 물어뜯는다든지 돌을 집어 얼굴을 찧는다든지 하였으면 당장을 모면할 수는 있지 않았던가. 그럼에도 그는 그것을 할 수 없었고 이상한 감동에 몸이 주저들자 기운도 의사도 사라져 버려 그뿐이었다.

마치 당시에는 함빡 술에라도 취하였던 것 싶다.

천수를 대할 꼴도 없다. 하기는 만갑과의 사이를 아는 그가 왕가와의 사이인들 굳이 나무랄 이치도 없기는 하다. 천수는 만갑에게서 그를 빼앗았고 차례로 왕가에게 빼앗긴 셈이다. 몸이란 나루에서 나루로 멋대로 흘러가는 한 척의 배 같다. 하기는 만약 그날 저녁 약속한 천수가 어김없이 개울가로 나와 주었다면 그렇게 신세가 빗나가지는 않았을 것이다. 천수를 한할까 왕가를 원망할까.

분녀는 길게 한숨지으며 생각에 눈이 흐리멍덩하다. 천수를 한할 바도 못되거니와 왕가를 미워할 수도 없는 것이다.

생각하기도 부끄러운 일이나 사실 왕가는 특별한 인간이었다. 사내 이상의 것이라고 할까. 그로 말미암아 분녀는 완전히 눈을 뜨게 된 것이다.

왕가를 보는 눈이 전과는 갑자기 달라져서 은근히 그가 그리운 날이 있었다. 피가 수물거려 몸이 더웁고 골이 띵할 때조차 있다. 그런 때에는 뜰 앞을 저적거리거나 성 밖에 나가 바람을 쏘일 수밖에는 없었다. 그러나 그것만으로는 도무지 몸이 식지 않는 때가 있다.

하룻밤은 성 밖까지 나갔다 놀아오는 길에 기리를 거쳤다. 눈치를 보아 왕가와 만날 수가 있지나 않을까 하는 은근한 속심도 없는 바 아니었다.

두근거리는 마음에 남문을 지날 때 돌연히 천수를 만났다. 조바심하는 탓으로 태도가 드러나 보였는지 천수는 어둠 속으로 소매를 이끌더니 첫마디에 싫은 소리였다.

"요새 꼴이 틀렸군."

영문을 몰라 농을 붙여 맞장구를 쳤다.

"꼴이 틀렸다니 눈이 뒤집혔단 말이냐."

"눈도 뒤집혔는지 모르지."

"무슨 소리냐."

"요새 환장할 지경이지."

"또 술 취했구나. 을손이한테 지드니 밤낮 술이야."

"어물쩡하게 딴소리 그만둬."

쏘더니 목소리를 갈아

"사람이 그렇게 헤푸면 못쓴다. 아무리 너기로서니 천덕구니가 되면 마즈막이야."

"무엇 말이냐."

"그래도 시침을 떼니. 왕가와의 짓 말야."

분녀는 뜨끔하여 입이 막혀 버렸다.

"수풀 속에서 본 사람이 있어. 하늘은 속여도 사람의 눈은 못 속인다."

따귀를 붙인다. 분녀는 주춤하며 자세가 휘었다.

"다시 그러면 왕가를 찔러라도 눕힐 테야. 치가 떨려 못 살겠다."

한참이나 잠자코 섰던 분녀는 겨우 입을 열었다.

"너 옷섶이 얼마나 넓으냐. 내가 네게 매였단 말이냐. 왕가와 너와 못하고 나은 것이 무엇 있니."

6.

그 후로 천수와의 사이가 뜬 것은 물론이거니와 분녀에게는 여러 가지 궁리가 많아서 얼마간 거리와 일절 발을 끊었다. 아침저녁으로 관사에 다니는 것도 일부러 궁벽한 딴 길을 골랐다. 관사에서 일하는 이외의 여가는 전부 집에서 보냈다.

빈집을 지키며 울밑 콩포기도 가꾸고 우물물을 길어 몸도 핏질 씻고 하는 동안에 열이 식어지고 마음도 차차 잡혔다. 몸이 깨끗하고 정신이 맑은 데다 뜰 앞의 조촐한 화초포기를 바라보고 있으면 지난 일이 꿈결같이밖에는 생각나지 않는다. 그 무슨 무서운 대병이나 치르고 난 것같이 몸이 거뿐하다. 모든 것이 지나간 꿈이었다면 차라리 다행이겠다고 생각해 보면 머리채를 땋아 내린 몸으로 엄청난 짓을 한 것이 새삼스럽게 뉘우쳐진다.

명준 만갑 천수 왕가—머릿속에 차례로 떠오르는 환영을 힘써 지워 버리려고 애쓰면서 날을 보냈다.

그러나 사람의 마음처럼 조화 많은 것은 없는 듯하다. 언제까지든지 찬 우물물을 끼얹어 식히고 얼리울 수는 없었다. 견물생심으로 다시 분녀의 마음을 움직이게 한 변괴가 생겼다. 망측스런 꼴이 눈에 불을 붙혀 놓았다.

여름의 관사는 까딱하면 개망신처 되기 쉽다. 문이란 문 창이란 창은 죄다 열어 젖히우고 대신에 얇은 발이 치이면 방 안의 변이 새기 맞춤이다. 문이란 벽 속의 비밀을 귀띔하는 입이다. 그 안에 사는 임자가 밤과 낮조차 구별할 주책이 없을 때에 벽은 즐겨 망신 주기를 좋아하는 것 같다.

그날 저녁 무렵은 유난히도 무더웠다. 더우면 사람들은 해변에서나 집 안에서나 옷 벗기를 즐겨 한다. 분녀는 이 역 유난스럽게도 일찍이 부엌일을 마치고는 목욕물을 가늠 보러 목욕간으로 들어갔다. 물줄을 틀어 더운물을 맞추면서 한결같이 누구보다도 먼저 시원한 물속에 잠겼으면 하는 불측한 생각뿐이었다. 그러나 대체 주인 양주는 이때껏 무엇을 하고 있나 하고 빈지 틈에 눈을 대었다. 이 괴망스러운 짓이 실수였는지도 모른다. 빈지 틈으로는 맞은편 건넌방이 또렷이 보인다. 분녀는 하는 수 없이 방 안의 행사를 일일이 보지 않을 수 없었다.

거의 숨을 죽였다. 피가 솟아 얼굴이 화끈 단다. 목구멍이 이따금 울린다. 전신의 신경을 살려 두 손을 펴고 도마뱀같이 빈지 위에 납작 붙었다.

(두 행을 검열로 지운 흔적이 있음—편집자)

수돗물이 쏟아질 대로 쏟아져 목욕통이 넘쳐나는 것도 잊어버리고 분녀는 어느 때까지나 정신없이 빈지에 붙어 앉았다. 더운 김에 서리워서인지 눈에 불이 붙어서인지 몸이 불덩이같이 더웁다.

날이 지나도 흥분이 쉽사리 사라지지 않는다.

"그런 세상도 있고나."

거기에 비하면 지금까지 겪은 세상은 너무도 단순하고 아무것도 아닌—방 안의 세상이 아니요 문밖 세상 같은 생각이 든다. 가지가지의 경험을 죄진 것같이 여기던 무거운 생각도 어느 결엔지 개어지고 도리어 자연스럽고 그 위에 그 무엇이 부족하였다는 느낌조차 들었다.

관사의 광경은 확실히 커다란 꾀임이었다. 일시 잠자던 것이 다시 깨어나 이번에는 더 큰 힘으로 움직이기 시작하였다. 아무리 우물물을 퍼서 몸에 퍼부어도 쓸데없다. 한시도 침착하게 앉아 있을 수 없이 육신이 마치 신장대 모양으로 설레는 것이다.

만약 그날로 돌연히 상구가 눈앞에 나타나지 않았다면 분녀는 어떻게 일신을 정리하였을까.

요술과도 같이 뜻밖에 상구가 찾아왔다. 들어간 지 거의 달포 만이다. 얼굴은 부숭부숭 부었으나 어느 틈엔지 머리까지 깎은 후라 일신은 단정하다. 짜장 반가운 판에 분녀는 조금 수다스럽게 소리를 걸었다.

"고생했구나."

"맞았다! 동무들이 가엾다."

상구는 전과는 사람이 변한 것같이 속도 열리고 말도 걱실걱실 잘 받는 것이 분녀에게는 알 수 없이 반가웁다.

"몸이 부은 것 같구나. 거북하지 않으냐."

"넌 내 생각 안 했니."

다짜고짜로 몸을 끌어당긴다. 분녀는 굳이 몸을 빼지 않았다.

"이번같이 그리운 때 없다."

"별안간 싼득한 것 같구나."

핑계 겸 일어서서 분녀는 방문을 닫았다.

상구에게 대한 지금까지의 불만도 뉘우침도 다 잊어버리고 상구의 하는 대로 몸을 맡겼다. 누구보다도 지금에는 상구가 가장 그리운 것이다. 지난날도 앞날도 없고 불붙는 몸에는 지금이 있을 뿐이다. 상구의 입술이 꽃같이 고웁다.

다음날 관사에 나갔을 때에 분녀는 천연스런 양주의 얼굴을 속으로 우습게 여기는 한편 천연스런 자신의 꼴을 한층 더 사특하게 여겼다.

그날 밤도 상구가 오기는 왔으나 간밤같이 기쁜 낯으로가 아니었다. 밤늦게 오면서도 그는 전과 같이 노여운 태도였다. 통명스런 목소리였다.

"너를 잘못 알았다."

발을 구르며

"네까짓 것한테 첫 몸을 준 것이 아까워."

이어

"짐승 같은 것. 너를 또 찾은 내가 잘못이었지. 그렇게까지 된 줄이야 알었니."

기어코 볼을 갈긴다.

"소문 다 들었다."

"……."

"굳이 일일이 이름 들 것도 없겠지. 어떻든 난 쉬 떠나겠다."

7.

상구는 말대로 가 버렸다. 차라리 실컷 얻어나 맞았다면 시원할 것을 너 말도 못 들어 보고 이튿날로 사라졌으니 하릴없다. 서울일까. 사람이란 눈앞에만 안 보이게 되면 왜 이리도 그리운가.

그러나 상구의 실종보다도 더 큰 변이 생기고야 말았다. 마을 갔던 어머니는 화급한 성질에 펄펄 뛰어들더니 손에 몽둥이를 집어 들었다.

"분녀야, 정말이냐."

분녀에게는 곡절이 번개같이 짐작되었다. 금시에 몸이 솟는 것 같더니 넋 없는 몸뚱이가 허공을 나는 것 같다.

"허구한 곳 다 두고 하필 종가에 가서 이 끔찍한 소문을 듣다니 무슨 망신이냐."

올 때가 왔구나 느끼며 숨을 죽였다.

"일일이 대 봐라 행실머릴. 이 자리에서."

첫 매가 내렸다.

"만갑이, 천수 또 누구냐 대라. 치가 떨려 견딜 수 있나. 몸치장이 수상하더니 기어코 이 꼴이야."

물매가 내리기 시작하였다. 분녀는 소같이 잠자코만 있다가 견딜 수 없어서 매를 쥔 팔을 붙들었다. 어머니는 더욱 노여워할 뿐이다.

"이 고장에 살 수 없다. 차라리 죽어라."

모진 매에 등줄기가 주저 내리는 것 같다. 종아리에서는 피가 튄다. 분녀는 하는 수 없이 매를 벗어나서 집을 뛰어나왔다. 목소리는 나지 않고 눈물만이 바짓바짓 솟는다.

바다에라도 빠질까. 목이라도 매일까. 성문을 나서 환장할 듯한 심사에 정신없이 벌판을 달렸다. 큰길을 닫기도 부끄러워 옆길로 들었다. 허전거리다가 밭두둑에 쓰러졌다. 굳이 다시 일어날 맥도 없어 그 자리에 코를 박고 밤 되기를 기다렸다. 바다에까지 나가기도 귀치않아 풀포기에 쓰러진 채 밤을 새웠다.

다음날도 집에 들어가지 않고 그렇다고 갈 곳도 없어 사람 눈에 안 띄게 종일이나 벌판을 헤매이다가 밭 속 초막 안에서 잤다. 그런지 나흘 만에 벌판으로 찾아 헤매는 식구의 눈에 띄어 하는 수 없이 집으로 끌려갔다. 어머니는 때리는 대신에 눈물을 흘렸다.

큰일이나 치르고 난 것 같다. 몸도 가다듬고 마음도 죄어졌다. 딴 사람으로라도 태어난 것 같다. 관사에서 떨어진 후로는 들에 나가 밭일을 거들었다. 거리를 모르게 데고 밭과 친하였다.

여름이 짙어지자 벌써 가을 기색이었다. 들에는 곡식 냄새에 섞여 들깨 향기가 넘쳤다. 들깨 향기는 그윽한 먼 생각을 가져온다. 분녀는 날마다 들깨 향기에 젖어서 집에 돌아왔다. 그런 하룻날 돌연히 낯선 청년이 찾아왔다.

"날 모르겠어?"

아무리 뜯어보아도 알 듯 알 듯하면서 생각이 미처 돌지 않는다.

"명준이야."

듣고 보니 틀림없다. 반가웁다. 삼 년 만인가.

"만주 갔다 오는 길야. 나도 변했지만 분녀도 무던히는 달라졌군."

"금광은 찾었누."

"금광 대신에 사람 놈이나 때려 죽였지."

명준은 빙그레 웃는다. 고생을 하였으련만 그다지 축나지도 않았다. 도리어 몸이 얼마간 인 것 같다.

"고향은 그저 그 모양이군."

분녀는 변화 많은 그의 일신 위에 말이 뻗칠까 봐 날쌔게 말꼬리를 돌렸다.

"어떻게 할 작정인구."

"밭뙈기나 얻어 갈아 볼까. 수틀리면 또 내빼구."

말투가 허황하면서도 듬직하다. 생각하면 명준은 첫 사람이었었다. 귀치않은 금덩이를 가져오지 않은 것이 차라리 개운하다. 허락만 한다면 그와 나 마음잡고 평생을 같이하여 볼까 하고 분녀는 생각하여 보았다.

《조선중앙》, 1936. 1.~2.

사냥

연해 두어 번 총소리가 산속에 울렸다. 몰이꾼의 행렬은 산등을 넘고 골짝을 향하여 차차 옴츠러들었다. 발밑에 요란히 울리는 떡갈잎 가랑잎의 어지러운 소리에 산을 싸고도는 동무들의 고함도 귀밖에 멀다. 상기된 눈앞에 민출한 자작나무의 허리가 유난스럽게도 희끔희끔 어린다.

수백 명 학생들이 외줄로 늘어서 멀리 산을 둘러싸고 골짝으로 노루를 모조리 내려 모는 것이다. 골짝 어귀에는 오륙 명의 포수가 등대하고 섰다. 노루를 빼일 위험은 포수 편에보다도 늘 포위선에 있다. 시끄러운 책임을 모면하기 위하여 몰이꾼들은 빽빽한 주의와 담력으로 포위선을 한결같이 경계하여야 된다. 적어도 눈앞에서 짐승을 놓쳐서는 안 되는 것이다.

"학년 사이의 연락을 긴밀히! ×학년 우익 급속 전진!"

전령이 차례차례로 흘러온다.

일제히 내닫느라고 산이 가랑잎 소리에 묻혀 버렸다. 낙엽 속은 걷기 힘들다. 숨늘이 막힌다.

학년의 앞장을 선 학보도 양쪽 동무와의 간격을 단단히 단속하면서 헐레벌떡거린다. 참나무 휘추리가 사정없이 손등과 낯짝을 갈긴다. 발이 낙엽 속에 빠진다. 홧김에 손에 든 몽둥이로 나뭇가지를 후려치기도 멋없다.

(미친 짓이다. 노루는 잡어 무엇한담.)

아까부터 — 실상은 처음부터 이런 생각이 마음속에 뱅 도는 것이었다. 노루잡이가 그다지 교육의 훈련이 될 듯도 싶지 않으며 쓸모없는 애무한 짐승을 일없이 잡음이 도무지 뜻 없는 일 같다.

원족이면 원족, 그저 하루를 산속에서 뛰고 노는 편이 더 즐겁지 않은가.

"인간이란 제 생각밖에는 못하는 잔인한 동물이다. 노루잡이는 무의미한 연중행사이다."

기어코 입밖에 내서까지 중얼거리게 되었다. 땀이 내배어 등어리가 끈끈하다.

별안간 포위선의 열이 어지럽게 움직이더니 몽둥이가 날며 날쌔게들 뛰어든다. 고함 소리가 산을 흔든다.

"노루 노루 노루!"

"우익 주의!"

개금나무 숲에 가려 노루의 꼴조차 못 보고 어안이 벙벙하여 있는 서슬에 송아지만 한 노루는 별안간 학보의 곁을 쏜살같이 지나 포위선을 뚫었다. 학보는 거의 반사적으로 몽둥이를 휘두르며 쫓았으나 민첩한 짐승은 순식간에 산등을 넘어 버렸다.

"또 한 마리. 놓치지 마라!"

고함과 함께 둘째 마리가 어느 결엔지 성큼성큼 뛰어오다 벼르고 있는 학보의 자세를 보더니 옆으로 빗뛰어가 이 역 약빠르게 뒷산으로 달아나 버렸다.

껑충한 귀여운 짐승—극히 짧은 찰나의 생각이나 학보는 문득 놓친 것이 아까웠다. 동시에 겸연쩍고 부끄러운 느낌이 났다. 조롱하는 동무들의 말소리가 얼굴을 달게 하였다.

"바보, 노루 두 마리 찾아내라!"

이런 말을 들을 때에 확실히 몽둥이로 한 마리라도 두드려 잡았더라면 얼마나 버젓하였을까 하는 생각이 났다. 골 안에는 벌써 더 짐승이 없었다. 동무들의 조롱을 하는 수 없이 참으면서 힘없이 산을 내려가는 수밖에 없었다.

'요행히' 잡은 것은 있었다. 망아지만 한 한 마리가 배에 탄자(彈子)를 맞고 쓰러져 있다. 쏜 포수는 쏠 때의 형편을 거듭 말하며 은근히 오늘의 수완을 자랑하는 눈치였다. 다른 포수들은 잠자코만 있었다. 소득이 있으므로 동무들의 문책은 덜해졌으나 학보는 검붉은 피를 흘리고 쓰러진 가여운 짐승을 볼 때 문득 일종의 반항심이 솟아오르며 소득을 기뻐하는 몹쓸 무리가 한없이 미워지고 쏜 포수의 잔등을 총부리로 쳐서 꼬꾸라뜨리고도 싶은 충동이 솟았다.

품 안에 들어온 두 마리의 짐승을 놓친 것이 얼마나 다행인가. 위대한 공갈이도 생각되었다. 잃어진 한 마리를 찾노라고 애달픈 가족들이 이 밤에 얼마나 산속을 헤매일까를 생각하면 뼈가 저렸다. 인간의 잔인성이 삽절로 미워지며 '인간중심주의'의 무도한 사상에 다시 침 뱉고 싶었다.

죽은 짐승을 생각하고 며칠을 마음이 언짢았다. 삼사일이 지난 후에 겨우 입맛도 돌아섰다. 때가 유난스럽게도 맛났다. 기어코 학보는 그날 밤의 진미의 고기를 물어보았다.

"장에 났더라. 노루 고기다."

어머니의 대답에 불현듯이 구미가 없어지며 숟가락을 던져 버렸다.

"노루 고긴 왜 사요."

퉁명스런 짜증에 어머니는 도리어 어안이 벙벙한 모양이었다. 학보는 먹은 것을 모두 게우고도 싶었다. 결국 고기를 먹지 말아야 옳을까. 하기는 다시 더 생각이 날 것 같지도 않았다.

《동아일보》, 1936. 1. 11.

산

1.

나무하던 손을 쉬고 중실은 발밑의 깨금나무 포기를 들쳤다. 지천으로 떨어지는 깨금알이 손안에 오르르 들었다. 익을 대로 익은 제철의 열매가 어금니 사이에서 오드득 두 쪽으로 갈라졌다.

돌을 집어던지면 깨금알같이 오드득 깨어질 듯한 맑은 하늘. 물고기 등같이 푸르다. 높게 뜬 조각구름 떼가 해변에 뿌려진 조개껍질같이 유난스럽게도 한편에 옹졸봉졸 몰려들었다. 높은 산등이라 하늘이 가까우련만 마을에서 볼 때와 일반으로 멀다. 구만 리일까 십만 리일까. 골짝에서의 생각으로는 산기슭에만 오르면 만져질 듯하던 것이 산허리에 나서면 단번에 구만 리를 내빼는 가을 하늘.

산속의 아침나절은 졸고 있는 짐승같이 막막은 하나 숨결이 은근하다. 휘엿한 산등은 누워 있는 황소의 등어리요 바람결도 없는데 쉴 새 없이 파르르 나부끼는 사시나무 잎새는 산의 숨소리다. 첫눈에 뜨이는 하아얗게 분장한 자작나무는 산속의 일색. 아무리 단장한대야 사람의 살결이 그렇게 흴 수 있을까. 수북 들어선 나무는 마을의 인총보다도 많고 사람의 성보다도 종자가 흔하다. 고요하게 무럭무럭 걱정 없이 잘들 자란다. 산오리나무 물오리나무 가락나무 참나무 졸참나무 박달나무 사스래나무 떡갈나무 피나무 물가리나무 싸리나무 고로쇠나무 골짝에는 산사나무 아그배나무 갈매나무 개옻나무 엄나무. 산등에 간간이 섞여 어느 때나 푸르고 향기로운 소나무 잣나무 전나무 향나무 노간주나무—걱정 없이 무럭무럭 잘들 자라는—산속은 고요하나 웅숭한 아름다운 세상이다. 과실같이 싱싱한 기운과 향기. 나무 향기 흙냄새 하늘 향기. 마을에서는 찾아볼 수 없는 향기다.

낙엽 속에 파묻혀 앉아 깨금을 알뜰히 바수는 중실은 이제 새삼스럽게 그 향기를 생각하고 나무를 살피고 하늘을 바라보는 것이 아니었다. 그런 것은 한데 합쳐서 몸에 함빡 젖어들어 전신을 가지고 모르는 결에 그것을 느낄 뿐이다. 산과 몸이 빈틈없이 한데 어울린 것이다. 눈에는 어느 결엔지 푸른 하늘이 물들었고 피부에는 산냄새가 배었다. 바심할 때의 짚북데기보다도 부드러운 나뭇잎—여러 자 깊이로 쌓이고 쌓인 깨금잎 가랑잎 떡갈잎의 부드러운 보료—속에 몸을 파묻고 있으면 몸뚱어리가 마치 땅에서 솟아난 한 포기의 나무와도 같은 느낌이다. 소나무 참나무 총중의 한 대의 나무다. 두 발은 뿌리요 두 팔은 가지다. 살을 베이면 피 대신에 나무진이 흐를 듯하다. 잠자코 섰는 나무들의 주고받는 은근한 말을 나뭇가지의 고개짓하는 뜻을 나뭇잎의 수군거리는 속심을 총중의 한 포기로서 넉넉히 짐작할 수 있다. 해가 쪼일 때에 즐겨 하고 바람

불 때 농탕치고 날 흐릴 때 얼굴을 찡그리는 나무들의 풍속과 비밀을 역력히 번역해 낼 수 있다. 몸은 한 포기의 나무다.

별안간 부드득 솟아오르는 힘을 느끼고 중실은 벌떡 뛰어 일어났다. 쭉 펴는 네 활개에 힘이 뻗쳐 금시에 그대로 하늘에라도 오를 듯싶다. 넘치는 힘을 보낼 곳 없어 할 수 없이 입을 크게 벌리고 하늘이 울려라 고함을 쳤다. 땅에서 솟는 산 정기의 힘찬 단순한 목소리다. 산이 대답하고 나뭇가지가 고갯짓한다. 또 하나 그 소리에 대답한 것은 맞은편 산허리에서 불시에 푸드득 날아 뜨는 한 자웅의 꿩이었다. 살진 까투리의 꽁지를 물고 나는 장끼의 오색 날개가 맑은 하늘에 찬란하게 빛났다.

살진 꿩을 보고 중실은 문득 배가 허출함을 깨달았다. 아래편 골짝 개울 옆에 간직하여 둔 노루 고기와 가랑잎에 싸 둔 개꿀이 있음을 생각하고 다시 낫을 집어들었다. 첫 참 때까지에는 한 짐을 채워 놓아야 파장되기 전에 읍내에 다다르겠고 팔아 가지고는 어둡기 전에 다시 산으로 돌아와야 할 것이다. 한참 쉰 뒤라 팔에는 기운이 남았다. 버스럭거리는 나뭇잎 소리가 품 안에 요란하고 맑은 기운이 몸을 한바탕 멱 감긴 것 같다. 산은 마을보다 몇 곱절 살기 좋은가. 산에 들어오기를 잘했다고 중실은 생각하였다.

2.

세상에 머슴살이같이 잇속 적은 생업은 없다.

싸울래 싸운 것이 아니라 김 영감 편에서 투정을 건 셈이다. 지금

와 보면 처음부터 쫓아낼 의사였던 것이 확실하다. 중실은 머슴 산 지 칠팔 년에 아무것도 쥔 것 없이 맨주먹으로 살던 집을 쫓겨났다. 원통은 하였으나 애통하지는 않았다.

해마다 세경을 또박또박 받아 본 일 없다. 옷 한 벌 버젓하게 얻어 입은 적 없다. 명절에는 놀이할 돈도 푼푼히 없이 늘 개 보름 쇠듯하였다. 장가들이고 집 사고 살림을 내 준다던 것도 헛소리였다. 첩을 건드렸다는 생뚱 같은 다짐이었으나 그것은 처음부터 계책한 억지요 졸색의 등글개 따위에는 손 대일 염도 없었던 것이다. 빨래하러 갔던 첩과 동구 밖에서 마주쳐 나뭇짐을 지고 앞서고 뒤서서 돌아왔다고 의심받을 법은 없다. 첩과 수상한 놈팽이는 도리어 다른 곳에 있는 것을 애무한 중실에게 엉뚱한 분풀이가 돌아온 셈이었다. 가살스런 첩의 행실을 휘어잡지 못하고 늘그막 판에 속 태우는 영감의 신세가 하기는 가엾기는 하다. 더욱 얼크러질 앞일을 생각하고 중실은 차라리 하직하고 나온 것이었다.

넓은 하늘 밑임에도 갈 곳이 없다. 제일 친한 곳이 늘 나무하러 가던 산이었다. 짚북데기보다도 부드러운 두툼한 나뭇잎의 맛이 생각났다. 그 넓은 세상은 사람을 배반할 것 같지는 않았다. 빈 지게만을 걸머지고 산으로 들어갔다. 그 속에서 얼마 동안이나 견딜 수 있을까가 한 시험도 되었다.

박중골에서도 오 리나 들어간 마을과 사람과는 인연이 먼 산협이다. 산등이 펑퍼짐하고 양지쪽에 해가 잘 쪼이고 골짝에 개울이 흐르고 개울가에 나무 열매가 지천으로 열려 있는 곳이다. 양지쪽에서는 나무하러 왔다 낮잠을 잔 적도 여러 번이었다. 개울가에 불을 피우고 밭에서 뜯어온 옥수수 이삭을 구웠다. 수풀 속에서 찾은 으름과 나뭇가지에 익어 시든 아그배와 산사로 배가 불렀다. 나뭇잎을 모아 그 속에 푹 파고든 잠자리도 그다지 춥지는 않았다.

이튿날 산을 헤매이다 공교롭게도 쥐엄나무 가지에 야트막하게 달린 벌집을 찾아냈다. 담배연기를 피워 벌 떼를 어지러뜨리고 감쪽같이 집을 들어냈다. 속에는 맑은 꿀이 차 있었다. 사람은 살라고 마련인 듯싶다. 꿀은 조금으로도 요기가 되었다. 개와 함께 여러 날 양식이 되었다.

꿀이 다 떨어지지도 않은 그저께 밤에는 맞은편 심산에 산불이 보였다. 백일홍같이 새빨간 불꽃이 어둠 속에 가깝게 솟아올랐다. 낮부터 타기 시작한 것이 밤에 들어가서 겨우 알려진 것이다. 누에에게 먹히우는 뽕잎같이 아물아물해지는 것 같으나 기실은 한자리에서 아롱아롱 타는 것이었다. 아귀의 혀끝같이 널름거리는 불꽃이 세상에도 아름다웠다. 울 밑에 꽃보다도 비단결보다도 무지개보다도 수탉의 맨드라미보다도 고웁고 장하다. 중실은 알 수 없이 신이 나서 몽둥이를 들고 산등을 달아 오르고 골짝을 건너 불붙는 곳으로 끌려 들어갔다. 가깝게 보이던 것과는 딴판으로 꽤 멀었다. 불은 산등에서 산등으로 둘러붙어 골짝으로 타 내려갔다. 화기가 확확 치뛰어 가까이 갈 수 없었다. 후끈후끈 무더웠다. 나무뿌리가 탁탁 튀며 땅이 쨍쨍 울렸다. 민출한 자작나무는 가지가지에 불이 피어올라 한 포기의 산호수 같은 불나무로 변하였다. 헛되이 타는 모두가 아까웠다. 중실은 어쩌는 수 없이 몽둥이를 쓸데없이 휘두르며 불 테두리를 빙빙 돌 뿐이었다. 그 불은 힘에 부치는 것이었다.

확실히 간 보람은 있었다. 그슬려 쓰러진 노루 한 마리를 얻은 것이다. 불 테두리를 뚫고 나오지 못한 노루는 산골짝에서 뱅뱅 돌다 결국 불벼락을 맞은 것이다. 물론 그것을 얻은 때는 불도 거의 다 탄 새벽녘이었으나 외로운 짐승이 몹시 가여웠다. 그러나 이미 죽은 후의 고기라 중실은 그것을 짊어지고 산으로 돌아갔다. 사람을 살리자는 산의 뜻이라고 비위 좋게 생각하면 그만이었다. 여러 날 동안의 흐뭇한 양식이 되었다. 다만 한 가지 그리운 것이 있었다. 짠맛—소금이었다. 사람은 그립지 않으나 소금이 그리웠다. 그것을 얻자는 생각으로만 마을이 그리웠다.

3.

힘이 자라는 데까지 졌다.

이십 리 길을 부지런히 걸으려니 잔등에 땀이 내뱄다. 걸음을 따라 나뭇짐이 휘춘휘춘 앞으로 휘었다.

간신히 파장 전에 대었다.

나무를 판 때의 마음이 이날같이 즐거운 적은 없었다.

물건을 산 때의 마음도 이날같이 즐거운 적은 없었다.

그것은 짜장 필요한 물건이기 때문이다.

나무 판 돈으로 중실은 감자 말과 좁쌀 되와 소금과 냄비를 샀다.

산속의 호젓한 살림에는 이것으로써 족하리라고 생각되었다.

목숨을 이어가는 데 해어쯤이 없으면 어떨까도 생각되었다.

올 때보다 짐이 단출하여 지게가 가벼웠다.

거리의 살림은 전과 다름없이 어수선하고 지지부레하였다. 더 나아진 것도 없으려니와 못해진 것도 없다.

술집 골방에서 왁자지껄하고 싸우는 것도 전과 다름없다.

이상스러운 것은 그런 거리의 살림살이가 도무지 마음을 당기지 않는 것이다. 앙상한 사람들의 얼굴이 그다지 그리운 것이 아니었다.

무슨 까닭으로 산이 이렇게도 그리울까 편벽된 마음을 의심도 하여 보았다. 그러나 별로 이치도 없었다. 덮어놓고 양지쪽이 좋고 자작나무가 눈에 들고 떡갈잎이 마음을 끄는 것이다. 평생 산에서 살도록 태어났는지도 모른다.

김 영감의 그 후의 소식은 물어낼 필요도 없었으나 거리에서 만난 박 서방 입에서 우연히 한 구절 얻어듣게 되었다.

등글개첩은 기어코 병든 김 영감의 눈을 감춰 최 서기와 줄행랑을 놓았다. 종적을 수색 중이나 아직도 오리무중이라 한다.

사랑방에서 고시랑고시랑 잠을 못 이룰 육십 노인의 꼴이 측은하게 눈에 떠올랐다. 애무한 머슴을 내쫓았음을 뉘우치리라고도 생각되었다. 그러나 중실에게는 물론 다시 살러 들어갈 뜻도 노인을 위로하고 싶은 친절도 가지기 싫었다.

다만 거리의 살림이라는 것이 더한층 어수선하게 여겨질 뿐이었다.

산으로 향하는 저녁길이 한결 개운하다.

4.

개울가에 냄비를 걸고 서투른 솜씨로 지은 저녁을 마쳤을 때에는 밤이 저으기 어두웠다.

깊은 하늘에 별이 총총 돋고 초생달이 나뭇가지를 올가미 지웠다.

새들도 깃들이고 바람도 자고 개울물만이 쫄쫄쫄쫄 숨 쉰다. 검은 산등은 잠든 황소다.

등걸불이 탁탁 튄다. 나뭇잎 타는 냄새가 몸을 휩싸며 구수하다. 불을 쪼이며 담배를 피우니 몸이 훈훈하다. 더 바랄 것 없이 마음이 만족스럽다.

한 가지 욕심이 솟아올랐다.

밥 짓는 일이란 머슴의 할 일이 못 된다. 사내자식은 역시 밭 갈고 나무하는 것이 옳은 것이다. 장가를 들려면 이웃집 용녀만 한 색시는 없다. 용녀를 집어다 밥 일을 맡길 수밖에는 없다고 생각하였다.

용녀를 생각만 하여도 즐겁다. 궁리가 차례차례로 솔솔 풀렸다.

굵은 나무를 베어다 껍질째 토막을 내 양지쪽에 쌓아 올려 단간의 조촐한 오두막을 짓겠다. 펑퍼짐한 산허리를 일궈 밭을 만들고 봄부터 감자와 귀리를 갈 작정이다. 오랍뜰에 우리를 세우고 염소와 돼지와 닭을 칠 터. 산에서 노루를 산 채로 붙들면 우리 속에 같이 기르고. 용녀가 집일을 하는 동안에 밭을 가꾸고 나무를 할 것이며 아이가 나면 소같이 산같이 튼튼하게 자라렷다. 용녀가 만약 말을 안 들으면 밤중에 내려가 가만히 업어올걸. 한번 산에만 들어오면 별수 없지—.

불이 거의거의 이스러지고 물소리가 더한층 맑다.

별들이 어지럽게 깜박거린다.

달이 다른 나뭇가지에 걸렸다.

나머지 등걸불을 발로 비벼 끄니 골짝은 더한층 막막하다.

어느 맘때인지 산속에서는 때도 분별할 수 없다.

자기가 이른지 늦은지도 모르면서 나무 밑 잠자리로 향하였다.

낟가리같이 두두룩하게 쌓인 낙엽 속에 몸을 송두리째 파묻고 얼굴만을 빼꼼히 내놓았다.

몸이 차차 푸근하여 온다.

하늘의 별이 와르르 얼굴 위에 쏟아질 듯싶게 가까웠다 멀어졌다 한다.

별 하나 나 하나 별 둘 나 둘 별 셋 나 셋—.

어느 결엔지 별을 세이고 있었다. 눈이 아물아물하고 입이 뒤바뀌어 수효가 틀려지면 다시 목소리를 높여 처음부터 고쳐 세이곤 하였다.

별 하나 나 하나 별 둘 나 둘 별 셋 나 셋—.

세이는 동안에 중실은 제 몸이 스스로 별이 됨을 느꼈다.

《삼천리》, 1936. 1.

들

1.

꽃다지 질경이 나생이 딸장이 민들레 솔구장이 쇠민장이 길오장이 달래 무릇 시금초 씀바귀 돌나물 비름 는쟁이.

들은 온통 초록 천에 덮여 벌써 한 조각의 흙빛도 찾아볼 수 없다. 초록의 바다.

초록은 흙빛보다 찬란하고 눈빛보다 복잡하다. 눈이 보얗게 깔렸을 때에는 흰빛과 능금나무의 자짓빛과 그림자의 옥색 빛밖에는 없어 단순하기 옷 벗은 여인의 나체와 같은 것이 — 봄은 옷 입고 치장한 여인이다.

흙빛에서 초록으로 — 이 기막힌 신비에 다시 한 번 놀라볼 필요가 없을까. 땅은 어디서 어느 때 그렇게 많은 물감을 먹었길래 봄이 되면 한꺼번에 그것을 이렇게 지천으로 뱉어 놓을까. 바닷물을 고래같이 들이켰던가. 하늘의 푸른 정기를 모르는 결에 함빡 마셔 두었던가. 그것을 빗물에 풀어 시절이 되면 땅 위로 솟쳐 보내는 것일까. 그러나 한 포기의 풀을 뽑아 볼 때 잎새만이 푸를 뿐이지 뿌리와 흙에는 아무 물들인 자취도 없음은 웬일일까. 시험관 속 붉은 물에 약품을 넣으면 그것이 금시에 새파랗게 변하는 비밀—그것과도 흡사하다. 이 우주의 비밀의 약품—그것은 결국 알 바 없을까. 한 톨의 보리알이 열 낟으로 나는 이치는 가르치는 이 있어도 그 보리알에서 푸른 잎이 돋는 조화의 동기는 옳게 말하는 이 없는 듯하다. 사람의 지혜란 결국 신비의 테두리를 뱅뱅 돌 뿐이요 조화의 속의 속은 언제까지나 열리지 않는 판도라의 상자일 듯싶다. 초록 풀에 덮인 땅속의 뜻은 초록 옷을 입은 여자의 마음과도 같이 엿볼 수 없는 저 건너 세상이다.

안들안들 나부끼는 초목의 양자(樣姿)는 부드럽게 솟는 음악. 줄기는 굵고 잎은 연한 멜로디의 마디마디이다. 부피 있는 대궁은 나팔 소리요 가는 가지는 거문고의 음률이라고도 할까. 알레그로가 지나고 안단테에 들어갔을 때의 감동—그것이 봄의 걸음이다. 풀 위에 누워 있으면 은근한 음악의 율동에 끌려 마음이 너볏너볏 나부낀다.

꽃다지 질경이 민들레……. 가지가지 풋나물을 뜯어 먹으면 몸이 초록으로 물들 것 같다. 물들어야 될 것 같다. 물들어야 옳을 것 같다. 물들지 않음이 거짓말이다. 물들지 않으면 안 될 것 같다.

새가 지저귄다. 꾀꼬리일까.

지평선이 아롱거린다.

들은 내 세상이다.

2.

언제까지든지 푸른 하늘을 우러러보고 있으면 나중에는 현기증이 나며 눈이 둘러빠질 듯싶다. 두 눈을 뽑아서 푸른 물에 이윽히 채웠다가 레모네이드 병 속의 구슬같이 차진 놈을 다시 살 속에 박아 넣은 것과도 같이 눈망울이 차고 어리어리하고 푸른 듯하다. 살과는 동떨어진 유리알이다. 그렇게도 하늘은 맑고 멀다. 눈이 아픈 것은 그 하늘을 발칙하게도 오랫동안 우러러본 벌인 듯싶다. 확실히 마음이 죄송스럽다. 반나절 동안 두려움 없이 하늘을 똑바로 치어다볼 수 있는 사람이란 세상에서도 가장 착한 사람이거나 그렇지 않으면 가장 용기 있는 악한이어야 할 것이다. 그렇게도 푸른 하늘은 거룩하다.

눈을 돌리면 눈물이 푹 쏟아진다. 벌판이 새파랗게 물들어 눈앞에 아물아물한다. 이런 때에는 웬일인지 구름 한 점도 없다. 곁에는 한 묶음의 꽃이 있다. 오랑캐꽃 고들빼기 노고초 새고사리 까치무릇 대계 마타리 미치광이. 나는 그것들을 섞어 틀어 꽃다발을 결기 시작한다. 각색 꽃판과 꽃술이 무릎 위에 시천으로 떨어진다. 그것은 헤어지는 석류알보다도 많다…….

나는 들이 언제부터 이렇게 좋아졌는지를 모른다. 지금에는 한 그릇의 밥 한 권의 책과 똑같은 지위를 마음속에 차지하게 되었다. 책에서 읽은 이론도 아니요 언어들은 이치도 아니요 몇 해 동안 하는 일 없이 들과 벗하고 지내는 동안에 이유 없이 그것은 살림 속에 푹 젖었던 것이다. 어릴 때에 동무들과 벌판을 헤매며 찔레를 꺾으러 가시덤불 속에 들어가고 소똥버섯을 따다 화로 속에 굽고 메를 캐러 밭이랑을 들치며 골로 말을 만들어 끌고 다니노라고 집에서보다도 들에서 더 많이 날을 지우던—그때가 다시 부활하여 돌아온 셈이다. 사람은 들과 떼려야 뗄 수 없는 인연에 있는 것 같다.

자연과 벗하게 됨은 생활에서의 퇴각을 의미하는 것일까. 식물적 애정은 반드시 동물적 열정이 진(盡)한 곳에 오는 것일까. 학교를 쫓겨나고 서울을 물러오게 된 까닭으로 자연을 사랑하게 된 것일까. 그러나 동무들과 골방에서 만나고 눈기이어 거리를 돌아치다 붙들리고 뛰다 잡히고 쫓기고—하였을 때의 열정이나 지금에 들을 사랑하는 열정이나 일반이다. 지금의 이 기쁨은 그때의 그 기쁨과도 흡사한 것이다. 신념에 목숨을 바치는 영웅이라고 인간 이상이 아닐 것과 같이 들을 사랑하는 졸부라고 인간 이하는 아닐 것이다. 아직도 굳은 신념을 가지면서 지난날에 보던 책들을 들척거리다가도 문득 정신을 놓고 의미 없이 하늘을 우러러보는 때가 많다.

“학보, 이제는 고향이 마음에 붙는 모양이지.”

마을 사람들은 조롱도 아니요 치사도 아닌 이런 말을 던지게 되었고 동구 밖에서 만나는 이웃집 머슴은 인사 대신에 흔히

“해동지 늪에 붕어 떼 많던가?”

라며 고기 사냥 갈 궁리를 하거나 그렇지 않으면

“십리정 보리 고개 숙었던가?”

하고 곡식의 소식을 묻게 되었다.

마을 사람들보다도 내가 더 들과 친하고 곡식의 소식을 잘 알게 되었다는 증거이다.

나는 책을 외우듯이 벌판의 구석구석을 샅샅이 외우고 있다. 마음속에는 들의 지도가 세밀히 박혀 있고 사철의 변화가 표갈이 적혀 있다. 나는 들사람이요 들은 내 것과도 같다.

어느 논 두덩의 청대콩이 가장 진미이며 어느 이랑의 감자가 제일 굵다는 것을 알 수 있다. 새발고사리가 많이 피어 있는 진펄과 종달새 뜨는 보리밭을 짐작할 수 있다. 남대천 어느 모퉁이를 돌 때 가장 고기가 흔하다는 것도 알게 되었다. 개리 쉬리 불거지가 덕실덕실 끓는 여울과 메기 뚜구뱅이가 잠겨 있는 웅덩이와 쏘가리 꺽지가 누워 있는 바위 밑과—매재와 고들매기를 잡으려면 철교께서도 몇 마장을 더 올라가야 한다는 것과 쇠치네와 기름종개를 뜨려면 얼마나 벌판을 나가야 될 것을 안다. 물 건너 귀룽나무 수풀과 방치골 으름덩굴 있는 곳을 아는 것은 아마도 나뿐일 듯싶다.

학교를 퇴학 맞고 처음으로 도회를 쫓겨 내려왔을 때에 첫걸음으로 찾은 곳은 일갓집도 아니요 동무집도 아니요 실로 이 들이었다. 강가의 사시나무가 제대로 있고 버들 숲 둔덕의 잔디가 헐리우지 않았으며 과수원의 모습이 그대로 남은 것을 보았을 때의 기쁨이란 형언할 수 없이 큰 것이었다. 고향을 그리워하는 마음이란 곧 산천을 사랑하고 벌판을 반가워하는 심정이 아닐까. 이런 자연의 풍물을 내놓고야 고향의 그림자가 어디에 알뜰히 남아 있는가. 헐리어가는 초가지붕에 남아 있단 말인가. 고향을 꾸미는 것은 사람이면서도 그리운 것은 더 많이 들과 시냇물이다.

3.

시절은 만물을 허랑하게 만드는 듯하다.

짐승은 드러내 놓고 모든 것을 들의 품속에 맡긴다.

억새풀 숲에서 새 둥우리를 발견한 것을 나는 말할 수 없이 기쁘게 여겼다. 거룩한 것을—아름다운 것을—찾은 느낌이다. 집과 가족들을 송두리째 안심하고 땅에 맡기는 마음씨가 거룩하다. 풀과 깃을 모아 두툼하게 결은 둥우리 안에는 아직 까지 않은 알이 너덧 알 들어 있다. 아롱아롱 줄이 선 풋대추만큼씩 한 새알. 막 뛰어나려는 생명을 침착하게 간직하고 있는 얇은 껍질—금시에 딸깍 두 조각으로 깨뜨러질 모태—창조의 보금자리—.

그 고요한 보금자리가 행여나 놀라고 어지럽혀질까를 두려워하여 둥우리 기슭에 손가락 하나 대기조차 주저되어 나는 다만 한참 동안이나 물끄러미 바라보고 섰다가 풀포기를 제대로 덮어 놓고 감쪽같이 발을 옮겨 놓았다. 금시에 알이 쪼개어지며 생명이 돋아날 듯싶다. 등 뒤에서 새가 푸드득 날아 뜰 것 같다. 적막을 깨뜨리고 하늘과 들을 놀래며 푸드득 날았다—생각에 마음이 즐겁다.

그렇게 늦게 까는 것이 무슨 새일까. 청새일까 덤불지일까. 고요하게 뛰노는 기쁜 마음을 걷잡을 수 없어 목소리를 내서 노래라도 부를까 느끼며 둑 아래로 발을 옮겨 놓으려다 문득 주춤하고 서 버렸다.

맹랑한 것이 눈에 뜨인 까닭이다. 껄껄 웃고 싶은 것을 참고 풀 위에 주저앉았다. 그 웃고 싶은 마음은 노래라도 부르고 싶던 마음의 연장인지도 모른다. 다시 말하면 그 맹랑한 풍경이 나의 마음을 결코 노엽히거나 모욕한 것이 아니요 도리어 아까와 똑같은 기쁨을 자아내게 한 것이다. 일반으로 창조의 기쁨을 보여 준 것이다.

개울녘 풀밭에서 한 자웅의 개가 장난치고 있는 것이다. 하늘을 겁내지 않고 들을 부끄러워하지 않고 사람의 눈을 꺼리는 법 없이 자웅은 터놓고 마음의 자유를 표현할 뿐이다. 부끄러운 것은 도리어 이쪽이다. 나는 얼굴을 붉히면서 대중없이 오랫동안 그 요절할 광경을 바라보기가 몹시도 겸연쩍었다. 확실히 시절의 탓이다. 가령 추운 겨울 벌판에서 나는 그런 장난을 목격한 일이 없다. 역시 들이 푸를 때 새가 늦은 알을 깔 때 자웅도 농탕치는 것이다. 나는 그 광경을 성내서는 비웃어서는 안 되었다.

보고 있는 동안에 어디서부터인지 자웅에게로 돌멩이가 날아들었다. 킬킬킬킬 웃음소리가 나며 두 번째 것이 날았다. 가제나 몸이 떨어지지 않는 자웅은 그제서야 겁을 먹고 흘금흘금 눈을 굴리며 어색한 걸음으로 주체스런 두 몸을 비틀거렸다. 나는 나 이외에 그 광경을 그때까지 은근히 바라보고 있던 또 한 사람이 부근에 숨어 있음을 비로소 알고 더한층 부끄러운 생각이 왈칵 나며 숨도 크게 못 쉬고 인기척을 죽이고 잠자코만 있을 수밖에는 없었다.

세 번째 돌멩이가 날리더니 이윽고 호탕스런 웃음소리가 왈칵 터지며 아래편 숲 속에서 사람의 그림자가 덥석 뛰어나왔다. 빨래 함지를 인 채 한 손으로는 연해 자웅을 쫓으면서 어깨를 떨며 웃음을 금할 수 없다는 자세였다.

그 돌연한 인물에 나는 놀랐다. 한편 엉겼던 마음이 풀리기도 히였다. 그는 옥분이었다. 빨래를 하고 나자 그 광경임에 마음속 은밀히 흠뻑 그것을 즐기고 난 뒤인 모양이었다. 그러나 나의 놀람보다도 옥분이가 문득 나를 보았을 때의 놀람—그것은 몇 곱절 더 큰 것이었다. 별안간 웃음을 뚝 그치고 주춤 서는 서슬에 머리에 이었던 함지가 왈칵 떨어질 판이었다. 얼굴의 표정이 삽시간에 검붉게 질려 굳어졌다. 눈알이 땅을 향하고 한편 손이 어쩔 줄 몰라 행주치마를 의미 없이 꼬깃거렸다.

별안간 깊은 구덩이에 빠진 것과도 같은 그의 궁착(窮窄)한 처지와 데인 마음을 건져 주기 위하여 나는 마음에도 없는 목소리를 일부러 자아내어 관대한 웃음을 한바탕 웃으면서 그의 곁으로 내려갔다.

"빌어먹을 즘생들."

마음에도 없는 책망이었으나 옥분의 마음을 풀어 주자는 뜻이었다.

"득추 녀석쯤이 너를 싫달 법 있니. 주제넘은 녀석."

이어 다짜고짜로 그의 일신의 이야기를 집어낸 것은 그의 주의를 다른 곳으로 돌리자는 생각이었다. 군청 고원(雇員) 득추는 일껀 옥분과 성혼이 된 것을 이제 와서 마다고 투정을 내고 다른 감을 구하였다. 옥분의 가세가 빈한하여 들고날 판이므로 혼인한 뒤에 닥쳐올 여러 가지 귀치않은 거래를 염려하여 파혼한 것이 확실하다. 득추의 그런 꾀바른 마음씨를 나무라는 것은 나뿐이 아니었다. 마을 사람들은 거개 고원의 불신을 책하였다.

"배반을 당하고 분하지도 않으냐."

"모른다."

옥분은 도리어 짜증을 내며 발을 떼 놓았다.

"그 녀석 한번 해내 줄까."

웬일인지 그에게로 쏠리는 동정을 금할 수 없다.

"쓸데없는 짓 할 것 있니."

동정의 눈치를 알면서도 시침을 떼는 옥분의 마음씨에는 말할 수 없이 그윽한 것이 있어 그것이 은연중에 마음을 당긴다.

눈앞에 멀어지는 그의 민출한 자태가 가슴속에 새겨진다. 검은 치마폭 밑으로 드러난 불그레한 늠츳한 두 다리—자작나무보다도 더 아름다운 것—헐벗기 때문에 한결 빛나는 것—세상에도 가지고 싶은 탐나는 것이다.

4.

일요일인 까닭에 오래간만에 문수와 함께 둑 위에서 하루를 보낼 수 있었다. 날마다 거리의 학교에 가야 하는 그를 자주 붙들어 낼 수는 없다. 일요일이 없는 나에게도 일요일이 있는 것이다.

바다를 바라볼 수 있는 둑에 오르면 마음이 활짝 열리는 듯이 시원하다. 바닷바람이 아직 조금 차기는 하나 신선한 맛이다. 잔디밭에는 간간이 피지 않은 해당화 봉오리가 조촐하게 섞였으며 둑 맞은편에 군데군데 모여 선 백양나무 잎새가 햇빛에 반짝반짝 나부껴 은가루를 뿌린 것 같다.

문수는 빌려 갔던 몇 권의 책을 돌려주고 표해 두었던 몇 구절의 뜻을 질문하였다. 나는 그에게는 하루의 선배인 것이다. 간독(懇篤)하게 띄어 주는 것이 즐거운 의무도 되었다.

‘공부’가 끝난 다음 책을 덮어두고 잡담에 들어갔을 때에 문수는 탄식하는 어조였다.

“학교가 점점 틀려 가는 모양이다.”

구체적 실례를 가지가지 들고 나중에는 그 한 사람의 협착한 처지를 말하였다.

“책 읽는 것까지 들키었네. 자네 책도 뺏길 뻔했어.”

짐작되었다.

“나와 사귀는 것이 불리하지 않은가.”

“자네 걸은 길대로 되어 나가는 것이 뻔하지. 차라리 그편이 시원하겠네.”

너무 궁박한 현실 이야기만도 멋없어 두 사람은 무릎을 툭 털고 일어서 기분을 가다듬고 노래를 불렀다. 아는 말 아는 곡조를 모조리 불렀다.

노래가 진하면 번갈아 서서 연설을 하였다. 눈앞에 수많은 대중을 가상하고 목소리를 다하여 부르짖어 본다. 바닷물이 수물거리나 어쩌나 새들이 놀라서 떨어지나 어쩌나를 시험하려는 듯이도 높게 고함쳐 본다. 박수하는 사람은 수만의 대중 대신에 한 사람의 동무일 뿐이나 지껄이는 동안에 정신이 흥분되고 통쾌하여 간다. 훌륭한 공부 이외 단련이다.

협착한 땅 위에 그렇게 자유로운 벌판이 있음이 새삼스러운 놀람이다. 아무리 자유로운 말을 외쳐도 거기에서만은 ‘중지’를 당하는 법이 없으니까 말이다. 땅 위는 좁으면서도 넓은 셈인가.

둑은 속 풀리는 시원한 곳이며 문수와 보내는 하루는 언제든지 다시없이 즐거운 날이다.

5.

과수원 철망 너머로 엿보이는 철 늦은 딸기—잎새 사이로 불긋불긋 돋아난 송이 굵은 양딸기—지날 때마다 건강한 식욕을 참을 수 없다.

더구나 달빛에 젖은 딸기의 양자란 마치 크림을 끼얹은 것과도 같아서 한층 부드럽게 빛난다.

탐나는 열매에 눈독을 보내며 철망을 넘기에 나는 반드시 가책과 반성으로 모질게 마음을 매질하지는 않았으며 그럴 필요도 없었다. 그것이 누구의 과수원이든 간에 철망을 넘는 것은 차라리 들사람의 일종의 성격이 아닐까.

들사람은 또한 한편 그것을 용납하고 묵인하는 아량도 가지고 있는 것이다. 나는 몇 해 동안에 완전히 이 야취의 성격을 얻어 버린 것 같다.

흐붓한 송이를 정신없이 따서 입에 넣으면서도 철망 밖에서 다만 탐내고 보기만 할 때보다 한층 높은 감동을 느끼지 못하게 됨은 되려 웬일일까. 입의 감동이 눈의 감동보다 떨어지는 탓일까. 생각만 할 때의 감동이 실상 당하였을 때의 감동보다 항용 더 나은 까닭일까. 나의 욕심을 만족시키기에는 불과 몇 송이의 딸기가 필요할 뿐이었다. 차라리 벌판에 지천으로 열려 언제든지 딸 수 있는 들딸기 편이 과수원 안의 양딸기보다 나음을 생각하며 나는 다시 철망을 넘었다.

멍석딸기 중딸기 장딸기 나무딸기 감대딸기 곰딸기 따딸기 배암딸기…….

능금나무 그늘에 난데없는 사람의 그림자를 발견하자 황급히 뛰어넘다 철망에 걸려 나는 옷을 찢었다. 그러나 옷보다도 행여나 들키지나 않았나 하는 염려가 앞서 허둥허둥 풀 속을 뛰다가 또 공교롭게도 그가 옥분임을 알고 마음이 일시에 턱 놓였다. 그 역 딸기밭을 노리고 있던 터가 아닐까. 철망 기슭을 기웃거리며 능금나무 아래 몸을 간직하고 있지 않았던가.

언제인가 개천 둑에서 기묘하게 만난 후 두 번째의 공교로운 만남임을 이상하게 여기고 있는 동안에 마음이 퍽이나 헐하게 놓여졌다. 가까이 가서 시룽시룽 말을 건 것도 그리 어색하지 않고 도리어 자연스러웠다. 그 역시 시스러워 하지 않고 수월하게 말을 받고 대답하고 하였다. 전날의 기묘한 만남이 확실히 두 사람의 마음을 방긋이 열어 놓은 것 같다.

"딸기 따 줄까."

"무서워."

그의 떨리는 목소리가 왜 그리도 나의 마음을 끌었는지 모른다. 나는 떨리는 그의 팔을 붙들고 풀밭을 지나 버드나무 숲 속으로 들어갔다. 그의 입술은 딸기보다도 더 붉다. 확실히 그는 딸기 이상의 유혹이었다.

"무서워."

"무섭긴."

하고 퉁기기는 하였으나 기실 딸기를 훔치러 철망을 넘을 때와 똑같이 가슴이 후둑후둑 떨림을 어쩌는 수 없었다. 버드나무 잎새 사이로 달빛이 가늘게 새어 들었다. 옥분은 굳이 거역하려고 하지 않았다.

양딸기 맛이 아니요 확실히 들딸기 맛이었다. 멍석딸기, 나무딸기의 신선한 감각에 마음은 흐뭇이 찼다.

아무리 야취의 습관에 젖었기로 철망 너머 딸기를 딸 때와 일반으로 아무 가책도 반성도 없었던가. 벌판서 장난치던 한 자웅의 짐승과 일반이 아닌가. 그것이 바른가 그래서 옳을까 하는 한 줄기의 곧은 생각이 한결같이 뻗쳐오름을 억제할 수는 없었다. 결국 마지막 판단은 누가 옳게 내릴 수 있을까.

6.

며칠이 지나도 여전히 귀치않은 생각이 머리 속에 뱅 돈다. 어수선한 마음을 활짝 씻어 버릴 양으로 아침부터 그물을 들고 집을 나섰다.

그물을 후릴 곳을 찾으면서 남대천 물줄기를 따라 올라간 것이 시적시적 걷는 동안에 어느덧 철교께서도 근 십 리를 올라가게 되었다. 아무 고기나 닥치는 대로 잡으려던 것이 그렇게 되고 보니 불현듯이 고들매기를 후려 볼 욕심이 솟았다. 고기 사냥 중에서도 가장 운치 있고 흥 있는 고들매기 사냥에 나는 몇 번인지 성공한 일이 있어 그 호젓한 멋을 잘 안다. 그중 많이 모여 있을 듯이 보이는 그럴듯한 여울을 점쳐 첫 그물을 던져 보기로 하였다.

산속에 오목하게 둘러싸인 개울 — 물도 맑거니와 물소리도 맑다. 돌을 굴리는 여울 소리가 티끌 한 점 있을 리 없는 공기와 초목을 영롱하게 울린다. 물속에 노는 고기는 산신령이나 아닐까.

옷을 활짝 벗어 붙이고 그물을 메고 물속에 뛰어들었다. 넉넉히 목욕을 할 시절임에도 워낙 산골물이라 뼈에 차다. 마음이 한꺼번에 씻겨졌다기보다도 도리어 얼어붙을 지경이다. 며칠 내로 내려오던 어수선한 생각이 확실히 덜해지고 날아갔다고 할까. 그러나 그러면서도 마지막 한 가지 생각이 아직도 철사같이 가늘게 꿰뚫고 흐름을 속일 수는 없었다.

(사람의 사이란 그렇게 수월할까.)

옥분과의 그날 밤 인연이 어처구니없게 쉽사리 맺어진 것이 도리어 의심쩍은 것이었다. 아무 마음의 거래도 없던 것이 달빛과 딸기의 꼬임을 받아 그때 그 자리에서 금방 응낙이 되다니. 항용 거기에 이르기까지의 두 사람의 마음의 교섭이란 이야기 속에서 읽을 때에는 기막히게 장황하고 지리한 것이었는데 그것이 그렇게 수월할 리 있을까. 들 복판에서는 수월한 법인가.

(책임 문제는 생기지 않는가.)

생각은 다시 솔솔 풀린다. 물이 찰수록 생각도 점점 차게만 들어간다.

물이 다리목을 넘게 되었을 때 그쯤에서 한 훑기 던져 보려고 그물을 펴 들고 물속을 가늠 보았다. 속물이 꽤 세어 다리를 훌친다. 물때 끼인 돌멩이가 몹시 미끄러워 마음대로 발을 디딜 수 없다. 누르칙칙한 물속이 적확히 보이지 않는다. 몇 걸음 아래편은 바위요 바위 아래는 소가 되어 있다.

그물을 던질 때의 호흡이란 마치 활을 쏠 때의 그것과도 같이 미묘한 것이어서 일종의 통일된 정신과 긴장된 자세를 요구하는 것임을 나는 경험으로 잘 안다. 그러면서도 그때 자칫하여 기어이 실수를 하게 된 것은 필시 던지는 찰나까지지도 통일되지 못한 마음이 어수선하고 정신이 까닥거렸음이 확실하다. 몸이 휘뚱하고 휘더니 팽팽하게 날아야 할 그물이 물 위에 떨어지자 어지럽게 흩어졌다. 발이 미끄러져 센 물결에 다리가 쓸리니까 그물은 손을 빠져 달아났다. 물속에 넘어져 흐르는 몸을 아무리 버둥거려야 곧추 일으키는 장사 없었다. 생각하면 기가 막히나 별수 없이 몸은 흐를 대로 흐르고야 말았다.

바위에 부딪쳐 기어코 소에 빠졌다. 거품을 날리는 폭포 속에 송두리째 푹 잠겼다가 휘엿이 솟으면서 푸른 물속을 뱅 돌았다. 요행 헤엄의 습득이 약간 있던 까닭에 많은 고생 없이 허부적거리고 소를 벗어날 수는 있었다.

면상과 어깻죽지에 몇 군데 상처가 있었다. 피가 눋았다. 나리에는 군데군데 시퍼렇게 멍이 들어 있음을 보았다. 잃어버린 그물은 어느 줄기에 묻혀 흐르는지 알 바도 없거니와 찾을 용기도 없었다. 고들매기는 물론 한 마리도 손에 쥐어 보지 못하였다.

귀가 메이고 코에서는 켰던 물이 줄줄 흘렀다. 우연히 욕을 당하게 된 몸뚱아리를 훑어보며 나는 알 수 없는 부끄러움을 느꼈다. 별안간 옥분의 몸이—향기가 눈앞에 흘러왔다. 비밀을 가진 나의 몸이 다시 돌아 보이며 한동안 부끄러운 생각이 쉽게 꺼지지 않았다.

7.

문수는 기어코 학교를 쫓겨났다. 기한 없는 정학 처분이었으나 영영 몰려난 것과 같은 결과이다. 덕분에 나도 빌려주었던 책권을 영영 뺏긴 셈이 되었다.

차라리 시원하다고 문수는 거드름 부렸으나 시원하지 않은 것은 그의 집안사람들이다. 들볶는 바람에 그는 집을 피하여 더 많이 나와 지내게 되었다. 원망의 물줄기는 나에게까지 튀어 왔다. 나는 애매하게도(?) 그를 타락시켜 놓은 안된 놈으로 몰릴 수밖에는 없다.

별수 없이 나날을 들과 벗하게 되었다. 나는 좋은 들의 동무를 얻은 셈이다.

풀밭에 서면 경주를 하고 시냇가에 서면 납작한 돌을 집어 물 위에 수제비를 뜨기가 일쑤다. 돌을 힘껏 던져 그것이 물 위를 뛰어가는 뜀 수를 세는 것이다. 하나 둘 셋 넷 다섯 여섯 일곱 여덟—이 최고 기록이다. 돌은 굴러갈수록 걸음이 좁아지고 빨라지다 나중에는 깜박 물속에 꺼진다. 기차가 차차 멀어지고 작아지다 산모퉁이에 깜박 사라지는 것과도 같다. 자미있는 장난이다. 나는 몇 번이고 싫지 않게 돌을 집어 시험하는 것이었다.

팔이 축 처지게 되면 다시 기운을 내어 모래밭에 겯고 서서 씨름을 한다. 힘이 비등하여 승패가 상반이다. 떠밀기도 하고 샅바씨름도 하고 잡아 나꾸기도 하고—다리걸이 딴죽치기—기술도 차차 늘어 가는 것 같다.

"세상에서 제일 장하고 제일 크고 제일 아름답고 제일 훌륭하고 제일 바른 것이 무엇이냐."

되고 말고 수수께끼를 걸고

"힘이다!"

라고 껄껄껄껄 웃으면 오장육부가 물에 헤운 듯이 시원한 것이다. 힘—무슨 힘이든지 좋다. 씨름을 해 가는 동안에 우리는 힘에 대한 인식을 한층 더 새롭혀 갔다. 조직의 힘도 장하거니와 그것을 꾸미는 한 사람의 힘이 크다면 더한층 아름다운 것이 아닐까.

8.

문수와 천렵을 나섰다.

그물을 잃은 나는 하는 수 없이 족대를 들고 쇠치네 사냥을 하러 시냇물을 훑어 내려갔다.

벌판에 냄비를 걸고 뜬 고기를 끓이고 밥을 지었다.

먹을 것이 거의 준비되었을 때 더운 판에 목욕을 들이갔디.

땀을 씻고 때를 흘리고는 깊은 곳에 들어가 물장구와 가댁질이다. 어린아이 그대로의 순진한 마음이 방울방울 날리는 물방울과 함께 하늘을 휘덮었다가는 쏟아지는 것이다.

물가에 나와 얼굴을 씻고 물을 들일 때에 문수는 다따가

"어깨의 상처가 웬일인가."

하고 나의 어깨의 군데군데를 가리켰다.

나는 문득 뜨끔하면서 그때까지 완전히 잊고 있던 고들매기 사냥과 거기에 관련된 옥분과의 일건이 생각났다.

어떻게 할까 망설이다가 그에게까지 기(諱)일 바 못 되어 기어코 고기잡이 이야기와 따라서 옥분과의 곡절을 은연중 귀띔하여 주게 되었다.

이상한 것은 그의 태도였다.

“명예의 부상일세그려.”

놀리고는 걱실걱실 웃는 것이다.

웃다가 문득 그치더니

“이왕 말이 났으니 나도 내 비밀을 게울 수밖에는 없게 되었네그려.”

정색하고 말을 풀어냈다.

“옥분이―나도 그와는 남이 아니야.”

어안이 벙벙한 나의 어깨를 치며

“생각하면 득추와 파혼된 후로부터는 달뜬 마음이 허랑해진 모양이데. 일종의 자포자기야. 죽일 놈은 득추지. 옥분의 형편이 가엾기는 해.”

나에게는 이상한 감정이 솟아올랐다. 문수에게 대하여 노염과 질투를 느끼는 대신에―도리어 일종의 안심과 감사를 느끼는 것이었다. 괴롭던 책임이 모면된 것 같고 무거운 짐을 벗어 놓은 듯이도 감정이 가벼워지고 엉기던 마음이 풀리는 것이다. 이것은 교활하고 악한 심보일까. 그러나 나를 단 한 사람으로 생각하지 않는 옥분의 허랑한 태도에 해결의 열쇠는 있다. 그의 태도가 마지막 책임을 져야 될 터이니까.

"왜 말이 없나. 거짓말로 알어듣나. 자네가 버드나무 숲에서 만났다면 나는 풀밭에서 만났네."

여전히 잠자코만 있으면서 나는 속으로 한결같이 들의 성격과 마술과도 같은 자연의 매력이라는 것을 생각하였다.

얼마나 이야기가 장황하였던지 밥 타는 냄새가 코를 찔렀다.

9.

무더운 날이 계속된다.

이런 때 마을은 더한층 지내기 어렵고 역시 들이 한결 낫다.

낮은 낮으로 해 두고 밤을—하룻밤을 온전히 들에서 보낸 적이 없다.

우리는 의논하고 하룻밤을 들에서 야영하기로 하였다.

들의 밤은 두려운 것일까—이런 의문도 있었기 때문이다.

이왕 의가 통한 후이니 이후로는 옥분이도 데려다가 세 사람이 일단의 '들의 아들'이 되었으면 하는 문수의 의견이었으니 나는 그것을 일종의 악취미라고 배척하였다. 과거의 피차의 정의(情誼)는 정의로 하여 두고 단체 생활에는 역시 두 사람이 적당하며 수효가 셋이면 어떤 경우에든지 반드시 기울고 불안정하다는 의견을 가지고 있기 때문이다. 그러나 그것도 결국 나의 야성이 철저치 못한 까닭이 아닐까.

어떻든 두 사람은 들 복판에서 해를 넘기고 어둡기를 기다리고 밤을 맞이하였다.

불을 피우고 이야기하였다.

이야기가 장황하기 때문에 불이 마저 스러질 때에는 마을의 등불도 벌써 다 꺼지고 개 짖는 소리도 수습된 뒤였다. 별만이 깜박거리고 바닷소리가 은은할 뿐이다.

어둠은 깊고 넓고 무한하다.

창조 이전의 혼돈의 세계는 이러하였을까.

무한한 적막—지구의 자전 공전의 소리도 들리지는 않는 것이다.

공포—두려움이란 어디서 오는 감정일까.

어둠에서도 적막에서도 오지는 않는다.

우리는 일부러 두려운 이야기 무서운 이야기로 마음을 떠보았으나 이렇다한 새삼스러운 공포의 감정이라는 것은 솟지 않았다.

위에는 하늘이요 아래는 풀이요—주위에 어둠이 있을 뿐이지 모두가 결국 낮 동안의 계속이요 연장일 뿐이다. 몸에 소름이 돋는 법도 마음이 떨리는 법도 없다.

서로 눈만 말똥거리다가 피곤하여 어느 결엔지 잠이 들어 버렸다.

단잠을 깨었을 때는 아침 해가 높은 후였다.

야영의 밤은 몹시 시원하였을 뿐이요 공포의 검은 새는 결국 잡지 못하였다.

10.

그러나 공포는 왔다.

그것은 들에서 온 것이 아니요 마을에서—사람에게서 왔다.

공포를 만드는 것은 자연이 아니요 도리어 사람의 사회인 듯싶다.

문수가 돌연히 끌려간 것이다.

학교 사건의 뒤맺이인 듯하다.

이어 나도 들어가게 되었다.

나 혼자에 대하여 혹은 문수와 관련되어 여러 가지 질문을 받았다.

사흘 밤을 지우고 쉽게 나왔으나 문수는 소식이 없다. 오랠 것 같다.

여러 가지 재미있는 여름의 계획도 세웠으나 혼자서는 하릴없다.

가졌던 동무를 잃었을 때의 고독이란 큰 것이다.

들에서 무료히 지내는 날이 많다.

심심파적으로 옥분을 데려올까도 생각되나 여러 가지로 거리끼고 주체스런 일이다. 깨끗한 것이 좋을 것 같다.

별수 없이 녀석이 하루라도 속히 나오기를 충심으로 바랄 뿐이다.

나오거든 풋콩을 실컷 구워 먹이고 기름종개를 많이 떠먹이고 씨름해서 몸을 불려 줄 작정이다.

들에는 도라지꽃이 밝고 개나리꽃이 징하다.

진펄의 새발고사리도 어느덧 활짝 피었다.

해오라기가 가끔 조촐한 자태로 물가에 내린다.

시절이 무르녹았다.

《신동아》, 1936. 3.

천사와 산문시

잠간만에 보는 서울에는—표면에 드러난 인상에 관한 한도 안에서는—그다지 신기한 변화는 보이지 않는다. 그렇기 때문에 반드시 처음으로 여행하는 사람같이 새로 선 건축물에 놀랄 필요도 없고 백화점에 들어가 정신을 빼앗기는 것도 없고 상품의 무지쯤은 지릅떠 볼 것 없이 냉정하게 무시할 수도 있다. 도회를 대수롭게 여기지 않는 무례하고 거만한 여행자라고 책하여도 할 수 없는 노릇이다. 그러나 단 한 가지 눈이 가는 것은 솔직하게 말하면 여인풍경이니 이렇게 실토를 하면 거만한 여행자도 결국 투구를 벗고 흰 기를 든 셈이 되나 사실 잠간만에 보는 장안에 무엇보다도 변하고 있는 것은 여인의 자태인 것이다. 변하여 가는 용모, 철에 맞는 치장이 늘 새로운 풍경을 지어 불과 한 철만이면서도 자연 괄목상대하게 된다. 결국 도회문화의 앞잡이를 서는 것은 여인풍경이요 색정문화의 발달이 곧 건전한 도회를 걸어간다—고 말함은 일종의 역설일까. 거리에서 만나는 모르는 여인의 표정을 살피고 나부끼는 미플러에 주의를 보내는 마음은 건전치 못한 것일까. 여행을 하는 마음은 그 무엇을 찾는 마음이니 그 무엇이 바로 그것이 아닐까. 『절대의 탐구』를 쓴 발자크 자신이 찾은 절대는 우주의 마지막 원수도 아니요 그렇다고 『인간 희극』의 진리도 아니요 실로 몇 사람의 여인이 아니었던가. 그는 예술의 지팡이를 짚고 여인을 찾은 한 사람의 평범한 나그네였다. 세상에 많은 사람도 결국 그런 여행자가 아닐까.

도서관에 들어가 손때 묻은 인간희극의 진리를 찾기보다 하숙의 방에 들어박혀 추운 변을 보는 것보다도 목적 없이 거리를 거니는 것이 한결 여정을 북돋는다. 세상에서 제일 떨어지는 음악이라도 쓰린 고독보다는 낫고 거리에서 제일 아랫길 가는 술이라도 추위를 덜어 줄 수는 있는 까닭이다. 하숙의 이층은 춥고 을씨년스럽다. 방바닥에는 숯불이 있고 이 방 속에는 식은 물통이 있을 뿐이요 호텔이 바라보이는 외겹 유리창으로는 먼지와 바람이 새어 들어 가방과 책상만이 있는 방 안을 한층 더 스산하게 휘덮어 놓는다. 얇은 벽 하나를 격한 이웃 방에서는 하급 회사원인 홀아비가 어미 없는 사남매를 데리고 쓰린 아침저녁을 보내는 눈치다. 숙성한 맏딸에게서 유행가를 배우며 한 구절 한 구절 서툴게 받는 중년 사나이의 재치 없는 목소리가 밤이면 처량하게 측은하게 흘러온다. 아래층에서는 몇 호실에선지 회사에 다니는 여사무원이 해산한 지 삼칠일도 못 되었다. 유성기 회사에 다니는 아이 아비의 꼴은 볼 수 없이 밤중이면 어린것만이 목에 불이 다리게 우는 것이다. 그 안타까운 아우성이 이웃 방 홀아비의 유행가와 우연히 이부합창이 될 때가 있다. 주인 노파는 식당에서 이러쿵저러쿵 갓난애 어미의 흉을 보다가도 그가 들어오면 슬쩍 다른 사람의 흉을 들어내곤 한다. 이 모든 옆방의 사람들은 맞은편 큰 호텔의 모양을 하염없이 바라보면서 각자의 초라한 생활을 좁은 방 속에 꾸깃꾸깃 움츠려 버리는 것이다.

잘났든 못났든 제 생활이다. 하숙의 층 위와 층 아래는 인생의 수술대와 같이 앙상한 빼대를 감출 바 없다. 수술에 익숙한 이층 끝 방 치과전문에 다니는 친구는 수술대의 현실을 피하여 때만 먹으면 거리로 나가 버린다. 젊은 마음은 일반인 모양이다. 방의 생활이 주접들 때 거리는 확실히 일종의 유혹인 것 같다.

수많은 찻집 — 그것은 벌써 한가한 젊은 사람들과는 떼려야 뗄 수 없는 거의 운명적 인연을 가지게 되었다. 천차만별의 술집 — 어느 집에서든지 바쿠스는 사람을 푸대접하는 법이 없다. 스치는 여인의 눈동자에 은근한 위안을 발견함은 시인만의 특권은 아닐 법하다. 옆 박스에서 흘러오는 회화에 귀 기울임도 흥미 있는 일이니 여자들의 말재주는 나날이 늘어 가는 듯하다. 맵시와 함께 재주도 더하여 가는 모양이다. 잘된 회화의 단편을 바람결에 얼핏 듣기란 서투른 소설을 읽기보다도 지루한 각본을 듣기보다도 정신이 번쩍 뜨이는 유쾌한 일이다. 간결하고 윤채 있고 은근하고 넘겨 짚어 가는 회화의 구절구절을 줍기란 식탁 위에 풍성한 과실을 찾은 때와도 같은 기쁨을 준다.

회화의 매력! 두 사람의 교섭은 거기서부터 시작되는 것이니 하루 동안 생활의 중요한 부분은 실로 회화인 것이다. 이것을 아는 도회의 여자들은 소설을 착실히 읽어 회화술을 공부하는 모양인가.

술집을 몇 번 거치는 동안에 곤드레만드레 취하였다. 취중에는 마음이 쓸데없이 흥분되고 허랑하여지는 것 같다. 그 위에 밤은 용기를 주어 사람을 대판으로 만드는 까닭일까. 혼몽한 정신에 허둥허둥 걸어간 것이 그런 곳이었다.

앞장선 동무는 한 사람의 가장 선량한 시민이요 얌전한 신사인 것이다.

아침이 천사의 것이라면 밤은 악마의 것이라고 할까. 악마는 가장 착한 사람의 마음도 여반장으로 빼앗는 것이다.

지옥의 문을 들어서 마의 소굴인 으슥한 홀을 거쳐 한쪽의 방에 이르기까지에는 거의 바른 정신이 없이 온전히 취중의 거동이었다. 동무의 모양은 보이지 않고 조출한 방 부드러운 의자에 홀로 앉아 있는 자신의 꼴을 문득 깨닫고 정신이 들기는 들었으나 그렇다고 완전히 현실 세상으로 돌아온 것은 아니었다. 이 집에는…… 꿈에 취한 마음으로 방 안을 다시 살피게 되었다.

조출한 한편의 방 — 그것은 지옥의 것이 아니요 확실히 하늘에 속하는 것이 아니었을까. 적어도 동화 속의 세상같이 아름답다. 지저분한 거리 속에 연속된 부분이 아니요 공중에 홀연히 솟은 듯한 세상이다. 방을 장식한 가지가지의 세상이 거뭇하면서도 찬란한 색채 속에 침착하게 잠겨 있는 위로 일종의 향기가 그윽하게 우러 있는 것이다. 은근히 타는 난로이며 탁자와 의자까지도 현실의 것이 아니고 방 안의 운치를 좋아하기 위하여 놓인 이야기 속의 것 같다. 스크린 저편으로 넓은 침대가 놓이고 그 위에 화려한 금침이 목단같이 피었다. 머리맡 벽에서는 액(額) 속에 넣은 한 폭의 그림이 침대를 굽어보고 있다. 그 이상한 그림은 고요한 방 안에 한 줄기의 기괴한 느낌을 붓고 있다. 그림은 한 사람의 나체를 나타낸 것이나 그것은 아담도 아니요 이브도 아니다. 아니 아담이며 동시에 이브인 것이다. 한 몸에 한꺼번에 두 가지 성을 갖춘—신화 속에 나오는 태곳적의 완전한 일원적(一元的) 인간과도 같은—피차 애써 안타깝게 상대의 성을 찾지 않아도 좋은 기괴한 인생의 화상(畵像)이 스핑크스의 수수께끼를 방 안에 던지고 있는 것이다. 그 그림은 확실히 자란이의 동화의 세상에 속하는 것이니 방 안은 그것으로 말미암아 한층 신비로운 기색을 띠었다.

그 신비로운 무대 위에 이윽고 여주인공이 등장하게 되었다. 그는 물론 지옥의 악마가 아니요 천사인 것이다. 그렇다. 확실히 거리의 천사임에는 틀림없다. 그러나 거리의 천사라느니보다 동화 속의 천사요 마음의 천사인 것이다. 홀에서 볼 때와 다른 맵시 다른 의장(意匠)으로 나타난 그의 자태는 마음을 쥐어 흔들어 끌어당기는 것이다. 흔한 한 사람의 거리의 천사로 보기는 너무도 가혹하고 아까운 자태이다. 나는 보배나 발견한 듯한 커다란 감격과 놀람을 가지고 그를 바라보았다. 어느덧 다시 맑은 정신도 들었으나 그렇다고 가혹한 현실로 돌아와 자신의 꼴과 처지를 반성하는 것이 아니요 다시 그의 아름다운 자태에 취하여 그 밤의 운명을 한없이 행복스럽게 여기는 것이었다.

짧은 머리를 풀어 헤트린 천사는 사뿐 날아와서 맞은편 의자에 앉았다. 날개 소리도 내지 않는 고요한 거동이었다. 그림자 깊은 얼굴에 으늑한 미소를 띠었을 뿐이지 한마디 말도 없다. 그러나 그의 표정을 번역하면 '나는 걱정이 많아요. 그러나 지금은 행복스러워요.' 하고 역력히 말하고 있는 것이다. 회화의 매력을 잘 알면서도 말 없는 그 장면은 도리어 즐거운 것이었다. 무대의 말을 잊은 등장인물같이 두 사람은 한참 잠자코만 있었으나 그것은 한 토막의 무언극이 되어서 한층 정서 있는 것이었다.

침묵을 깨뜨린 것은 불의에 나타난 노파였으나 그는 이야기 속의 간특한 침입자는 아니요 두 사람에게 차를 가져온 것이다. 탁자 위에 옮겨 놓은 찻잔에서는 향기는 빠졌을망정 부드러운 김이 피어올랐다. 김 너머로 천사의 표정이 한층 부드럽게 녹아졌다. 차는 별수 없이 천사의 입을 열게 되었다. 사랑은 꿈을 빚어내기에 필요한 물건이다. 될 수 있는 대로 차를 달게 하여 마시면서 나는 풀려 나오는 천사의 토막말을 혀끝으로 곰곰이 맛보았다.

"눈이 움푹 빠지고 눈썹이 길고—무섭지 않으셔요? 아—우."

오도깝스럽게 굵은 눈알을 굴리며 흘기는 표정이 말할 수 없이 마음을 당긴다. 두 귀를 꽉 붙들고 눈을 휩뜨고 내가 더 무섭다는 것을 알리려다가 나는 즉시 그런 무의미한 거동을 단념하였다.

"제게는 드레스가 맞어요."

하며 나비 날개와도 같은 잠자리 옷의 소매를 휘날려 보이는 그의 양자(樣姿)는 바로 천사의 모양 그것이다.

"드레스를 입고, 해 나는 날 바다를 구경하였으면요—겨울바다는 검고 탄탄하고 차고 맑고—눈 오는 날이면 검은 파도 사이에 송이송이 떨어져선 금시에 녹아 버리죠. 항구에 뜬 배는 얼어붙은 듯이 고요히 서서 기적도 잊어버리고 흰 치장을 자랑하구요……."

그의 말은 야릇한 마술과도 같고 향기 높은 술과도 같아서 일종의 맑은 환영을 일으키게 한다. 검은 드레스를 입고 붉은 머플러를 날리면서 고요한 겨울 항구를 거니는 그의 자태가 눈앞에 완연히 떠오른다. 희끗희끗 눈이 날려서 뱃전을 스치고 검은 바닷속에 녹아 버린다. 떨어져서는 사라져 버린다. 그러나 쉴 새 없이 눈은 날리고 날린다…….

환상에 잠겨 있는 동안에 문득 짜장 밖에 눈이 오는 듯한 착각이 들었다. 굵은 눈송이가 무대 밖을 방 밖을 보얗게 둘러싸고 부실부실 쉴 새 없이 퍼부어 어느덧 방 안은 허옇게 쌓인 눈 위에 덩실 뜬 듯하다. 방 안은 더한층 이야기 속 세상으로 변할 뿐이다.

"약혼자는 있었으나 한 번도 정을 주어 본 일 없이 이런 세상에 빠져들게 되었어요."

현실의 실토도 그 분위기 속에서는 꿈의 거죽을 쓰고 이야기 속의 사실로만 변하는 것이었다.

나는 노파를 시켜서 가져온 한 잔의 양주를 그에게 권하였다. 금시에 얼굴이 붉어진 그는 거동이 재고 말이 많아졌다. 정서가 새로워진 것이다. 눈 속의 불꽃같이 곱게 타오른다. 훨훨 불붙는다. 보고 있는 동안에 나의 마음도 어느덧 불붙어 푸슥푸슥―펄펄―훨훨―타오르기 시작하였다. 두 눈으로 들어온 독한 술에 취한 것이다. 사랑은 눈으로 들어와서 몸을 새빨갛게 불 달궈 놓고는 그것을 끌 줄을 모르는 영물이다. 외통곬이요 심술궂은 영물이다.

이윽고 그는 일어나서 춤추는 듯이 날아와 나의 팔을 붙들었다. 더워서 괴로워하는 나비다.

"일어나 춤추시지 않겠어요. 몸이 타서 쓰러질 때까지 밤새도록……."

더운 입김이 목덜미를 엄습한다.

끌려 일어나기는 하였으나 나는 한 걸음의 스텝도 밟을 줄을 모른다. 휘적휘적 끌리며 그의 발등만 밟다가 기어코 다리에 걸려 그 자리에 그대로 풀썩 넘어져 버렸다. 그의 가벼운 작은 몸이 팔 안에 나긋나긋 휘었다. 한 마리의 나비를 손바닥으로 쳐서 단숨에 눌러 버린 듯이도 하잘것없이 그의 몸은 고요하게 침묵하였다.

두 몸은 곱절 뜨겁게 타올랐다. 심장의 고동도 곱절 높게 치련만 거친 숨결에 꺼져 버려 들리지는 않았다. 애잔한 천사! 그는 거리의 천사가 아니요 마음의 천사였다.

엄숙한 표정을 지니고 사랑과 욕심의 구별을 세우려고 골살을 찌푸림은 칼날로 바닷물을 가르려는 것과도 같아 거의 무의미한 헛수고인 듯하다.

사랑과 욕심은 서로 뗄 수 없는 것이니 사랑이 있으면 반드시 욕심이 생기고 욕심 솟는 곳에 자연 사랑도 붙는 것이다. 즉 사랑 없는 곳에는 욕심도 없는 것이며 욕심 없는 곳에 사랑이 있을 리는 더욱 만무하다. 사랑과 욕심을 가를 수 없음은 술에서 향취를 가릴 수 없음과 같으며 꽃에서 향기를 없앨 수 없음과 일반이다. 다시 말하면 욕심은 책이요 사랑은 내용이다. 책 없는 내용이 없으며 내용 없는 책이 없다. 내용을 담는 것이 책인 것과 같이 사랑을 담는 것은 욕심이다. 찬란한 내용은 책부터 찬란하듯이 찬란한 사랑이면 욕심도 찬란하여야 한다. 이것을 뒤집어 말하면 욕심이 찬란해야 사랑도 찬란하여지는 것이다. 문제는 사랑과 욕심의 전후관계이나 욕심은 반드시 사랑으로부터만 시작되어야 할 법은 없다. 욕심으로부터 시작되는 사랑도 있는 것이니 이렇거든 사랑이 한층 향기롭고 진득한 수가 있는 것이다.

봄이 한 번만 있는 것이 아닌 것과 같이 평생에 사랑도 단 한 번 있기는 드물 듯하다. 사랑으로부터 드는 사랑도 있을 것이며 욕심으로부터 드는 사랑도 있어서 화려하고 찬란한, 날과 씨로 일생은 꾸며지는 것이 아닐까. 첫 사람이자 마지막 사람이요 하늘이 무너지고 바다가 잦아져도 세상에 영원히 그 한 사람뿐이라고 울고 불며 설렘은 감상시대의 한때 열병이며 그 시대를 벗어나서 활달하게 생각하게 될 때 진짜 사랑이 오는 것이 아닐까. 그때의 사랑은 붉은 한 빛이 아니요 무지개와 같이 다채인 것이다.

거리의 천사라고 반드시 욕심의 대상만이 되는 법은 아닌 듯하다. 거리의 천사도 마음의 천사가 될 수 있다. 욕심으로부터 들어와서 마음을 흔든다. 그런 사랑도 있는 것이다.

그 밤의 천사는 마음속에 새겨져서 좀체 잊혀지지 않는다. 산문의 밤이 아니요 꿈속의 밤이요 이야기 속의 밤이었다.

그가 준 명함은 그의 마음의 표시와도 같이 조그맣고 탄탄하고 꿋꿋하다. 새겨진 글자는 그의 눈망울같이 청청하고 또렷하다.

"정초가 지나면 한가해요. 맑은 정신으로 아침부터 와 주시겠다고 약속해 주시지 않겠어요? 디트리히, 가르보, 시어러의 브로마이드를 선물로 갖다 주시겠죠."

옷섶을 붙들고 신신당부하던 약속을 끝내 밟을 시간을 가지지 못하게 되었음이 미안하고 송구스럽다. 그 미안한 생각이 그의 마음속에 대한 대답이 되었으면 다행이리라고 생각한다.

여행은 즐겁다.

하숙의 살림살이, 거리의 여인풍경, 애잔한 천사의 자태—가지가지의 기억이 마음의 경험 위에 차례차례로 쌓여 즐거운 추억이 되는 것이다.

산문의 경험도 마음속에 적히면 아름다운 노래가 되는 모양이다.

《사해공론》, 1936. 4.

인간산문

1.

"거리는 왜 이리도 어지러운가."

거의 삼십 년 동안이나 걸어온 사람의 거리가 그렇게까지 어수선하게 눈에 어리운 적은 없었다. 사람의 거리란 일종의 지옥 아닌 수라장이다.

"신경을 실다발같이 헝클어 놓자는 작정이지."

문오는 차라리 눈을 감고 싶었다. 눈을 감고 귀를 가리고 코를 막고—모든 감각을 조개같이 닫쳐 버리면 어지러운 거리의 꼴은 오관 밖에 멀어지고 마음속에는 고요한 평화가 올 것 같다. 쓰레기통 속 같은 거리. 개천 속 같은 거리. 개신개신하는 게으른 주부가 채치우지 못한 방 속과도 거리는 흡사하다. 먼지가 쌓이고 책권이 쓰러지고 휴지가 흐트러진—그런 어수선한 방 속이 거리다. 사람들은 모여서 거리를 꾸며 놓고도 그것을 깨끗하게 치울 줄을 모르고 그 난잡한 속에서 그냥 그대로 어지럽게 살아간다. 깨지락깨지락

치운다 하더라도 치우고는 또 늘어놓고 치우고는 또 늘어놓고 하여 마치 밑 빠진 독에 언제까지든지 헛물을 길어 붓듯이 영원히 그것을 되풀이하는 그 꼴이 바로 인간의 꼴이요 생활의 모양이라고도 할까. 어지러운 거리. 쓰레기통 같은 거리.

별안간 덜컥 부딪치는 바람에 문오는 감았던 눈을 떴다. 얼마 동안이나 눈을 감고 걸어왔던지 부딪친 것은 바로 집 모퉁이 쓰레기통이었다. 다리뼈가 쓰라리다.

"빌어먹을 놈의 쓰레기통. 쓰레기통 같은 놈의 거리."

홧김에 발길로 통을 차고 걸음을 계속할 수밖에는 없었다. 멸시하는 쓰레기통 같은 거리를 그래도 걸어가야만 할 운명에 놓인 것 같다. 어수선한 거리의 꼴은 별수 없이 다시 신경을 어지럽히기 시작한다.

행길 바닥이란 왜 좀 더 곧고 고르지 못하고 삐뚤고 두툴두툴한가. 비스듬히 기울어진 가가(假家)의 간판은 차라리 떼어 버리는 것이 시원할 것 같다. 움직이지 않는 낡은 수레를 길바닥에 버려둘 필요가 있을까. 바닷물 속에 장사 지내는 편이 옳지. 마저마저 쓰러져 가는 집—사람의 신경을 대팻밥같이 꾸겨 놓는 것은 이것이다. 쓰러져 가는 집을 눈앞에 보아야 함은 사람의 가장 괴로운 의무일 것 같다. 숫제 발길로 차서 헐어 버리는 것이 낫지. 사람이란 개신덕이어서 원대한 계획도 없이 필요에 따라 고 자리에 흙을 모고 기둥을 세우고 솥을 걸고 측간을 꾸민다. 사람의 심청머리같이 고식적이요 일시적이요 당삼치기인 것은 드물 것 같다. 대체 거리의 명예로운 시장은 무엇을 하고 있는 셈인가. 쓰러져 가는 집은 버려두고 무엇을 꿈꾸고 있는가. 현명한 시장이라면 무엇보다도 먼저 거리의 집을 정리하여야 할 것이다. 한 사람의 시민의 이름에 값갈 만한 아니 인간의 위신에 부끄럽지 않을 만한 한 채의 집을 먼저 장만한 연후에 다스림을 베풀어야 할 것이다. 우리를 가진 사람들에게 떳떳한 백성으로서의 다스림이 아랑곳일까. 집. 집. 신경을 대팻밥같이 꾸겨 놓는구나. 또 한 가지 젊은 사람의 더벅머리—저것도 다시 생각해 볼 필요가 있을 듯하다. 문학을 하든 철학을 하든 길게 자란 머리란 것은 보는 눈을 몹시 거슬리게 한다. 가위로 싹둑 잘라 버리는 것이 생활정리의 한 방법도 된다. 얽은 사람, 절름발이, 장님—이것은 시장에게 따져 낼 수도 없고 누구에게 문책함이 옳을까. 얽은 얼굴은 대패로 곱게 밀어 버리고 절름발이와 장님에게는 옛날의 기적을 베풀 수 있으면 얼마나 속 시원한 일일까. 배뚱뚱이 신사—차라리 반으로 갈라 두 쪽의 사람을 만드는 편이 공평도 하려니와 개운도 할 성싶다. 나중에는 외양을 거쳐 심지어 여자들의 양말 속의 살결조차 걱정된다. 일시에 활짝 옷들을 벗겨 본다면 과연 모두 상아같이 하아얀 살결들을 가지고 있을까. 만약 총중의 한 사람이 불행히 불결한 몸을 드러내 놓았을 때에 올 환멸은 얼마나 마음을 뒤집어 놓을까……. 어지러운 거리. 어수선한 인생…….

문오의 머릿속은 날아난 벌떼를 잡아넣은 것과도 같이 웅성거리고 어지럽다. 몹시도 지저분한 거리의 산문이 전신의 신경을 한데 모아 짓이기고 난도질하여 놓는다. 혼란의 아름다움을 노래하고 난잡의 운치를 찬미하는 예술 같은 것은 악마에게나 먹히어라. 단조하고 운치는 없다 하더라도 차라리 가지런한 거리와 안정된 규칙과

정리된 생활이 있어야 할 것이다. 최후적 통일을 요구함은 사람의 본성이요 생활을 정리하려 함은 영원한 과제였으나, 정리와 통일의 마지막 종점에 도달할 날은 영원히 없을 것 같다. 사람은 역사를 가진 지 수십 세기 동안을 탄생한 지 수만 년 동안을 두고 생활을 정리하여 온 셈이나 오늘의 생활이 태곳적 카오스 시대보다 대체 얼마나의 위대한 정리를 하여 왔던가. 위대한 정리가 되어 있다면 오늘의 이 혼란과 불안과 괴롬은 대체 웬 것이며 무엇을 의미하는 것일까.

문오가 십 년 가까이 공부하여 온 철학의 체계도 이 혼란의 해결의 열쇠는 주지 못하였다. 일종의 해결인 것같이 보이면서 기실 고금 많은 철학자가 제출한 수다한 문제는 전체적으로 보면 도리어 커다란 혼란을 줄 뿐이었다. 귀한 정리의 노력을 보였을 뿐이지 결과에 있어서는 정리와는 인연이 먼 역시 혼란이 있을 뿐이다. 결국 인간, 사실은 사실대로 두고 그 표면을―수박의 껍질 위를 핥으면서 뱅뱅 도는 격이 아닌가. 물론 철학이 행동을 규정하는 때도 있기는 하나 더 많이 행동이 먼저 있는 것이며 혹은 행동이 있을 때 동시에 철학을 생각하는 것 같다. 철학의 체계가 과거의 인간사실을 정리하였을는지는 모르나 현재의 혼란은 일반이며 따라서 문오의 두뇌 속도 해결의 언덕과는 거리가 멀다. 뇌수의 세포가 종이 위에 인쇄된 철학의 활자에 깜박 취할 때는 있으나 그 도취에서 깨서 어지러운 생활의 거리를 바라볼 때 활자의 철학은 조각조각 흩어져 없어지고 눈에 어리우는 것은 혼란이요 신경을 난도질하는 것은 여전히 문란의 마귀이다. 철학으로 카오스를 건지려 한 것이 도리어 카오스의 바닷속에 밀려 들어가 팔다리를 허부적거리는 격이 되었다고도 할까. 더욱이 요사이에 이르러 키르케고르니 셰스토프니—머릿속을 범벅같이 휘저어 놓을 뿐이다. 사람은 항상 생활을 새롭게 꾸며 가는 적극성을 가졌다고는 하더라도 마지막의 완전한 정리를 바랄 수는 없을 것 같다. 영원한 정리를 원하나 오는 것은 영원한 부정리인 것이다.

경제생활이 완전한 해결을 볼 때 사람은 완전히 구제되고 인간사실은 빈틈없이 정리될 수 있을까. 쓰러지지 않는 깨끗한 집이 서고 거지가 없어지고 어지럽던 거리가 한결 정리될 것은 사실이나 그러나 그런 거리의 생활의 조건의 영향을 받는다 하더라도 수십 세기 동안 묵어 내려온 사람의 심청이 일조일석에 칼로 베인 듯이 변할 수 있을까. 예를 들어 가령

"미례와 나와의 연애는 대체 어떻게 될 것인가."

미례와 문오와의 연애는 결코 정당한—정리된 것이 아니었다. 미례는 문오를 사랑하여서는 안 되고 문오는 미례를 사랑하여서는 안 된다. 미례는 문오 아닌 남편을 사랑하여야 할 처지에 있고 문오는 그 남편을 배반하지 못할 사정에 있음에도 불구하고 미례와 문오는 남편의 그림자 속에 숨어 금단의 과실을 즐기고 있는 것이다. 거리의 생활이 해결된다 하더라도 반드시 결정적인 한 사람과 한 사람 사이만의 정당하고 단정한 연애만이 있고 이런 어지럽고 까다로운 관계는 자취도 없이 사라지리라고는 추측하기 어렵다. 꼬이고 혼란된 마음의 실마리라는 것은 언제든지 있어서 칼로 혹을 도려내듯이 생활의 테두리에서 곱게 도려낼 수는 없을 것이다. 영원한 부

정리(不整理). 끝없는 카오스!

위대한 정리의 방법으로 무엇이 있는가. 프리기아의 왕 고르디우스가 맨 복잡한 노 마디를 사람의 손으로는 도저히 풀어낼 재주가 없는 것이다. 늠름한 왕검으로 그것을 보기 좋게 두 동강으로 낸 알렉산더의 용단은 세상에 없을까. 백두산에서 가장 큰 전나무를 베어 내고 강산의 짐승의 털을 죄다 뽑아 위대한 한 자루의 붓을 만들어 가지고 동해의 푸른 물을 찍어 한 획에 거리와 생활을 말살하여 버렸으면 오죽이나 통쾌할까. 그것이 어렵다면 머릿속에서 뇌수를 쏟아내 물에 절레절레 헤어 모든 지식의 기록을 떨어 버리고 백지의 상태로 하여 다시 머릿속에 수습한다면 천치가 되어 마음속이 얼마나 편안하고 시원할까. 그렇게 할 수 있다면 미례와의 사이도 편안하게 안정될 것이나 그렇지 않은 이상 언제까지나 불안한 마음으로 고르디우스의 노 마디를 얼싸고 괴롬의 술래잡기를 계속하는 수밖에는 도리가 없을 듯하다.

이제는 거의 병적 악마적 생각에 잠기면서 문오는 미례와의 약속의 장소로 걸음을 빨리하였다. 그 으늑한 차점(茶店)은 거리에서 동이 뜨다. 수다스럽지 않은 숨은 그곳에서 문오는 가끔 미례와 만나는 처지였다. 주일에 한 번씩 요리를 먹으러 거리의 식당에 나타나듯 주일에 며칠씩을 미례를 보러 차점에 이르는 것이었다.

"거리의 수많은 사람들 속에서 왜 하필 미례는 나를, 나는 미례를 피차의 반쪽으로 구하게 되었을까. 그것은 일원적 통일의 길이 아니요 도리어 문란의 길이요 가시덤불의 괴롬인 것을."

어지러운 거리를 어지러운 사랑을 맞으러 걸어가는 자신의 꼴에 문오는 문득 운명적 인간의 꼴을 본 듯 느꼈다.

2.

“유도 해 보신 일 있어요?”

“호신술을 배우겠단 말요?”

문오는 미례의 낮은 어조를 주의하였다.

“사람이 목을 눌리우고 몇 분 동안이나 참을 수 있나 해서요.”

“글쎄. 배암은 죽었다가도 피어난다더구만.”

“그럼 사람의 목숨도 배암만큼 질긴 셈이군요. 저는 목을 눌리우고 오 분 동안이나—완전히 담배 한 개 탈 동안—참았으니 말예요.”

문오는 놀라 미례를 찬찬히 바라보았다.

“목에 멍이 조금 들었을 뿐이지 생명에는 별 이상 없었으니까요.”

미례의 목덜미에 남겨진 손가락 자국만 한 푸른 멍이 문오의 마음을 아프게 하였다. 자기 때문에 받는 미례의 수난이 최근에 와서 더욱 심함을 알고 마음이 말할 수 없이 슬프다. 불안정한 삼각형의 위협이 다시 한 번 마음을 스친다. 삼원이 일원으로 통일되려면 개중의 하나가 권리를 버려야 할 것임을, 세 개의 뜻이 균등하니 대체 어떤 해결을 지어야 옳을 것인가. 미례의 남편의 위인을 생각할 때 문오의 마음은 결코 평화스러운 것이 아니었다.

“이름을 자꾸 대라니 견딜 수 있어야지요.”

“시원하게 내 보지.”

"큰일 나게요. 결투라도 하랴고 할 것을요."

"결투!"

문오는 어깨를 으쓱하였다. 결투—마음이 섬찟은 하였으나 차라리 그것이 손쉬운 해결의 방법이요 정리의 길일 것같이 생각되었다.

"결투하지."

"마세요. 그가 당신보다 훨씬 장골이에요."

"결투란 열로 하는 것이지 힘으로 하는 것인가."

식은 커피가 입에 쓰다. 잔 바닥에 남은 검은 깡치가 근심스런 마음같이 걸차게 입술에 엉겨 붙는다.

"어떻게 하면 좋아요."

"……."

해결의 길이 없듯이 대답도 있을 수 없다.

"글쎄……."

하릴없이 흐른 차 방울을 손가락에 찍어 잠자코 탁자 위에 낙서를 하는 문오였다. 글자를 쓰다는 짓고 쓰다는 짓고—나중에는 그림을 그리기 시작하였다.

"무슨 장난이세요."

미례는 탁자 위에 그려지는 그림을 하염없이 한참이나 바라보더니 문득 외면하여 버렸다.

"왜."

"점잖지 않게 무슨 짓예요."

미례는 문오의 그림을 오해한 모양이었다. 발갛게 물든 미례의 귓불을 바라보며 문오는 도리어 미소를 띠우며

"무엇으로 알고 그러우."

"원."

"망칙한 것이 아니오. 미례의 눈이오. 눈방울 눈시울 속눈썹. 그리고 이것은 눈물. 방울방울 떨어지는 눈물."

문오는 오늘 미례에게 하여야 할 가장 중대한 이야기를 가지고 있었다. 미례를 놀라게 할 그 중대한 소식을 전하려면 엄숙하게보다도 객설스럽게 괴덕스럽게 시작하는 수밖에는 없었다.

"눈물은 왜요."

"내가 지금 한마디 말하면 미례는 이렇게 눈물을 흘릴 것이니까 말요."

"무슨 말이세요. 설마 저를 잊겠다는 말은 아니겠지요."

"결과에 있어서는 그렇게 될는지도 모르지."

"무어라구요. 또 한 번 말씀해 보세요."

미례의 어조는 금시에 변하여졌다. 문오는 눈을 꾹 감고 입을 열었다.

"서울을 떠나게 되었소. 너무도 창졸간에 작정이 되어서 미처 말할 기회가 없었던 것요."

문오는 이번에 학교의 연구실을 나와 지방 어느 회사에 직업을 얻게 되었다. 학교와 연구실에서 오랫동안 철학을 연구하였음에도 당치도 않은 회사로 가게 된 것부터가 생활의 정리와는 무릇 인연이 먼 것이었다.

"언제쯤 떠나세요."

"남은 일이 대강 정리되는 대로."

갸름하게 내려 감긴 미례의 속눈썹은 안개나 끼인 듯이 깊은 그림자 속에 젖었다.

마치 그 괴로운 정경을 구하려는 듯이도 이때 가가의 여주인이 두 사람에게 과자 접시를 날라 왔다. 문오는 문득 놀라운 것을 발견하였다. 여주인의 왼편 손에 손가락이 하나 없는 것이다. 무명지가 있어야 할 곳이 비고 따라서 손가락과 손가락 사이가 이 빠진 것 같이 떴다. 선천적인지 혹은 후천적인지를 관찰할 여유는 없었으나 오랫동안의 단골임에도 불구하고 모르고 지내던 것을 공교롭게도 이날 처음으로 발견하게 된 것이 한 놀람이었다. 문오는 새삼스럽게 여주인의 얼굴을 바라보고 일신을 훑어보았다. 빈틈없는 용모에 왜 하필 손가락 하나가 빠졌을까. 삼신의 불찰일까 혹은 장난일까. 이상스런 것은 여주인의 인상이 별안간 그 순간부터 지금까지와는 판이하여지는 것이었다. 결점 없이 완전하게만 보이던 그가 그 한 점의 흠으로 말미암아 금시에 마치 이 빠진 그릇을 대하는 듯한 인상을 주기 시작하였다. 그것은 곧 문오 자신의 머릿속에 이가 한 대 빠진 것과도 같다. 결국 그의 머릿속에는 부정리의 사실이 또 하나 늘어 그의 마음을 불안정하게 휘젓는 결과가 되있다. 그는 자신의 일도 미례의 처지도 잠깐 잊어버리고 여주인의 일신을 한참 동안이나 생각하는 것이었다.

"적적들 하신 것 같으니 레코드나 한 장 걸까요."

여주인은 친절하게도 축음기 앞으로 나아갔다. 그는 단골인 터이라 두 사람의 은근한 사이도 벌써 대강 짐작하고 동정하는 눈치여서 간간이 그 정도의 친절을 베푸는 것이었다.

이윽고《제 되 자무르(J'ai Deux Amours)》의 노래가 흘렀다. 두 사람의 애인을 가진 여자의 노래가 낭랑하게 흘렀으나 그것은 미례의 현재의 정서와 심경과는 거리가 먼 것이었다. 미례는 꽃같이 잠자코만 앉아서 서글픈 표정으로 노래를 듣고 있다.

"거짓 손가락이라도 하나 맞춰 주었으면."

노래가 끝날 때까지도 문오는 여주인의 손가락 걱정을 하고 있었다. 지금에는 무엇보다도 손가락의 일건이 마음속을 파고들었다. 공연한 것을 발견하게 되었다. 모처럼 단골로 다니던 차점도 손가락으로 말미암아 이렇게 마음을 쓰게 된다면 다시 더 올 수 없지 않은가―하고 생각하였다.

3.

문오는 돌아오던 길에 친구의 병원에 들렀다. 요사이 의사에게밖에는 말할 수 없는 일종의 육체의 비밀을 가지고 있었다.

모르는 결에 피부의 전면에 일종의 풍진이 쭉 돋은 것이다. 어느 때 어디서부터 시작되었는지는 알 바 없으나 기억의 시초는 처음 몸에 벌레를 얻었을 때였다. 거리의 목욕간에서 얻었는지 그렇지 않으면 비밀한 곳에서 묻혔는지는 가릴 수 없으나 벌레는 어느 결엔지 맹렬한 세력으로 번식하기 시작하여 거의 피부를 먹어 버리려는 듯도 한 형세였다. 즉시 의사에게 의논하지 않고 매약점에서 사 온 수은고(水銀膏)를 대중없이 바른 것이 일을 저지르게 된 원인인지도 모른다. 몹쓸 벌레 꼴 보라는드키 하루도 몇 번씩을 벌레 위에 더덕더덕 바르곤 한 것이 이틀을 지나니 벌레의 형적은 사라진 모양이었으나 이번에는 반대로 수은고의 세력이 거의 피부를 먹어 버리려는 듯도 하게 모질게 헤어지기 시작하였다. 쌀알 같은 붉은 점이 불똥을 끼얹은 것같이 쭉 돋더니 그것이 차차 부분을 중심으로 육신의 위와 아래로 퍼지기 시작하였다. 알고 보면 수은고의 중독이었으나 몹시 가려운 판에 자연 손이 자주 가고 한번 긁기 시작하면 피가 용솟음치고 머릿속이 띵 하고 마치 미칠 듯이도 육신이 수물거렸다. 공교로운 것은 그때를 전후하여 마침 팔에 우두를 넣게 된 것이다. 과거에 한 번도 터 본 적 없던 우두가 이해에는 웬일인지 유난스럽게도 트기 시작하여 팔 위에 온통 커다란 종창을 이루게 되었다. 한편 근실근실 몹시도 하부근이 가려웠다. 우연히 만나게 된 이 우두 바람과 수은고의 독증이 한데 어울려 마치 살 곳을 만난 듯이 피부의 전면을 침범하였던 것이다. 그제서야 하는 수 없이 의사에게 뛰어가고 약을 바르고 주사를 맞고 하게 되었으나 물론 좀체 쉽게 가라앉지는 않았다. 그 어떤 서슬에 몸에 손이 가기 시작하면 피부가 벗겨져라 살이 으끄러져라 흥분되어 정신없이 긁게 되었다.

"차라리 잘 드는 해부용 메스로 피부를 한 꺼풀을 쭉 벗겼으면 시원할 것 같구만."

"왜 그리 악착스럽게 악마적으로만 생각하나. 자네 요새 확실히 신경쇠약증이 농후해."

의사는 친구의 정의로 도리어 문오를 가엾게 여겼다.

"신경쇠약이라면 확실히 요새 그런 증세 같기는 하나."

"당분간 철학을 그만두는 것이 어떤가. 회사로 가게 된 것은 자네를 위하야는 큰 행복일세. 둘에다 둘 넣으면 넷 되는—이같이 완전한 정리가 세상에 또 있나. 얼마 동안 세상과 담을 쌓고 숫자만 노려보고 살면 얼마간 마음이 유하야지리."

"실없이 놀리는 셈이지."

"진정의 말이야. 피부를 벳기느니 무어니 그렇게 조급하게 구는 것이 자네 말하는 소위 인생 정리의 길은 아닌 듯해. 설레지 말고 과학적으로 천천히 유하게 하는 동안에 정리도 되어 가는 것이 아닌가."

"그렇게 과학이란 안타깝단 말이야."

"과학은 허황한 시가 아니고 확실하고 면밀한 것이야. 과학의 위대함을 설마 자네가 모르는 바 아니겠지."

"위대함을 아니까 말이네. 그 위대한 힘으로 나의 말초신경을 모조리 뽑아 없애 주지 못하겠나."

"말초신경을 뽑기 전에 피부를 고치세그려. 피부가 정리되면 예민한 자네 말초신경도 무지러지고 마음은 적이 편안해질 터이니."

"생각대로 해 주게. 그러나 자네의 그 위대한 과학의 힘으로도 나의 연애까지야 바로잡아 줄 수 있겠나."

"자네의 연애가 어떤 것인지는 알 바 없으나 어떻든 이것이나 한대 맞고 가 누워서 애인을 기다리든지 말든지 생각대로 하게그려."

친구는 누런 분말을 푼 약즙을 푸른 주사기에 넣고 바늘을 꽂았다.

"요번엔 무슨 주산가."

"살균 소독세."

충분히 주의하여 천천히는 놓았으나 약즙이 정맥 속에 풀림을 따라 몸이 훈훈히 달고 구역이 날 듯 말 듯하였다. 마치 칼슘주사를 맞을 때와도 같은 느낌이었다.

"체질에 따라서는 별안간 신열이 나고 몸이 떨리는 짬도 있으니 일찍이 가서 눕는 것이 좋겠네."

"오늘은 과학의 말을 믿을까."

분부대로 문오는 그 길로 즉시 셋방으로 돌아와서 책, 서류 등 그날로 정리해야 할 것도 많았으나 일찍이 자리 속에 누웠다. 물론 벌써 밤도 가깝기는 하였으나.

어느 결엔지 잠이 깜박 들었다.

얼마 동안이나 잤던지 눈을 떴을 때에는 육신이 부들부들 떨렸다. 눈이 뜨인 것도 몸이 몹시 떨리기 때문인 듯하였다. 떨린다고 생각하니 더한층 휘둘린다. 찬물을 끼얹는 듯이 등어리가 찬 데다가 이빨이 덜덜 갈리고 몸뚱어리는 흡사 영험이 내린 신장대 모양으로 부들부들 흔들렸다. 이를 물고 배에 힘을 쓰고 사지를 곧게 펴 보아도 헛일이다. 중심이 둘러 파인 해까운 육신에 힘을 줄래야 줄 곳이 없다. 중추를 잃어버리고 파도의 희롱을 받는 난파한 기선의 꼴이란 바로 그런 것이 아닐까. 나뭇잎같이도 바람개비같이도 가벼운 사람의 몸. 하잘것없는 육체에 문오는 환멸을 느꼈다. 거리를 거닐 때에 꿋꿋이 서서 의젓이 걸으며 철학이니 과학이니 고집스럽게 논의하는 인간의 꼴이 결국 이렇게 보잘것없이 휘둘리는 한 장의 나뭇잎임을 느낄 때 괴로운 경우임에도 불구하고 한 조각의 서글픈 감동이 가슴속을 파고 들었다.

"어떻게 된 노릇이에요."

말소리에 겨우 정신을 차리고 보니 옆에 미례가 와 앉았다.

사람의 거래가 빈번한 문오의 방에 미례가 찾아옴은 두 사람 사이에 작정된 금지의 율칙이었으나 문오의 움직이는 소식을 들은 판에 그것을 무릅쓰고 이 밤에 찾아온 모양이었다. 어떻든 몸이 금시에 날아 버리는 것같이도 불안스럽고 외롭던 판이라 저으기 반가웠다.

"맥이 풀려 기운을 쓸 수가 없구려."

약한 미례의 손이언만 그것이 손아귀에 탐탁하게 믿음직하게 쥐어졌다.

"몸을 좀 눌러 주우. 한결 힘이 날 것 같으니."

미례는 번듯이 몸을 기울여 문오의 배를 눌렀다. 그것을 주초 삼아 문오는 기운을 낼 수 있었다. 든든한 기둥이나 붙든 듯이 몸과 마음이 안정되었다. 잔약한 여자의 몸이지만 이 밤에는 늠름한 의장부의 풍격이 있어 보였다. 문오는 그에게 거의 전신을 의지하고 두 팔로는 그의 어깨를 한사하고 붙들었다. 갈리던 이도 안정되고 떨리던 몸도 차차 가라앉아 갔다. 미례의 입이 눈앞에 가깝다.

"별안간 웬일예요."

"주사를 한 대 맞었더니 그렇구려."

"무슨 주사요."

"글쎄……."

주사 말을 하고 앞에 가까이 미례의 얼굴을 대하게 되니 문오에게는 문득 아까 병원에서 친구가 던진 말이 생각났다.

"……어떻든 이것이나 한 대 맞고 가 누워서 애인을 기다리든지 말든지 생각대로 하게그려."

의사가 무심히 던진 그 한 마디는 마치 예언과 같이도 적중되어 기대치도 못하였던 미례가 지금 눈앞에 나타나 있게 되었음을 공교롭게 여기지 않을 수 없었다. 의외에도 미례를 눈앞에 불러 괴로운 그에게 의지할 힘과 따뜻한 체온을 주게 한 것은 물론 주사의 힘도 의사의 말도—과학의 소치는 아니었으나 결과에 있어서는 그렇게 된 일종의 공교로운 암합이었음을 문오는 괴이하게 여겼다.

그러고 보니 미례와 그런 자태 그런 모양으로 그렇게 가깝게 만나 몸을 서로 의지한 것도 퍽은 오래간만이었다. 피부에 비밀이 생긴 이후 문오는 그 변을 미례에게 이야기하지 않았고 가까이 만나기와 몸을 드러내 놓기를 꺼렸다. 미례의 얼굴에 완연히 보이는 섭섭한 표정을 살피면서도 끝내 몸의 비밀을 보이지 않은 채 그날에 이르렀던 것이다.

"주사는 왜 맞으셨어요."

거기에까지 이른 이상 문오는 그에게 몸의 비밀을 더 숨길 필요가 없음을 느꼈다. 모든 것을 모조리 이야기하지 않을 수 없었다. 듣고 난 미례는 빙그레 미소를 띄우며

"옳지 알었소. 지금까지 그렇게 까다롭게 괴벽스럽게 냉정하게 쌀쌀하게 군 원인이 피부에 있었구먼요."

하고 문오의 턱을 손끝으로 가볍게 받들었다. 마치 귀여운 아이의 턱을 받드는 듯도 한 시늉이었다.

"산문으로만 들어찬 세상에서는 피차에 숨겨야 할 일이 있지 않

겠소. 세상은 너무도 산문으로 들어찼으니까."

"제게 숨기지 않은들 어때요. 붉은 피부를 본다고 송충이를 본 것 같이 기겁을 하고 뒤로 물러설 줄 알았어요? 망령두."

"안 그런단 말요."

"심술쟁이."

미례는 문오의 목에 덜컥 얼굴을 갖다 묻었다. 문득 코를 만지며

"코끝에 붉은 게 무어예요."

"얼굴에까지 내돋나 부군. 얼마 안 있으면 얼굴이 원숭이같이 새빨갛게 될걸."

"새빨갛게 되면 꽃다발 같게요."

미례는 문오의 괴팍스러운 형용을 이렇게 수정하면서 사실 꽃다발을 안듯이 문오의 얼굴을 안고 전신을 그에게 의지하였다. 문오는 미례의 몸을 받으면서도 주사의 일건과 의사의 말이 한결같이 머릿속에 뱅 돌았다.

4.

출발을 앞두고 짐 정리에 문오는 분주하였다.

한 사람의 살림살이가 왜 이리도 복잡한가. 왜 더 단순하고 가뜬하게 공기와 일광만으로 살 수 없을까 생각하며 불필요한 세간은 될 수 있는 대로 덜고 버리려 하였다. 천장의 거미줄과 책상 속의 먼지와—사람의 살림에는 그런 쓸데없는 물건까지 덧붙이기로 쫓아다니는 것 같다.

낡은 세간 그릇은 마병장수에게 팔 수 있고 휴지는 쓰레기통에 버릴 수 있고 수백 권이나 되는 묵은 잡지는 종이장수에게 팔 수 있고 서랍 속의 서류는 찢어 버릴 수가 있다. 서랍 속의 정리—그것은 사실 일종의 인생의 쾌사였다. 필요한 것이든 불필요한 것이든 손에 쥐이는 대로의 서류와 문서의 조각을 살펴보고 아까워할 것 없이 커다란 용단을 가지고 교만하게 대담하게 쭉쭉 찢어 버림이 인생의 쾌사가 아니고 무엇일까. 숫자같이 똑똑 쪼개지지 않는 인생에 있어서 그와 같이 통쾌하고 자취 맑은 정리가 있을까. 고르디우스의 노 마디를 칼로 끊은 알렉산더의 용단과 쾌미와도 흡사하다 할까. 서랍 속을 정리하며 문오는 일찍이 맛본 적 없던 위대한 쾌미와 시원한 감정을 느꼈다.

모든 것을 그와 같은 용단으로 정리할 수 있었으면 오죽이나 좋을까. 눈에 보이는 것을 모조리 찢어 버리고 태워 버렸으면 얼마나 세상은 간단해질까. 그것을 할 수 없는 곳에 범부의 '슬픈 운명'이 있는 듯하다. 가령 수십 장 넘어 거의 한 묶음이나 되는 채무에 관한 서류—그것을 현실생활에 얽매여 있는 한 사람의 평범한 시민이 교만하게 대남하게 쭉쭉 찢어 버릴 수 있는가. 현금차용증서, 월부반환계약서, 여러 상점의 전표—그 많은 글발을 한꺼번에 불붙여 소지 올리고 아울러 아귀 같은 채권자까지도 머리를 끌어 한 단에 묶어 불살라 버릴 수 있다면 얼마나 인생은 통쾌하고 세상은 깨끗해질까. 그것을 할 수 없는 선량한 시민의 운명을 문오는 슬퍼할 수밖에는 없었다.

그러나 세간의 정리보다도 더 큰 사건이 차례차례로 왔다.

작별, 출발, 부임, 주택난…….

문제의 주사는 606호[1]임을 알았으나 그 위력에도 불구하고 풍진은 쉽사리 사라지지 않고 돈을 대로 돋고 필 데까지 피어 버렸다. 근실거리는 몸을 가지고 차례차례로 일을 겪는 동안에 육신은 지치고 머릿속은 톱밥같이 피곤하였다. 확실히 이마에 주름살이 한 줄 더 잡혔을 것 같다.

어떤 경우에든지 작별이란 거개 귀치않고 마음을 흐트려 놓는 것이지만 미례와의 이별은 더한층 그런 것이었다. 미례와 그와의 사이는 언제 끝날지를 추측하기 어려운 이야기의 도중인 셈이므로 그 이별이 반드시 두 사람의 교섭의 마지막은 아닐 것이나 그래도 그것이 이별인 이상, 심히 성가스런 것이었다. 전송하는 동무들도 많으므로 떠나는 시간에 역에서 만날 수도 없고 하여 전날 밤 차점에서 몇 시간을 같이 지냈으나 미례는 마치 영영 작별하는 사람같이 눈물을 흘리는 것이었다. 대체 눈물이란 일종의 로맨티시즘이요 감정의 낭비라고 문오는 평소부터 생각하고 있었다. 산문 속에는 눈물이 없는 것이다. 채 정리도 안 된 어지러운 산문 속에서 쓸데없는 눈물로 인하여 공연히 감정을 낭비하게 된 것을 문오는 헛된 것으로 여겼다.

이별에서 받은 산란한 심서에다 반날 동안 흔들리는 기차 속의 혼란의 인상이 덮쳐 목적지에 내렸을 때에도 거뿐한 심사는커녕 오히려 무겁고 심란한 생각이 마음을 사로잡았다.

---

1 살바르산. 약재를 말한다.

지방의 큰 도회였으나 그 목적지의 인상이 첫째 퍽 산문적이었다. 옛 문화의 유산에서 오는 그윽한 향기와 침착한 윤택 대신에 먼저 눈에 띄는 것은 일종의 신흥도시로서의 분주한 기색과 요란한 혼잡이었다. 대개 아무리 아름다운 곳이라 하더라도 처음으로 찾는 사람에게는 감격을 주는 것보다는 실망과 환멸을 주는 경우가 더 많으니 그것은 그곳을 찾기 전의 꿈이 늘 지나쳐 아름다운 까닭이다. 요행히 상상에 어그러지지 않는 아름다운 곳이라 하더라도 그곳에 완전히 낯이 익기 전에는 한동안 아무리 하여도 일종의 서먹서먹한 노스탤지어를 느끼는 법이니 문오도 그 예에 빠지지 않았다. 노스탤지어라고 하여도—현대인에게는 그리워할 고향이 없기는 하나 일종의 막연한 애수와 서글픈 심사—그런 것이 가슴속을 우렷이 휘덮는 것이었다. 낯설은 곳에서 불안정한 마음에 정리 안 된 많은 일을 앞두고—문오는 저으기 슬퍼졌다.

5.

유람과 쾌락을 목적으로 하여 특별히 깨끗하게 세운 도회가 아니고는 세상의 거리란 그 어느 거리를 물론하고 대개 불결하고 산란한 것이 원칙인 듯싶다—사람의 생활 그것이 그러하듯이.

문오는 이 거리에서도 역시 과거에 있어서 본 그 어느 거리와도 똑같은 어지러움을 느꼈다. 규모 있는 정돈이 없다면 차라리 시적 단편이라도 있었으면 좋을 것을—거리에는 온전히 산문의 독기만이 있다. 고르지 못한 길, 쓰러져 가는 집, 삐뚤어진 간판, 먼지 속에 사는 사람들. 게다가 때마침 부의 청결시행의 날이라 집집마다 마치 물고기가 창자를 뱉어 놓은 듯이 어지러운 살림 그릇을 행길에 뱉어 놓고 먼지를 털며 한편 그것을 먹는다. 청결의 날은 먼지를 먹는 불청결의 날이다. 사람은 왜 즐겨 다닥다닥 엉겨들어 먼지 속에 사는가. 먼지 속에서 나서 먼지를 먹으며 먼지 속에서 복작거리다가 한 세기 동안의 역사도 못 보고 기껏 반세기쯤 해서는 다시 먼지 속으로 사라져 버린다. 먼지로 말미암아 확실히 반세기의 목숨은 짧아지는 것 같다. 왜 사람은 맑은 공중에 떠서 살 만한 지혜가 없을까. 얼른 그런 지혜를 가질 날 오기를 바람이 누구나의 원이 아니면 안 되겠다.

어수선한 거리 속에서 문오는 한 채의 집을 구하지 않으면 안 되었다. 이것이 또한 그에게는 커다란 어려운 과제였다.

집—사람은 언제부터 이 귀치않은 것을 가지게 되었는지 거의 사람과 운명을 같이하게 되는 이 야릇한 물건, 별을 우러러보며 낙엽 속에 파묻혀 자는 것은 인류의 그리운 옛 꿈이요—이슬을 피하려면 사람은 불가불 벽과 지붕을 가져야 될 것 같다. 모든 것을 정리하기에 편한 까닭이다. 다 같은 벽과 지붕이나 다 다른 벽과 지붕이다. 집은 각각 다른 성격을 가지고 각각 독특한 때와 전설을 벽에 묻혀 간다. 그 성격은 사는 사람의 성격을 규정하고 꾸며 가는 것이니 어느 집이라도 다 좋은 법은 없다.

그러나 물론 문오는 욕심을 부릴 형편이 못 되었다. 아무 집이나 그 지붕 아래에서 피부를 긁고 철학을 궁리하고 미례를 생각할—그런 한 채를 구하는 것이었으나 그것이 수월하게 나서지 않는 것이었다. 별안간 인총이 늘어 주택난이 심한 거리라 같은 회사의 동무들도 나서고 거간들을 여럿이나 내세우고 하여 이틀 사흘을 구하여도 '작정된' 그 집은 쉽사리 나오지 않았다.

피부는 고패를 넘어 회복기에 들어가 있었다. 붉게 피었던 쌀알은 어느 결엔지 성창(成瘡)이 되어 긁으면 부연 덕지가 일어나 떨어졌다. 가렵기는 일반이었으나 덕지가 부옇게 떨어짐은 일종의 쾌감이었다. 결국 피부가 한 꺼풀 쪽 벗어지는 셈이었다. 아침에 여관방에서 일어나면 전날 밤에 목욕을 했음에도 불구하고 이불 속에는 물고기의 비늘이 허옇게 쌓여 손바닥에 고물같이 쥐어졌다. 그것은 거의 무한히 있는 것 같아서 일어도 일어도 끝이 없었다. 말 털을 솔질하듯이 굵은 솔로 서억서억 밀었으면 얼마나 시원할까 하고도 생각하면서 문오는 거리로 집을 구하러 나가곤 하였다.

집도 많고 거간도 흔하여서 하루 동안에 집도 많이는 보지만 거간도 여러 사람 사귀게 되었다. 거간들은 앞잡이를 서서 네거리를 지나고 행길을 거쳐 뒷골목을 뒤지다가도 금시에 언덕 위를 헤매고 다시 골짝으로 내려가곤 하였다. 그들은 마치 신출귀몰하듯이 삽시간에 동에 번쩍 서에 번쩍 거리를 휘술거렸다. 한사하고 거간의 등뒤만 따르는 문오는 반날쯤을 걸으면 완전히 지쳐졌다. 한 사람에게 지치면 술값으로 은전 푼이나 쥐어 주고는 네거리에서 다른 거간을 붙든다. 나중에는 피곤한 판에 집보다도 거간의 거동에 주의가 쏠리곤 하였다. 집주인을 옹호하였다가도 금시에 문오를 변호하는 구변과 말재주에는 놀라지 않을 수 없었다. 교섭을 성사시키지 못하여 집을 물러나올 때의 거간의 뒷모양은 풀 없는 가엾은 것이었다. 그런 때에 찬찬히 주의하여 보면 거간의 탕건에나 모자에는 먼지와 때가 덕지덕지 절어 붙었다. 그것을 보면 문오는 문득 잊었던 피부를 생각하고 거리 복판에서 벅벅 긁어 비늘을 시원히 떨어뜨리고 싶은 충동을 느꼈다.

그런 지 나흘 만이었을까. 저녁 무렵은 되어 노곤한 몸으로 여관으로 돌아갈 때 문오는 행길에서 우연히 회사의 동무를 만나 집 얻었다는 소식을 들었다. 주위와 동떨어져 부근도 조용하고 뜰에는 나무포기도 있다는 보고를 듣고 필연코 마음에 들려니 하여 저으기 안심되었다. 오랫동안의 심로의 보람이 있었다고 생각되었다. 시급히 새 집에 들어 말끔히 목욕하고 방 가운데 누워 더도 말고 온 하루 동안 뜰 앞의 나무를 바라보며 천치같이 지냈으면—하는 충동이 유연히 솟았다.

여관 문을 들어서며 웃음을 띠운 것도 오래간만이었다. 웃음에 대답하는 듯이 주부는 다짜고짜로 한 장의 전보를 내주었다. 문오는 뜨끔하여 웃음을 죽이고 불안스럽게 전보를 펴들었다.

—오후 도착 미례.

기쁘다고 하느니보다는 아무리 하여도 슬픈 일이었다. 일껏 일신이 조금 정돈되었다고 생각하는 판에 또 무거운 짐이 굴러들어 온 셈이다.

잠시 오는 것일까. 영영 오는 것일까. 은밀히 오는 것일까. 공연히 오는 것일까. 철없이 도망하여 오는 것일까. 계획하고 떳떳이 오는 것일까. 그렇다면 집안 처리는 어떻게 하였을까. 남편과의 사이는 어떻게 해결되었을까. 선불리 하다가는 짜장 결투라도 하게 되고 칼부림이라도 나게 되지 않을까—문오에게는 미례를 만나게 되는 반가운 마음보다도 먼저 이런 불안스러운 생각이 한결같이 드는 것이었다.

"팔페. 콤쥬쉬콩탕드쁘발!"[2]

상상하였던 것과는 딴판으로 홈에 내려서는 미례의 자태는 전에 없던 명랑한 것이었다. 차림도 경쾌하거니와 표정도 가을 하늘같이 맑아 오도깝스럽게 지껄이는 한 구절의 외국어가 맵시와 낭랑하게 조화되었다. 근심과 불안의 그림자는 그의 얼굴에서 멀어진 것이다. 근심 속에서 온 사람이 아니요 확실히 평화 속에서 온 사람임에 틀림없었다.

"노라라고 부르기는 현대적이 아니고 무어라고 부르면 옳은고."

"노라는 왜 노라예요. 한 사람의 완전 자유인으로서 떳떳하게 온 것을요."

"자유인!"

"그러믄요."

"뒤를 따라오지나 않나."

주위를 휘돌아보는 문오를 미례는 도리어 조소하였다.

"쓸데없는 거정하실 것 없어요."

"결투를 안 해도 좋단 말요."

---

2 뜻은 불명이나 "좋아요. 다시 만나서 아주 만족스럽다고요."의 의미인 듯하다.

"정 하시고 싶으면 권투선수가 권투연습 하듯이 허수아비 하고나 겨루시지요."

"도망을 갔단 말요, 승천을 했단 말요."

"승천이라면 정말 승천한 셈이 되는군요."

"세상을 떠났다."

"비행가가 되랴고 떠났으니 말예요."

"맙소서."

"가정을 없애 버렸지요. 그리고 비행가가 되겠다고 동경으로 내뺐어요."

미례는 시원하다는드키 한숨을 뽑으면서 뒤를 이었다.

"잘 생각했지요. 창이 난 가정에 언제까지든지 사람을 붙들어 둘 수도 없고 하니 모든 것을 점잖게 깨달은 셈이지요. 그런 시원한 성격도 한편 가지고는 있나 봐요. 돈푼이나 흘려 볼랴고 간 모양인데 바른 길 잡었지. 부랑스러운 것 하구 비행가감으로는 똑 떼 놓았으니까요."

"비행기 위에서 내려다보고 우리들을 흘길 날이 오겠구려."

"그때 우리는 그 기특한 사람을 떨어지지 말도록 축수해 줄 의무가 있잖어요."

"떨어지지 말면 짜장 승천하게."

문오로서는 오래간만의 농이었다.

"미례도 박복은 하우. 돈 구덩이를 버리고 하필 가난뱅이한테로 달려온단 말요."

"농도 한 마디지 두 마디까지 하면 점잖지 못한 법예요."

미례는 눈초리를 가늘게 감으며 귀엽게 항의하였다.

문오 자신도 문득 뜻하지 못하였던 이 저녁의 그의 다변을 깨달았다.

얼크러진 고르디우스의 노 마디를 가져올 줄 알았던 미례가 의외에도 행복스러운 해결을 가져온 것이 그의 마음을 즐겁게 하였던 것이다.

집과 미례와—정리된 이 두 가지의 사실이 문오의 마음을 느긋이 채웠다. 나머지의 모든 불안은 커다란 행복감 앞에 그림자가 엷어지고 그의 머릿속에서 잠깐 동안 사라져 버렸다. 근실거리는 피부도 손가락 하나가 없는 마담의 왼손도 거리의 혼란도 그 속의 거지도 절름발이도 거간의 탕건에 절어 붙은 때 먼지도 지금 그의 머릿속에는 없었다.

미례와 나란히 서서 걸어가는 앞길에 문득 짙은 갈맷빛 하늘이 치어다보인다. 그곳에 변치 않고 늘 있는 하늘이지만 잠시 잊었던 것이 이제 새삼스럽게 눈 속에 들어왔을 뿐이나 오늘의 우연한 그 한 조각 하늘은 유심히도 맑게 그의 마음을 비추는 것이었다. 넓고 지천한 하늘이 아니요 천금의 값있는 한 조각의 거울인 듯싶있다. 불안과 혼란은 구만리의 하늘 밖으로 날려 버리고 잠깐 동안 천지간에는 다만 맑은 하늘과 맑은 마음이 있을 뿐이었다.

《조광》, 1936. 7.

석류

1.

혀끝에 뱅뱅 돌면서도 쉽사리 무엇인지를 생각해 볼 수 없는 맛과도 흡사했다.

이윽고 석류였음을 깨달았을 때 재희의 마음은 무지개를 본 듯이 뛰놀았다. 옛 병풍 속의 석류의 그림이 기억 속에 소생되어 때를 주름잡고 눈앞에 떠올랐다. 어디서 흘러오는지도 모르게 그윽하게 코끝에 채이는 그리운 옛 향기. 약 그릇이 놓이고 어머니가 앉았고 머리맡에 병풍이 둘러치어 있었다. 약 향기가 어머니의 근심스런 얼굴에 서리었고 병풍 속 나무에 석류가 귀하였다. 익은 송이는 방긋이 벌어져 붉은 알이 엿보이고 익으려는 송이는 막 열리려고 살에 금이 갔다. 그런 송이는 어린 기억과 같이 부끄러웠다.

오랫동안 까닭도 없이 몸이 고달프던 것이 이틀 전 학교도 파하기 전에 별안간 허리가 아프기 시작하였다. 숙성한 채봉이란 년이 너 몸 이상스럽지 않으냐 하며 꾀바르게 비밀한 곳을 뙤어 주었다.

웅크리고 앉아 있는 동안에 견딜 수 없이 배가 훑쳤다. 두려운 생각이 버쩍 들어 책보도 교실에 버린 채 집으로 돌아왔다. 밤에 자리 속에서 옷을 말아 내고 어머니 앞에 얼굴을 쳐들 수 없었다. 버들 같은 체질을 걱정하여 어머니는 간호의 시중이 극진하였다. 인생은 웬일인지 서글픈 것이었다.

예나 이제나 일반이다. 지금에는 어머니도 없고 머리맡에 병풍도 없고 석류도 없다. 예를 그리워하는 생각만이 아름다웁다. 석류는 그윽한 향기다. 향기는 구름같이 잡을 수 없고 꺼지기 쉬운 안타까운 자취. 눈물이 돌았다. 가슴이 빠근히 저리는 동안에 무지개는 꺼지고 석류는 단걸음에 옛날로 물러가 버렸다. 애달픈 생각에 골이 아프고 신열이 높아졌다. 머리맡에 약이 쓰다. 약도 옛날 것이 한결 향기로웠던 것이다.

체온계를 겨드랑에 낀 채 홀연히 잠이 들었다. 눈초리에 눈물 자취가 어지러운 지도를 그렸다.

(그런 수도 있을까.)

2.

꿈이나 아닌가 하여 재희는 이야기책을 다시 쳐들었다. 한 편의 자서전적 소설이 그를 놀라게 하였다. 소설가 준보는 바로 학교 때의 그 아이가 아니었던가. 소설 속의 이야기는 바로 그들의 어릴 때 일이 아니었던가. 무지개를 본 듯이 마음이 뛰놀았다. 현혹한 느낌에 가슴이 산란하다.

소년은 동무들의 놀림을 부당하다고 생각하였다. 소문이 높아지면 높아질수록 소녀와의 거리는 도리어 멀어지는 것 같았다. 소년이 비석을 칠 때에는 소녀의 그림자는 안 보였고 소녀가 자세를 받을 때에는 소년은 그 자리를 물러났다. 느티나무 아래에서 술래잡기를 할 때에도 두 사람의 자태는 빛과 그림자같이 서로 어긋났다. 결국 손목 한 번 탐탁하게 못 쥐어 보고 소년은 점점 고집스러워만 졌다. 쥐알봉수가 소녀에게는 도리어 가까웁게 어른거렸다. 소락소락 말을 걸고 손을 쥐고 하는 것을 소년은 무척 부러워하고 미워하였다. 그렇게 못하는 자기의 고집스러운 성질을 슬퍼하면서 동무들의 부당한 놀림을 억울하게 여길 뿐이었다.

재희가 준보에게 터놓고 다정히 못 굴었음을 뉘우치게 된 것은 그와 작별한 후였다. 채봉이가 자별스럽게 준보를 위함을 알고 마음이 편편치 못하였으나 그와 떨어지고 보니 그것도 쓸데없는 걱정임을 깨달았다. 준보를 마지막으로 본 것은 결국 느티나무 밑이었다. 몸에 급스러운 변화가 와서 어머니 앞에 부끄러운 생각을 하고 누워 있는 동안에 준보도 고달픈 병으로 학교를 쉬었다. 명예로운 졸업식에도 참가하지 못하고 준보는 병에서 일어나자 바로 서울로 공부를 떠난 까닭이었다.

그를 그리워하는 마음이 불현듯이 솟았다.

재희네 집안이 사정에 따라 서울로 옮겨 앉고 따라서 재희가 웃학교에 들게 된 것은 여러 해 후였으나 준보의 자태는 늘 마음속에 꿈결같이 우렷하였다. 그러나 오늘 소설가로서 눈에 뜨일 줄을 추측하지 못하였다.

병석에 눕게 된 오늘의 재희에게 준보의 출현은 그 무슨 묵시와도 같다. 생각에 마음이 산란하고 피곤하여졌다.

이야기책을 덮고 눈을 감았다. 문득 생각이 나 준보의 자태가 있는 학교 때의 옛 사진을 찾아낼까 하다가 귀치않은 심사에 단념하였다.

3.

사치한 생각으로가 아니라 재희에게는 실질적으로 결혼이 불행하였다.

준보와는 대척적(對蹠的)이던 옛날의 쥐알봉수와도 같은 성격의 사람을 구하게 된 것부터가 빼저린 착오였다. 은행원이었다. 어머니를 여의고 그 위에 경영하던 회사에 파산까지 당한 불여의의 아버지를 위로하기 위하여 그의 뜻에만 소경같이 좇은 것이 비극의 시초였을까.

결혼은 글자대로 무덤이었다. 뒤넘꾼은 무덤 같은 커다란 봉치함을 가정에 남겨 놓고 자취를 감추었다. 는실녀를 차린 것도 개자반의 짓이었으나 더욱 거쿨진 것은 은행의 금고를 연 것이었다. 그의 실종은 해를 넘어도 자취가 아득하였다.

재희는 당초의 그의 무의지를 뉘우쳤다. 할 일 없는 시가에 더 있을 수도 없어 친가로 돌아오기는 왔으나 더구나 친가에서는 하는 수도 없어 한 번 물러섰던 학교에서 다시 생활을 구하게 되었다. 학교는 꿈의 보금자리였다. 소년과 소녀들의 자태 속에 옛날의 그들의 모양을 비치어 볼 수 있음으로였다. 그림자 속에서 타는 가느다란 촛불의 청춘이라고 할까.

아버지는 쓸쓸한 집 안에서 돌부처같이 침묵하였다.

반백의 머리에 턱에 주름살이 접히고 온종일 늙은 앵무만큼도 말이 적고 서툴렀다. 돌같이 표정이 없고 차다.

개차반의 소행에 대하여서조차 한마디의 책도 없었다. 모든 것을 긍정하고 굽어만 보는 '조물주'의 의지와도 같이 엄연하였다. 하기는 개차반을 나무랄 처지가 못 되는 까닭이었을까. 그 자신 방불한 길을 걸어왔으니까.

4.

재희의 인생의 기억은 네 살부터 시작되었다.

서울로 달아난 아버지는 네 해를 넘어도 돌아오지 않았다. 공부를 칭탁함이었으나 어지러운 소문에 어머니는 기어코 뒤를 쫓기를 결심하였다. 물론 공방을 지킴을 측은히 여겨 시가 편에서 떼어 준 것이었다. 좁은 가마 속에 재희도 같이 앉아 반 천 리 길의 서울 길을 서쪽으로 서쪽으로 여러 날이나 흔들렸다.

철교 없는 한강을 쪽배로 건넜다. 귀융배로 나일 강을 건너는 격이었을까.

모든 것이 이끼 속에 묻혀 전설과 같이도 멀다—가마이며 쪽배이며.

학교를 마치고 벼슬을 얻은 아버지는 깨끗하게 닦아 놓은 도읍 사람이었다. 포천집과 젊은 꿈속에 있는 그에게 그들의 도착은 큰 놀람이었다.

포천집 독살에 모처럼의 서울도 재희 모녀에게는 가시밭이었다. 주일의 예배당을 찾아 아름다운 찬미가 속에 위안을 발견하는 모녀였다. 담배 심부름을 나갔다가 행길에서 뱀 잡아든 것을 보고 가엾은 짐승의 기괴한 아름다움에 취하여 정신없이 서 있는 재희였다.

공부 온 먼 촌(寸) 일가의 국현이가 때때로 군밤을 가지고 와서 재희의 마음을 기쁘게 하였다. 인자한 국현이의 무릎 위와 따뜻한 군밤과—재희의 전기 속의 축복된 부분이요 아름다운 한 페이지였다.

그러나 네 살 적 인생은 모든 것이 이끼 속에 묻혀 전설과 같이도 멀다—예배당의 찬미가이며 거리의 뱀이며 따뜻한 무릎이며 군밤이며.

궂은 일이든 좋은 일이든 전설은 모두 아름다운 것이니 재희는 한 번 서울을 떠나 다시 그곳을 바라볼 때 그것을 정확히 느꼈다. 솔가하여 가지고 고향으로 떨어진 것은 늙은 부모를 마지막으로 봉양하자는 아버지의 뜻이었다. 낯설은 적막 속에서 포천집은 눈을 감았다. 소생도 뒤를 이어 떠났다. 아버지는 마음을 가다듬고 지방의 속관으로 여생을 보내기로 하였다. 어머니도 비로소 마음의 안정을 얻었다. 재희는 학교에 들 나이에 이르렀다.

5.

이야기를 좋아하는 마음은 어디서 오는 것일까. 재희는 글자를 깨친 지 얼마 안 되었음에도 서울 시대의 묵은 이야기책들을 끔찍이는 사랑하였다.

긴 가을밤에나 혹은 어머니나 그가 가벼운 병석에 있을 때에 그는 병풍 속 자리에 누워 신소설 『추월색』을 낭독하였다. 아름다운 이야기는 모녀를 울리기에 족하였다. 정님이와 영창이의 기구한 운명의 축복은 한없이 눈물지어 어느덧 한 가락의 초가 다 진하면 새 가락을 켜 놓고 운명의 다음 줄을 계속하여 읽곤 하였다. 어머니는 촛불과 같이 가만히 눈물지었다. 병풍 속 석류는 눈앞에 흐리고 머리맡 약 냄새는 근심스러웠다.

이야기 속의 장면으로 재희는 서울을 상상하기를 즐겨 하였다. 그러므로 서울은 지극히 아름다운 것이었고 옛 기억은 전설과 같이 그리운 것이었다. 물론 자란 후 다시 서울을 보았을 때에는 이 소녀 시대의 아름다운 꿈은 그림자조차 찾아볼 수 없이 곱게 사라졌고—서울은 한갓 산만한 거리로 비치었다.

준보는 학교에서 가장 영리한 아이였다. 새까만 눈동자에 총기가 흘렀다. 시험 때에는 늘 선생들의 혀를 말게 하였다. 재희도 반에서 수석인 까닭으로 두 사람이 가까워진 것은 아니나 재희는 모인 총중에 준보의 모양이 안 보이면 마음이 적적해지게까지 되었다. 새 치마를 입거나 새신을 신었을 때에는 누구보다도 먼저 그에게 보이고 싶었다. 선생에게 칭찬받는 것을 들으면 귀에 즐거웠다. 동무들의 요란한 놀림을 겉으로는 귀치않게 여겼으나 속으로는 도리어 기뻐하였다. 웬일인지 재희는 늘 『추월색』의 슬픈 이야기를 생각하였다. 준보를 생각할 때에 어린 마음에 의례히 정님이와 영창이의 사실이 떠오르곤 하였다.

6.

먼 산에 원족을 갔을 때는 준보는 덤불 속을 교묘하게 들쳐 익은 으름을 송이송이 찾아다 재희에게 던졌다. 그러면서도 잔잔하게 말을 거는 법은 없이 늘 뿌르퉁하고 퉁명스런 심술이었다. 새까만 눈방울이 담비같이 빛났다.

봄이면 학교에서는 산놀이를 떠났다. 제각기 헤어졌을 때 준보들은 바위 위에 진달래꽃을 꺾으러 갔다. 철은 일렀으나 이름 모를 새들이 잎 핀 버들가지에서 지저귀었다. 좁은 기름길을 걸어 바위 위에 이르렀을 때에는 준보와 재희의 한패만이 남고 다른 축들은 한동안 그림자가 보이지 않았다. 산은 험하여 바위 아래는 푸른 강물이 어마어마하게 내려다보였다. 바위코에 담뿍 몰린 한 떨기의 진달래가 마음을 흠빽 당겼다. 재희의 원에 준보는 두려움도 잊고 날뽐을 냈다.

"내 손을 잡으럼."

바위 끝으로 기어가는 준보를 재희는 조마조마하게 바라보았다.

"일없다. 네 손쯤 붙들어야 소용없어."

"뽐내다 떨어질라."

"떨어지면 너 시원하겠지."

"녀석두 맘에 없는 소리만."

실쭉하고 돌아섰을 때 준보는 벌써 꽃부리에 손이 갔다. 간신히 두어 대 꺾어 쥐고 다시 손이 갔을 때에 팔에 스쳐 돌멩이가 굴렀다. 겁을 먹고 몸을 추스러치는 바람에 디뎠던 발이 빗나가자 무른 바위는 으스러지며 더한층 와르르 헐어져 떨어졌다. 서슬에 준보의 몸은 엎어지며 손을 빼든 채 앞으로 밀렸다. 재희는 아찔하여 반사적으로 풀썩 쓰러지면서 두 손으로 준보의 발을 붙들었다. 이어 몸을 일으키고 힘을 다하여 간신히 끌어낼 수 있었다. 천행 준보는 떨어지지는 않았으나 대신 팔에 커다란 상처를 받았다.

"나 때문에 안됐구나."

"너 때문에 너 줄랴고 꽃 꺾은 줄 아니."

"고집쟁이두."

걷는 동안에 속이 풀려서 몸을 기대우리라고 생각하였으나 준보는 꼿꼿이 말도 없이 땅만 보고 걷는 것이 재희에게는 불만스러웠다.

준보를 서울로 보내게 되었을 때 그 불만은 한층 더 컸고 마음은 한갓 서글프기만 하였다.

7.

관직의 한정(限定)이 찼을 때 아버지는 선조들의 묘만이 남은 실속 없는 고향을 헌신같이 버리고 다시 솔가하여 가지고 서울로 떠났다.

얼마 안 되는 축재로 아버지가 회사의 한몫을 맡게 되었을 때 재희는 웃학교에 나아갔다.

준보의 자태가 마음속에 없는 바는 아니었으나 시달리는 동안에 새벽별같이 차차 그림자가 엷어진 것은 사실이었다.

서울은 결코 전설의 서울이 아니었고 꿈의 거리가 아니었다.

거리도 서울도 그칠 바를 모르는 산문의 연속이었다.

재희의 청춘은 회색 장막에 새겨진 회색 글자의 내용이었다.

같은 병풍 속에서 이야기책을 같이 읽은 어머니를 잃은 것은 그대로 큰 꿈을 잃은 셈이었다.

재희가 학교를 채 마치기도 기다리지 않고 아버지들의 회사가 기울기 시작한 것도 결코 우연은 아니었다.

아버지의 얼굴은 금계랍을 먹은 상이었다. 아무리 애쓰나 회복의 도리는 없는 듯하였다.

하는 수 없이 재희는 제단에 오르는 애잔한 양이었다.

학교를 나오기가 바쁘게 꿈도 꾸지 못하였던 곳에서 생활의 길을 구하게 되었다.

흡사 그 자신이 어린 시절을 보냈던 곳과도 같은 어린 학교에서 어린 아이들을 데리고 단조한 나날의 생활을 보내게 되었다. 그 속에서는 포부도 희망도 다 으스러져서 한 줌의 재로 변하였다.

그러던 차의 결혼이라 아버지는 부쩍 성화였다. 재희는 아버지를 가없게 여기는 마음으로 자기의 뜻을 휘었다

은행원이라고 도움이 되기를 바라던 것은 아니었다. 다만 아버지로서는 여러 가지로 불여의한 역경 속에서 한 가지씩이라도 집안일을 정리하자는 뜻이었다.

8.

그러나 결혼은 글자대로 무덤이었다.

공칙하게 회사도 파산이었다.

재희는 별수 없이 다니던 학교 앉은 의자에 다시 들어가 앉았다.

버둥질쳐야 어쩌는 수 없는 인생임을 깨달은 후이라 마음은 한결 유하여지고 가라앉아 갔다.

단조한 속에서 생기를 구하려 하였다. 으스러진 재 속에서 옛이야기를 찾으려 하였다. 어린 합창을 힘써 희망의 노래로 들었다. 맡은 반의 소년과 소녀 갑남이와 애순이의 관계에서 어렸을 때의 꿈을 되풀이하려 하였다.

갑남이는 고집쟁이었다. 도화시간임에도 도화지를 가져오지 않은 때 이유를 물어도 꾸중을 해도 돌같이 책상 앞에 웅크리고 앉아 말도 하는 법 없거니와 얼굴도 결코 쳐들지는 않는다. 완전히 말을 잊은 아이 같다. 표정 하나 변하지 않고 검은 눈방울로 책상을 노리면서 한 시간을 보내는 수도 있다. 애순이는 다정한 소녀였다. 여벌이 있으면 반드시 한 장을 갑남이에게 나누어 주었다. 솔직하게 받을 때도 있으나 종시 고집을 세우고 안 받는 때도 있었다.

"받으렴."

"일없다."

"고집 피이다 꾸중 들을라."

"꾸중 들으면 시원하겠니?"

"녀석두 맘에 없는 소리만."

어쩌다 받게 되면 다음 시간에는 곱절을 가져다가 되로 갚곤 하였다. 그 고집으로도 반대로 애순이가 가령 붓을 잊었을 때에는 자진하여 여벌을 빌려주었다.

갑남이는 가난하였다. 점심을 굶는 때가 많았다. 이상스러운 것은 그런 때에는 애순이도 역시 점심을 굶는 것이었다. 애순이는 결코 갑남이같이 가난하지는 않았다. 점심이 없을 리는 없었다. 수상히 여겨 하루 재희는 점심시간이 끝나 교실이 비었을 때 은밀히 애순이의 책상 속을 살펴보았다. 놀란 것은 의젓하게 점심을 싸 가지고 온 것이다. 다음 날 갑남이가 점심을 먹을 때에 애순이도 먹었으나 다음날 갑남이가 굶을 때에 애순이도 굶었다. 물론 책상 속에는 점심이 있음에도 불구하고 두 번째 그것을 발견하였을 때 형언할 수 없는 경건한 느낌이 재희의 가슴을 쳤다. 한편 다쳐서는 안 될 성스러운 것에 손을 다친 것 같아서 송구스러운 느낌이 마음을 죄었다. 가만히 애순이를 불러 이유를 들었을 때 문득 가슴이 저리고 눈시울이 더워졌다.

"갑남이가 안 먹으면 먹구 싶지 않어요."

재희는 그날 돌아오던 길로 이불 속에서 혼자 흠빽 울었다. 그날같이 산 보람을 느낀 때도 적었다.

그 후로는 갑남이를 꾸짖기는커녕 두 아이를 똑같이 곱절 사랑하게 되었다.

자기들의 옛날이 그지없이 그리웠다.

9.

산란한 심사에 몸이 유난히도 고달팠다.

재희는 학교를 쉬고 자리에 눕는 날이 많았다.

소설가로서의 준보의 이름을 발견한 것은 커다란 놀람이었다.

무지개를 본 듯이 마음이 뛰놀았으나 옛날을 우러러보는 동안에 정신이 무척 피곤도 하였다. 눈초리에 눈물 자취의 어지러운 지도를 그린 채 재희는 눈을 떴다.

체온계를 뽑으니 수은주가 높다. 신열이 나고 몸이 더웁다.

고개를 돌리니 준보의 소설책이 다시 눈에 띄었다. 별안간 가슴이 찌르르하면서 눈물이 솟았다. 오장육부가 둘러 패이고 세상이 검은 구렁텅이 속으로 일시에 빠져 들어가는 듯하다. 그 쓰라린 비인 느낌에 목소리를 놓고 엉엉 울고도 싶다. 저물어 가는 짧은 햇발이 창 기슭에 노랗게 기울었다. 눈물에 젖어 베개가 축축하다.

《여성》, 1936. 8.

고사리

홍수는 축 중에서도 숙성하였다. 유달리 일찍이 앙돌아지게 익은 고추송이랄까. 쥐알봉수요, 감발저뀌였으나 야무러지고 슬기로는 어른 빰쳤다. 들과 냇가에서는 축들을 거느리고 장거리에서는 어른과 겨뤘다. 인동은 홍수를 어른같이 장하게 여겼다. 우러러만 볼 뿐이요 아무리 바라도 올라갈 수 없는 나무 위 세상에 홍수는 속하고 있는 것이었다. 그가 살고 있는 세상은 아이의 세상이 아니요 어른의 세상이었다. 어른의 세상은 커다란 매력이었다. 그러므로 홍수는 늘 존경의 목표요 희망의 봉오리였다. 그는 약빨리 어른을 수입한 천재였다.

장 이튿날 거리에서 김 접장과 으른 것만 해도 인동에게는 하늘같이 장하게 생각되었다. 당나귀 발에 징을 박고 있는 김 접장의 상투를 홍수는 뒤로 몰래 가서 보기 좋게 꺼들어 흔든 것이다. 영문을 모르고 벌떡 일어서는 김 접장은 서슬에 당나귀 발길에 면상을 차였다. 약이 바짝 올라 쇠망치를 든 채 홍수를 후들겨 쫓았다.

"망종의 후레자식."

홍수는 엎어질락 쓰러질락 쫓겼다. 총중에는 홍수를 안된 놈이라고 사설하는 사람도 있기는 있었으나 어른들은 차라리 심심파적으로 바라다들만 보고 있었다. 인동은 누가 이길까 주먹을 오므려 쥐고 속으로는 홍수 편을 부축하였다.

"요놈 붙들기만 하면 네 아범하구 한데 묶어 강물에 띄울 테다."

"고치 번더지만 한 상투를 아주 빼놀까 부다."

대거리하면서도 홍수는 지쳐서 소장판으로 뛰어들었다. 그곳에는 말뚝이 지천으로 박혀 있다. 그것을 이용하자는 꾀였다. 가리산지리산 말뚝을 헤치고 날래게 몸을 뒤적거리는 홍수를 쫓기가 유들유들한 김 접장에게는 무척 거북한 듯하여 굽은 말뚝 한 개를 돌다가 기어코 다리를 걸쳐 나가 곤드라지고 말았다. 분김에 불심지가 올라 얼얼한 다리를 비비면서 바짝 길을 죄였다. 손아귀에 움켜 든 기름종개같이 홍수는 어른 손안에 움켜 들렸다.

"어린놈이 어른에게 대들다니."

"그 잘난 어른."

"아이는 아이와 노는 법인 것을."

"난 어른야. 어른 하는 것 다 알고 있어."

"무얼 다 안단 말이야."

"무엇이든지 다 보았어."

"무서운 생쥐 같으니."

어린 볼을 사정없이 갈기고 다시 발칙한 짓 하겠느냐고 으르며 강종(强從)받으려 하였으나 홍수는 훌훌히 휘이지 않고 어디까지든지 박서며 견거니 틀거니 한참 동안이나 실네기였다. 수많은 눈들과 웃음 속에서 철부지의 하룻강아지를 대수로 하고 그 짓임을 생각하고 김 접장은 열적고 경없어졌다. 사지를 한데 모아 달룽 들어 소장 두엄 위에 갖다 동댕이를 치고 발길로 두어 번 엉덩이를 찼으므로 마음은 한결 누그러졌다. 홍수는 어떻게든지 하여 김 접장의 볼을 한 개 갈겨 보려고 쓰러진 채 손을 휘젓고 애썼으나 헛수고였고 발길을 돌리는 어른에게 침을 두어 번 뱉었다. 침발은 날려서 다시 얼굴 위에 떨어졌다.

인동은 보고 섰는 동안에 눈물이 돌았다. 오히려 눈물 한 방울 안 흘리고 박서는 담찬 홍수의 마음을 대신하였음일까. 눈물은커녕 홍수는 도리어 새빨간 얼굴에 입술을 꽉 물더니 벌떡 뒤치고 일어서 한층 노기를 띠었다. 돌멩이를 집어들고 다시 징 박기를 시작한 김 접장의 뒤로 갔다.

"객쩍은 자식한테 실없이 봉변했다. 여편네 하나 거느리지 못하는 맹추가 멀쩡한 뉘게 분풀이야. 느 여편네 요새 난질이 나서 는실 는실 발광인 줄 모르니."

돌멩이는 공교롭게 상투를 맞혔다. 김 접장은 어이가 없어 더 대거리도 하지 않았다. 다만 눈을 부릅뜨고 돌아섰을 때에는 홍수는 쏜살같이 거리를 달아나던 판이었다.

여편네가 난질이 났다는 말이 거짓말인지 정말인지 사람들은 다만 웃음을 머금었을 뿐이었고 김 접장도 더 그 말을 취사하지 않는 것 같았다.

축들은 홍수를 따라 거리를 벗어나 마을 앞으로들 달렸다. 인동도 그 속에 있었다.

"어른과 싸우기 무섭지 않든."

풀밭에 왔을 때에 홍수는 축들에게 둘러싸였다. 모두 앞을 다투어 그와 어깨동무 되려고들 하였다. 칭찬의 소리가 요란스럽게 풀잎을 무지렀다.

"무섭기는 그까짓 것 난 세상에 무서운 것 없어 마음이 개운하다."

"밤에 서낭 숲에 가도 무섭지 않든."

"도깨비를 만나도 김 접장같이 해 낼걸."

"넌 장사다. 어른이다."

"요담에 싸울 때 됩데 김 접장의 사지를 묶어 두엄 속에 처박으련다."

축들은 김 접장을 그만 팔불용으로 여기게 되고 홍수를 김 접장보다 훨씬 나은 장사로 생각하게 되었다. 알 수 없이 기운들을 얻어 뛰고 차고 쓰러지고 하였다. 조그만 발밑에서 풀포기가 짓으끄러져서 쓰러지면 옷자락이 푸르게 물들고 하였다.

홍수에게서 갑내집 이야기를 들었을 때 인동은 피가 불끈 솟으며 소름이 돋았다. 침이 불같이 달다. 홍수의 한 마디 한 마디를 놓치지 않으려고 몸이 미연간 그에게로 기울어지며 콧방울이 긴장되었다.

"다 보았다. 젖꼭지까지도 발톱 끝까지도 무어고 무어고 다 보았어. 무섭드라. 죄지는 것 같드라."

홍수를 그 자리에 때려 눕히고도 싶고 그를 칭찬하고 위해 주고도 싶다.

"얼른 말을 이어라. 어떻게 해서 보게 되었는지."

"밤은 깊고 달은 밝은데 뒷모양이 아무리 보아도 갑내집이길래 필연 장거리의 어떤 놈팽이와 만나러 가는 눈치 같애서 슬며시 뒤를 따라 보았다. 중간에서 두어 번 들켜서 쫓기우고야 말었다. 그러기 때문에 그가 가는 곳을 알게 된 것은 사흘 되던 밤이었다. 어디로 간 줄 아니."

눈망울이 달빛을 받아 구슬같이 빛났다.

"개울가에 이르드니 쥐악돌 위에 옷을 훌훌 벗어던지고 뚝 밑 웅덩이 속에 풍덩 잠기드구나. 밤마다 그곳에 목물하러 가는 줄을 처음으로 알었다. 뚝 옆에 왜 큰 버드나무가 있지 않니. 나는 숨을 죽이고 가지 우에 올라 개고리같이 줄기 사이에 배를 납작 붙이고 나려다보았다. 다 보았다. 옆구리에 박힌 점까지 알었다. 무섭드라. 하아얀 살결이 달빛에 젖어 눈알이 둘러 패이는 것같이 부시드라."

인동은 전신의 피가 수물거리며 머리가 아찔하였다. 숨이 가쁘다.

"장거리에 뜬 술장사가 많이도 오기는 왔지만 난 갑내집만 한 일색을 모른다. 그런 품 속에서 하로라도 지내 보았으면 어머니 품에서 자는 것보담 얼마나 좋겠니. 지금 생각하문 미친 짓 같으나 보고 있는 동안에 별안간 화가 버럭 나드구나. 아무리 그립다고 생각한대야 우리 같은 것에야 눈이나 한 번 바로 떠 보겠니. 다 어른 차지야. 어른이 되는 수밖에는 없어. 심술 김에 나는 고이가달을 걷어올리고 다리 사이로 오좀을 깔리기 시작했다. 갑내집은 별안간 빗방울이 듣는 줄만 알고 손바닥을 벌리고 하늘을 치어다보드구나. 톡톡이 혼을 좀 뽑아 보랴고 난 목소리를 내서 황급스런 고함을 쳤다. 저것 봐라 물 위로 떠가는 저 구렁이! 갑내집은 악 소리를 치드니 기급을 하고 철벙철벙 물가로 나와 치마폭으로 젖은 몸을 가리고 허둥허둥 돌밭을 뛰드구나. 구렁이라니, 휘젓고 가는 그의 몸동아리야말로 흰 구렁이같이 곱드라.”

인동은 홍수에게 확실히 한 대 먹은 것 같았다. 그 역 갑내집에 대하여서는 홍수와 같은 생각을 가지고 있었다. 자기가 하고 싶던 것을 홍수가 한 걸음 먼저 가로채어서 해 버린 셈이었다. 인동은 자기의 고림장이의 성질을 안타깝게 여기고 나무에 오르는 재주 없음을 한탄하는 수밖에는 없었다. 홍수는 민첩한 감동으로 인동의 심중을 족히 헤아릴 수 있었다.

“생각이 있거든 두말 말고 오늘 밤 내 뒤를 대서라. 나무에는 내 떠받들어 올려 줄게. 오늘 밤엔 기막힌 장난 해 보지 않으련—갑내집이 물속에 들어갔을 때 몰래 가 벗어 논 옷을 집어다 감추는 것이다. 얼마나 난탕을 칠까. 우리 말을 듣거든 으젓이 항복을 받고 내주자꾸나. 갑내집과 친해 가지구 됩데 어른들에게 골탕을 먹이잔 말이다. 달이 발써 높았다. 갑내집은 갔을 게다. 뛰어나가 보자.”

꽁하게 맺혔던 인동의 심사도 저으기 풀려 이제는 새로운 모험에 가슴이 두렵게 뛰놀았다.

둘은 짧은 그림자를 발아래 밟으며 달 아래를 돌멩이같이 굴러 달아났다.

갑내집의 자태는 보이지 않았다. 나무에 올라서 기다리기로 하고 홍수는 인동의 발을 떠받쳤다. 뒤미처 다람쥐같이 날쌔게 가지 위에 올랐다.

좁은 나뭇가지 위에서는 몸을 쓰기가 거북하였으나 홍수는 누웠다 섰다 앉았다 하여 교묘하게 몸을 쓰며 결코 무료를 느끼는 법이 없었다. 오래되었어도 물 위에는 그림자가 나타나지 않았다. 별안간 나무 아래에 목소리가 들리기 전까지에는 갑내집은 안 오는 것으로만 생각되었다.

"요 가살이들 나무에는 무엇하러 올라갔어?"

갑내집임을 알았을 때 인동은 몸이 으쓱해지며 두려운 생각이 났다.

"왜 이리 늦었우."

침착한 홍수의 태도도 인동의 설레는 마음을 가라앉히지는 못하였다.

"멀쩡한 각다귀. 언제든지 속을 줄만 알었니. 어른을 노리갯감으로 알고—년석들."

"어른은 어른 노리개밖엔 안 되나."

"하는 소리가 모두 엉큼해. 이 년석들을 어떻게 하면 좋아. 오늘 밤엔 혼을 뽑아 놓겠다."

"오좀을 깔릴까 부다."

홍수가 대거리를 하며 띠를 풀려고 할 때 갑내집은 돌연히 기급을 할 듯이 외면하면서 고함을 쳤다.

"에그머니 저것 보아라. 뱀? 나무 위에 서리서리 올라가는 저 구렁이 에그머니나!"

가리산지리산 내렸다.

"으앗!"

나무에 들어붙었던 인동은 짧은 소리를 치며 정신을 잃었다. 팔에 맥이 풀리며 그대로 나무줄기를 미끄러져 떨어졌다. 그제서야 홍수도 일시에 겁을 먹고 어쩔 줄 모르다가 황급히 떨어져 버렸다. 요행 아래는 풀밭이라 다친 데는 없었으나 인동은 오래 있다 정신을 차렸다. 갑내집은 가고 없었다. 그렇게 그리워하던 것이 불시에 사라진 요물같이 생각되었다.

그 밤 일은 물론 둘만이 알고 있는 비밀이었다.

그 후로 인동은 넋을 떼인 듯이 기운을 잃고 비영거렸으나 들에 나가 뛰고 시내에 나가 잠기고 하는 동안에 차차 기운을 차려 갔다. 홍수는 제 허물도 느끼고 하여 특히 두남두어 뭇 시발을 귀치않게 여기지 않았다. 서낭 숲에서 돌배를 두드려 떨 때에는 굵은 것을 논아 주고 물가에서 삼굿을 할 때에는 잘 익은 옥수수 이삭을 인동에게 물려주곤 하였다.

그러면서도 속궁리는 스스로 달랐다.

홍수는 늘 인동을 한풀 접어놓고 같은 대접을 하지 않았다. 인동을 아직도 풋동이라고만 생각하였기 때문이다. 그것이 인동에게는 맞갖지 않고 싫었다.

인동이 가진 한 푼의 동전을 탐내면서도 홍수는 속을 뽑히울까 봐서 터놓고 말을 하지 않았다. 제일 굵은 가래나무 열매와 바꾸자는 청이었으나 곧은불림으로 말하면 거저라도 줄 것을 하고 인동은 녀석의 심중을 서글프게 여기면서 괘장부리고 싶은 생각조차 들었다.

"무슨 소리인지를 말하려무나."

"싫거든 그만두어라."

되술래잡는 홍수를 애숙하게 여기는 한편 두수없는 제 꼴도 경없게 생각되어 인동은 가래와 동전을 바꿔 버렸다.

장날 저녁때 해가 그늑할 때 풀밭에서 삼굿을 시작하였다. 구덩이를 파고 불을 피우고 조약돌을 모아 쌓고 뻘겋게 달게 달궜다. 신명들이 나서 뛰고 법석들이었으나 그때까지도 홍수의 꼴이 보이지 않음을 인동은 괴이히 여겼다. 또 한 구덩이에 삶을 것을 묻으려 할 때에 홍수는 비로소 뛰어왔다. 품에는 감자와 콩꼬투리를 수북이 안고 왔다. 늦게까지 장판을 헤매인 눈치였다.

익힐 것을 모조리 묻고 단 돌에 물을 주고 제각각 흩어져 잠시 동안 쉬일 때 인동들은 잔버들숲에 가서 앉았다.

홍수는 어디서 어떻게 후려 넣은 것인지 온 개의 권연(卷煙) 한 개를 집어내더니 불을 붙였다. 담배와 성냥과—인동에게는 무섭고 놀라운 것이다. 어떻게 피우나 하고 보고 있으려니 홍수는 제법 연기를 길게 마시더니 코와 입으로 휘 하고 뿜았다. 눈물은커녕 기침도 하는 법 없다. 찔레같이 밋밋한 권연이 두 손가락 사이에 간드러지게 쥐었다. 그 곤댓짓하고 거드름부리는 꼴에 인동은 새암조차 느꼈다.

"어느새 그렇게 배웠니. 늡늡한 시늉이 어른 같구나."

"너두 한 모금 피워 보렴. 아무렇지도 않단다. 눈 꾹 감고 목구멍으로 후욱 다려 미시문 가슴이 시원하고 연기는 제절로 콧구멍으로 술술 새어 나온단다."

인동은 연기를 입안에 물어 본 적은 있어도 넘겨 본 적은 없었다. 잘못 삼키다가는 당장에 정신이 아찔하여지며 그 자리에 쓰러져 꼬꾸라질 것 같은 무서운 생각이 들었던 것이다. 넓은 도랑을 뛰어 건널까 말까 망설일 때와도 같았다.

그러나 닦달질하는 홍수의 권고를 못 이겨 결심하고 입에 한 모금 그뜩 머금은 연기를 죽을 셈 치고 마셔 보았다. 역시 홍수를 따를 수는 없었다. 금시에 가슴이 훌치는 것 같아 재채기를 하고 눈물이 솟았다. 풀 위에 가슴을 박고 쓰러져 버렸다.

“애초부터 겁을 먹으니 그렇지. 물 마시듯 천연스리 마셔 보렴. 아무렇지도 않지.”

홍수는 보라는드키 허울 좋게 푹푹 빨아서는 마시고 마시곤 하였다. 인동은 눈물 사이로 하염없이 그 꼴을 바라보았다. 끝끝내 뛰지 못할 도랑 건너편에 있는 홍수였다. 별안간 앙돌아진 홍수의 얼굴이 쏜살같이 뒷걸음질 쳐 손 닿지 못할 먼 곳에 달아나곤 하였다.

“담배쯤에 겁을 먹으니 무엇이 되겠니. 넌 아직두 멀었어. 난 너와 놀기 싫다. 암만해두 어울리지 않어.”

인동은 서글펐다. 한마디 더 하면 눈물이 푹 솟을 것 같다.

“이까짓 담배쯤에!”

홍수는 목소리를 떨어뜨리더니 귀에 입을 갖다 대었다.

“순자 말이다. 너를 조와하는 눈치더라. 수명이더러 널 늘 데려와 놀라구 그러는 눈치나 녀석이 잊어버리는 것 같애. 거리에선 순자가 제일 낫다. 키두 제일 크구 나배기요 섬도 들 대로 들었어. 그러나 너 겁을 먹으문 안 된다. 재채기를 하구 쓰러지문 다 틀려. 천연스럽게 굴문 무서울 것 없어.”

인동은 머리가 어찔어찔하고 눈이 부셨다. 담배보다도 독한 말을 들은 것 같다.

“여기 두 개 있다. 한 개 주마. 접대 너 주던 동전으로 가만히 샀다. 오늘 장날 아니냐. 어른 몰래 사느라구 이렇게 늦었다.”

인동은 두 눈을 말뚱하게 뜨고 홍수의 손에 쥐인 것을 보았다. 큰일이라도 저지른 듯한 현혹한 느낌이었다. 반지였다. 구리 실로 가늘게 휘어 만든 노란 반지였다.

“하나는 내 것이다. 알지. 봉이 말이다. 봉이 손가락에 끼워 주련다. 날더러 사 달랬어.”

요란스런 소리가 나며 벌써들 삼굿으로 몰려 들어가는 눈치에 홍수는 날쌔게 반지 하나를 인동의 주머니 속에 넣어 주고 자리를 일어섰다.

인동은 무시무시한 생각이 나서 여러 차례나 반지를 풀밭에 내버릴까 궁리하면서 시남시남 홍수의 뒤를 따라 걸었다.

“순자넌 혼자 집 지키기 무섭다드라.”

수명은 누이를 년이라고 부르기가 일쑤였다.

인동은 겸연쩍으면서도 수명의 귀치않은 닥금질 바람에 뒤를 쫓았다. 물론 홍수가 있기 때문도 때문이었으나, 아버지는 나무하러 가고 어머니는 촌으로 술 팔러 간 뒤를 수명 남매가 지키는 때가 많았나. 그런 때는 늘 축들을 불러 놓고 순자는 새로운 장난을 생각해 내곤 하였다. 마구발방의 홍수도 한 고패 위인 순자 앞에서는 한풀 죽고도 겁스럽게 굴었다.

숨바꼭질을 시작하였으나 네 사람만으로는 경없었다. 인동은 혼자 찾아다니는 동안에 뒤뜰에서 순자만 엿볼 뿐이요 수명과 홍수의 꼴은 종시 보이지 않았다. 어느 결엔지 살며시 내뺀 모양이었다.

농락에 걸린 것 같아 인동도 멋쩍어 그 자리를 감추려 하였으나 순자에게 붙들려 버렸다.

"너 가버리문 난 어떻게 하니. 무서워서."

나중에는 두 손을 모으고 사정이었다.

"좋아하는 것 줄게."

뒤꼍 헛간으로 끌고 가더니 겻섬 속에서 문배를 한두 가리 꺼냈다.

이빨에 군물이 도는 잘 문 돌배는 두려운 맛이었다. 인동은 배 맛도 좋은둥 만둥 한결같이 마음이 조물거렸다.

"이 집은 흉가란다. 밤에는 여기 도깨비가 나와."

인동은 섬찟하여 모르는 결에 순자에게로 몸을 솔렸다.

"난 보았다. 파아란 불이 하나 나타나문 이어서 어디선지두 모르게 둘 셋 수없이 몰켜와 왔다 갔다 하며 모였다 흩어졌다 하다가두 어느 결엔지 웅얼웅얼 부엌으로 몰려 들어가 솥뚜껑 장난이야."

소름이 돋으며 손에 땀이 배었다. 순자의 품이 어머니의 품같이 믿음직하였다.

"무섬두 퍽 탄다. 애기 같구나. 젖 좀 먹으련."

정신이 들었을 때 가슴에 가쿨가쿨 마치는 것이 있었다. 주머니 속에 손을 넣으니 언제인가 홍수에게 얻은 반지였다. 쓰지 못한 반지였다. 홍수 생각이 났다. 모처럼 간곡히 되어 주던 것을 당해 보니 헛것이었다. 순자는 담배보다 곱절 더 무서운 것이었다.

인동은 그날을 잊을 수 없었다.

그것은 그가 세상에서 안―알 수 있는 처음이자 마지막 비밀이었다. 그 순간을 지경으로 인동은 그때까지의 세상에 작별한 셈이었다. 인동은 벌써 어른들의 세상을 엿본 것이요 숙성한 홍수의 심중을 알게 된 것이다. 모두가 물론 홍수에게서 왔다.

망울 선 젖가슴이 유심히도 아프고 부어서 꼼짝달싹하기 싫은 것을 홍수에게 끌려서 인동은 그날도 강변에 목욕을 나갔다.

헤엄치고 가댁질하고 물싸움하는 동안에 비 맞은 풀포기같이 퍼들퍼들 살아났다. 파득거리는 조그만 짐승들이었다. 물속과 모래밭에는 발가벗은 짐승들이 고기 떼같이 오르르하였다. 어울려 물싸움질을 시작하면 누구든지 하나가 물벼락을 맞고 꼬꾸라질 때까지 쉬지들 않았다. 물방울같이 기운들이 그칠 줄 모르고 줄기차게 어느 때까지든지 뻗쳤다. 제 힘에 지치든지 싸움이 터지든지 하여야 비로소 기운은 쉬고 주저든다.

기어코 모래밭에서는 싸움이 터졌다.

패로 갈려 모래가 날으며 몸들이 부딪쳐 쓰러지며 하였다. 인동은 홍수에게 끌려 싸움에는 몫을 보지 않고 씻겨진 기운을 간직한 채 동떨어진 나무 그늘로 들어갔다.

벌거벗었어도 둘만은 피차에 부끄러운 것이 없었다. 씨름을 하다가 쓰러져 풀을 뽑았다. 씨름의 수로도 당할 수 없는 홍수라는 것을 수두기니 생각하고 있을 때 홍수는 문득 생글생글 웃음을 띄우며 인동을 노려보았다.

"너 아직 모르니."

인동의 따귀를 한 대 갈기며

"녀석. 오늘은 다 가르켜 주마."

인동은 다 배웠다. 원숭이같이 홍수를 흉내 내면 되었다. 부끄러운 생각에 몸이 달았다. 순간을 지경으로 인동은 알지 못해 안타깝고 야릇하던 어른의 세상을 철 이르게 가만히 밀수입한 것이었다. 알 수 없이 마음이 즐겁고 대견하고 흐뭇하였다.

완전히 홍수의 축에 들 수 있음이 말할 수 없이 기뻤다. 모래밭에서 싸움들하는 동무들을 바라볼 때 마음속 은근히 자랑이 솟아올랐다.

순자에게 대한 생각이 달리 들었다. 도깨비같이 그를 무서워하고 질겁하던 일이 어리석게 여겨졌다. 그때와 다른 낯으로 대할 날이 언제일까를 마음속 은밀히 생각하여도 보았다.

그러나 여기에서도 또 홍수가 앞장을 섰다. 앞장을 선 것은 장하고 부러운 일이었으나 끔찍이도 무서운 결과를 가져오게 되었다.

하루저녁 해가 아직도 길게 남았을 때 장거리는 요란한 소동에 한바탕 발끈 뒤집혔다.

술집과 술집 사이 밭둑 헛간에서 일은 터졌다.

홍수는 벌거벗은 채로 들리어 냈다. 봉이가 울면서 뒤를 따라 나왔다. 들어낸 것은 봉이 아버지 박 선달이었다.

사람들이 모여들기 전에 든손 처사를 하려고 선달은 홍수를 멱살째 들어 두어 번 후려갈겨 길바닥에 던지고 딸 봉이의 머리채를 잡아끌고 집에 이르러 방구석에 처박았으나 그때에는 벌써 거리는 때 아닌 장판을 이루어 두런두런 모여들어 요란히들 수물거리는 판이었다.

"세상이 무척 약아는졌어. 우리 코 흘리든 나일세. 무서운 세월이야. 강릉집 자네 몇 살 때 시집갔나."

요란스런 사이로 여인의 웃음소리가 날카롭게 찢어졌다.

"대체 철은 들었을까."

새로 일어나는 웃음소리가 뒤를 이어 울멍줄멍 파도쳤다.

"하기는 어른 흉내 내는 것이 아이의 천성인가 부다."

공론은 그 점에 집중되었다. 의논이 분분하고 실랑이들을 쳤다. 어른들은 이제는 벌써 너그러운 태도로 아이들의 행동을 막아 주고 변호하려는 것이었다.

그러나 김 접장과 갑내집만은 경우가 달랐다. 그들은 홍수가 저지른 일을 고소하게 여겼다. 그 언제와 같이 '망종의 후레자식, 엉큼한 각다귀'로 그를 불러댔다.

인동은 어른 숲에 들어 여러 가지 말을 들으며 엄청나고 두려운 생각이 났다. 홍수와 같이 생각하고 놀 때에는 그들의 하는 일이 모두 바르고 떳떳하게 생각되었으나 어른들 말을 들으면 어느 편이 바른지를 종잡을 수 없었다. 홍수를 대신하여 그 자신이 그 자리에서 갖은 모욕을 다 당하고 있는 것도 같았다. 한결같이 부끄럽고 두려웠다. 순자의 생각도 가슴속에서 멀어졌다.

그러나 이튿날 홍수를 만났을 때에는 그런 생각은 사라지고 다시 그들 생각으로 돌아갔다.

"실없이 망신했다. 어제는 밤새도록 천장에 달아 매여 아바지한테 얻어맞었다. 드러나지 않으문 아무 일 없는 것두 눈에 띄우기만

하문 사람들은 법석이란다. 사람은 사람을 놀림감 맨들기를 좋아하는 무도한 즘생이야. 뻔히 저도 하는 짓을 다른 사람이 하문 웃거든. 쓸데없는 짓야. 겁낼 것 없다. 어른이란 존 것 아니야. 어리석은 물건들이야. 하긴 우리도 이제는 어른이다만."

홍수의 말을 들으면 인동은 다시 기운이 솟았다. 어른에게 대한 부끄러움도 두려움도 어디론지 사라져 버리고 그들의 모든 것이 바르다는 생각이 한결같이 들었다.

김 접장과 갑내집을 톡톡이 해낼 날을 마음속에 그려도 보았다. 홍수의 말은 마치 요술같이도 마음을 취하게 하였다.

인동의 가슴속에는 순자의 생각이 요번에는 떳떳하게 떠올랐다. 홍수와 같이 풀밭을 걸어가며 인동은 네 활개를 활짝 펴고 긴 기지개를 썼다.

《사해공론》, 1936. 9.

메밀꽃 필 무렵

여름장이란 애시당초에 글러서 해는 아직 중천에 있건만 장판은 벌써 쓸쓸하고 더운 햇발이 벌여 놓은 전(廛) 휘장 밑으로 등줄기를 훅훅 볶는다. 마을 사람들은 거지반 돌아간 뒤요 팔리지 못한 나무꾼패가 길거리에 궁싯거리고들 있으나 석유병이나 받고 고깃마리나 사면 족할 이 축들을 바라고 언제까지든지 버티고 있을 법은 없다. 춥춥스럽게 날아드는 파리 떼도 장난꾼 각다귀들도 귀치않다. 얼금뱅이요 왼손잡이인 드팀전의 허 생원은 기어코 동업의 조 선달을 낚구어 보았다.

"그만 걷을까."

"잘 생각했네. 봉평 장에서 한 번이나 흐붓하게 사 본 일 있었을까. 내일 대화 장에서나 한목 벌어야겠네."

"오늘 밤은 밤을 패서[1] 걸어야 될걸."

---

1 《조광》(1936. 10.)에는 '패서'로, 『이효석단편선』(박문서관, 1941)에는 '새서'로 되어 있다.

"달이 뜨렷다."

절렁절렁 소리를 내며 조 선달이 그날 산 돈을 따지는 것을 보고 허 생원은 말뚝에서 넓은 휘장을 걷고 벌여 놓았던 물건을 거두기 시작하였다. 무명필과 주단(紬緞)바리가 두 고리짝에 꼭 찼다. 멍석 위에는 천 조각이 어수선하게 남았다.

다른 축들도 벌써 거진 전들을 걷고 있었다. 약빠르게 떠나는 패도 있었다. 어물장사도 땜장이도 엿장사도 생강장사도 꼴들이 보이지 않았다. 내일은 진부와 대화에 장이 선다. 축들은 그 어느 쪽으로든지 밤을 새며 육칠십 리 밤길을 타박거리지 않으면 안 된다. 장판은 잔치 뒷마당같이 어수선하게 벌어지고 술집에서는 싸움이 터져 있었다. 주정꾼 욕지거리에 섞여 계집의 앙칼진 목소리가 찢어졌다. 장날 저녁은 정해 놓고 계집의 고함 소리로 시작되는 것이다.

"생원, 시침을 떼두 다 아네……. 충주집 말야."

계집 목소리로 문득 생각난 듯이 조 선달은 비죽이 웃는다.

"화중지병이지. 면소 패들을 적수로 하구야 대거리가 돼야 말이지."

"그렇지두 않을걸. 축들이 사족을 못 쓰는 것두 사실은 사실이나 아무리 그렇다곤 해두 왜 그 동이 말일세. 깜적같이 충주집을 후린 눈치거든."

"무어 그 애숭이가 물건 가지로 낚었나 부지. 착실한 녀석인 줄 알었드니."

"그 길만은 알 수 있나……. 궁리 말구 가 보세나그려. 내 한턱 씀세."

그다지 마음이 당기지 않는 것을 쫓아갔다. 허 생원은 계집과는 연분이 멀었다. 얼금뱅이 상판을 쳐들고 대어 설 숫기도 없었으나 계집 편에서 정을 보낸 적도 없었고 쓸쓸하고 뒤틀린 반생이었다. 충주집을 생각만 하여도 철없이 얼굴이 붉어지고 발밑이 떨리고 그 자리에 소스라쳐 버린다. 충주집 문을 들어서 술좌석에서 짜장 동이를 만났을 때에는 어찌된 서슬엔지 발끈 화가 나 버렸다. 상 위에 붉은 얼굴을 쳐들고 제법 계집과 농탕치는 것을 보고서야 견딜 수 없었던 것이다. 녀석이 제법 난질꾼인데 꼴사납다. 머리에 피도 안 마른 녀석이 낮부터 술 처먹고 계집과 농탕이야. 장돌뱅이 망신만 시키고 돌아다니누나. 그 꼴에 우리들과 한몫 보자는 셈이지. 동이 앞에 막아서면서부터 책망이었다. 걱정두 팔자요 하는드키 빤히 쳐다보는 상기된 눈망울에 부딪칠 때 결김에 따귀를 하나 갈겨 주지 않고는 배길 수 없었다. 동이도 화를 쓰고 팩하게 일어서기는 하였으나 허 생원은 조금도 동색하는 법 없이 마음먹은 대로는 다 지껄였다.

"어디서 줏어 먹은 선머슴인지는 모르겠으나 네게도 애비 에미 있겠지. 그 사나운 꼴 보문 맘 좋겠다. 장사란 탐탁하게 해야 되지 계집이 다 무어야. 나가거라, 냉큼 꼴 치워."

그러나 한마디도 대거리하지 않고 하염없이 나가는 꼴을 보려니 도리어 측은히 여겨졌다. 아직도 서름서름한 사인데 너무 과하지 않았을까 하고 마음이 섬짓해졌다. 주제도 넘지 같은 술손님이면서두 아무리 젊다고 자식 낳게 되는 것을 붙들고 치고 닦아셀 것은 무어야 원. 충주집은 입술을 쭝긋하고 술 붓는 솜씨도 거칠었으나 젊은 애들한테는 그것이 약이 된다나 하고 그 자리는 조 선달이 얼버무려 넘겼다. 너 녀석한테 반했지. 애숭이를 빨문 죄 된다. 한참 법석을 친 후이다. 맘도[2] 생긴 데다가 웬일인지 흠뻑 취해 보고 싶은 생각도 있어서 허 생원은 주는 술잔이면 거의 다 들이켰다. 거나해짐을 따라 계집 생각보다도 동이의 뒷일이 한결같이 궁금해졌다. 내 꼴에 계집을 가로채서는 어떡할 작정이었누 하고 어리석은 꼬락서니를 모질게 책망하는 마음도 한편에 있었다. 그러기 때문에 얼마나 지난 뒤인지 동이가 헐레벌떡거리며 황급히 부르러 왔을 때에는 마시던 잔을 그 자리에 던지고 정신없이 허덕이며 충주집을 뛰어나간 것이었다.

"생원 당나귀가 바를 끊구 야단이에요."

"각다귀들 장난이지 필연코."

증생도 증생이려니와 동이의 마음씨가 가슴을 울렸다. 뒤를 따라 장판을 달음질하려니 게슴츠레한 눈이 뜨거워질 것 같으다.

"부락스런 녀석들이라 어쩌는 수 있어야죠."

"나귀를 몹시구는 녀석들은 그냥 두지는 않을걸."

반평생을 같이 지내 온 증생이었다. 같은 주막에서 잠자고 같은 달빛에 젖으면서 장에서 장으로 걸어 다니는 동안에 이십 년의 세월이 사람과 증생을 함께 늙게 하였다. 까스러진 목 뒤 털은 주인의 머리털과도 같이 바스러지고 개진개진 젖은 눈은 주인의 눈과 같이 눈꼽을 흘렸다. 몽당비처럼 짧게 슬리운 꼬리는 파리를 쫓으려고

2 《조광》에는 '맘도', 『이효석단편선』에는 '담도'로 되어 있다.

기껏 휘저어 보아야 벌써 다리까지는 닿지 않았다. 닳아 없어진 굽을 몇 번이나 도려내고 새 철을 신겼는지 모른다. 굽은 벌써 더 자라나기는 틀렸고 닳아 버린 철 사이로는 피가 빼짓이 흘렀다. 냄새만 맡고도 주인을 분간하였다. 호소하는 목소리로 야단스럽게 울며 반겨한다.

어린아이를 달래드키 목덜미를 어루만져 주니 나귀는 코를 벌름거리고 입을 투르러거렸다. 콧물이 튀었다. 허 생원은 즘생 때문에 속도 무던히는 썩였다. 아이들의 장난이 심한 눈치여서 땀 배인 몸뚱어리가 부들부들 떨리고 좀체 흥분이 식지 않는 모양이었다. 굴레가 벗어지고 안장도 떨어졌다. 요 몹쓸 자식들 하고 허 생원은 호령을 하였으나 패들은 벌써 줄행랑을 놓은 뒤요 몇 남지 않은 아이들이 호령에 놀라 비슬비슬 멀어졌다.

"우리들 장난이 아니우. 암놈을 보고 저 혼자 발광이지."

코흘리개 한 녀석이 멀리서 소리를 쳤다.

"고 녀석 말투가."

"김 첨지 당나귀가 가 버리니까 왼통 흙을 차고 거품을 흘리면서 미친 소같이 날뛰는걸. 꼴이 우수워 우리는 보고만 있었다우. 배를 좀 보지."

아이는 앙돌아진 투로 소리를 치며 깔깔 웃었다. 허 생원은 모르는 결에 낯이 뜨거워졌다. 뭇 시선을 막으려고 그는 즘생의 배 앞을 가리어 서지 않으면 안 되었다.

"늙은 주제에 암샘을 내는 셈야. 저놈의 즘생이."

아이의 웃음소리에 허 생원은 주춤하면서 기어코 견딜 수 없어

채찍을 들더니 아이를 쫓았다.

"쫓으랴거든 쫓아 보지. 왼손잡이가 사람을 때려."

줄달음에 달아나는 각다귀에는 당하는 재주가 없었다. 왼손잡이는 아이 하나도 후릴 수 없다. 그만 채찍을 던졌다. 술기도 돌아 몸이 유난스럽게 화끈거렸다.

"그만 떠나세. 녀석들과 어울리다가는 한이 없어. 장판의 각다귀들이란 어른보다도 더 무서운 것들인걸."

조 선달과 동이는 각각 제 나귀에 안장을 얹고 짐을 싣기 시작하였다. 해가 꽤 많이 기울어진 모양이었다.

드팀전 장돌이를 시작한 지 이십 년이나 되어도 허 생원은 봉평장을 빼놓은 적은 드물었다. 충주 제천 등의 이웃 군에도 가고 멀리 영남 지방도 헤매이기는 하였으나 강릉쯤에 물건 하러 가는 외에는 처음부터 끝까지 군내를 돌아다녔다. 닷새만큼씩의 장날에는 달보다도 확실하게 면에서 면으로 건너간다. 고향이 청주라고 자랑 삼아 말하였으나 고향에 돌보러 간 일도 있는 것 같지는 않았다. 장에서 장으로 가는 길의 아름다운 강산이 그대로 그에게는 그리운 고향이었다. 반날 동안이나 뚜벅뚜벅 걷고 장터 있는 마을에 거지반 가까웠을 때 지친 나귀가 한바탕 우렁차게 울면—더구나 그것이 저녁녘이어서 등불들이 어둠 속에 깜박거릴 무렵이면 늘 당하는 것이건만 허 생원은 변치 않고 언제든지 가슴이 뛰놀았다.

젊은 시절에는 알뜰하게 벌어 돈푼이나 모아 본 적도 있기는 있었으나 읍내에 백중이 열린 해 호탕스럽게 놀고 투전을 하고 하여

사흘 동안에 다 털어 버렸다. 나귀까지 팔게 된 판이었으나 애끓는 정분에 그것만은 이를 물고 단념하였다. 결국 도로아미타불로 장돌이를 다시 시작할 수밖에는 없었다. 즘생을 데리고 읍내를 도망해 나왔을 때에는 너를 팔지 않기 다행이었다고 길가에서 울면서 즘생의 등을 어루만졌던 것이었다. 빚을 지기 시작하니 재산을 모을 염(念)은 당초에 틀리고 간신히 입에 풀칠을 하러 장에서 장으로 돌아다니게 되었다.

호탕스럽게 놀았다고는 하여도 계집 하나 후려 보지는 못하였다. 계집이란 쌀쌀하고 매정한 것이었다. 평생 인연이 없는 것이라고 신세가 서글펴졌다. 일신에 가까운 것이라고는 언제나 변함없는 한 필의 당나귀였다.

그렇다고는 하여도 꼭 한 번의 첫 일을 잊을 수는 없었다. 뒤에도 처음에도 없는 단 한 번의 괴이한 인연. 봉평에 다니기 시작한 젊은 시절의 일이었으나 그것을 생각할 적만은 그도 산 보람을 느꼈다.

"달밤이었으나 어떻게 해서 그렇게 됐는지 지금 생각해두 도무지 알 수 없어."

허 생원은 오늘 밤도 또 그 이야기를 끄집어내려는 것이다. 조 선달은 친구가 된 이래 귀에 못이 백이도록 들어 왔다. 그렇다고 싫증을 낼 수도 없었으나 허 생원은 시침을 떼고 되풀이할 대로는 되풀이하고야 말았다.

"달밤에는 그런 이야기가 격에 맞거든."

조 선달 편을 바라는 보았으나 물론 미안해서가 아니라 달빛에 감동하여서였다. 이즈러는졌으나 보름을 가제 지난 달은 부드러운 빛을 흐붓이 흘리고 있다. 대화까지는 칠십 리의 밤길 고개를 둘이나 넘고 개울을 하나 건너고 벌판과 산길을 걸어야 된다. 길은 지금 긴 산허리에 걸려 있다. 밤중을 지난 무렵인지 죽은 듯이 고요한 속에서 즘생 같은 달의 숨소리가 손에 잡힐 듯이 들리며 콩 포기와 옥수수 잎새가 한층 달에 푸르게 젖었다. 산허리는 왼통 메밀밭이어서 피기 시작한 꽃이 소금을 뿌린 듯이 흐뭇한 달빛에 숨이 막혀 하얬었다.[3] 붉은 대궁이 향기같이 애잔하고 나귀들의 걸음도 시원하다. 길이 좁은 까닭에 세 사람은 나귀를 타고 외줄로 늘어섰다. 방울소리가 시원스럽게 딸랑딸랑 메밀밭께로 흘러간다. 앞장선 허 생원의 이야기 소리는 꽁무니에 선 동이에게는 확적히는 안 들렸으나 그는 그대로 개운한 제 멋에 적적하지는 않았다.

"장 선 꼭 이런 날 밤이었네. 객줏집 토방이란 무더워서 잠이 들어야지. 밤중은 돼서 혼자 일어나 개울가에 목욕하러 나갔지. 봉평은 지금이나 그제나 마찬가지나 보이는 곳마다 메밀밭이어서 개울가가 어디 없이 하얀 꽃이야. 돌밭에 벗어도 좋을 것을 달이 너무도 밝은 까닭에 옷을 벗으러 물방앗간으로 들어가지 않었나. 이상한 일도 많지. 거기서 난데없는 성 서방네 처녀와 마조쳤단 말이네. 봉평서야 제일가는 일색이었지."

"팔자에 있었나 부지."

아무렴 하고 응답하면서 말머리를 아끼는 듯이 한참이나 담배를

---

3 《조광》에는 '숨이 마혀 하얗었다'로, 『이효석단편선』에는 '숨이 막힐 지경이다'로 되어 있다.

빨 뿐이었다. 구수한 자짓빛 연기가 밤기운 속에 흘러서는 녹았다.

“날 기다린 것은 아니었으나 그렇다고 달리 기다리는 놈팽이가 있은 것두 아니었네. 처녀는 울고 있단 말야. 짐작은 되고 있었으나 성 서방네는 한창 어려워서 들고날 판인 때였지. 한집안 일이니 딸에겐들 걱정이 없을 리 있겠나. 좋은 데만 있으면 시집도 보내련만 시집은 죽어도 싫다지……. 그러나 처녀란 울 때같이 정을 끄는 때가 있을까. 처음에는 놀래기도 한 눈치였으나 걱정 있을 때는 누그러지기도 쉬운 듯해서 이럭저럭 이야기가 되었네……. 생각하면 무섭고도 기막힌 밤이었어.”

“제천인지로 줄행랑을 놓은 건 그다음 날이었나.”

“다음 장도막에는 벌써 온 집안이 사라진 뒤였네. 장판은 소문에 발끈 뒤집혀 고작해야 술집에 팔려 가기가 상수라고 처녀의 뒷공론이 자자들 하단 말이야. 제천 장판을 몇 번이나 뒤졌겠나. 하나 처녀의 꼴은 꿩 궈 먹은 자리야. 첫날밤이 마즈막 밤이었지. 그때부터 봉평이 마음에 든 것이 반평생을 두고 다니게 되었네. 평생인들 잊을 수 있겠나.”

“수 좋았지. 그렇게 신통한 일이란 쉽지 않어. 항용 못난 것 얻어 새끼 낳고 걱정 늘고 생각만 해두 진저리나지……. 그러나 늘그막바지까지 장돌뱅이로 지내기도 힘드는 노릇 아닌가. 난 가을까지만 하구 이 생애와두 하직하랴네. 대화쯤에 조그만 전방이나 하나 벌리구 식구들을 부르겠어. 사시장천 뚜벅뚜벅 걷기란 여간이래야지.”

“옛 처녀나 만나면 같이나 살까……. 난 꺼꾸러질 때까지 이 길 걷고 저 달 볼 테야.”

산길을 벗어나니 큰길로 틔어졌다. 꽁무니의 동이도 앞으로 나서 나귀들은 가로 늘어섰다.

"총각두 젊겠다 지금이 한창 시절이렷다. 충주집에서는 그만 실수를 해서 그 꼴이 되었으나 설게 생각 말게."

"천 천만에요. 되려 부끄러워요. 계집이란 지금 웬 제격인가요. 자나 깨나 어머니 생각뿐인데요."

허 생원의 이야기로 실심해한 끝이라 동이의 어조는 한풀 수그러진 것이었다.

"애비 에미란 말에 가슴이 터지는 것도 같았으나 제겐 아버지가 없어요. 피붙이라고는 어머니 하나뿐인걸요."

"돌아가셨나."

"당초부터 없어요."

"그런 법이 세상에."

생원과 선달이 야단스럽게 껄껄들 웃으니 동이는 정색하고 우길 수밖에는 없었다.

"부끄러워서 말하지 않으랴 했으나 정말예요. 제천 촌에서 달도 차지 않은 아이를 낳고 어머니는 집을 쫓겨났죠. 우수운 이야기나 그러기 때문에 지금까지 아버지 얼굴도 본 적 없고 있는 고장도 모르고 지내와요."

고개가 앞에 놓인 까닭에 세 사람은 나귀를 내렸다. 둔덕은 험하고 입을 벌리기도 대근하여 이야기는 한동안 끊겼다. 나귀는 건듯하면 미끄러졌다. 허 생원은 숨이 차 몇 번이고 다리를 쉬지 않으면 안 되었다. 고개를 넘을 때마다 나이가 알렸다. 동이 같은 젊은 축이 그지없이 부러웠다. 땀이 등을 한바탕 쭉 씻어 내렸다.

고개 너머는 바로 개울이었다. 장마에 흘러 버린 널다리가 아직도 걸리지 않은 채로 있는 까닭에 벗고 건너야 되었다. 고이를 벗어 띠로 등에 얽어매고 반벌거숭이의 우스꽝스런 꼴로 물속에 뛰어들었다. 금방 땀을 흘린 뒤는 뒤였으나 밤물은 뼈를 찔렀다.

"그래 대체 기르긴 누가 기르구."

"어머니는 하는 수 없이 의부를 얻어 가서 술장사를 시작했죠. 술이 고주래서 의부라고 전 망나니예요. 철들어서부터 맞기 시작한 것이 하룬들 편한 날 있었을까. 어머니는 말리다가 채이고 맞고 칼부림을 당하곤 하니 집 꼴이 무어겠소. 열여덟 살 때 집을 뛰어나서부터 이 짓이죠."

"총각 나쎄론 섬이[4] 무던하다고 생각했더니 듣고 보니 딱한 신세로군."

물은 깊어 허리까지 찼다. 속 물살도 어지간히 센 데다가 발에 채이는 돌멩이도 미끄러워 금시에 휩칠 듯하였다. 나귀와 조 선달은 재빨리 거의 건넜으나 동이는 허 생원을 붙드느라고 두 사람은 훨씬 떨어졌다.

"모친의 친정은 원래부터 제천이었던가."

"웬걸요. 시원스리 말은 안 해 주나 봉평이라는 것만은 들었죠."

"봉평. 그래 그 애비 성은 무엇인구."

4 《조광》에는 '섬'으로, 『이효석단편선』에는 '동이'로 게재되었다. '섬'은 '철 듦' 또는 '성품'이라는 뜻의 사투리.

"알 수 있나요. 도무지 듣지를 못했으니까."

그 그렇겠지 하고 중얼거리며 흐려지는 눈을 까물까물하다가 허 생원은 경망하게도 발을 빗디뎠다. 앞으로 꼬꾸라지기가 바쁘게 몸채 풍덩 빠져 버렸다. 허부적거릴수록 몸을 걷잡을 수 없어 동이가 소리를 치며 가까이 왔을 때에는 벌써 퍽이나 흘렀었다. 옷째 졸짝 젖으니 물에 젖은 개보다도 참혹한 꼴이었다. 동이는 물속에서 어른을 해깝게 업을 수 있었다. 젖었다고는 하여도 여윈 몸이라 장정 등에는 오히려 가벼웠다.

"이렇게까지 해서 안됐네. 내 오늘은 정신이 빠진 모양이야."

"염려하실 것 없어요."

"그래 모친은 아비를 찾지는 않는 눈치지."

"늘 한 번 만나고 싶다고는 하는데요."

"지금 어디 계신가."

"의부와도 갈라져 제천에 있죠. 가을에는 봉평에 모셔 오랴고 생각 중인데요. 이를 물고 벌면 이럭저럭 살어갈 수 있겠죠."

"아무렴 기특한 생각이야. 가을이랬다."

동이의 탐탁한 등어리가 뼈에 사무쳐 따뜻하다. 물을 다 건넜을 때에는 도리어 서글픈 생각에 좀 더 업혔으면도 하였다.

"진종일 실수만 하니 웬일이오, 생원."

조 선달은 바라보며 기어코 웃음이 터졌다.

"나귀야. 나귀 생각하다 실족을 했어. 말 안 했던가. 저 꼴에 제법 새끼를 얻었단 말이지. 읍내 강능집 피마에게 말일세. 귀를 쫑긋 세우고 달랑달랑 뛰는 것이 나귀 새끼같이 귀여운 것이 있을까. 그것보러 나는 일부러 읍내를 도는 때가 있다네."

"사람을 물에 빠치울 젠 딴은 대단한 나귀 새끼군."

허 생원은 젖은 옷을 웬만큼 짜서 입었다. 이가 덜덜 갈리고 가슴이 떨리며 몹시도 추웠으나 마음은 알 수 없이 둥실둥실 가벼웠다.

"주막까지 부지런히들 가세나. 뜰에 불을 피우고 훗훗이 쉬여. 나귀에겐 더운물을 끓여 주고. 내일 대화 장 보고는 제천이다."

"생원도 제천으로."

"오래간만에 가 보고 싶어. 동행하려나 동이."

나귀가 걷기 시작하였을 때 동이의 채찍은 왼손에 있었다. 오랫동안 아둑시니같이 눈이 어둡던 허 생원도 요번만은 동이의 왼손잡이가 눈에 뜨이지 않을 수 없었다.

걸음도 해깝고 방울 소리가 밤 벌판에 한층 청청하게 울렸다.

달이 어지간히 기울어졌다.

《조광》, 1936. 10.

화재(火災)

종이 울린 다음에 사이렌이 났으련만 종소리는새로에 사이렌 소리도 들리지는 않았다.

다만 이웃이 수물거리는 기색에 뛰어나갔을 뿐이나 그때에는 벌써 뒷성 너머로 연기가 시커멓게 피어올랐다. 행길에는 삽시간에 사람이 쏟아져 나와 왁자지껄하는 판이었다.

집 뒤편은 성벽이요 성벽 위는 넓은 잔디밭으로 노송과 고목이 듬성하다. 성벽 너머는 보통학교니 불은 학교에서 난 것이다. 밤불도 그렇거니와 저녁물의 불도 무척 가까워는 보인다. 학교까지라면 꽤 거리가 멀건만 불은 지척의 앞같이 다가 보여 바로 성벽 그것이 타는 것도 같고, 금시에 이편으로 넘어올 듯도 하다. 성벽에 오른 여인들은 흥분하여 무지없이 고함을 치고 큰 길에서 쳐다보는 사람들은 겁결에 공연히들 설레는 것이다.

그러나 실상 성벽을 돌아 현장에 달려가 보았을 때에는 불은 한 채의 교실에 붙었을 뿐이요 성과의 거리는 저으기 멀다. 사람이 장날같이 모여들어 어느덧 천여 명에 가까웁다. 불 끄는 일보다도 타지 않은 채의 세간을 나르기가 더 시급한 일 같으다. 황급한 판에 유리창이 깨뜨러지고 교의가 부러진다.

운동장 복판은 금시에 천장 없는 교실로 변해진 듯하나 날뛰는 사람들은 돌같이 표정을 잃었다.

널름널름 붙는 불은 아무리 보아도 짐승이다. 시꺼먼 연기를 헤치고 핏빛으로 꼭두서닛빛으로 타오르는 혀끝은 고개를 들고 움칫거리는 배암과 같이 무섭고도 아름다웁다. 그것은 사람에게 처음으로 불을 준 프로메테우스의 지개와도 같이 걸차다.

사람은 이 위대한 은인을 치하도 해야 하지만 가끔 원망도 하게 되는 듯하다.

얇은 나무 집이 마른 잔디같이 활활 붙는다. 기왓장이 콩 튀듯 토닥토닥 탄다. 눈뭉치쯤을 뭉쳐서 던짐은 마치 참새가 황새에게 겨루는 것과 같이 무의미한 짓이다. 지붕과 벽은 소방대의 괭이 끝에 찍혀 한층 더 진하게 탄다. 무자위의 가는 물줄기도 불덩치를 근실근실 어루만질 뿐이다.

"보지만 말고 거들어라."

외치는 게정꾼이 있고

"집에서 그릇을 갖다 가래도 물을 날러라."

건성으로 휘돌아치는 건설방이 있다.

그리니 많은 사람들은 물이 먼 현장에서는 어쩌는 수 없이 보고만 있을 뿐이다. 차라리 그편이 나은 것이다. 천여 명이 다 손을 내젓는다면 화재터는 수라장으로 변할 것이다.

건성으로 게정거리며 트집만 잡는 건설방도 사실은 휘돌아칠 뿐이요 별로 거드는 일은 없다. 다만 사람들의 주의를 끌어 화재 후에 올 공로자 선정에 끼이자는 염량이 아닌가.

으젓한 좌석에서 독판으로 떠들며 잔을 던져 깨뜨리고 고함을 쳐서 가살스런 효과를 노리는 친구와도 같이 건설방은 화재터의 가증스런 인간으로 보인다.

맞은편 교실 높은 곳에 선 마을의 어른은 일하는 사람을 향하여 장군같이 지휘의 고함을 치나 한 마디도 뜻을 알리지 않는다.

봄에는 여러 가지 면의 선지가 있다. 어른은 다는 아니겠지만, 술이 거나한 친구는 미치광이같이 팔을 내저으면서 이 역 소리를 쳐 남을 지휘만 하려고 한다. 입에 거품을 풍기면서 욕설 반 게정 반으로 쉴 새 없이 지껄이는 가련한 갈개발에게는 화재가 영웅의 심리를 맛보게 하는 은근한 기회인지도 모른다. 그 수선스런 사이로 학교 당사자들은 검게 질린 얼굴을 지니고 하염없이 왔다 갔다 할 뿐이다. 불이 무섭다느니보다 화재 후에 올 무거운 책임이 한결같이 마음을 누르는 것이다.

설유 징계 감봉—처분—검은 그림자가 가슴을 쥐어 흔든다.

그보다도 난로를 잘못 건사하여 교실에 불을 놓은 어린아이들은 어느 구석에 숨어 마음을 조이고 있을까. 그들의 눈에는 찬란한 불꽃도 안 보인 것이요 다만 검은 물매의 회초리가 무섭게 어려올 뿐이렸다.

상처한 지 얼마 안 되는 아직 조상도 안 가 본 동무를 우연히 만나게 된 것도 화재터이다. 동무는 홧김에 술이 과해진 것 같다.

청주와 제육 준비가 있으니 놀러 가자고 동무는 불구경보다도 술

놀이를 청하는 것이다.

그 판에 또 한 사람의 동무가 와서 한몫 끼이게 되었다. 며칠 밤 연거푸 마작놀이에 돈을 땄음을 이야기하고 자랑하는 동안에 주의는 온전히 화제에서 떠나 눈앞에 붙은 물 건너 불이 되었다. 화재터는 때에 따라서는 사교장이 되는 수도 있는 것이다.

그럭저럭 근방 사람들이 거의 다 모이다시피 하였다. 여자들도 함빡 쏟아져 나왔다. 그 가운데에는 입을 것을 다 걷어 입고 일종의 차림차림으로 나오는 는실녀도 있다. 한편 사람 숲에 숨겨 은근히 그들을 살펴보는 난실꾼이 있음은 물론이다,

불은 요행 옆채에는 붙지 않고 제자리에서 볼 대로 피다 차차 스러지는 형세에 있었다.

저물어 가는 공중에는 연기가 거멓게 후렸고 불이 스러져 가는 집 채는 이지러지는 해골같이 흉칙스럽게만 보였다. 이웃 고을에서 소방대가 달려왔으나 벌써 파장 후의 헛수고였다. 볼 것을 다 보았다는 듯이 사람은 차차 헤어지기 시작하였다.

화재터는 반드시 불행을 위로하고 덜어 주려는 곳이 아니요 때로는 도리어 그 불행을 비웃으려는 곳도 된다. 귀한 회생의 정신 대신에 불순한 야심의 소굴이 될는지도 모른다.

많은 마음이 반드시 한 줄기 방향으로 흐르지는 아니하고 각각 다른 지향으로 뒤날아 가는 곳이다—온 종의 박람회장이요 심리의 전람회장이다.

(1936)

『현대한국단편문학전집』, 1974(최초 게재본 미상).

낙엽기[1]

창 기슭에 붉게 물든 담쟁이 잎새와 푸른 하늘—가을의 가장 아름다운 이 한 폭도 비늘구름같이 자취 없이 사라져 버렸다. 가장 먼저 가을을 자랑하던 창밖의 한 포기의 벚나무는 또한 가장 먼저 가을을 내버리고 앙클한 휘초리만을 남겼다. 아름다운 것이 다 지나가 버린—늦가을은 추잡하고 한산하기 짝 없다.

담쟁이로 폭 씌워졌던 집도 초목으로 가득 덮였던 뜰도 모르는 결에 참혹하게도 옷을 벗기어 버리고 앙상한 해골만을 드러내 놓게 되었다. 아름다운 꿈의 채색을 여지없이 잃어버렸다. 벽에는 시들어 버린 넝쿨이 거미줄같이 얼기설기 얽혔고, 마른 머루송이 같은 열매가 함빡 맺혔을 뿐이다. 흙 한 줌 찾아볼 수 없이 푸르던 뜰에서는 지금에는 푸른빛을 찾을 수 없게 되었다.

---

1 이 글은 수필적 성격이 강하지만 최초 게재본인 『白光』(1937. 1.)에는 '창작'으로 분류되어 있다. 참고로, 이 글의 상당 부분은 1938년 12월에 간행된 『조선문학독본』에 「낙엽을 태우면서」라는 제목으로 게재되어 있는 수필과 내용이 겹친다.

나는 거의 날마다 뜰의 낙엽을 긁어야 된다. 아무리 공들여 긁어모아도 다음 날에는 새 낙엽이 다시 즐빗이 늘어져 거듭 각지를 들지 않으면 안 된다. 낙엽이란 세계의 인총(人叢)같이도 흔한 것이다. 밑 빠진 독에 물을 긷듯 며칠이든지 헛노릇으로 여기면서도 공들여 긁어모은다. 벚나무 아래 수북이 쌓아 놓고 불을 붙이면 속으로부터 푸슥푸슥 하면서 푸른 연기가 모로 길게 솟아오른다. 연기는 바람 없는 뜰에 아늑히 차서 물같이 고인다. 낙엽 연기에는 진한 커피의 향기가 있다. 잘 익은 개금의 맛이 있다. 나는 그 귀한 연기를 가장껏 마신다. 욱신한 향기가 몸의 구석구석에 배어서 깊은 산속에 들어갔을 때와도 같은 풍준한 만족을 느낀다. 낙엽의 연기는 시절의 진미요 가을의 마지막 선물이다.

화단의 뒷자리를 깊게 파고 타 버린 낙엽의 재를 묻어 버림으로써 가을은 완전히 끝난 듯싶다. 뜰에는 벌써 휘초리만의 나무들이 섰고 엉성궂한 포도시렁이 남았고 담쟁이넝쿨이 서리었고 국화포기의 글거리가 솟았고 잡초의 시들어 버린 양이 있을 뿐이니 말이다. 잎새에 가리웠던 둥근 유리창이 달덩이같이 드러나고 현관 앞에 편 조약돌이 지저분하게 흩어졌으니 말이다.

낙엽을 장사 지내고 가을을 보내니 별안간 생활이 없어진 것도 같고 새 생활이 와야 할 것도 같은 느낌이 생겼다. 적어도 꿈이 가고 생활의 때가 온 듯하다. 나는 꿈을 대신할 생활의 풍만을 위하여 생각하고 설계하여야 한다. 가령 나는 아내를 대신하여 거의 사흘돌이로 목욕물을 데우게 되었다. 손수 수도에 호스를 대서 물을 가득 길어 붓고는 아궁에 불을 넣는다. 음산한 바람으로 아궁이 몹시

낸다. 나는 그 연기를 괴로워 여기지 않는다. 눈물을 흘릴 지경이요 숨이 막히면서도 연기의 웅덩이 속에서 정성껏 나무를 지피고 불을 쑤시고 목욕간의 창을 열어 연기를 뽑고 여러 차례나 물을 저어 온도를 맞추고 하면서 그 쓸데없는 행동—적어도 책상에 맞붙어 책을 읽고 글줄을 쓰는 것보다는 비생산적이요 소비적이라고 늘 생각하여 오던 그 행동을 도리어 귀히 여기게 되고 나날의 생활을 꾸며가는 그런 행동이야말로 가장 생산적이요 창조적의 것이라고까지 생각하게 되었다. 정리되지 못한 가달가달의 생각을 머릿속에 잡아넣고 살을 깎을 정도로 애쓰고 궁싯거리면서 생활 일에 단 한 시간 허비하기조차 아깝게 여기고 싫어하던 것이 생활에 관한 그런 사소한 잡일을 도리어 귀중히 알게 된 것은 도시 시절의 탓일까. 어두운 아궁 속에서 새빨갛게 타는 불을 보고 목욕통에서 무럭무럭 오르는 김을 바라보며 나는 이것이 생활이다, 이것이 책보다도 원고보다도 더 귀한 일이다, 이것을 귀히 여김이 반드시 필부의 옹졸한 짓은 아닐 것이며 생활을 업수이 여기는 곳에 필부 이상으로 뛰어날 아무 이유도 없는 것이다—하고 두서없는 긴 생각에 잠겨도 본다. 이윽고 더운물 속에 몸을 잠그고 창으로 날아들어와 물 위에 뜬 마지막 낙엽을 두 손으로 건져 내고 안개같이 깊은 무더운 김 속에 몸과 마음을 푸근히 녹일 때 이 생각은 더욱 절실히 육체 속에 사무쳐 든다. 거리의 백화점에 들어가 그 자리에서 커피를 갈아서 손가방 속에 넣고 그 욱신한 향기를 즐기면서 집으로 돌아오는 것도 물론 이러한 생각으로부터이다. 진한 차를 탁자 위에 놓고 피어오르는 김을 바라보며 나는 그 넓은 냉방에다 난로를 피우고 침대 속에는 더운물 통을 넣고 한겨울 동안을 지내게 할까 어쩔까 그리고 겨울에는 뒷산을 이용하여 스키를 시작하여 볼까 어쩔까 하고 겨울 설계를 세워도 본다. 크리스마스에는 올해도 또 크리스마스트리를 세우기를 아내와 의논한다. 시절이 여위어 갈수록 꿈이 멀어 갈수록 생활의 의욕이 두터워짐일까. 생활 생활. 초목 없는 푸른빛 없어진 면숭하게 된 집 속에서 나는 하루의 전부를 생활의 생각으로 지내게 되었다. 시절에 대한 반감에서 나온 것일까. 심술궂은 결머리에서 나온 것일까.

푸른 시절은 일종의 신비였다. 푸른 초목에 쌓인 푸른 집 속에서 머릿속에 떠오른 제목은 반드시 생활이 아니었다. 그날그날은 토막토막의 흐트러진 생활의 조각이 아니요 물같이 흐른 꿈결이었다. 푸른 널을 비스듬히 달고, 가는 모기둥으로 고인 갸우뚱한 현관 차양에도 담쟁이가 함빡 피어올라 이른 아침이면 넓은 잎에 맺힌 흔한 이슬방울이 서리서리 모여 아랫잎 위로 뚝뚝 떨어지는 소리를 듣기란 산골짝 물소리를 듣는 것과도 같아서 금시에 시원한 산의 영기를 느끼게 되었다. 머루 다래의 넝쿨 대신에 드레드레 열매 맺힌 포도넝쿨이 있고 바람에 포르르르 나부끼는 사시나무 대신에는 비슷한 잎새를 가진 대추나무가 있다. 뜰은 그림자 깊은 기름길만을 남겨 놓고는 흙 한줌 보이지 않게 일면 화초에 덮이었다. 장미 글라디올러스 해바라기 촉규화 맨드라미 봉금초 금잔화 제비초 만수국 플록스 달리아 봉선화 양귀비 채송화의 꽃밭이 소나무 벚나무 버드나무 회양목 앵도나무 대추나무 능금나무 배나무의 모든 나무와 어울려 뜰은 채색과 광채와 그림자의 화려한 동산이었다. 유리창에까지 나무 그림자가 깊고 방 안에까지 지천으로 푸른빛이 흘러들었다. 화단에는 나비와 벌이 날아들고 풀섶에는 가을벌레들이 일찍부터 울기 시작하였다. 나뭇가지에는 새들이 몰려오고 집에는 진귀한 손님이 왔다. 아름다운 것은 진실로 비늘구름과 같이도 쉽게 지나가 버렸다. 나뭇잎이 가고 푸른빛이 없어지고 그늘이 꺼져버렸다. 지금에는 벌써 벌레 울지 않고 나비 날지 않고 헐벗은 나뭇가지에는 새들도 드물게 앉게 되었다. 지난 시절의 기억이 머릿속에 아리숭하게 멀어졌다. 꿈이 지나고 생활의 때가 왔다. 손수 목욕물을 끓이고 차를 마시게 되었다.

그러나 나머지의 향기라는 것이 있다. 파도의 물결이 길게 주름잡혀 가듯이 꺼진 음악의 멜로디가 오래도록 귀에 울려오듯이 푸른 집과 푸른 뜰의 향기가 아련하게 남아서 흘러온다.

휜출하고 쓸쓸한 뜰에서 한 떨기의 푸른 것을 발견한 것을 나는 더없이 신기하고 아름답게 여겼다. 꿈의 찌꺼기이므로 꿈보다 한결 더 귀하게 여겨짐인지도 모른다. 화단 한구석에 남은 푸른 클로버의 한 줌을 말함이 아니요 현관 양편 기둥에 의지하여 창 기슭으로 퍼져올라간 두 포기의 줄기 장미를 나는 의미한다. 단 줄의 장미이던 것이 어느 결에 자랐는지 낙지 다리같이 가달가달 솟아올라 제법 풍성한 한 포기를 이루었다. 민출한 푸른 줄기에 마디마다 조그만 생생한 잎새를 달고 추위와 서리에도 상하는 법 없이 장하게 뻗어 올랐다. 신선한 야채에서 오는 식욕을 느끼며 잘강잘강 먹고 싶은 충동을 금할 수 없다. 창 기슭으로 올라와 창에 어리운 맑은 잎새와 줄기, 푸르면서도 붉은 기운을 약간 띤 줄기와 가시. 붉은 가시의 생각이 문득 나에게 한 폭의 환상을 일으킨다—깊은 여름 밤, 열어젖힌 창으로 나의 방에 들어오다 장미줄기에 걸리고 가시에 찔려 하아얀 팔과 다리에 붉은 피를 흘리는 낯 모르는 임의의 소녀. 가시와 소녀와 피—이것은 한 폭의 꿈일는지 모른다. 글로 썼거나 머릿속에 생각하여 본 한 폭의 아픈 환영일는지 모른다—가시와 소녀와 피!

그러나 꿈 아닌 환영 아닌 피의 기억이 있다. 장미의 붉은 줄기와 가시에서 나는 문득 지난 기억을 선명하게 풀어낼 수 있다. 나머지 꿈의 아픈 물결이다. 무르녹은 여름의 하룻날 아침 일찍이 가족들과 함께 집을 나와 뒷산으로 산보를 떠났다. 여름은 짙고 송림 속은 그윽하였다. 드뭇한 산보객들 속에 섞여 그림자 깊은 길을 걸으면서 동물원에를 들어갈까 강에 나가 배를 타고 하루를 지울까 생각하다 결국 동물원에 들어가기로 하였다. 짐승들의 표정 없는 얼굴을 보고 잠시 동안이라도 근심을 잊어 보자는 생각이었다. 그러나 이 비위 좋은 생각은 여지없이 짓밟히고야 말았다.

동물원이라고는 하여도 이름만의 것이지 운동장과 꽃밭 한구석에 덧붙이기로 우리 몇 간이 있을 뿐이다. 물새들의 못이 있고 원숭이와 독수리와 곰의 우리가 있을 뿐이다. 비극은 곰의 우리에서 왔다.

드문 사람 속에는 휘적휘적 우리와 우리 사이를 돌아치는 요정의 머슴 비슷한 한 사람의 젊은이가 있었다. 큰 눈이 둥굴둥굴 구르고 입이 반쯤 열린 맺힌 데 없는 허술한 사나이는 번번이 일행의 앞을 서서 우리 안의 짐승을 희롱하곤 하였다. 제 흥도 제 흥이려니와 그 어디인지 그런 철없는 거동을 우리들에게 보이고자 하는 듯한 허물없고 어리석고 주책없는 생각이 숨어 있음이 눈치에 보였다. 원숭이를 희롱할 때에도 새들을 들여다볼 때에도 너무도 지나쳐 납신거리는 것을 우리는 민망히 여기는 끝에 나중에는 불쾌히까지 생각하게 되었다.

불쾌한 감정은 곰의 우리 앞에 이르렀을 때에 극도에 달하였다. 철망 사이로 손을 널름널름 들여보내면 검은 곰은 육중한 몸을 끌고 와서 앞발을 덤석 들었다. 희롱이 잦을수록 곰은 흥분하여 나중에는 일종의 분에 타오르는 듯한 험상스런 기세를 보였다. 고개를 끄떡이며 우리 안을 대중없이 왔다 갔다 하면서 기회를 노리는 눈치였다. 몇 번째인가 사나이의 손이 다시 철망 사이에 들어갔을 때 짐승은 기어코 민첩하게 왈칵 달려들어 앞발로 손을 잡고, 잡자마자 입을 대었다. 사나이는 문득 꿈틀하며 소리를 치고 손을 빼려 애썼으나 좀체 빠지지 않았다. 겨우 잡아 낚구었을 때에는 무서웠다. 손가락 끝이 보기도 무섭게 바른 형상을 잃어버렸었다. 손톱이 빠지고 끝이 새빨갛게 으끄러졌다. 사나이는 금시에 얼굴이 파랗게 질리고 두 눈이 회동그래지며 넋 잃은 사람같이 한참 동안이나 먼숭하게 섰다가 비로소 피 흐르는 손을 쥐고 어쩔 줄 모르고 쩔쩔 헤매었다.

민망한 생각도 불쾌한 느낌도 잊어버리고 우리는 순간 무서운 구렁 속에 휩쓸려 들어갔다. 신경을 퉁기는 자릿한 느낌이 전신에 흘렀다. 살이 부르르르 떨렸는지도 모른다. 끔찍한 꼴을 더 보기도 싫어서 주저하고 있는 동안에 사나이는 사람 숲에 쓸려 문을 나가 나무 그늘 아래 쩔쩔 매고 섰는 것이었다.

이윽고 나가 보았을 때에는 근처 집에서 얻어온 석유에 손가락을 잠갔다가 반석 위에 내놓고 피 흐르는 손가락을 돌멩이로 찧는 것이다. 말할 수 없이 미련한 그 거동이 도리어 화가 버럭 날 지경으로 측은하였다. 그러나 생각하면 그의 그 어리석고 철없는 거동이 우리들의 눈을 위한 것임을 생각하면 얼마간의 허물이 우리 편에 있듯이 짐작되어 마음이 더한층 아파졌다. 될 수 있는 대로의 것을 그에게 베풀어야 할 것을 느끼고 나는 속히 집으로 데려가서 응급의 소독을 해 줄까 느끼다가 그보다도 더 떳떳한 방법을 생각하고 급스러운 어조로 소리를 쳤다.

"얼른 병원으로 뛰어가시오."

소리만 치고 쩔쩔매기만 하는 나보다는 훨씬 침착한 구원자가 있음을 알았다. 아내였다. 그는 지니고 있던 새 손수건을 내서 붕대 삼아 사나이의 피 흐르는 손을 감기 시작하였다. 사나이는 천치 같은 표정에 손을 넌지시 맡기고 있었다. 나는 오래간만에 아내의 날렵한 자태에 접하여 아름다운 생각을 금할 수 없었다. 지나친 감상이었을까.

병원을 뛰어 주기는 하였으나 사나이에게는 그만한 능력이 있을 수 없음을 깨닫고 주머니 속을 들치다가 나는 또한 그날 지갑을 잊은 것을 알았다. 집에까지 가서 비용을 가지고 그를 병원에까지 인도하려고 생각할 때에 이번에도 또 아내가 진실한 구원자가 되고 말았다. 지갑 속에서 손쉽게 은화 한 닢을 집어내 사나이의 손에 쥐어 주는 것이었다. 나는 다만 물끄러미 그의 자태를 바라볼 뿐이었다. 한 사람의 모르는 사나이를 구원함에 공연한 마음의 주저뿐이었고 결국은 두 번 다 앞을 가로채이고 길을 뺏긴 것을 생각하고 겸연한 마음을 금할 수 없었다.

이제 나에게는 마지막의 한 가지의 봉사만이 남았을 뿐이었다. 그 천치 같은 사나이를 근처 병원으로 인도함이었다. 나는 병원을 가리켜 주는 길로 아울러 집에 들러 지갑을 가지고 반날의 뱃놀이를 떠나기를 계획하며 아이들을 송림 속에 남겨둔 채 사나이를 이끌고 길을 걸어 내려갔다. 아름다운 장면이 머릿속에 쉽사리 꺼지지 않았다. 흰 손수건과 붉은 피가 아름다운 한 폭을 이루었다. 피와 수건의 붉은 것과 흰 것의 조화가 맑고 진하게 오래도록 마음속에 물결치게 되었다.

수풀 속을 거닐 때마다 기억이 새로워지고 반석 위의 피 흔적을 살필 때마다 지난 때의 광경이 불같이 마음속에 살아났다. 근처 집에서 사나이의 그 뒷소식을 물어 무사하다는 것을 듣고 일종의 알 수 없는 안심조차 느꼈다. 시절이 갈려 가을이 짙고 수풀 속에 낙엽이 산란하게 날릴 때 오히려 기억은 더 새로웠다.

가을이 다 지난 흙빛만의 뜰에서 잠깐 잊었던 피의 기억을 장미의 붉은 가시로 말미암아 다시 추억해 낸 것이다. 마음을 빛나게 하는 생생한 추억—늦게까지 남아 있는 장미 포기와 함께 늦가을의 귀한 마지막 선물이다.

푸른 집 속에 남은 철 늦은 꿈의 물결이다.

생활의 시절이 단란의 때가 왔다.

어린것을 데리고 목욕물 속에 잠기는 것도 한 기쁨이 되었다.

크리스마스트리에 오색 전기를 장식하고 많은 선물을 달아맬 것도 한 즐거운 기대다. 책상 위에는 그림책을 펴놓고 허물없는 꿈에도 잠길 수 있는 것이다.

가난한 재료로 될 수 있는 대로의 풍성한 꿈을 꿈이, 이 시절에 맡겨진 과제이다. 생활의 재주이다. 낙엽의 암시이다.

《백광》, 1937. 1.

성찬

세상에 거울같이 괴이하고 야릇한 것은 없다. 태곳적에 거울이라는 것이 아직 없고 고요한 저녁 강물 위에 자기의 그림자를 비추어 볼 수밖에 없었을 때에는 사람은 자기의 꼴과 원숭이의 꼴조차 구별할 수 없었을 것이며 따라서 가령 사람 사이의 애정이라는 것도 어수룩하고 순박하였을 것이다. 거울이 생긴 때부터 사람은 원숭이와의 구별을 알았고 제 얼굴의 맵시와 흠을 보았고 부끄럼과 사랑을 깨닫게 되었으리라. 적어도 사람의 감정이 복잡하게 분화되고 연애라는 것이 있게 된 것은 거울이 생긴 후부터라고 보배는 생각한다. 그는 언제인가 동물원에 갔을 때, 핸드백의 거울로 우리 안의 원숭이를 희롱해 본 적이 있었다. 거울에 비치인 제 꼴을 보고 짐승은 놀라고 흥분해서 한바탕 날뛰다가 나중에는 화를 내고 소리를 치고 독살을 피우며 우리 밖 사람에게로 달려드는 시늉을 하였다. 그것은 확실히 제 꼴과 사람의 모양과의 차이를 처음으로 발견한 때에 느낀 놀랍고 부끄럽고 괴이한 감정에서 온 것이라고 보배는 판단하였다. 같은 감정을 사람도 또한 처음으로 거울을 보았을 때에 느꼈을 것이며 참으로 번민과 사랑과 모든 정서는 자기의 얼굴의 인식에서 시작된 것이라고 그는 생각하게 되었다. 얼굴의 의식 없이 감정의 발로는 없으며 하루의 모든 생각과 생활은 참으로 얼굴의 생각에서부터 시작되는 것이다. 보배는 하루에도 수십 차례 일어날 때 잠잘 때 이외에 가가(假家)에 있을 때에도 틈틈이 거울을 보고 화장을 고치고 지금 와서는 그것이 생활의 한 중요한 부분이 되었다. 거울을 볼 때에 그 속에 자기의 얼굴만을 보는 것이 아니라 반드시 그 어느 다른 사람의 얼굴을 아울러 생각하였다. 두 얼굴을 비기는 곳에서 만족도 느끼고 불안도 오고 하였다. 가령 그는 요사이는 거울을 대할 때에 의례히 민자의 얼굴이 의식의 전부를 차지하였다. 흡사히 시몬느 시몽 같은 둥글고 납작스름한 민자의 애송이 얼굴을 생각하면서 그와는 반대되는 기름하고 엽렵한 자기의 얼굴이 더한층 대조적으로 솟아올라 그와의 사이에 가벼운 질투와 안타까운 초조와 신선한 야욕을 느끼게 되었다. 민자가 언니 언니 하면서 겉발림이 아니라 진정으로 언니 대접을 하는 것을 보배 역시 기뻐하고 충심으로 맞아들이면서도 마음 한편 구석에 이런 대립의 감정을 느끼게 되는 것을 그 자신 괴이히 여기기는 하였다. 이 대립의 감정은 물론 준보를 얼싸고 오는 것이었다. 가가의 위층은 바(bar)요 아래층은 끽차부(喫茶部)로 보배는 바에 매였고 민자는 끽차부의 시중을 혼자 맡았다. 준보는 바에보다도 끽차부에 오는 때가 많았다. 신문사의 일이란 그렇게 한가한 것인지 거의 번기는 날이 없으며 오후만 되면 어느 결엔지 아래층 소파에 와 앉아서 로버트 테일러 비슷한 기름한 얼굴을 청승맞게 괴이고 어느 때까지든지 머물러 한가한 시간을 보내곤 하였다. 친구가 있을 때면은 오히려 친구의 탓으로나 밀 수 있지만 혼자 때에도 여전히 지리하게 눌러앉아 마치 애매한 시간과 씨름이라도 하자는 격이었다.

그가 그렇게 천치같이 우두커니 앉았을 때의 의식의 대상이 민자임을 보배는 물론 짐작할 수 있었다. 하루는 보배가 늘 하는 버릇으로 신통한 손님도 없고 한 틈을 타서 아래층으로 살며시 내려가 보았을 때 그곳에도 손님 없는 휑뎅그레한 한편 구석에 준보와 민자가 낮부터 속살거리고 있는 것을 발견하였다. 들어맞는 예감에 보배는 산뜻한 칼 맛을 느꼈으나 한편 섬찟한 생각을 금할 수 없었다. 천연스럽게 내려가서 한자리에 다정스럽게 휩쓸리기는 하였으나 마음속에 굴떡거리는 피심지를 억잡을 수는 없었다. 민자와의 사이에 담을 의식하게 되고 준보에게 불현듯이 욕심을 느끼게 되었다면 그것은 이때부터였을 것이다. 그가 끼었음으로 말미암아 잠깐 어색해지기는 하였으나 자리의 공기는 즉시 풀려서 세 사람은 단란한 회화 속으로 웃쓸려 들어갔다. 그만큼 준보와 보배의 사이도 서름서름한 처지는 아니었던 것이다. 그러나 이상한 것은 보배는 전에도 준보에게 흥미를 느끼지 않은 바는 아니었으나 불시에 피할 수 없는 절대적 야욕을 느끼게 된 것은 실로 이때부터였음이다. 인색하게 차만 마시러 오지 말고 더러는 위층에 술도 마시러 오라는 것이 그 자리의 한마디 야유이기는 하였으나 의외의 자리에서 의외의 실토를 하게 된 것을 보배는 즉시 마음속에 반성하게 되었고 그런 반성을 부끄럽게 여기기도 하였다. 준보와 민자는 어울리고 알맞는 한 쌍이다. 될 대로 맡겨 두고 천연스런 태도로 왜 옆에서 보고만 있을 수 없을까 하는 생각으로였다. 그러나 이런 생각에도 불구하고 이때에는 보배의 마음은 반은 벌써 악마의 차지가 되어 있었다. 셋 가운데에서 하나는 언제든지 악마의 역할을 하는 수밖에는 없는 듯하다.

거울이란 짜장 괴이한 물건이다. 그것은 때때로 어처구니없는 신비로운 장난을 즐겨 하는 것 같다. 몸에 소름이 돋치지 않고는 보배는 다음 기억을 되풀이할 수 없었다. 그날 밤 잡지사 축들과 늦도록 진탕으로 놀다가 다들 보낸 후 보배가 거나한 김에 흥얼흥얼 콧노래를 부르면서 아래층 끽차부로 비틀비틀 내려갔을 때였다. 몇 사람의 손님이 이 자리 저 자리에 흩어져 앉았고 카운터 근처 구석에는 준보가 늘 오는 그 모양 그대로 눅진히 붙어서 옆에 앉은 민자와 말을 건네고 있었다. 휘적휘적 걸어가서 준보의 옆에 섰을 때에 보배는 문득 놀라 한참 동안이나 맞은편을 노리고 섰었다. 창졸간에 그는 그것이 꿈인지 현실인지를 의아해하면서 장승같이 넋을 잃고 우두커니 서 있었다. 준보 곁에 난데없는 미인이 한 사람 나타나 이쪽을 호되게 노리고 있는 것이다.

미인의 말뚱한 날카로운 시선이 보배의 일신을 다구지게 쏘아 붙였다. 눈이 매 같고 상이 길어 안보 오닥 비슷한 인상을 주는 그 여인을 보배는 확실히 전에 그 어디서 보았던 듯도 하고 혹은 초면인 듯도 한 기괴한 차가에 현혹한 느낌을 마지못하고 서 있는 동안에 돌연히 또 이상한 발견을 하게 되었다. 준보와 미인과 민자의 세 사람을 우연히도 한자리에 모이게 한 그 기괴한 한 폭의 그림 속에서 어울리는 짝은 준보와 민자가 아니라 준보와 그 낯모르는 미인이었던 것이다. 용모와 자세와 분위기가 두 사람에게 우연히도 빈틈없는 일치의 인상을 주었다. 이상한 발견에 놀라는 한편 보배는 그 짧은 순간 속에서도 돌연히 준보에게 모든 열정을 다 기울이고 있는 민자의 비극적 역할을 생각하고 그에게 대한 한 줄기의 가엾은 생각이 유연히 솟는 것이었다. 가엾은 민자! 날도적 같은 그 여인! 눈을 휩뜨며 주먹을 쥐려니 맞은편의 그 여인도 보배와 똑같은 시늉을 한다. 어이가 없어 몸 자세를 늦추고 시선을 옮길 때 여인은 다시 그것을 흉내 내었다. 보배는 문뜩 번개같이 정신이 깨었다. 망측한 요술이었음을 깨닫고 몸에 소름이 돋았다. 맞은편 벽에 걸린 커다란 체경의 요술이었던 것이다. 여인은 물론 보배 자신이었다. 취흥으로 거나한 바람에 거울의 요술에 감쪽같이 속아 넘어갔던 것이다. 순식간에 그의 마음속에 일어났던 비밀을 두 사람에게 속뽑히었을까 두려워하며 겸연한 마음으로 준보 옆에 털썩 주저앉기는 하였으나 그 후까지도 이 괴이한 경험은 쉽사리 기억 속에서 사라지지 않고 사람이 아무리 취하였기로 거울에 비친 제 얼굴도 못 알아보는 법 있나 하고 한결같이 의심이 솟는 지경이었다. 몸에 소름을 돋히지 않고는 이 기억을 되풀이할 수 없으며 동시에 이 경험은 보배에게는 한 큰 암시요 유혹이었다. 이 암시로 말미암아 그는 세 사람 가운데에서의 자기의 역할을 적확히 깨달았던 것이다.

이때부터 보배에게는 민자의 모든 것을 알고자 하는 욕망이 불현듯이 솟기 시작하였다. 합숙소에서는 쓰는 방이 다르므로 가까운 처지라고는 하여도 아무래도 사이가 떴다. 그럴수록 더한층 민자의 가지가지의 거동에 보배의 눈이 날카롭게 갔다. 합숙소에는 목욕장의 설비가 없으므로 거의 사흘돌이로 거리의 목욕간에 가지 않으면 안 되었다. 보배는 그때마다 민자와의 동행의 기회를 엿보았다. 목욕실에서만은 사람은 피차에 감출 것이 없다. 사람 없는 조용한 아침 목욕물 속에 잠기면서 보배는 민첩한 눈으로 민자의 육체의 구석구석을 살필 수 있었다. 젖꼭지가 살구꽃 봉오리같이 봉긋은 하나 아직도 젖가슴이 전체로 얄팍한 애잔한 애송이의 육체이기는 하다. 그러나 사람의 육체같이 사람의 눈을 속이는 것은 없다. 보배는 천연스런 웃음결을 이용하여 은근한 속에서 민자의 속을 떠보았다.

"과실의 맛이란 첫 송이만큼 자별스러운 건 없어."

장난삼아 물방울을 퉁기며 목욕통 전에 나가 그의 옆에 앉았다.

"민자, 어데 손가락 좀 곱아 봐."

그의 손을 다정스럽게 끌어다 쥐고

"한 번? 두 번? 세 번?……"

하면서 그의 손가락을 곱히려 하였다.

잠시 동안 멍하니 무슨 뜻인지를 모르고 하는 대로 손가락을 맡기고 있던 민자는 겨우 그 뜻을 깨닫고 부끄러운 생각에 얼굴을 화끈 붉히면서 달팽이같이 손을 움츠려들였다.

"망칙해라 언니두. 망녕 좀 작작 피우."

"부끄러울 것두 많다. 여자끼리 무슨 허물이야. 내 곱아 볼까. 자 한 번 두 번……. 하하하하 내게는 다섯 손가락쯤으로는 당초에 부족한걸……. 별 사내가 다 있었지. 그러나 옛날에 배운 영어의 단자(單字)와 같이 신기하게도 모조리 잊어버려지고 마음속에 남은 것은 그래도 첫 사내야. 첫 사내와의 사이라는 것은 대개 어처구니없고 흐지부지하고—여자의 평생의 길은 거기서 작정되는 것인가 봐. 나도 첫 사내만 세상을 버리지 않었다면 지금까지 밟아 온 길과 처신머리가 좀 더 달렀을는지도 모르나—허나 나는 결코 밟아 온 반생의 길을 불측하게도 생각하지 않고 부끄럽게도 여기지는 않어. 그런 것도 한 가지 살아가는 형식이거니만 생각되거든. 괴벽스럽고 어지러운 생각인지는 모르나 나는 한 사람 한 사람의 사내를 대할 때에 마치 한 상 한 상의 잔칫상을 대하는 것같이 준비된 성스러운 식탁을 대하는 것같이밖에는 생각되지 않었어. 식탁 위의 것이 아무리 귀한 진미였다 하더라도 시간이 지나면 그 맛의 기억이란 사라져 버리는 것. 그러기 때문에 제 앞으로 차례진 식탁을 대할 때에 마음껏 제 차지를 즐기는 것이 떳떳한 수지. 는실녀라고 웃든지 말든지 내 생각과 태도는 이래. 자 민자. 내 앞에서 숨길 것이 무엇이고 부끄러울 것이 무어야."

장황하게 내섬기며 보배는 민자를 어지러운 연기 속에 후려 쌌다. 그러나 민자는 그 속에서 허부적거리는 법 없이 침착하게 자기의 태도를 잃어버리지는 않았다.

"언니의 생각은 잘 알었어두 저를 더 족치지는 마세요. 한 번두 없어요."

두 볼을 발갛게 물들이는 그의 표정에서 거짓말을 찾을 수는 없었다. 팔다리가 아직도 가늘고 허리목이 아직도 얇다.

"그럼 준보와두—."

"미쳤네. 괴덕두 작작 부려요."

부끄러운 판에 민자는 대야에 남은 물을 보배의 옆구리에 확 끼얹었다.

"아직 깨끗하다는 것이 현대에 있어서는 자랑두 아무것두 아니거든. 알맞은 때를 약바르게 붙들어야지 고때를 놓치면 사람의 마음이 아무리 굳다고 하더라도 병이 생기기 쉬운 법야. 기회라는 것은 늘 그 제일 알맞은 순간이라는 것이 있으니까."

"언니는 우리를 얕잡아 보시는 셈이죠. 이래 뵈어두 결혼할 때까지는 아무런 일이 있어두 순결을 지켜 볼 작정인데요."

"결혼—. 흥 결혼—나두 한때는 그런 꿈두 꾸어 본 적 있었지. 그러나 결국 다 공상이고 꿈이었지. 결혼—용감하고 원대한 포부야. 대담한 이상이야."

"올 안으로 신문사가 확장되면 지위도 높아질 터 수입도 늘 터 그때면 결혼해 가지고 조그만 집 한 채 장만하고."

"굉장한 계획이군. 어떻든 준보도 순진한 청년 민자도 순진한 소녀. 어지간히 순진들은 해. 결혼의 축하로 물총이나 한 방 맞어 보지."

보배는 껄껄 웃으며 대야의 물을 민자의 등줄기에 괴덕스럽게 처버리고 물속으로 뛰어들어가 물소같이 네 활개를 죽 폈다.

순결하고 애잔한 민자의 자태가 눈에 아프다. 둥근 턱과 짧은 코와 짧은 윗입술이 새삼스럽게 가엾게—측은하게 여겨졌다.

보배는 오래간만에 음악을 들을 때면 별안간 울고 싶어지는 적이 있다. 훌륭한 음악을 들을 때같이 세상이 아름답고 환상이 샘같이 솟아서 살아 있는 것이 고맙고 즐겁게 여겨지는 때는 없다. 이 생명의 감격이 눈물을 솟게 하는 것이다. 그럴 때에는 옆에 있는 것이 그 누구이든지 간에 그것이 사람인 이상 보배는 그에게 인간적 동감을 느끼게 되고 부드러운 마음을 노느게 된다. 자리에는 준보와 그의 친구와 보배의 세 사람이 있을 뿐이었다. 오후의 바는 고요하고 황혼의 빛이 홀 안을 그윽하게 물들이고 있다. 보배는 교향악의 레코드를 뒤집어 걸고 친구가 잠간 자리를 물러간 틈을 타서 준보에게로 가까이 갔다.

"민자와 결혼하신다죠."

돌연한 질문에도 준보는 놀라는 법 없이 시선을 얕게 드리운 채로의 자세였다.

"이상주의라고 비웃고 싶단 말요?"

"비웃기는 왜요. 너무도 용감해서 하는 말에요. 한 사람과 결혼해서 검은 머리 파뿌리 될 때까지—용감한 생각이 아니고 무엇에요. 한동안의 독신주의 사상은 신짝같이 버리었나요."

"사람은 어차피 한 가지의 구속은 받어야 하는 것이니 차라리 결혼해서 안타까운 구속에 살어 보는 것도 한 가지의 흥미일 것요."

"그까짓 아침에 변했다 저녁에 고쳤다 하는 이치는 다 그만두고—더 놀라운 것은 결혼할 때까지의 진미로 민자를 아직 손가락 하나 다치지 않고 그대로 의젓이 두고 있다는 것."

"별 걱정을 다—."

준보는 어이가 없어 픽 웃으며 잔에 남은 술을 마저 들이켰다.

"—그런 건 어떻게 다 발려 냈단 말요."

"민자와 저는 한 몸이거든요."

"언니 행세 잘한다."

"잘하고 말고요. 민자에게 대한 당신의 사랑이 얼마나 큰가도 내 시험해 볼걸요."

"얼마든지."

"이 능청맞은 성인군자."

보배는 별안간 달려들어 괴덕스럽게 준보의 귓불을 끄들며 그의 이마에 입을 갖다 대려다가 마침 나갔던 친구가 들어오는 바람에 천연스럽게 그 자리를 떠나 의자 있는 편으로 물러갔다. 레코드의 교향악도 마참 그쳐지고 보배는 음악의 세상에서 완전히 벗어나서 말끔한 자기의 세상으로 돌아갔다.

무릇 사내라는 것을 보배는 말하자면 얼음장 같은 것으로 여겨왔다. 처음에는 가장 굳고 찬 듯이 보이나 징긋이 쥐고 녹이는 동안에 나중에는 형적조차 없이 손안에서 사라져 버린다. 그의 반생의 경험 안에서 사내의 마음이 이 법칙을 벗어난 적은 없었다. 얼굴을 엄숙하게 가지고 시선을 곧게 지니는 것은 일종의 자세요 한 번 속마음을 뒤집어 본다면 음지에 돋아난 버섯같이 새빨갛게 위란하게 독기를 피우고 있는 것이 사내의 정인 것이다. 준보의 경우 또한 보배에게는 벌써 수술대에 오른 개구리인 셈이었다. 자동차 속에서 민자와 보배 사이에 든 준보의 꼴은 사실 개구리의 그것같이 모든 감정을 마취당한 허수아비였는지도 모른다. 가가의 공휴일임을 이용하여 준보는 민자와 보배들과 함께 하루의 행락을 같이한 후에 저녁 강변으로 자동차놀이를 떠났던 것이다. 고요한 강물을 바라보며 곧은 길을 줄기차게 내닫는 드라이브의 맛도 잊을 수 없는 것이었지만 꼭 끼어 앉은 세 사람의 체온에서 오는 따뜻한 맛이 유난히도 몸에 사무치는 것이었다. 민자와 보배의 사이에 낀 준보의 꼴은 너볏이 다리를 뻗은 개구리의 모양이라고도 할까. 보배는 은근히 준보의 체온을 가늠 보았다. 이렇게 빈틈없이 꼭 끼어 앉았을 때에도 민자와 자기에게 보내는 준보의 체온에는 두텁고 엷은 차별이 있을까. 민자에게만 후하고 자기에게는 박할 수 있을까. 체온은 곧 애정이다. 준보의 애정이 그 밀접한 접촉에 있어서 역시 차별이 있으리라고는 생각할 수 없었다. 애정은 접촉의 거리에 비례하는 것이요 그 접촉되는 대상의 육체는 민자의 그것이라도 좋으며 보배의 그것이라도 좋고 그 외 그 누구의 것이라도 좋을 것이다. 보배는 준보와 맞댄 그의 한편 어깨에 은근히 힘을 주고 준보의 속을 뽑아 보려 하였다. 반응은 밀려오는 파도같이 더디기는 하였으나 적확한 것이었다. 이윽고 몸이 출렁하며 그 반동으로 준보의 어깨가 힘차게 자기의 어깨 위로 육박해 온 것을 보배는 반드시 자동차의 바운드의 탓으로만 돌릴 필요는 없었다. 적어도 차의 탄력을 이용한 준보의 의지를 그 등 뒤에 발견하지 않으면 안 되었다. 그 의지는 보배가 같은 행동을 두 번 세 번 거듭하였을 때에 참으로 사람의 표정과 같이도 속임 없이 확적히 드러남을 그는 보았다. 남에게 들킬 바 없는 제 혼자의 스핑크스의 웃음을 띠면서 그 행동을 거듭하는 동안에 보배에게는 문득 괴이한 걱정이 일어났다. 자기와 같은 동작을 건너편 민자 역시 하고 있지 않을까. 거기에 대하여 준보 또한 같은 반응의 표시를 보이고 있지 않을까 하는 걱정이었다. 이 걱정은 보배를 돌연히 전에 없는 초조 속으로 끌어넣었다. 초조는 즉시 용감한 결심으로 변하였다. 주저하고 유예할 것 없이 한시라도 속히 다가온 기회를 민첩하게 잡자는 것이었다. 고요한 강변을 닮는 고요한 표정 속에 싸여서 속심 없는 개구리를 목표에 두고 앙칼진 결심이 한결같이 솟아 올랐다.

그러나 기회는 도리어 너무도 일찍이 온 감이 있었다. 민자의 돌연한 신병으로 말미암아서였다. 목욕 후의 부주의로 가벼운 감기가 온 것을 무릅쓰고 가가에 출입하는 동안에 병은 활짝 덧쳐서 마침내 눕게까지 되었다. 공교롭게도 그 사이에 준보들의 신문사의 조그만 회합이 있었다. 이차회를 바에서 하고 난 후 헤어들지는 때 준보는 거나한 김에 드디어 보배의 차 속에 앉게 되었다. 물론 보배 단독의 뜻만이 아니요 합의의 결과였으나 두 사람은 밤거리를 한바탕 돈 후 다시 술을 구하여 으슥한 요정 이층으로 올라갔다.

잔을 거듭하는 동안에 두 사람은 곤드레만드레 취하였다. 취중에는 행동이 까딱하면 돌발적이 되고 기괴하게 흐르기 쉬운 것이나 잊어서는 안 될 것은 그런 기괴한 행동의 속심에는 언제든지 계획한 뜻이 준비되어 있음이다. 너무도 모든 것이 수월하게 뜻대로 되어 감이 보배에게는 도리어 싱거웠으나 사내의 마음이라는 것을 다시 한 번 벗겨 본 것 같아서 알 수 없는 기쁨과 모험의 흥분이 그의 열정을 한층 북돋았다. 간단하였다. 거기에 이르는 준비의 과정이 장황함에 비하여 결과는 어처구니없이 간단하였다. 말이 없었으며 그 필요가 없었다. 말이란 괴로워하고 두려워하고 궁할 때에 필요한 것이다. 말은 오히려 결과 후에 왔다.

"능청맞은 성인군자."

보배는 이제는 마음이 한층 더 허랑하여져서 말에도 꺼릴 것이 없었다.

"본색이 탄로 났지. 이러구두 민자와 결혼하겠지."

"왜 못 해."

준보는 뒤슬뒤슬 웃으며—두 사람의 태도는 그것이 있기 전과 똑같이 뻔질뻔질하고 천연스러운 것이었다. 시렁 위의 과일 한 개를 늠실 집어먹은 아이의 천연스런 태도였다.

"낯가죽도 두껍긴 해. 하긴 그것이 세상의 사내지만."

"내게 덕을 가리켜 주고 그것을 됩데 허물 잡자는 말인가."

"허물은 왜. 마음이 이렇게 대견한데."

사실 보배는 잔치를 먹은 후의 만족과 흥분을 겪은 후의 안정을 느꼈다. 화학실에서 뜻대로의 실험을 마친 후의 화학자의 평화로운 만족이었다.

사람들은 흔히 세상에서 제일 좋은 것이 '새 것'이라는 생각을 잊는다. 제일 아름답고 제일 빛나고 훌륭한 것은 '새 것'이며 다른 많은 이유를 버리고라도 '새 것'은 그것이 '새 것인 까닭에 빛난다는 것'을 잊는 수가 많다. 새 옷 새 신 새 집 새 세상—이 평범한 진리를 그것이 너무도 평범한 까닭에 혹은 '새 것'의 자극이 너무도 큰 까닭에 감히 엄두를 못 냄인지도 모른다. 낡을수록 좋은 것에 단 한 가지 포도주가 있음을 보배는 듣기는 하였으나 지하실에서 몇 세기를 묵었다는 포도주를 마셔 본 적이 없는 까닭에 그는 포도주 또한 새 것이 좋다고 생각하였다. 새 것. 새 진미. 새 마음! 보배가 준보를 시험하였고 준보가 보배를 거쳐 다시 민자를 구함도 또한 이 '새 것'의 진리에서 나왔음에 지나지 않는다. '새 것'을 구함이 악덕이라면 묵은 것을 구함이 미덕인가―하고 보배는 반감적으로 느껴도 본다. 묵은 것을 버리고 새 것을 구함은 혁명이다. 혁명에는 위대한 용기가 필요한 것이니 사람이 새 것을 두려워함은 곧 이 용기를 두려워함이라고도 생각하여 보았다. 새 것이 가져오는 감격과 흥분에는 물론 위험스럽고 두려운 것이 있기는 하다. 겉으로는 평화를 꾸미고 있으면서도 속으로 역시 일종의 안타깝고 두려운 것을 한결같이 느끼게 되는 이 밤의 경험이 보배에게 그것을 말하였다.

요정을 나와 자동차로 준보를 보내고 혼자 합숙으로 돌아왔을 때 그 감정은 한결 크게 마음을 둘러쌌다. 만족의 감정은 그 뒤에 거의 숨어 버렸다. 민자의 방 앞을 지날 때에 그 감정은 거의 그를 매질하여 그는 모르는 결에 주춤하였다. 어차피 민자에게는 진실을 말하여야 할 것이나 진실을 말함은 별을 따기보다도 어려운 노릇이요 그렇다고 숨긴다는 것은 또 얼마나 괴로운 일인가를 또렷이 느끼게 되었다. 그러나 사람에게는 재조라는 것이 있으니 결국 재조와 기교로 속히 시간을 주름잡을 수밖에는 없지 않은가도 생각하며―한때의 선수도 이 밤만은 우울한 번민자로 변할 수밖에는 없었다. 결국 아직도 나의 주의가 철저하지 못한 탓이 아닐까 반성하며 불을 끄고 늦은 잠자리에 누웠으나 가달가달의 뒤숭숭한 괴롬이 한결같이 솟을 뿐이었다.

《여성》, 1937. 4.

삽화(揷話)

의외에도 재도 자신의 흉계임을 알았을 때에 현보는 괘씸한 생각이 가슴을 치밀었으나 문득 돌이켜 딴은 그럴 법도 하다고 돌연히 느껴는졌다. 그제서야 동무의 심보를 똑바로 들여다본 것 같아서 몹시 불유쾌하였다. 그날 밤 술을 나누게 되었을 때에 현보는 기어코 들었던 술잔을 재도의 면상에 던지고야 말았다.

"사람의 자식이 그렇게도 비루하야졌드냐."

"오, 오해 말게. 내가 무엇이기로 과장이 내 따우의 말에 따라 일을 처단하겠나. 말하기도 전에 자네의 옛일을 다 알고 있데. 항상 그렇게 조급한 것이 자네 병이야. 세상에 처해 나가랴면 침착하고 유유하여야 하네. 좀 더 기다려 보게나."

"처세술까지 가르쳐 줄 작정이야."

이어 술병마저 들어 안기려다가 현보의 손은 제물에 주저앉아 버리고 말았다. 문득 재도의 위대한 육체가 눈을 압박해 오는 까닭이었다. 아무리 발악한대야 '유유한' 그 육체에는 당할 재주가 없을 것 같았고 그 육체만으로 승산은 벌써 한풀 꺾이운 것을 깨달았다.

서로 떨어져 있는 몇 해 동안에 불현듯이 늘어난 비대한 그 육체 속에는 음모와 권술과 속세의 악덕이 물같이 고여 있을 듯이 보였다. 그와 자기와의 사이에는 벌써 거의 종족의 차이가 있고 건너지 못할 해협이 가로놓여 있음을 알았다. 사람이 그렇게까지 변할 수 있을까 하고 느껴지며 옛일이 꿈결같이 생각되었다.

"아예 오해 말게. 옛날의 정의라는 것도 있잖은가."

"고얀 놈."

유들유들한 볼따구니를 갈기고 싶었으나 벌써 좌석이 식어지고 마음이 글러져서 싸움조차가 어울리지 않음을 느꼈다. 거나한 김에 도리어 다시 술을 입에 품는 동안에 가늠을 보았던지 마침 재도 편에서 먼저 자리를 벌떡 일어나서 무엇인지 핑계의 말을 남기고 자리를 물러섰다.

"음칙한 것—."

또 한 수 꺾이운 현보는 발등을 밟히우고 얼굴에 침을 뱉기운 것 같아서 속심지가 치밀며 그럴 줄 알았다면 당초에 놈의 볼따구니를 짜장 갈겨 두었더면 하고 분한 생각이 한결같이 솟아올랐다.

그제 와서는 모든 것이 뉘우쳐졌다. 무엇을 즐겨 당초에 하필 그 있는 곳으로 자리를 구하려고 하였던가. 옛날에 동무가 아니라 동지이던 그 우의를 의지한 것이 잘못이었고 둘째로는 그 자리를 알선하여 준 옛 스승이 원망스러웠다. 아무리 앞길이 막히우고 형편이 곤란하다 하더라도 구구하게 하필 그런 자리가 차례에 왔던가. 하기는 결과는 그제서야 알게 된 것이니 당초에야 짐작할 수도 없는 일이기는 하였으나 재도는 한방에서 일 보게 될 옛날의 동무를 거절하였던 것이다. 현보의 덮여진 전 일을 들추어내서 과장의 처음 의사를 손쉽게 뒤집어 버린 것임을 현보는 늦게서야 깨달았던 것이다.

사람이 그렇게까지 변할 수 있을까—현보에게는 수수께끼요 신비였다. 그를 그렇게 만든 것은 무엇이었던가? 그의 여위었던 육체가 몰라볼 만큼 비대하여진 것같이 그의 마음의 바탕 그것을 믿을 수 없으리만큼 뒤집어 놓은 것은 대체 무엇이었던가—생각이 여기 이를 때에 현보는 현혹한 마음을 금할 수 없었다. 저지른 사건도 있고 하여 학교를 나오자마자 현보는 고향을 떠나 오랫동안 동경을 헤매었다. 운동 속으로 풀쑥 뛰어들어가지는 못하였으나, 그 가장자리를 빙빙 돌아치면서 움직이는 모양과 열정들을 관찰하여 간신히 양심의 양식을 삼았다. 물론 그를 그렇게 떠나보낸 것은 젊은 마음을 움켜잡은 시대의 양심뿐만이 아니라 더 가까운 그의 가정적 사정이었으니 일개의 아전으로 형편이 넉넉지 못한 데다가 그의 부친은 집 밖에 첩을 둔 까닭에 가정은 차고 귀치않아서 그 싸늘한 공기가 마침 현보를 쫓아 고향을 떠나게 하였던 것이다. 하기는 늘 그를 운동의 열정으로 북돋우게 한 것도 직접 동력은 그것이었던지 모른다. 그가 동경에서 상식을 벗어난 기괴한 생활을 하고 있는 동안 고향과는 인연이 전혀 멀었다. 그 아득한 소식 속에서 재도는 학교 시대에 현보와 등분으로 가지고 있던 똑같은 사회적 열정을 헌신짝같이 버리고 오로지 일신의 앞길을 쌓아 올리고 안전한 '출세'의 길을 열기에 급급하였다. 물론 시세의 급격한 변화가 의외에도 갑작스럽게 밀려온 까닭은 있다면 있었다. 철학과를 마친 재도는 철학을 출세의 장기로는 부적당하다고 여겨 다시 법과에 편입하여 삼 년 동안이나 행정의 학문을 알뜰히 공부하였다. 곱절의 햇수를 허비하고 쓸모 적은 학위를 둘 씩이나 얻어서 '출세'의 무장을 든든히 했던 것이다. 고등문관 시험이 절대의 목표였으나 해마다 실패여서 아직껏 과장급에는 오르지 못하였으나 그러나 이미 수석의 자리를 잡아 이제는 벌써 합격의 날을 기다릴 뿐으로 되었다. 여기에 이르기까지에는 뼈를 가는 노력을 한 것이니 그 노력을 하는 동안에 인간의 바탕이 붉은 것에서 대뜸 검은 것으로 변하였다. 너무도 큰 변화이나 그러나 그의 마음에는 조금도 꺼릴 것이 없게 되고 세상 또한 그것을 천연스럽게 용납하게 되었다. 다만 오랫동안 갈라져 있게 된 현보에게만—피차의 학교 시대만을 알고 그 사이에 시간의 긴 동안 떨어졌던 현보에게만 그것은 놀라운 변화로 보였을 뿐이다. 중학교 시대부터 대학까지를 같이한 그 사이의 가지가지의 이야기를 대체 어떻게 설명하면 옳은고 하고 현보는 마음속이 갈피갈피 어지러워졌다.

어린 때의 민첩한 마음을 뉘 것 할 것 없이 한 번씩은 다 끌어 보는 것은 문학의 매력이다. 자라서 자기의 참된 천분의 길을 발견하고 하나씩 둘씩 떨어져 달아날 때까지는 그 부질없던 열정을 누구나 좀체 버리려고 하지 않는다. 현보와 재도들도 그 예에서 벗어나지는 못하였다.

숙성한 셈이어서 중학교 이 년 급 때에 벌써 동인잡지의 흉내를 내었다. 월사금을 발려 가지고 모여들 들어 반지(半紙)를 사고 묵사지(墨寫紙)를 사서는 제 식의 원고를 몇 벌씩 복사하여 책을 매어 한 벌씩 나누어 보는 정도의 것이었으나 그 얄팍한 책을 가지게 되는 날들은 장한 일이나 한 듯이 자랑스런 마음을 얼굴에 드러내고들 하였다. 자연히 동인끼리는 친한 한패가 되어서 학교에서도 은연중에 뽐을 내고 다른 동무들의 놀림을 받고 그들과 동떨어지게 되는 것을 도리어 기뻐하였다. 잡지의 내용인즉은 대개 변변치 못한 잡지 쪽에서 훔쳐 온 글줄이거나 간혹 독창적의 것이 있다면 유치하기 짝 없는 종류의 것이었으나 그렇게 모여든 기분만은 상 줄 만한 것이 있어 그것이 한 아름다운 단결의 실례를 보이는 때도 있었다. 잡지 첫 호 첫 장에 사진들은 실릴 수 없고 하여 각기의 필적으로 이름들을 적었으니 육칠 명 어지럽게 모여든 이름들 속에서 현보와 재도의 이름이 가장 큼직하게 눈에 띄었다. 자라서 의사도 되고 공학사로도 나가고 혹은 자취조차 감추어 버리고들 한 가운데에서 현보와 재도만이 끝까지 인연을 가지게 된 것도 생각하면 기묘한 일이다.

달의 차례가 돌아와 현보의 집에서 모이게 된 날 밤늦도록 일을 하다가 마침내 심상치 않은 장난이라고 노려본 현보의 아버지에게서 톡톡히 꾸중을 당하게 되었다. 한마디 거역하는 수 없이 그대로 못마땅한 얼굴로 헤어질 수밖에는 없었으나 책임을 느낀 현보는 그날 밤에 미안한 김에 술집에 들러서 동무들을 위로하게 되었다. 이것이 술을 입에 대게 된 시초였다. 얼근한 판에 현보는 부친의 무지를 비난하고 술버릇으로 소리를 높여 울었다. 심사풀이로 다음 날부터 며칠 동안은 드러누운 채 학교를 쉬었다. 사흘 되는 날 재도에게서 그림엽서의 편지가 왔다. 고리키의 사진 뒤편에는 위안의 말과 함께 이 당대의 문호의 소식이 몇 자 적혀 있었다. 그 짧은 글과 사진은 현보에게는 말할 수 없이 아름다운 것이었다. 그 살뜰한 감격이 깨뜨러질까를 두려워하여 그 한 장의 엽서를 한 권의 책보다도 귀히 여겼다. 현대의 문호 고리키의 사적을 재도가 자기 이상으로 알고 있다는 것이 그에게는 한 큰 놀람이었고, 귀한 그림을 아끼지 아니하고 보내 주는 동무의 마음씨가 고마웠고, 셋째로는 폐병으로 신음 중에 있다는 그 문호의 애달픈 소식이 웬일인지 문학으로 향한 열정을 한층 더 불 지르고 북돋았다. 다음 날부터는 곱절의 용기를 가지고 학교에 나갔다. 재도에게는 일종의 야릇한 사랑의 감정을 느끼게 되었다.

문학의 열정은 더욱 높아져서 그 후 동인잡지가 부서지고 동무들이 다시 심상한 사이로 돌아가게 되어 버린 후까지도 재도와 현보의 뜻은 한결같았고 사이는 더욱 친밀하여졌다. 동인잡지가 없어지고 학년이 높아 감을 따라 신문과 잡지에 투고하는 풍속이 시작되었다. 외단(段)으로 실려진 시나 산문을 가지고 와서는 서로 읽고 비평하기가 큰 기쁨이었다. 투고 중에서 가장 보람 있고 듬직한 것은 신년 문예의 그것이었으니 재도들이 처음으로 그것을 시험한 것은 마지막 학년의 겨울이었다. 재도와 현보는 전에 동인잡지에 한몫 끼었던 또 한 사람의 동무를 꼬여 세 사람이 그 장한 시험을 헛일 삼아 해 보기로 작정하고 입학시험 준비의 공부도 잠깐 밀어 놓고 학교를 쉬면서 각각 응모할 소설들을 썼다. 추운 재도의 방에 모여 화롯불에다 손을 녹이면서 각각 자기의 소설들을 낭독한 후 비판하고 격려하고 예측하고 한 그날 밤의 아름다운 기억을 배반하고 비웃는 듯이 소설들은 참혹하게도 낙선이고 다만 한 사람의 동무의 것이 선외가작(選外佳作)으로 뽑혔을 뿐이었다. 재도와 현보의 실망은 컸다. 더구나 재도는 조그만 그 한 일로 자기의 천분까지를 의심하게 되었고 문학에의 열정에 큰 타격을 받은 것도 사실이었다.

그때에는 벌써 두 사람 사이에는 숨어서 술을 즐기는 버릇이 늘어서 화가 나는 때는 항상 그 좋은 기회가 되었다. 낙선의 소식을 신문에서 본 날 밤 현보는 단골인 뒷골목 집에서 잔을 거듭하면서 울분을 토하고 기염을 올리면서 화풀이를 하고 있었다.

"그까짓 신문쯤이 명색이 무어야. 신문에 안 실리면 소설 낼 곳이 없나."

거나한 김에 재도는 눈을 굴리며 식탁을 쳤다.

"현보 낙망 말게. 지금 있는 신문쯤에 연연한다면 졸장부. 참으로 위대한 문학과 지금의 신문과는 아무 관계도 없는 것야. 현재 조선에 눈에 걸리는 소설가라고 한 사람이나 있나. 그까짓 신문쯤으로 위대한 작가를 발견할 수는 없단 말야."

현혹한 기염으로 방 안의 공기를 휘저어 놓더니 현보의 무릎을 치며

"홧김에라도 내 잡지 하나 기어이 해 보겠네. 내 몫으로 차례진 백석지기만 팔면 그까짓 조선을 한번 왼통 휘저어 놓지. 옹졸봉졸한 소설가쯤이야 다 끌어다가 신문과 대거리해 볼 테야. 신문의 권위쯤이 무엇이겠나. 자네 소설 얼마든지 실어 줌세. 그때는 내 잡지에 실려야만 훌륭한 소설의 지표를 받게 될 것이니까. 가까운 데 것만 노려 보고 대장부가 문학 문학 하고 외치는 것이 어리석은 짓이야. 낙담 말고 야심을 크게 가지세."

찬란한 계획에 현보는 눈이 부시고 정신이 얼떨떨하였다. 자라면 잡지를 크게 경영하여 보겠다는 것이 그의 전부터의 원이기는 하였다. 앞으로 올 백석지기가 있다는 것과 그것을 사용함이 온전히 그의 자유라는 것도 전부터 들어는 왔었다. 그러나 맹렬한 그 잡지의 열정도 결국은 자기의 문학의 욕심의 만족을 얻기 위한 것일 것이니 그의 그날 밤의 불붙는 희망은 문학에 대한 미련—따라서 낙망 이외의 아무것도 아니었음을 현보는 간파할 수 있었다. 확실히 그 무엇에 홀리었던 취중의 그날 밤이 지나고 맑은 정신의 새날이 왔을 때에 현보는 자기의 간파가 더욱 적중하였음을 깨달았다. 낙망하지 말라고 동무를 격려한 재도 자신의 문학에 대한 낙망은 컸던 것이다. 거의 근본적으로 절망의 빛을 보였다. 야심을 크게 가지라고 동무에게 권한 그 자신의 야심은 날이 지날수록에 간 곳 없이 사라졌다. 하기는 문학에 대한 야심이 차차 다른 것에 대한 그것으로 형상을 변하여 모르는 결에 그의 마음속에서 점점 굵게 자라고 있었는지도 모른다.

문학은 사상과 혈족관계가 가까운 듯하며 문학의 길은 사상의 길로 통하기 쉬운 것 같으다.

재도와 현보가 중학을 마치고 예과를 거쳐 대학에 들어가게 되었을 때 다 같이 철학적 사색을 즐겨 하게 되었으며 시대의 사상에 민첩하였고 과외의 경제의 연구에까지 뜻을 두게 된 것도 전부터의 같은 혈연관계가 시킨 것이 아니었을까? 약속이나 한 듯이 경제 연구회의 임원으로 함께 가입하여 그것이 마침 해산을 당하게 될 때까지 회원임을 지속한 것은 반드시 일종의 허영심으로 시대의 진보적 유행을 좇은 것만은 아니었다. 현보는 드디어 조그만 행동까지를 가지게 되었으니 당초에 문학을 뜻한 그로서 그것은 결코 당치 않은 헛길은 아니었다. 그러나 연구회의 와해는 시대의 변천의 큰 뜻을 가지어서 그 시기를 한 전기로 젊은 열정들은 무르게도 산지사방으로 흩어져 버렸다. 재도의 오늘의 씨를 품게 한 것도 참으로 이때였다고 볼 수 있다. 그때의 재도와 오늘의 재도를 아울러 생각함은 마치 붉은 해를 쳐다보다가 그 눈으로 별안간 검은 개천 속을 들여다보는 것과도 같아서 머리가 혼란하여지는 것이다. 그때의 재도는 그때의 재도로 생각하는 수밖에는 없다.

대학 예과에서는 일 년에 두어 차례씩의 친목의 모임이 있었다. 가제 들어간 첫해 봄의 친목회는 다과를 먹을 뿐만의 것이 아니라 앞으로 발행할 조그만 잡지의 계획을 의논하여야 하는 것으로 일종 특별한 사명을 띤 것이었다. 의논이 분분하고 의견이 백출(百出)하여 자연 좌석이 어지럽고 결정이 늦었다. 여러 시간의 지리한 토론에 해는 지고 모두들 지쳐서 이제는 벌써 결정은 아무렇게 되든 속히 회합이 끝나기만 기다리는 지경에 이르렀다. 사람들이 모여서 한 번 입을 열게만 되면 이론은 간단하면서도 말이 수다스러워짐은 어느 사회나 일반이어서 조그만 지혜가 솟으면 그것을 헤쳐 보이지 않고는 못 배기고 불필요한 말을 덧붙여서 자신의 존재를 알리고 싶어지고 쓸데없는 고집으로 정당한 말을 일부러 뒤집어 보려고 하는 것이 거의 누구나의 천성이어서 잠자코만 있으면 밑진다는 듯이 반드시 그 어느 기회에 입을 한 번씩은 열어 보고야 만다. 그 어리석고 저급한 공기에 삭막한 환멸을 느끼며 무료한 하품들을 연발

할 지경은 지경이었으나 그러나 별안간의 벽력 같은 소리에 좌석은 문득 놀라지 않을 수는 없었다. 수다스런 의논에 싫증이 난 한 사람이 홧김에 찻잔을 던져 깨뜨린 것이다. 뭇사람의 눈총을 받은 그 당돌한 학생은 엄연히 서서 누구엔지도 없이 고래 같은 목소리로 호통을 하였다.

"대체 이것이 무슨 꼴들인가? 요만한 일에 해가 지도록 의논이 분분해서 아직껏 해결이 없으니 그 따위의 염량들을 가지고 일을 하면 무슨 일을 옳게 할 수 있단 말인가? 냉큼 폐회하기를 동의한다."

돌연한 호담스런 거동에 진행 중의 의논도 잠깐 중지되고 모두들 담을 떼이고 할 바를 몰라 잠시 그 무례한 발성자를 우두커니들 바라볼 뿐이었다. 지친 판에 통쾌한 하대(下待)였고 동시에 주제넘은 한마디였다. 그 자신 홧김에 충동적으로 나왔을 것은 사실이나 그러나 또한 심중에 그 거동의 자랑스런 의식이 없었을까. 사실 그는 그 간단한 거동으로서 제각각 '영웅'이 되어 보려는 총중(叢中)에서 가장 시기를 잘 나꾸어 효과적으로 손쉽게 '영웅'이 된 것이다. 확실히 행동 자체가 흐려진 분위기에 한 대의 주사의 효과는 있었으나 그 동기의 관철이 좌중에 꼴사나운 인상을 준 것도 사실이었다. 더구나 초년급인 그는 하급생의 지위로서 상급생까지를 휘몰아 호통의 주먹을 먹인 셈이 되었다. 이윽고 상급생의 한 사람이 긴장된 장내를 헤치고 성큼성큼 앞으로 나가더니 분개한 꾸지람으로 아니꼬운 '영웅'을 여지없이 조겨 놓았다.

"주제넘은 친구가 누구냐. 버릇없는 야만의 행동이라는 것이다. 거리에 나가 대로상에서나 할 일이지 어떻게 알고 이런 자리에서 그런 무지한 버르쟁이를 피우느냐. 누구를 꾸지람하자는 어리석은 수작이야. 일이 늦어지는 것은 아무의 탓도 아닌 것이다. 여럿이 일을 할 때에는 반드시 적당한 계제(階梯)를 밟은 후에 결론에 니르는 것이니 쓸데없이 조급하게 구는 것은 예의를 모르는 어린애의 버릇에 지나지 못한다. 다시는 그런 버릇없기를 동무로서 충고한다."

한마디의 대꾸도 없었다.

장내는 고요하고 긴장되어서 그 무슨 더 큰 것이 터질 듯 터질 듯한 무시무시한 침묵이 흘렀다. 좌중은 두 번째의 통쾌한 자극에 침체되었던 무료를 깨고 시원한 흥분 속에서 목을 적신 셈이었다. 상급생의 의젓한 꾸지람도 물론 시원스런 것이었으나 당초의 하급생의 통쾌한 거동의 자극이 너무도 컸던 것이다. 시비와 곡직은 둘째요 사람들은 솔직하게 두 가지의 자극 속을 헤매이는 것이 사실이었다. 이런 때의 승패는 이치의 시비에보다도 완전히 행동의 자극에 달린 것이다. 승리는 뒤보다도 앞으로 기울은 모양이었다. 더구나 꾸지람에 대하여 반 마디의 대꾸도 없이 고개를 숙이고 침착하게 주저앉은 것이 약한 것이 아니다. 기실은 더 굳세이다는 인상을 주어서 그 효과는 거의 만점이었다. 현보는 한편 자리에 앉아서 유들유들하고 뻔질뻔질한 그 동무의 뱃심을 놀람과 신선한 감정 없이는 바라볼 수 없었다. 찻잔을 깨뜨린 그 무례한 '영웅'은 별사람 아니라 재도였다.

이 조그만 재도의 행사를 생각할 때 현보는 한 줄의 결론을 발견하지 않을 수 없었다. 호담스런 호통을 하고는 결국 꾸지람을 당한 것이 마치 중학 때에 자신 있는 소설을 투고하였다가 결국은 낙선을 하여 버린 그 경우와도 흡사하였다. 두 번 다 나올 때는 유들유들하게 배짱을 부리고 나왔다가 결국은 그 무엇에게 보기 좋게 교만을 꺾이우고야 말았다. 그러나 그 당초의 뱃심만은 소락소락 꺾이우지 않고 끝까지 지긋이 간직하고 있는 것이다. 그것이 그의 성격인 것같이 현보에게는 생각되었다. 그 배짱 속에 항상 야심이 숨어 있고 그 야심의 자란 방향이 오늘의 그의 길이 아니었던가.

호담스럽게 나왔다가 교만을 꺾이운 예라면 또 한 가지의 현보의 기억 속에 있었다.

대학 안에서의 연구회가 한창 성할 무렵이었다.

하루저녁 예회(例會) 아닌 임시회를 마치고 늦은 밤거리에 나왔을 때 재도는 현보와 함께 또 몇 잔을 거듭하게 되었다. 술이 웬만큼 돌았을 때 재도는 불만의 어조였다.

"오늘 S의 설화를 어떻게 생각하나. 자랑과 아첨과 교만에 찬 비루한 길바닥 연설 이상의 것이 아니야. 학문의 타락을 본 것 같어서 불쾌하기 짝 없었네. 대체 S라는 인간 자체가 웬일인지 비위에 맞지 않어. 혼자만 양심이 있는 척하고 안하무인이나 기실은 거만의 옷자락으로 앞을 가리웠을 뿐이 아닌가. 회(會) 자체까지도 나는 의심하게 되네. 모이는 위인들에게서 자존심과 허영심을 제하면 무엇이 남겠나. 다른 사람과 구별되는 무엇이 있겠나. 마치 회원 아닌 사람과는 종족이 다른 척하는 뉴꼴들이 너무도 사납단 말야. 사실 그 축에 섞여 회원 되기가 부끄러워. 자네는 어떤가. 그 류에서 빠질 수 있겠나?"

쓸데없는 불쾌한 소리에 현보는 짜증을 발칵 내며 빈속에 들어간

술의 힘도 도와서 그의 손은 모르는 결에 재도의 볼을 갈기고 있었다. 갈기고 나서 문득 경솔함을 뉘우치게 되는 그런 거의 무의식중의 일이었다.

"자네 생각이 그르다는 것은 아니나 하필 그런 것을 생각하는 태도가 틀렸단 말이네. 그야 인간성을 말하랴면 그 누구 뛰어난 사람이 있겠나. 그러나 우리의 문제는 하필 그런 것이어야 하겠나. 그런 것만 꼬집어 내다가는 까딱하면 옳은 길을 잃고 빗나가기 쉬우니까 말이네."

의아한 것은 재도는 그 이상 더 대거리하려고도 하지 않고 현보의 말에 반박도 하지 않고 잠시 잠자코 있었음이다.

"그럴까. 내 생각이 글렀을까. 그러나 그런 것이 의식에 떠오르지 않는다면 새빨간 거짓말이지. 이 문제가 더 중요한 문제일는지도 모르니까."

"또 궤변이야. 내용이 좀 비지 않었나. 그런 소리만 할 젠."

"주제넘은 실례의 말은 삼가게 — 회원이든 회원이 아니든 행동이 없는 이상 오십보백보가 아닌가. 회원이라고 굳이 뽐내고 필요 이상의 교만을 피울 것은 없단 말이야. 그 위인들 속에 장차 한 사람이라도 행동으로 나갈 사람이 있겠나. 내 장담을 두고 보게."

"고집두 어지간히는 피운다."

"자네 생각과 내 생각은 아마도 근본적으로 틀리는 모양이네. 마치 체질이 서로 틀리듯이."

현보가 그만 침묵하여 버린 까닭에 말은 거기에서 끊어져 버렸다. 재도의 괴망한 생각이 현보에게는 한결같이 위험하게만 생각되었다. 동무에게 볼을 맞으면서도 대거리는 하지 않으나 마음속에는 그의 독특한 배짱이 변함없이 서리워 있을 것이 현보에게는 분명히 들여다보였다.

그 후로 두 사람의 거리와 생활이 갈라지게 되었으므로 다정한 모임으로는 이것이 마지막이었으나 생각하면 재도의 마지막 한 마디가 두 사람의 근본적 작별을 암시한 무의식중의 한 선언이었던 듯이도 현보에게는 생각되었다.

《백광》, 1937. 6.

개살구

서울집을 항용 살구나무집이라고 부르는 것은 바로 집 뒤에 아름드리 살구나무가 서 있는 까닭인데 오대 조선(祖先)부터 내려온다는 그 인연 있는 고목을 건사할 겸 지은 집이언만 결과로 보면 대대로 내려오는 무준한 그 살구나무가 도리어 그 아래의 집을 아늑하게 막아 주고 싸 주는 셈이 되었다. 동리에서 제일 먼저 꽃피는 것도 그 살구나무여서 한참 제철이면 찬란한 꽃송이와 향기 속에 온통 집은 묻혀 무르녹은 꿈을 싸주는 듯도 하지만 잎이 피고 열매가 맺기 시작하면 집은 더한층 그 속에 묻혀 버려서 밖에서는 도저히 집안을 엿볼 수 없는 형세가 되었다. 살구나무집이라도 결국은 하늘 아래 집이니 그 속에 살림살이가 있을 것은 다 같은 이치나 그 살림살이가 어떠한 것이며 그 속에서는 허구한 날 무엇이 일어나는지 외따로 떨어진 그 집안의 소식을 호젓한 나무 아래 사정을 동리 사람들이 알아낼 수는 없었다. 모든 것이 나무 속에 감추어져서 하늘의 별조차도 나무 아래 지붕은 고사하고 나무를 뚫고 속사정을 엿볼 수는 없었다. 푸른 열매가 익어 갈 때 참살구 아닌 그 개살구의 양은 보기만 하여도 어금니에 군물이 돌았다. 집안의 살림살이도 별수 없이 어금니에 군물 도는 그 개살구의 맛일는지도 모르나 그러나 그 살구를 훔치러 사람들은 집 뒤를 기웃거리기가 일쑤였다.

도시 함석집이라고는 면내에서는 면소와 주재소, 조합과 학교 그리고는 서울집이어서 사치하기로는 기와집 이상으로 보였다. 장거리와 뒷마을과의 사이의 넓은 터전은 거의 다 김형태의 것이어서 그 한복판에다 첩의 집을 세웠다 한들 계관(係關)할 바 아니나 푸른 논 가운데 외따로 우뚝 서 있는 까닭에 회벽 함석지붕의 그 한 채가 유독 눈에 띄고 마음을 끌었다. 오대산에 채벌장이 들어서면서부터 박달나무의 시세가 한참 좋을 때에는 산에서 벤 나무토막을 실은 우차(牛車)바리가 뒤를 이어 대관령을 넘었다. 강릉 주문진 항구에 부려만 놓으면 몇 척이든지 기선에 싣고는 철로공사가 있다는 이웃 항구로 실어 나르곤 하였다.

오대산 속에 산줄기나 가지고 있던 형태는 버리는 것인 줄만 알았던 아름드리 박달나무 덕택에 순시에 돈벼락을 맞게 되었다. 논섬지기나 더 늘이게 된 것도 그 판이었고 살구나무집을 세운 것도 그때였다. 학교에 돈백이나 기부하여 학무위원의 이름을 가졌고 조합의 신용을 얻어 아들 재수를 조합의 서기로 취직시킨 것도 물론 그 무렵이었다. 흰 회벽의 집이야 청(廳)으로서밖에는 소용이 없다고 생각하였던 동리 사람들은 그 깎은 듯이 아담한 집 격식에 눈을 굴렸다. 뜰 안에 라디오의 안테나가 들어서고 유성기의 노랫소리가 밤낮으로 흘러나오게 되었을 때에는 혀를 말았다. 박달나무가 가져온 개화의 턱찌꺼기에 사람들은 온통 혼을 뺍히웠던 것이다. 뒷마을 기와집 큰댁과 앞마을 살구나무집 작은댁과의 사이를 한가하게 어슬렁어슬렁 거니는 형태의 양을 사람들은 전과는 다른 것으로 고쳐 보기 시작하였다.

꿈속 같을 호사스런 그 속에서도 가끔 변이 생겨 서울집은 두 번째 댁이었다. 첫 댁은 집이 서기가 바쁘게 강릉서 데려온 지 해를 못 넘어 달밤에 도망을 쳐 버렸다. 동으로 대관령을 넘어서 강릉까지는 팔십 리의 길이었다. 아침에 그런 줄을 알고 뒤를 쫓는대야 헛일이었으며 강릉에 친가가 있는 것이 아니라 온전히 뜬사람이었던 까닭에 찾을 길이 막막하였다.

다른 사내가 있었다는 말도 들기도 하여 형태는 영동(嶺東)을 단념해 버리고 이번에는 앞대를 생각하게 되었다. 서(西)로 서울까지는 문재, 전재를 넘고 원주, 여주를 지나 오백 리의 길이었다.

이틀 동안이나 자동차에 흔들려서 첫 서울의 길을 밟은 지 거의 달포 만에 꽃 같은 색시를 데리고 첩첩한 산을 넘어 돌아왔다. 뜨물같이 허여멀쑥한 자그만하고 야물어진 서울 색시를 앞대 물을 먹으면 인물조차 그렇거니만 생각하면서 사람들은 자동차에서 내리는 그를 울레줄레 둘러쌌다. 하기는 그만한 인물이 시골에까지 차례지게 되기까지에는 상당한 물재(物財)의 희생이 있었으니 형태는 그번 길에 속사리(束沙里) 버덩의 일곱 마지기를 팔아 버렸던 것이다. 들고나게 된 한 가호를 살려 주고 그 값으로 외딸을 받아 가지고 왔다는 소문이었다. 장안에서도 일색이었다는 서울집이 시골 와서 절색임은 물론이었고 마을 사람들은 마치 여자라는 것을 처음 보는 것과도 같이 탄복하고 수군들거렸다.

첫 번 강릉집의 경우도 있고 하여 형태는 단속이 무서웠다. 별수 없이 새장에 갇힌 새의 신세였다. 형태는 집안 재미에 마음을 잡고는 즐겨 하던 투전판에도 섞이는 법 없이 육중한 몸을 유들유들하게 서울집에 박혀 있는 날이 많았다. 검은 판장으로 둘러친 울과 우거진 살구나무와는 굳은 성벽이어서 안에서도 짐작할 수 없으려니와 밖에서 엿볼 수도 없었다. 그러나 단속이 심하면 심할수록 갇혀 있는 사람의 마음은 한층 허랑하게 밖으로 날아서 강릉집이 영 너머의 읍을 그리워하듯이 서울집 또한 첩첩한 산을 넘어 앞대를 그리워하는 심정은 일반이었다. 집에 든 지 달포도 채 못 되어서 하룻밤은 별안간에 헛소동이 일어났다. 서울집이 집안에 없음을 깨닫고 형태가 황급 결에 도망이라고 외쳤던 까닭에 이웃 사람들은 호기심도 솟고 하여 일제히 퍼져 도망간 서울집을 찾으려 들었다. 마침 그믐밤이어서 마을은 먹을 뿌린 듯이 어두운데 각기 초롱에 불들을 켜 가지고 웬만한 곳은 샅샅이 헤매었다. 어두운 속 군데군데에서 초롱불이 반딧불같이 움직이며 두런두런 말소리가 흘러왔다. 외줄 신작로를 동과 서로 몇 마장씩 훑어보고는 닥치는 대로 마을 안을 온통 뒤졌다.

뒷마을서부터 차례차례로 산기슭, 수수밭, 과수원을 들치고 앞으로 나와 성황숲에서는 느릅나무와 느티나무의 테두리를 샅샅이 살피고 거리를 새로 아래위로 훑어보고는 냇가의 숲속과 물레방앗간을 뒤졌으나 종시 서울집의 자태는 보이지 않았다. 설레는 마음에 앞장을 서서 휘줄거리던 형태는 홧김에 초롱을 던지고는 말도 없이 발을 돌렸다. 뒤를 따르는 사람들도 입맛을 다시면서 풀린 맥에 초롱을 내저으며 자연 걸음이 느려졌다. 아무래도 서쪽으로 길을 들었을 것이 확실하니 날이 밝으면 강릉서 오는 자동차로 뒤를 쫓는 것이 상수라고 공론들이었다. 강릉집 때에 혼이 난 형태는 실망이 커서 그렇게라도 할 배짱으로 한시가 초조하였다. 담배들을 피우면서 웅얼웅얼 지껄이며 돌밭을 지나 물가에 이르렀을 때에 앞을 섰던 형태가 불시에 주춤하면서 걸음을 멈추고 어둠 속을 노렸다. 한 사람이 초롱불을 앞으로 획 내밀었을 때 물속에서는 철버덩 소리가 나며 싯허연 고래가 한 마리 급스럽게 숲속으로 뛰어들어갔다.

어둠 속에서도 유난스럽게 희고 퍼들퍼들한 몸뚱아리였다. 의외의 곳에서 그날 밤의 사냥에 성공하고 마을길을 더듬어 올 때 모두들 웃음에 허리를 꺾을 지경이었다. 도망했다고만 법석을 한 서울집은 좀체 나오기 어려운 기회를 타서 혼자 시냇가에 목물을 나왔던 것이다. 벌써 일 년 전의 일이었으나 그 일이 있은 후로 형태는 서울집의 심중에 저으기 안심되어 덮어 놓고 의심하지는 않게 되었다. 집안사람들의 출입도 잦지 못한 집 안은 언제든지 고요하고 감감하여서 그 속에 무슨 일이 일어나며 변이 생기는지 알 도리가 없었다. 푸른 살구가 맺혀 그것이 누렇게 익어 갈 때면 마을 사람들은 드레드레 달린 누런 개살구를 바라보고 모르는 결에 어금니에 군물을 돌리곤 할 뿐이었다.

1.

들에 보리가 익고 살구도 완전히 누런빛을 더하여 갔다.

달무리가 있은 이튿날 아침 뒷마을 샘물터는 온통 발끈 뒤집혔다.

당초에 말을 낸 것은 맨 처음 물 이러 온 금녀였고 그의 말을 들은 것이 다음에 온 제천이었다. 제천이는 이어 온 춘실네에게 그것을 귀뜸하고 춘실네는 매사 옥분에게 전하고 옥분은 히히덕거리며 방아집 새댁에게 있는 대로 털어 버렸다. 간밤의 변사는 순식간에 입에서 입으로 온통 번설되고야 말았다. 뒤를 이어 모여든 한패는 물을 길어 가지고는 냉큼 갈 줄을 모르고 물동이를 차례차례로 샘전에 논 채 어느 때까지나 눈길을 흘끗거리면서 뒤숭숭하게 수군거렸다. 한번 말문이 터지면 좀체 수습하기 어려워서 있는 말 없는 말 주워섬기는 동안에 아침시중이 늦어지는 줄도 모르고 횡설수설이었다. 새침데기이던 방아집 새댁도 제법 말주머니여서 뒤에 오는 축들을 붙들고는 꽁무니가 무겁게 어느 때까지나 말질이었다.

"세상에 그런 법도 있을까. 집 안이 언제나 감감하길래 수상하다고는 노렸으나—하필 김 서기일 줄야 뉘 알았을꼬. 환장이지 그럴 수가 있나. 무서워라."

두 동이째 물을 이러 온 금녀는 아직도 우물터가 와글와글 뒤끓는 것을 보고 별안간 무서운 생각이 들었다. 처음으로 말을 낸 경솔을 뉘우쳤으나 그러나 한번 낸 말을 다시 입안으로 거둬들일 수는 없는 노릇이었다. 청을 받는 대로 간밤의 변을 몇 번이고 간에 되풀이하는 수밖에는 없었다. 되풀이하는 동안에 하기는 마음은 대담하여 가고 허랑하여졌다.

“아마도 무엇에 홀렸던 게지. 아무리 달이 밝기로서니 아닌 밤에 살구 생각은 왜 나겠수. 살구 도적 간 것이 끔찍한 것을 보게 된 시초니.”

금녀가 하필 그 밤에 살구나무집 살구를 노린 것은 형태가 마침 며칠 전에 읍내로 면장 운동을 떠난 눈치를 알아챈 까닭이었다. 개굿은 그가 출타한 이상 집을 엿보기 쯤은 어려운 노릇이 아니었다. 논길을 살며시 숨어들어 살구나무에 기어올라 우거진 가지 속에 몸을 감추기는 여반장이었으나 교교하게 밝던 보름달이 공교롭게도 별안간 흐려지면서 누리가 금시에 캄캄하여 간 것은 마치 무슨 조화나 붙은 것 같았다. 알고 보니 그날 밤이 월식이어서 그때 마침 온통 어두워진 하늘에서는 검은 개가 붉은 달을 집어 먹으려고 노리고 있는 중이었다. 모든 것이 물속에 빠진 듯이나 고요하고 어두운 가운데에서 길을 잃은 듯한 박쥐의 떼가 파닥파닥 날아들고 뒷산의 부엉이 소리가 다른 때보다 한층 언짢게 들렸다.

멀리서 달을 보고 짖는 개의 소리가 마디마디 자지러지게 흘러왔다. 지척을 분간할 수 없는 나뭇잎 속에서 금녀는 불길한 생각에 몸서리를 치면서 살구 생각도 없어지고 나뭇가지를 바싹 붙들었다. 변이라도 일어날 듯한 흉한 밤이었다. 하늘의 개는 붉은 달을 입에 넣고 게웠다 물었다 하다가 드디어 온전히 삼켜 버리고야 말았다. 천지는 그대로 몽땅 땅속에 묻혀 버린 듯이 새까맣고 답답하여졌다. 부엉이 울음도 개 짖는 소리도 어느 결엔지 그쳐진 캄캄한 속에서 금녀는 무서운 김에 팔 위에 얼굴을 얹고 차라리 눈을 감아 버렸다. 눈을 감으면 한결 귀가 밝아져서 어느 맘 때는 되었는지 이슥한 속에서 문득 웅얼웅얼하는 사람의 속삭임이 들렸다. 정신이 귀로만 쏠릴수록 말소리도 차차 확실해져서 바로 살구나무 아래편 뒤안 평상 위에서 들려오는 것인 줄을 알았다. 방 안에는 등불이 켜지지 않았고 나무에 오르자 월식이 시작된 까닭에 당초부터 그 아래에 사람이 있는 줄은 몰랐던 것이다. 비록 얕기는 하여도 굵고 가는 한 쌍의 목소리가 남녀의 목소리임에는 틀림없었다. 여자의 목소리는 서울집의 것이라고 하고 남자의 목소리는 누구의 것일까. 부엌일하는 점순이 외에는 남자의 출입이라고는 큰댁 식구들도 마음대로 못하게 하는 형편에 아닌 밤에 서울집과 수군거리는 사내는 누구일까 하고 금녀는 무서움도 잊어버리고 이번에는 솟아오르는 호기심에 정신을 바짝 차리고 어둠 속을 노리기는 하나 워낙 어두운데다가 나뭇잎이 우거져서 좀체 분간하기 어려웠다. 무시무시하면서도 한편 온몸이 근실근실하여서 침을 삼키면서 달이 밝아지기를 조릿조릿 기다렸다. 이윽고 하늘개는 먹었던 달덩이를 옳게 삭이지 못하고 불덩어리 채로 왈칵 게워 버리고야 말았다. 엉켰던 구름이 헤어지고 맑은 하늘이 그 사이로 솟기 시작하자 달았던 불덩어리도 어느 결엔지 온전한 보름달로 변하여 갔다. 하늘의 변화를 우러러보던 금녀는 어느 결엔지 환히 드러난 제 꼴에 놀라 움츠러들며 나무 아래를 날쌔게 나뭇잎 사이로 굽어보다가 별안간 기급을 할 듯이 외면하여 버렸다.

수풀 속에서 뱀을 만났을 때의 거동이었다. 뒤안에 내놓은 평상 위에 뱀 아닌 남녀의 요염한 꼴을 보았기 때문이었다. 처녀인 금녀로서는 처음 보는 보아서는 안 될 숨은 광경이었다. 그러나 더 놀라운 것은 그 남녀가 서울집과 조합의 김 서기 재수란 것이다. 서울집의 소문은 이러쿵저러쿵 기왕부터 있기는 있어서 이제는 벌써 등하불명으로 모르는 부처님은 남편 형태뿐이라는 소문은 소문이었으나 사내가 재수일 줄야 그 아무도 짐작하지 못한 바이며 그러기 때문에 금녀의 놀람은 컸다. 너무도 어처구니가 없어 다시 한 번 무시무시 아래를 훔쳐보았으나 속일 수 없는 밝은 달은 사정이 없었다.

금녀는 그것을 발견한 자기 자신이 큰 죄나 진 것도 같아서 몸서리를 치면서 애비 아들의 기구한 인연을 무섭게 여겼다. 그들 둘이 아는 외에는 하늘과 땅만이 알 남녀의 속일을 귀신 아닌 금녀가 엿볼 줄야 어찌 짐작인들 하였으랴. 하기는 그래도 달을 두려워함인지 뒤안이 훤히 밝아지자 남녀는 평상에서 내려와서 방 안으로 급스럽게 들어가는 것이었으나 어지러운 그 뒤꼴들을 바라볼 때 금녀는 다시 새삼스럽게 무서워지며 하늘이 벼락을 내린다면 바로 이런 곳이 아닐까 하고 머릿골이 선뜻하여져서 살구 생각도 다 잊어버리고 부리나케 나무를 미끄러져 내려왔다. 논길을 빠져 집까지는 거의 단숨에 달았다. 밤이 맞도록 잠 한숨 못 이루고 고시랑 고시랑 컴컴한 벽을 바라볼 뿐 하늘과 땅만이 아는 속일을 알았다는 두려움이 한결같이 가슴속에 물결쳤다. 그러나 시원한 아침을 맞아 샘물터에서 동무를 만났을 때에는 엉켰던 마음도 저으기 누그러져 허랑하게 그만 입을 열게 되었다. 하기는 그 끔찍한 괴변은 차라리 같이 알고 있는 것이 속 편한 노릇이지 혼자 가슴속에 담아 두기에는 너무도 무서운 것이었다. 그날은 샘터도 별스러이 소란하여서 아침

물이 지내고는 조금 뻠하더니 낮쯤 해서 또 한바탕 들끓고야 말았다. 꽤 먼 마을 한끝에서까지 길러 가는 샘이므로 모이는 인물들도 허다한 속에 대개 아침 인물이 한두 사람씩은 끼어 있었다.

“사내가 그른가, 계집이 그른고—하긴 그런 일에 옳고 그른 편이 있겠소만.”

“터가 글렀어. 강릉집 때에도 어디 온전히 끝장이 났수. 오대를 나려온다는 그놈의 살구나무가 번번이 일을 치거든.”

이렇게 수군거리는 패도 있었다.

“핏줄에서 난 도적이니 누구를 한하겠소만 면장 운동인가 무언가를 떠난 것이 불찰이지 버젓이 앉어 있는 최 면장을 떼고 그 자리에 대신 들어앉으랴니 그런 억지가 어디 있수. 박달나무 덕에 돈 벌고 땅 샀으면 그만이지 면장은 해 무엇한단 말요. 과한 욕심 낸 죄로 하면야 싸지. 군수 하고 단짝이라나. 이번 길에도 꿀 한 초롱과 버섯 말이나 가지고 간 모양인데 쉬이 군수가 갈린다는 소문이니까 갈리기 전에 한몫 얻으랴고 바싹 붙는 모양이야.”

“애비보다두 자식이 못나고 불측한 탓이 아니오. 장가든 지 불과 몇 달에 안해를 뚜드려 쫓드니 그 짓이란 말야. 춘천 가서 웃학교를 칠 년 만에 마친 위인이니 제 구실을 할 수야 있겠소. 조합서기도 애비 덕에 간신히 얻어 한 것이 아니오.”

“자식과 원수 된 것을 알면 형태는 대체 어떻게 할고.”

샘물 둔치에는 돌배나무 한 폭이 서 있었다. 돌팔매를 던져 풋배를 와르르 떨어서는 뜻 없이 샘물 속에 집어던지면서 번설들이었다.

“이 자리에서만 말이지 까딱 더 번설들 맙시다. 형태 귀에 들어갔단 큰일 날 테니."

민망한 끝에 발설을 한 것이 춘실네였다. 그러나 저녁때도 되기 전에 또 점순에게 그것을 귀띔한 것도 춘실네였다.

서울집 부엌데기로 있는 점순은 전날 밤을 집에서 지내고 아침에 일찍이 나가 진종일 집에서만 일한 까닭에 그 괴변을 보지도 듣지도 못하였다. 다시 집으로 갔다가 저녁참을 대고 나올 때에 수수밭 모퉁이에서 춘실네를 만나 들으니 초문이었다. 재수는 전에 그에게도 한번 불측한 눈치를 보인 일이 있어서 그의 버릇은 웬만큼 짐작은 하는 터였으나 역시 놀라지 않을 수는 없었다. 서울집을 극진히 여기는 점순은 그의 변이 번설되는 것을 민망히는 여겼으나 변이 변인 만큼 가만있을 수도 없어 그 걸음으로 다시 집에 들어가 남편 만손에게 전하고 내친걸음에 거리로 나가 가가 보는 태인에게도 살며시 뙤어 주었다. 태인과는 만손 몰래 정을 두고 지내는 사이였다.

태인은 가가에 모이는 사람들에게 한두 마디씩 지껄이게 되고 만손은 그날 저녁 형태네 큰 사랑에 마을 가서 모이는 농군들에게 말을 펴놓게 되었다.

이렇게 하여 소문은 하루 동안에 재빠르게도 마을 안에 쫙 퍼지게 되었다. 이제는 벌써 당사자 두 사람과 출타한 형태만이 몰랐지 마을 사람들은 모두—형태 큰댁까지도 사랑 농군에게서 들어 알게 되었다. 큰댁은 놀라기는 무척 놀랐으나 제 자식의 처신머리가 노여운 것보다도 서울집의 빗나간 행동이 더 고소하게 생각되었다. 염라대왕에게 서울집 속히 데려가기를 밤낮으로 비는 큰댁은 남편이 돌아와 어떻게 이 일을 조치할까에 모든 생각이 쏠리는 까닭이었다.

2.

그날 밤은 열엿새 날 밤이어서 간밤같이 월식도 없고 조금 늦게는 떴으나 달이 밝았다.

샘터 축들은 공연히 마음이 달떠서 달밤을 잠자코 지내기 어려운 속에서 옥분은 드디어 실무죽한 금녀를 충충대서 끌어내고야 말았다. 하룻밤 더 살구나무를 엿보자는 것이었다. 옥분은 금녀보다도 바라지고 앙도라져서 금녀가 모르는 세상을 벌써 재빠르게 엿본 뒤였다. 오대산에서 강릉으로 우차를 몰아 재목을 실어 나르는 박 도령과는 달에 불과 몇 번밖에는 만날 수 없어서 그가 장날 장거리까지 내려오거나 그렇지 못하면 옥분이 윗마을 월정(月精) 거리까지 출가 전에 눈을 훔쳐 가지고 올라가지 않으면 안 되었다. 그런 때에는 대개 밭에 일하러 간다고 탈하고 근 오 리 길을 걸어 올라가 월정사에서 나오는 길과 신작로가 합하는 곳에서 박 도령을 기다렸다가 조이밭머리나 개울가에 가서 묵은 회포를 이야기하곤 하였다. 나중에 어떻게 되리라는 계책도 서지 못한 채 다만 박 도령의 인금만을 믿고 늘 두근거리는 마음에 위험한 눈을 훔치곤 하였다. 한 이태 더 몰아서 돈백이나 모이거든 강릉에 가서 살자고 번번이 언약을 하고 우차를 몰고 대관령 쪽으로 느릿느릿 걸어가는 뒷모양을 바라볼 때 번번이 가슴이 찌르르하였다. 거듭 만나는 동안에 남녀의 정이라는 것을 폭 안 옥분은 금녀와는 달라서 남녀의 세상에 유달리 마음이 쏠렸다.

금녀와 둘이 뒷마을을 나와 밭길을 들어갔을 때 달은 한참 밝아서 옥수수수염과 피마자 대궁이 새빨갛게 달빛에 어리었다. 논둑에서 기다리고 있는 점순을 만나 한패가 되어서 기름길을 들어서 살곰살곰 살구나무께로 향하였다. 사특한 마음으로가 아니라 주인집 동정을 살펴서 잘 알고 있음이 부리우는 사람으로서 마땅한 일 같아서 점순은 저녁 시중이 끝나자 약조하였던 금녀들을 기다리러 논둑에 나와 앉았던 것이다.

말 없는 나무는 간밤이나 그 밤이나 같은 체모(體貌) 같은 표정이었다. 금녀는 같은 나무에 두 번 오르기 마음이 허락지 않아 혼자 나무 아래에서 망을 보기로 하고 점순과 옥분을 올려 보냈다. 집에서는 유성기 소리가 쉴 새 없이 들리더니 판이 끝나도 정신없이 버려두어 판 갈리는 소리가 어느 때까지나 스르럭 스르럭 들렸다.

나무 위에서 내려다보이는 집안의 모양은 그 속에서 일할 때의 모양과는 퍽이나 달라서 점순은 모든 것을 신기한 것으로 굽어보았다. 평상 위에 유성기를 내놓고 금녀의 말과 틀림없이 서울집과 재수 단둘이 앉아 달 밝은 밤이라 월식의 괴변은 없으나 정답게 수군거리고 있는 것도 신기하였으나 열어제친 문으로 들여다보이는 방안의 광경도 그 속에 있을 때와는 다르게 조촐하고 호화롭게만 보였다. 부러운 광경을 정신없이 내려다보는 동안에 점순은 이상하게도 다른 생각은 다 젖혀 놓고 서울집 인물에 비겨 재수의 인금은 보잘것없고 그러므로 서울집을 훔친 재수는 호박을 딴 셈이요, 서울집으로서는 아깝다는 그 자리에 당치 않은 생각이 불현듯이 솟기 시작하였다. 언제인지 한번은 경대 위의 금반지를 훔친 일이 있어서 즉시로 발각되어 호되게 야단을 듣고 집을 쫓겨난 일이 있었으나 그런 변을 당하여도 점순은 서울집을 미워는커녕 더욱 어렵게 여기고 높이고 싶었다. 사내가 그에게 반한 듯이 점순도 그에게 반한 셈이었다. 여자로 태어나 마을의 뭇 사내들이 탐내 하는 그의 곁에서 지내게 되는 것을 다행으로 여겼다. 그러기에 한번 쫓겨나면서도 구구히 빌어 다시 그 자리로 들어간 것이었다. 삼신할머니가 구석구석 잔손질을 해서 묘하게 꾸며 세상에 보낸 것이 바로 서울집이라고 점순은 생각하였다.

손발이 동자같이 작고 살결이 물에 씻긴 차돌같이 희었다. 콧날이 봉긋이 솟은 아래로 작은 입을 열면 새하얀 잇줄이 구슬을 머금은 것같이 은은히 빛났다. 점순이 아무리 틈틈이 경대 속의 분을 훔쳐서 발라도 그의 살결을 본받을 수는 없었다. 검은 살결과 걱실걱실한 체대와 큰 수족을 늘 보이는 것이건만 그에게 보이기가 언제나 부끄러웠다. 열두 번 다시 태어난다고 하더라도 그의 몸맵시를 따를 수는 없을 것 같았다. 뒤안에 물통을 들여다 놓고 그 속에서 목물을 할 때 그 희멀건 등줄기를 밀어 주노라면, 점순은 그 고운 몸뚱어리를 그대로 덤석 안아 보고 싶은 충동이 솟곤 하였다. 여름 한때 새끼손가락 손톱에 봉선화물이나 들이게 되면 누에 같은 손가락 끝에 붉은 꽈리 알을 띄운 것도 같아서 말할 수 없이 귀여운 감동을 자아내는 것이었다. 그 서울집이 재수 따위의 손안에서 허름하게 놀고 있음을 내려다보노라니 점순은 아까운 생각만 들었다. 즉시로 뛰어 내려가 그 자리를 휘저어 놓고도 싶었다. 어느 때까지나 그대로 버려두기 부당한 속히 한바탕 북새를 일으켜 사이를 갈라 놓고 싶은 생각이 불현듯이 솟기 시작하였다. 그대로 살며시 덮어만 둔다면 어느 때까지나 애무한 형태에게까지 알려지지 않을 것이 한 되었다. 재수에게 대한 샘이 아니라 참으로 서울집에 대한 샘이었다.

그러나 점순이 그렇게 오래 걱정하지 않아도 좋은 것은 간밤 이상의 괴변이 금시에 눈 아래 장면 위에 일어난 것이다. 세상에는 기묘한 일이 간간이 생기는 까닭인지 혹은 그 불측한 장면을 오래도록 허락하지 않으려는 뜻인지 참으로 뜻하지 않은 어처구니없는 일이 일어난 것이다. 그렇게라도 되지 않으면 형태에게 그 숨은 곡절은 알릴 길이 없었던 탓일까. 읍내에 갔던 형태가 별안간 나타난 것이다.

집을 떠난 지 여러 날 되기는 하나 하필 그 밤에 돌아오게 된 것은 귀신이 알린 탓이라고밖에는 생각할 수 없었다. 하기는 어느 날 어느 때 그 자리에 당장 돌아올는지도 모르면서 유유하게 정을 통하고 있는 남녀가 어리석은지도 모른다. 정에 빠진 남녀는 어리석어지는 법일까.

다따가 방문에서 불쑥 솟아 뒤안 툇마루에 나선 것이 형태임을 알았을 때 옥분은 기겁을 하고 점순에게로 몸을 쏠렸다. 나뭇가지가 흔들리며 살구가 후둑후둑 떨어졌으나 나무 위로 주의를 보내기에는 뒤안의 형세는 너무도 급박하였었다.

평상 위에 서로 기대앉았던 남녀는 화다닥 자세를 바로잡으면서 물결같이 갈라졌다. 그 황급한 거동 앞에 가로막아 선 형태의 육중한 몸은 마치 꿈속의 무서운 가위 같아서 그 가위에 눌린 것이 별수 없이 두 사람의 꼴이었다. 움츠러들었을 뿐 짹 소리도 없는 데다가 형태 또한 바위같이 잠자코만 서서 한참 동안 자리는 고요할 뿐이었다. 검은 구름을 첩첩이 품은 채 천둥을 기다리는 무서운 순간이었다.

"대체 누구냐?"

지나쳐 상기된 판에 형태는 말조차 어리석었다. 하기는 재수가 아들임을 일순간 잊어버렸는지도 모른다.

"무엇들을 하고 있어?"

육중한 체대가 움직였을 때 서울집은 허둥허둥 평상에서 내려서 신을 신었다. 방으로 뛰어들어가려고 툇마루 앞에 이르렀을 때 말도 없이 형태의 손에 머리 쪽을 쥐었다. 새발의 피였다. 한번 거세게 휘나꾸는 바람에 보잘것없이 폴싹 땅에 쓰러지고 말았다.

형태의 손질을 아는 점순은 아찔하며 그 자리로 기를 눌리우고 말았다. 그 밤으로 무슨 변이 일어날지를 헤아릴 수 없는 판에 나무에서 유유하게 주인집 변사를 내려다보기가 무서웠다. 한시가 바쁘게 옥분을 붙들어 먼저 내려보내고 뒤이어 미끄러져라 하고 급스럽게 나무를 타고 내려섰다. 뒤안에서는 주고받는 말소리가 차차 똑똑해지고 금시에 큰 북새가 시작될 눈치였다. 간밤의 변괴보다는 확실히 더 놀라운 변고에 혼을 뽑히운 셋은 웬일인지 그 밤의 책임이 자기들에게도 있는 것 같아서 다시 돌아다볼 염도 못하고 꽁무니가 빠져라 논길을 뛰어나갔다.

이튿날 아침 소문은 도리어 뒷마을에서부터 났다. 새벽쯤 해서 점순이 서울집으로 일을 하러 집을 나왔을 때 길거리에서 춘실네에게 간밤의 소식을 듣게 되었다. 재수는 당장에서 물푸레나무 가지로 물매를 얻어맞아 피를 흘리고 그 자리에 까무러쳐 쓰러진 것을 농군이 업어다가 뒷마을 집에 갖다 눕힌 채 아침까지 정신을 못 차리고 있다는 것이다. 전신이 부풀어 올라서 모습까지 변한 것을 큰댁은 걱정하여 울며불며 일변 약을 지어다가 달인다 푸닥거리 준비를 한다 집 안은 야단이라는 것이었다.

궁금해서 두근거리는 마음에 점순은 부리나케 앞마을로 뛰어나가 닫힌 채로의 서울집 대문을 열고 들어섰을 때 집 안은 비인 듯이 고요하였다. 겁이 덜컥 나서 마루에 뛰어올라 의걸이 놓인 방문을 열었을 때 예료(豫料)대로 놀라운 꼴이었다. 이불을 쓰고 누운 서울집을 벌써 운명이나 하지 않았나 하고 급히 이불을 벗겼을 때 살아 있는 증거로 눈을 뜨기는 하였으나 입에는 수건으로 재갈을 메우었고 볼에는 불에 데인 흔적이 끔찍하였다. 몸을 움짓움짓은 하면서 일어나지 못하는 것은 굵은 바로 수족을 얽어매인 까닭이었다. 바를 풀고 재갈을 뺐을 때 서울집은 소생한 듯이 간신히 일어나 앉았다. 흩어진 머리와 상기된 눈과 어지러운 자태가 중병이나 치르고 일어난 병자 모양이었다. 이지러져 변모된 얼굴을 볼 때 점순은 눈물이 핑 돌았다.

"죄를 졌기로서니 이럴 법 있나. 사람이 아니라 즘생이지."

이를 부드득 가는 서울집의 눈에도 눈물이 그렁그렁 어리었다. 구슬 같은 그 고운 얼굴이 벌겋게 데어서 살뜰하던 모습은 찾을 수도 없었다.

"사지를 결박하구 입을 틀어 막구 인두루 얼굴과 다리를 지지데나그려. 아무리 시굴놈이기루서 그런 악착한 것 본 적이 있나. 제나 내나 사람은 매일반 마음은 다 각각이지 인두를 달군대야 사람의 마음이야 어찌 휘일 수 있겠나. 이런 두메에 애초부터 자청하구 올 사람이 누군가. 산 설구 물 설구 인정조차 다른데 게다가 허구한 날 집 안에만 갇혀 한 걸음 길 밖에도 못 나가게 하니 전중이 생활인들 게서 더할까. 피 가진 사람으로서 어찌 고향인들 안 그립구 사람인들 안 아숩겠나. 갇힌 새두 하눌을 그리워할랴니. 내가 그른지 놈이 악한지 뉘 알랴만 내 이 봉변을 당하구 가만있을 줄 아나. 당장에 주재소에 가 고소를 하구 징역을 시키구야 말겠네. 그날이 나두 이곳을 벗는 날이야. 생각할수록 분하구 원통하구!"

입술을 꼬옥 무니 이슬 같은 눈물이 방울방울 솟아 상한 두 볼 위로 흘러내렸다. 점순도 덩달아 눈물이 솟으며 무도한 형태의 행실을 속으로 한없이 노여워하고 미워하였다. 만약 사내라면 그놈을 다구지게 해내고 싶은 생각도 들었고 간밤에 달려들어 말리지도 못하고 변이 일어난 줄을 알면서도 그 자리를 피해 간 비겁한 행동을 그지없이 뉘우치기도 하였다. 반드시 태인과 남편 만손의 사이에 든 자신의 처지를 생각하여서가 아니라 참으로 마음속으로부터 서울집의 처지를 측은히 여겨서였다. 그러나 위로할 말을 몰라 다만 콧물을 들이키면서 인상 쥐어 보고 싶던 서울집의 고운 손을 큰 손아귀에 징긋이 쥐어 볼 뿐이었다.

3.

형태는 부락스러운 고집에 겉으로는 부드러운 낯을 지니나 속으로는 심화가 솟아올라 그 어느 때나 술기에 눈알을 붉게 물들이고는 장거리에서 진종일을 보내곤 하였다. 옆 사람들의 수군거리는 눈치와 소문을 유하게 깔아 버리고는 배포 유하게 거들거렸다. 화풀이로 면장 운동에 마음을 돌리는 수밖에는 없어서 술집에서 장 구장을 데리고 궁리와 책동에 해 가는 줄을 몰랐다. 장 구장은 기왕에 구장으로 있다가 최 면장이 들어서자 떨어진 축이어서 형태가 면장을 하게 되면 다시 구장으로 들어앉자는 것이 그의 원이었고 두 사람이 공모하는 뜻도 거기에 있었다.

원래 면장 운동은 가제 시작된 것이 아니라 벌써 오래전부터 형태의 책모하여 오던 바였다. 박달나무로 하여 돈을 벌게 되자 마을에서 낯이 높아진 것이 그 원을 품게 한 근본 원인이었고 면장이 되면 윗마을과 뒷마을에 있는 소유의 전답에 유리하도록 마을 사람들의 부역을 내서 길과 도랑을 고쳐 내겠다는 것이 둘째 희망이었다. 그러나 그보다도 더 절실한 원인은 최 면장에 대한 감정이었으니 전에 역군을 다녔던 형태가 지벌이 얕다고 최 면장에게서 은근히 멸시를 받고 있는 것과 아들 재수가 최 면장의 아들 학구보다 재물이 훨씬 떨어지는 것을 불쾌히 여기는 편협심에서 오는 것이었다. 부전자전으로 자기가 글을 탐탁하게 못 배운 까닭으로 자식도 그렇게 둔재인가 하여 뒤치송할 재산은 있는 데도 불구하고 재수가 단지 재주가 부실한 탓으로 춘천고등보통학교도 칠 년 만에야 간신히 마치고 나오게 된 것을 형태는 부끄러워하고 한 되게 여겼다. 한편 최 면장의 아들 학구는 재수와 동갑으로 한 해에 보통학교를 마쳤으나 서울 가서 윗학교를 마치고는 전문학교에까지 들어가게 되었다. 선비와 역군의 집안의 차이를 실제로 눈앞에 보는 것 같아서 형태로서는 마음이 괴로웠다. 최 면장은 어려운 가운데에서 자식 하나만을 바라고 그에게 정성을 다 바쳤다. 몇 마지기 안 되는 땅까지 팔아 버렸고 그 위에 눈총을 맞아 가면서도 면장의 자리를 눅진히 보존해 가는 것은 온전히 자식 때문이었다. 학구가 학교를 졸업할 때까지는 아무런 일이 있어도 그 자리를 비벼 나갈 생각이었다. 그런 점으로서 형태와는 드러나게 대립이 되어도 하는 수 없는 노릇이었다. 그러나 그뿐이 아니었다. 참으로 무서운 최 면장의 비밀을 형태는 손아귀에 움켜쥐고 있었다. 학비의 보충을 위하여 회계원과 짜고 여러 번째 장부를 고치고 공금에 손을 댄 것이었다. 면장 운동에 뜻을 둔 때부터 형태는 면장의 흠을 모조리 찾아내려고 하던 판에 회계원을 감쪽같이 매수하여 그에게서 공금 횡령의 비밀을 샅샅이 들추어냈던 것이다. 그런 눈치를 알아채었는지 어쨌는지 최 면장은 모든 것을 모르는 체 다만 학구가 학교를 마칠 때까지를 목표로 시침을 떼는 것이었으나 형태는 형태로서 네 속 다 뽑아 쥐고 있다는 듯한 거만한 배짱으로 모든 수단이 다 틀리면 그 뽑아 쥔 비밀을 마지막 술책으로 쓰리라고 음특하게 벼르고 있었다. 하기는 그는 벌써 최 면장이 좀체 속히 물러앉지 않을 줄을 짐작하고 이번 읍내 길에서도 군수에게 공금의 비밀을 약간 귀띔하고 온 터였다. 군수는 기회를 보아서 내막을 철저히 조사시켜 폭로시킨 후 적당한 조처를 하겠다고 언약하였다. 군수를 그만큼까지 후리기에는 상당히 물재도 들었으니 이번 길만 하여도 꿀과 버섯의 선사뿐이 아니라 실상은 논 한 자리까지 남몰래 팔았던 것이다. 군수의 일상 원이 일등 명기를 앞에 놓고 은주전자, 은잔으로 맑은 국화주를 마시는 눈치였다. 일등 명기야 형태의 수완으로도 어쩌는 수 없는 것이었으나 은주전자, 은잔쯤은 그의 힘으로 족히 자라는 것이어서 이번 기회에 수백 금을 들여 실속 있는 한 쌍을 갖추어 준 것이었다.

군수가 사양치 않은 것은 물론이며 그렇게 여러 번째 미끼를 흐뭇이 들여놓고 이제는 다만 속한 결과를 기다리게만 되었다. 평생 원을 풀 수만 있다면 그 모든 미끼의 희생쯤은 그에게는 보잘것없이 허름한 것이었다. 군수의 인품을 믿고 있는 것만큼 조만간 뜻대로의 결과가 올 것이 확실은 하였으나 될 수 있는 대로 그것이 속하였으면 하고 마음은 늘 초조하였다. 더구나 가정의 변이 생긴 후로는 어떠한 희생을 내서라도 기어이 뜻을 이루어야만 세상 사람들의 조롱과 웃음의 몇 분의 하나라도 설치(雪恥)가 될 것이요, 지금까지 애써 온 보람도 있을 것이며 맺힌 마음의 짐도 넌지시 풀어 부끄러운 집안의 변괴도 잊어버릴 수 있으리라고 생각되어 더욱 초조하였다. 술집에 자리를 잡고 허구한 날 거나하여서 충혈된 눈을 험상궂게 굴리곤 하였다.

장날 저녁이었다. 형태는 영월네 골방에서 장 구장과 잔을 거듭하다가 마침내 최 면장을 부르러 사람을 보냈다. 주석(酒席)을 이용하여 마음을 떠보고 싸움을 거는 것이 요사이의 형태여서 장날과 평일도 헤아리지 않았다. 실상은 요사이 장 구장을 통하여 혹은 직접으로 그의 비밀을 한두 사람씩에게 차차 전포(傳布)시키는 중이었다. 민심을 소란케 하여 그를 배반하게 하자는 생각이었다.

최 면장은 굳이 안 올 리가 없었으며 불과 두어 번 잔이 돌았을 때 형태는 차차 말을 풀어내기 시작하였다.

"정사에 얼마나 골몰한가. 덕택에 난 이렇게 술 잘 먹구 돈 잘 쓰구 태평하게 지내네만!"

돈 잘 쓴다는 말과 은근히 관련시키려는 듯이

"학구 공부 잘하나. 들으니 한다하는 사상가라지. 최씨 집안에야 인물이구 말구. 그러나 쓸데없는 걱정 같지만 주의니 무어니 할 때 단단히 단속하지 않으면 까딱하다 큰일 나리. 푸른 시절에는 물들기두 쉽구 저지르기도 쉬운 법이요, 더구나 이게 무서운 시절 아닌가. 어련하겠나만 사괴는 동무 주의하라고 신신 당부해 두게."

비꼬는 말인지 동정하는 말인지 속뜻을 알 수 없어 최 면장은 대답할 바를 몰랐다. 장 구장과의 틈에 끼어 얼뻥뻥할 뿐이었다.

"다 아는 형편에 뒤치송하기 얼마나 어렵겠소만, 면장, 이건 귓속말인데 사정두 딱하게는 되었소."

은근한 말눈치에 어안이 벙벙하여 있을 때 장 구장은 입을 가까이 가져오며 짜장 귓속말로 무서운 것을 지껄였다.

"미안한 말 같지만 사직을 하랴거든 지금이 차라리 적당한 시기인가 하오. 더 끌다가는 큰 봉변할 것 같으니 말이오."

최 면장은 뜨끔도 하였거니와 별안간 홍두깨같이 불쑥 내미는 불쾌한 말투에 관자놀이에 피가 바짝 솟아오르며 몸이 화끈 달았다.

"무슨 소리요."

단 한 마디 짧게 퉁명스럽게 내쏘았다.

"노여워할 것이 아닌 것이 지금은 벌써 공연의 비밀의 되었소. 거리의 사람뿐이 아니라 멀리 읍내에까지두 알려져서 면내에서 모모하는 사람들 사이에는 공론이 자자한 판이오."

"대체 무슨 소리란 말요."

면장은 모르는 결에 얼굴이 불끈 달며 어성이 높아졌다. 구장은 반대로 이번에는 목소리는 낮추었으나 그러나 다음 마디는 천 근의 무게가 있는 것이었다.

"아마도 윤 회계원의 입에서 말이 난 모양이오. 세상에서 누굴 믿겠소."

붉어졌던 면장의 낯은 금시에 새파랗게 질리며 입이 굳어지고 말문이 막혔다. 형태와 구장은 듬짓이 침묵하고 던진 말의 효과를 가늠 보고 있는 듯이 눈길을 아래로 향하였다. 불쾌한 침묵이었으나 그러나 면장은 즉시 침착을 회복하고 낯빛을 바로잡을 수 있었다. 설레지 않는 그의 어조는 막혔던 방 안의 공기를 다시 풀어 버렸다.

"그만하면 말뜻을 알겠네만 과히 염려들 할 것은 없네. 일이라는 것이 나구 보아야 옳고 그른 것을 시비할 수 있는 것이지 부질없이 소문에 사로잡힐 것은 아니야. 난 나로서 충분히 내 각오가 있으니 염려들은 말게."

밉살스러우리만치 침착한 어조는 도리어 반감을 돋우었다. 형태의 말 속에는 확실히 은근한 뼈가 숨어 있었다.

"각오라니 무슨 각온지는 모르겠으나 일이 크게 되문 낭패가 아닌

가. 들으니 읍에서는 군수두 쉬이 출장 와서 조사를 하리라는 소문인데 그렇게 되문 무슨 욕이 돌아올지 헤아릴 수나 있나. 일이 터지기 전에 취할 적당한 방책두 있지 않을까 해서 이르는 말이 아닌가."

마디마디 꼭꼭 박아대는 말에 면장은 화가 버럭 나서 드디어 고성대갈 호통을 하였다.

"이르는 말이구 무엇이구 다 그만둬. 그 속 다 알고, 그 흉계 뉘 모르리. 군수를 끼구 책동하는 줄두 다 안다. 내야 어떻게 되든 어디 할 대루 해 봐라."

"무엇을 믿구 큰소린구. 해보구 말구. 나종에 뉘우치지나 말게."

벌써 피차에 감출 것이 없어 속뜻과 싸움은 노골적으로 드러나게 되었다.

"뉘우칠 것도 없구 겁날 것두 없다. 무슨 술책을 써서든지 할 대루 해 봐라."

면장은 붉은 낯에 입술은 푸르면서 육신이 부르르 떨렸다.

"이 사람 어둡기두 하다. 일이 발써 어떻게 된 줄두 모르구 큰소리만 탕탕 하니."

"고얀 것들. 이러자구 사람을 불러냈어. 같지 않은 것들."

차려진 술잔을 밀쳐 버리고 면장은 성큼 자리를 일어섰다. 형태의 유들유들한 웃음소리가 터지자 참을 수 없는 노염에 술상을 발로 차 버리고 문밖으로 뛰어나갔다. 통쾌하다는 듯이 계획은 거의 다 성사되었다는 듯이 형태는 눈초리를 지그시 주름잡고 구장을 바라보면서 한바탕 웃음을 쳤다.

면장 운동에는 차차 성공하여 가는 형태지만 속은 늘 심화가 나고 지뿌둥하여서 변괴가 있은 후로는 아직 한 번도 서울집에는 들어가지 않고 큰집이 아니면 거리에서 밤을 지내 오는 것이었다. 은근히 기뻐하는 것은 큰댁이어서 아들이 앓아누운 것을 보면 뼈가 아프기는 하였으나 그러나 그것을 한 기회 삼아 한편 남편의 마음을 돌리기에 애쓰고 밖에 나가서는 일방 앓아누운 서울집의 치성을 드리기가 날마다의 행사였다. 속히 일어나라는 치성이 아니라 그대로 살며시 가 버리라는 치성이었다. 밤이 어둑어둑만 해지면 남편 몰래 새옹에 메를 짓고 맑은 물을 떠 가지고는 뒷동산 고목나무 아래나 성황숲이나 개울가에 나가서 염라대왕에게 손을 모으고 비는 것이었다. 산귀신 물귀신 불귀신 귀신의 이름을 모조리 외우며 치마 틈에 만들어 넣었던 손각시를 불에도 사르고 물에도 띄우고 땅에 묻고 하여 은근히 서울집의 앞길을 저주하였다. 원래 강릉집 때부터 치성을 즐겨 하여 강릉집이 기어코 실족이 된 것은 온전히 치성 덕이라고 생각하였다. 서울집이 오면서부터는 더욱 심하여서 어떤 때에는 오십 리나 되는 오대산에 가서 고산 치성도 드렸고 내려오던 길에 월정사에 들러 연꽃 치성도 드렸다. 이번에 서울집의 변괴도 재수의 허물로는 돌리지 않고 치성 덕으로 서울집에게로 내려진 천벌이라고 생각하였다. 내친걸음에 서울집을 영영 없애 달라는 것이 치성할 때마다의 절실한 원이었다. 형태로서는 치성은 질색이어서 큰댁의 우매한 꼴을 볼 때마다 한바탕 북새를 일으키고야 말았다.

재수가 자리에서 일어나자 하루아침 가만히 도망을 간 것은 여름도 한참 짙었을 때 형태의 심중이 가지가지 일에 무덥게 지글지글

끓어오를 때였다. 한편 걱정되지 않는 바도 아니었으나 차라리 한시름 놓은 것 같아서 시원도 했다. 신통치도 못한 조합서기쯤 그만두고 멀리 가 버림이 마을 사람들의 기억에서도 사라질 것이요 차차 죄를 벗는 길도 될 것으로 생각되어서 차라리 한시름 놓은 것 같았다. 다만 걱정되는 것은 불미한 생각을 일으키고 그 어느 구석에 가서 자진이나 하지 않았을까 하는 것이었다. 그날 아침 집안은 요란하게 설레고 마을을 아래위로 훑으면서 헤매었다. 주재소에 수색원까지 내고 들끓었으나 그러나 그렇게까지 걱정할 것이 없는 것은 실상은 재수의 도망은 큰댁의 지시요 계책이었던 것이다. 그날 새벽 강에 나가 치성을 마친 큰댁은 아들을 속사리재 아래까지 불러내서 등대하고 있다가 강릉서 넘어오는 첫 자동차에 태워서 앞대로 내보낸 것이었다. 거리에서 차를 타면 들키울 것을 염려하여 오리 길이나 미리 나와 섰던 것이다. 전대 속에 알뜰히 모아두었던 근 백여 소수의 돈을 전대 채로 아들에게 주면서 마을에서 소문이 사라질 때까지 어디든지 앞대로 나가 구경 겸 어느 때까지든지 바람을 쏘이라는 당부를 거듭하면서 운전수가 재촉의 고동을 몇 번이나 울릴 때까지 찻전을 붙들고 서서 눈물겨운 목소리로 서러워하였다. 그러나 물론 집에 돌아와서는 그런 눈치는 까딱 보이지 않으며 집안사람에게 휩쓸려 도리어 아들의 간 곳을 걱정하는 모양을 보였다.

재수의 처치가 제물에 된 후로 패였던 형태의 마음 한구석이 파묻힌 것은 사실이었으나 그렇게 되면 서울집의 존재가 머릿속에 더 한층 똑똑하게 떠올랐다. 그러나 그대로 어느 때까지 버려두는 수밖에 별다른 처리의 방책은 없었다. 한번 흠이 든 것이니 시원히 버려 볼까도 생각하였으나 도저히 할 수는 없는 노릇임을 깨달았다. 속사리 버덩의 일곱 마지기를 팔아 버린 것이 아까워서가 아니라 아무리 흠이 들었다고는 하더라도 아직도 그에게로 쏠리는 정을 끊어 버릴 수는 없었다. 정이란 마치 허크러진 실뭉치 같아서 한쪽을 끊어도 다른 쪽이 매이고 끊은 줄 알았던 줄이 다시 걸리고 하여서 하루아침에 칼로 베인 듯이 시원히 끊어 버릴 수는 없는 노릇이었다. 포악스럽게는 굴었어도 아직도 서울집에 대한 정은 줄줄 허크러져 그의 마음 갈피에 주체스럽게 걸리고 감기는 것이었다. 그 위에 세월이라는 것은 무서워서 처음에는 살인이라도 날 것 같던 것이 차차 분이 사라졌고 봉욕에 치가 떨리고 몸이 화끈 달던 것이 지금은 그것도 차차 식어 가서 그대로 가면 가을에 찬바람이 나돌 때까지에는 분도 풀리고 마음도 제대로 가라앉을 것 같았고 일이 뜻대로 되어 면장으로나 들어앉게 되면 무서운 상처는 완전히 사라질 듯도 하였다. 다만 서울집의 마음이 자기의 마음같이 가라앉고 회복될까 하는 것이 의심이었다. 한때의 실책이었던지 그렇지 않으면 정이 벌어졌던 탓인지 그의 마음을 좀체 들여다볼 수는 없었다. 늘 밖을 그리워하는 눈치를 보아서는 마음속이 심상치는 않은 것도 같았기 때문이다. 집에 누운 채 얼굴과 다리의 상처에는 약국에서 가져온 고약을 바르고 일변 보약을 달여 먹도록 시키기만 하고 형태는 아직 한 번도 들여다보지는 않았으나 서울집에 대한 의혹이 생길 때에는 불현듯이 정이 불꽃같이 타오르며 그를 만나고 싶은 생각이 유연히 솟아올랐다. 그럴 때에는 면장 운동보다도 오히려 더 큰 열정이 그를 송두리째 사로잡으며 서울집을 잃는다면 그까짓 면장은 얻어 해 무엇하노 하는 생각조차 들었다.

《조광》, 1937. 10.

거리의 목가

1.

"몇 점이요."

"스물다섯."

"요번에야—."

힘 맺힌 장대 끝에서 튀어난 골프알은 쏜살같이 둔덕을 넘어서 오목한 솥 안에 뛰어들기는 하였으나 지나친 탄력으로 하여 볼 동안에 다시 솥을 튀어나와 언덕 아래로 굴러떨어지고 말았다.

"두 점 하니—스물 일곱."

골프알이 코스의 테두리를 벗어났으므로 말미암아 두 점을 더한 것이다.

명호는 거듭되는 실수에 혀를 차고 알을 다시 집어다가 제자리에 놓고 손수건을 내서 이마의 땀을 씻는다. 부드러운 미소 속에 떠오르는 지친 빛을 볼 때 영옥은 너무도 오래 끌어가는 그의 실수에 민망한 생각조차 들었다.

베이비골프는 역시 마지막 코스가 제일 지리해서 단 두 사람만의 결전이면서도 벌써 한 시간을 훨씬 넘었다. 코스는 쉬운 데서부터 점차 까다로워져서 열째 코스가 가장 난관이었다. 당초부터 명호에게 유리하던 승산이 별안간 뒤집혀진 것은 참으로 이 열째 코스에서였다. 그렇다고 영옥의 재주가 더 익숙한 것은 아니었으니 그는 명호에게 끌려오자 오늘이 처음이었다. 온전히 그 순간순간의 손의 수(數)요, 재치여서 처음인 영옥이면서도 익숙한 명호와 거의 같은 점수로 진행되어 온 것이 마지막 코스에 들어와서는 도리어 그보다 한 수 앞서 의외의 승패의 결단을 짓게 된 것이었다. 한번 이지러지기 시작한 명호의 수는 빗나가게만 되어 실수를 거듭하는 동안에 좀체 바른 호흡을 찾기 어렵게 되었다. 솥 안 구멍 속에 빠져 버려야 할 골프알은 번번이 솥을 튀어나와 언덕을 굴러 내려왔다. 알은 알로서 손은 손으로서 피차에 고집을 피우는 셈이었다. 그 코스 끝나기를 기다리노라고 울레줄레 옆에 와 선 다른 패들 속에서 명호는 겸연한 표정을 지니고 알을 노리며 장대를 흔들었다.

거의 십 분이나 더 지나 스무 점 이상을 거듭하고서야 겨우 판은 끝났다. 지리하던 판에 알이 솥 안으로 굴러 사라졌을 때 영옥은 모르는 결에 박수를 하였다. 명호는 겸연한 낯에 빙그레 웃으며 오래된 그 자리를 떠나 경기에 열중하고 있는 사람들 사이를 헤치고 코스 밖 벤치 있는 곳으로 걸었다. 저고리를 벗고 땀을 들이는 동안 영옥도 벤치에 걸어앉아 허공을 스쳐 오는 바람을 맞았다. 그곳은 백화점의 오층 위 옥상 정원이어서 도회의 상층을 흐르는 바람이 난간의 기슭을 스치고는 나무 아래로 흘러들었다. 먼 하늘에 거뿐하게 떠 있는 신문사의 경기구도 시원하게 보인다. 다섯 층 아래 거리가 불에 얹은 냄비 속같이 무덥고 답답한 데 비겨 그곳은 다섯 층만큼 하늘에 가까운 천국인 셈이었다. 시원하고 즐겁고 한가들 하였다.

"졌소이다."

쪽지에 적히운 점수를 속으로 계산하고 나서 명호는 반드시 실망의 어조가 아니요 차라리 명랑하고 유쾌한 목소리로 영옥을 바라보았다.

"그것도 오십 점이나."

"부러 져 주셨지요."

영옥은 미안한 어조였다.

"그럴 리 있나요. 승부라는 것은 언제든지 본능적으로 최선의 노력을 요구하는 것입니다."

"우연히 이긴 게지요."

"첫 솜씨로는 대단히 훌륭하셨습니다. 목적하시는 음악의 길도 그렇게 수월하게 성공하시기 바랍니다."

"예술에도 우연이라는 것이 있을까요. 골프와 음악과 — 골(goal)로 통하는 길은 일반일까요. 장구한 세월의 기초의 노력이 없이 무엇이 되겠어요."

"음악의 길도 천차만층이겠지만 유행가수의 길쯤이야 골프의 요령과 다를 게 없겠지요."

"그럴까요."

영옥의 목표는 손쉬운 유행가수로서의 성공에 있었다. 미국 출신의 고명한 성악가인 명호의 말을 영옥은 믿고 싶었다.

유행가수의 길쯤이야 골프의 요령과 다를 게 없다고.

"골프에 이긴 듯이 재치 있고 묘리 있게 목표만 향하고 나가시오."

지도는 얼마든지 아끼지 않겠다는 뜻이 말 속에 은연중 포함되어 있는 듯하여서 영옥은 기쁘면서도 한편 그를 알게 된 당초부터 느껴오는 일종의 무거운 감정을 억제할 수는 없었다. 무슨 까닭에 그는 그만큼의 지위로서 초면의 영옥의 지도를 그렇게 선선하게 맡았던가 하는 의문에서 오는 감정이었다. 그만한 호의와 친절에 값갈 만한 무슨 턱과 소질이 자기에게 있는가 하고 영옥은 생각한 까닭이었다.

"어떻든 유쾌한 승패였소이다."

명호는 하루의 행락을 마음으로 유쾌히 여기는 듯이 옷소매에 팔을 넣으면서 자리를 일어섰다. 영옥도 자태를 수습하고 약간 피곤한 걸음으로 뒤를 따랐다. 골프의 행락은 그것으로서 끝났으나 앞날의 행사는 결코 그것으로 끝난 것이 아니었다. 골프의 승패의 결과는 팔을 끌어서 스스로 다음의 행동을 작정하였다.

"진 때에는 진 만큼의 턱이 있는 법이지요."

명호의 거의 선언에 가까운 말이 들렸을 때에 두 사람은 마침 층계를 걸어 내려와 삼층 어귀에 서 있었다. 그 한구석에는 악기부가 있었다.

"드려야 할 선물이 있는데—"

악기부에 가서 별로 오래 따질 것도 없이 점원에게 분부하여 고급품 포터블 축음기 한 대를 골라서 고이 싸도록 이를 때까지 영옥은 다만 얼떨떨하여서 그의 거동을 눈부시게 바라볼 뿐이었다.

"숙소가 어디신가요?"

점원이 별안간 묻는 바람에 영옥은 하는 수 없이 쪽지 위에 숙소를 적지 않을 수 없었다. 물건을 배달해 주자는 뜻이었다. 집이 초라해서뿐만 아니라 여러 가지 의미로 아무에게도 알리지 않았던 숙소를 공교로운 서슬에 그 자리에서 그만 명호에게 알리게 된 것을 속으로 괴롭게 여겼다.

"성악 공부에는 역시 손쉬운 것으로 축음기가 필요하니까요."

필요한 줄은 처음부터 알고 있었고 속으로 은근히 원하고도 있기는 있었으나 그렇게 수월하게 생길 줄은 짐작하지 못하였다. 너무도 과분의 선물을 미안히 여기노라니 문득 골프에서부터 시작된 오늘의 출발이 결국 이 결과를 위한 그의 성산이 아니었던가 하고도 생각되었다. 그러나 벌써 그 과당한 선물을 받을까 말까 망설일 여유조차 없었다. 점원과의 매매의 교섭은 간단하게도 끝난 뒤였다.

그 길로 지하층 식당에 내려가 다시 오찬의 대접을 받게 되었을 때까지 영옥의 마음속은 그날의 반성으로 채워졌다. 어차피 속세에 출마하여 적으나마 목표의 야심을 가진 이상 홀로 고결하고 상만하게만 굴 수는 없는 노릇이요, 때로는 텁텁하게 휩쓸리기도 하고 웬만한 정도의 타협이라면 용납해 들이자고 일종의 속세의 철학으로 배짱을 작정은 한 바였으나, 그러나 오늘의 선물은 아무리 해도 과분하고 부당한 것으로밖에는 생각되지 않았다. 현재의 자기의 형편을 가늠 본 것이라면 오히려 견딜 수 있는 것이나 마음속까지 뽑히운 것이라면 부끄럽고 괴로운 노릇이라고 생각되었다.

서울 올라온 것부터가 불과 달포였다. 한번 접질린 생애를 가지고 새삼스럽게 새 출발을 하기에는 고향이 좁다고 생각한 까닭에 평양을 등지게 된 것이었다. 기구한 생애는 결혼에서 시작되었다. 딸의 뜻을 휘어서 어머니는 어떤 성심 아래에서 결혼을 강제하였으나 그 어머니조차도 결코 행복 되지 못한 것은 결혼한 지 석 달 만에 남편이 우연히 세상을 떠났음이다. 결혼 석 달—이라는 것은 죽도 아니고 밥도 아니어서 어느 모로 보든지 불행만을 의미하는 것이다. 남편의 거만의 재산에는 손가락 하나 댈 것 없이 영옥은 한 몸을 희생만 당한 채 그러나 개운한 마음으로 친가로 돌아와 버렸다. 어머니는 못마땅하나마 이제는 더 딸의 마음을 휘일 수 없었다. 희생을 당하였을지언정 영옥에게는 차라리 생애의 한 기회가 되었다. 본격적인 음악의 길은 철늦은 이제 감히 엄두를 못 낸다 하더라도 백 걸음을 사양하여 고른 유행가수의 길—그것이 그의 오래전부터 희망하여 오던 길이었다. 그만의 희망의 길이 아니라 어머니의 행복의 길도 의미하였으니 성공의 날 그는 그것으로써 어머니를 봉양하려고 생각하였다. 몇 달 동안을 망설이다가 굳은 결심을 하고 드디어 낯설은 곳에 배수의 진을 치게 된 것이다. 신문사의 동무 애란을 의지하고 올라온 것이었으나 결국은 외로운 가시길이었다. 애란의 소개로 음악비평가 민수를 알고 민수의 인도로 성악가 명호를 사귀게 되었다. 명호의 지도로 새삼스럽게 성악의 기본지식인 호흡법, 발성법, 시창법(視唱法)을 연습해 온 지 몇 주일이 되었다. 명호는 믿음직하고 성실한 지도자였다. 그의 말은 별반 거역할 것이 없었으나 오늘의 선물만은 아무리 생각해도 과만하였던 것이다.

정식의 긴 코스 동안 영옥은 더 많이 침묵을 지키게 되었다.

과실을 먹고 차를 마실 때에 난데없는 한 패가 별안간 등 뒤로부터 몰려 들어와서 영옥을 놀라게 하였다. 민수와 낯모를 남자와의 세 사람이었다. 명호와 단 둘만의 그 자리를 민수에게 보인 것이 그다지 유쾌한 일은 못되었다. 민수는 위인이 데설데설하고 시원스럽기는 하였으나 그 반면에 경한 데가 있어서 애란이 처음에 소개할 때에도 특별히 주의하라고 은근히 귀띔하여 준 인물이었다. 첫째 그의 굵은 알의 누런 안경이 비위에 거슬렸고 터놓고 선전하는 그의 독신주의라는 것이 수상하였다.

"소개를 할까요."

바로 옆 식탁에 자리를 잡고 나서 민수는 영옥의 편을 보았다.

"방송국 문예부의 남구 씨. 강남회사 전속 가수 박인실 씨."

남녀를 소개한 후 영옥을 마저 그편에 소개하였다. 이가 바로 그들인가 하고 영옥은 전부터 민수가 소개하겠다고 벼르던 남구와 인실을 찬찬히 바라보면서 인사의 고개를 숙였다. 이들이 모두 그 방면의 유명한 사람들이며 앞으로 기어이 길을 같이하지 않으면 안 될 인물들임을 깨닫고 영옥은 일종의 감회와 흥분을 느꼈다.

"이름은 익히 듣고 있었습니다."

마치 구면인 듯이 남구는 말을 걸었다.

"명호 씨의 지도 아래서 공부하시니 어련하실까요."

"농담은 쉬엄쉬엄 하십시다."

영옥을 대신해서 명호가 한마디 갚았다.

"대단히 사무적이어서 미안합니다만 인사드리자 곧 부탁이 있는

데요."

남구가 말을 내자 민수가 꾀바르게 그 앞을 채었다.

"실상 내가 먼저 말씀 전하려고 하던 것인데 알맞은 기회가 없어서 — 오는 달쯤에 신인의 밤의 방송을 연다는 것입니다."

뒤를 이어 남구가 자세히 설명하였다.

"— 일종의 앵데팡당이어서 말하자면 방송의 기회 없는 신인들에게 한 기회를 던져서 출세의 길을 주자는 것입니다. 성악이나 기악이나 각각 장기를 가지고 모여 재조껏 해서 세상 사람의 판단을 받자는 것이지요. 실력의 인정을 받으면 라디오의 가수로 출세할 수도 있겠고 혹은 레코드회사에 채용될 수도 있겠고. 특별히 전선(全鮮) 중계여서 방송국으로서는 대단한 용단이고 신인들에게는 둘 없는 기회라고 생각합니다. 영옥 씨께서도 한몫 끼어 주신다면 국으로서는 영광이겠다고 민수 씨와 의논했던 터인데 의향이 어떠실는지요."

미처 생각의 여유도 주지 않고 민수가 뒤를 받았다.

"외람한 것 같으나 의향 여부가 없을 것 같습니다. 예술의 세상에는 실력을 충분히 가졌다고 하더라도 항상 기회라는 것이 중요하여서 알맞은 기회를 놓치면 세상에 나설 시기를 영영 잃어버리는 수조차 있는 것이니까요. 이번 기회 같은 것은 응당 붙들어야 할 것인데 주저 여부가 있습니까."

신인의 밤! 너무도 현란한 미끼요, 유혹이었다. 영옥은 전신이 상기되어서 다만 얼떨떨할 뿐이었다. 사실 그것을 놓치고는 다른 기회가 그다지 흔할 것 같지도 않았다. 꿀같이 단 말은 기쁨과 함께 초조를 가져왔다.

"그러나 실력이 있어야지요."

하면서 명호를 바라보는 수밖에는 없었다.

"겸손의 말씀이겠지요."

민수는 어디까지든지 우겨 든다.

"충분히 연습을 해서 나가 보시는 것도 한 수겠지요."

명호의 한마디가 영옥에게는 묵직한 선언같이 믿음직하게 들렸다. 다만 얼굴을 붉히고 고개를 숙이고 그 말이 주는 흥분을 삭이고 있었다.

"승낙하였지요? 크게 기대하고 있겠습니다."

남구는 중대한 교섭이나 마친 듯이 대견한 표정을 띠었다.

"죄 없는 유행가수만 늘어 간다. 그러지 않아도 수가 많아서 먹고 살기 어려운데 레코드쟁이 음악가 나부랭이가 제멋대로 자꾸 맨들어 내노니 어떻게 살아가란 말인고. 팔자 없는 유행가수가 되었더니 꼴사나워 살 수 있나."

인실의 암팡진 하소연이 좌중을 보기 좋게 휘젓고 찔렀다. 이 선진(先進)의 무례한 말씨를 영옥은 딴은 그럴 법도 하다고 생각하고 그 게정꾼의 얼굴을 찬찬히 바라보았다. 예측하지 않았던 다른 한 폭의 현실이 별안간 눈앞을 가리우게 되면서 영옥에게는 그것이 또한 반성의 재료가 되는 것이었다.

좌석이 식어진 것을 기회로 명호가 자리를 일어서자 영옥도 따라서 일어났다. 문간에까지 이르렀을 때에 민수가 와서 긴한 듯이 영옥에게 은근히 귀띔하였다.

"신인의 밤이 있기 전에 늘 말하던 윤주 강남레코드회사 문예부장을 만나 두는 것이 유리할 것 같으니 그쯤 생각하고 기회를 엿보아 두시오. 이건 한마디 충고요."

영옥은 황망한 마음에 영문을 모르고 우두커니 듣고만 있었다.

2.

명호와 헤어진 후 저녁때는 되어서 숙소에 돌아왔을 때에 영옥은 말할 수 없는 피곤을 느꼈다. 몸도 피곤하였거니와 마음도 무척 피곤하였다.

노파가 반갑게 말을 걸며 배달된 짐을 내보였다. 명호의 선물 축음기였다.

축음기—신인의 밤—유행가수의 회견—그날의 자극은 너무도 컸다. 마음이 갈피갈피 복잡하고 흥분되고 산란하였다.

어차피 돌릴 수 없는 선물이니 하고 풀어서 간직하였던 몇 장의 레코드를 걸었다. 일상 좋아하는 센티스테반의《뱃노래》의 멜로디가 고요하게 흘렀다. 이어 오펜바흐의《아름다운 밤》과 슈베르트의《세레나데》를 듣고 있는 동안에 설레던 마음도 차차 가라앉았다. 그러나 그 대신 고요한 가운데서 외로운 정회가 불현듯이 솟아올랐다. 화려하고 복잡하던 하루의 생활은 간 곳 없고 쓸쓸한 그림자만이 마음속에 어리어서 서글픈 심회가 가슴을 씹었다.

영옥은 거의 바른 정신 없이 자리를 차고 일어나서 갈아입지도 않은 그 옷 그대로 집을 뛰어나와 다시 거리로 발을 돌렸다.

(있을까.)

마음이 적적할 때마다 그는 순도를 생각하는 것이었다.

그 고집쟁이 순도에게로 그같이 마음이 쏠리는 까닭을 알 수 없었다. 한 간 방 구석에서 소설가가 되겠다고 밤이나 낮이나 들엎드려 궁싯거리는 양은 유행가수가 되려고 애쓰는 자기 자신의 꼴보다도 몇 곱절 초라한 것이었다. 그러면서도 마음은 높고 교만하여서 그 무서운 고집과 자신은 휠래야 휠 수 없었다. 웬일인지 그 고집이 영옥의 마음을 끌었다. 고향이 같은 탓보다도 그리울 것 없는 고향의 가정을 배반하고 떠나 무엇을 즐겨 하필 소설가가 되겠다고 객지의 가난한 방구석에서 고생하고 있는 그 꼴이 알 수 없이 마음을 울렸다. 한 고향 같은 객지라고 영옥은 그를 적지 않이 믿었으나 영옥의 목적에 대하여서는 처음부터 반대여서 그를 거들떠볼 염도 하지 않았다. 그러나 그러면 그럴수록 영옥의 마음은 더한층 간절히 그에게로 기울어졌다.

어두운 방 속에서 부엉이같이 눈만 빛내고 책상을 노리고 있던 순도는 영옥의 목소리를 듣고도 들어오란 말도 없이 됩데 주섬주섬 옷을 입더니 밖으로 나왔다. 어색한 침묵을 지킨 채 두 사람은 골목을 나와 가까운 공원으로 들어갔다. 그것이 늘 하는 그의 버릇이었다.

"마음이 울적해서 정신없이 찾어왔어요."

연못가 벤치에 이르렀을 때에 영옥은 처음으로 입을 열었다.

"유행가수는 되어서 무엇한단 말요."

생판 딴소리로 순도는 우겨대기 시작하였다. 영옥은 어이가 없었다.

"실례의 말이 아니에요?"

"허영같이 해로운 것은 없소. 뭇 사내들과 얼려서 무시로 거리를 돌아다니는 꼴처럼 보기 사나운 것이 또 어디 있소."

"반다시 허영일까요."

영옥은 설명의 도리가 없어서 안타까워했다.

"장차 그것을 수단으로 먹고 살어야만 한다면 어떻게 하나요."

"공장으로 들어가시오."

모진 한마디가 영옥의 마음을 후려치는 듯도 하였다. 영옥은 가슴이 무거워서 한참이나 할 말을 몰랐다.

"말이 과했는지는 모르나 생활 수단으로 가수의 길을 골랐다면 아예 길을 잘못 들었소."

"잇속 없는 소설가 되려는 것이나 가수가 되려는 것이나 무엇이 다르단 말예요."

영옥은 겨우 반박의 말을 찾았다.

"소설과 유행가를 같이 본다면 더 할 말이 없소."

"가수 되랴는 것을 허영이라고 하시면 실리지도 못하는 소설을 쓰노라고 허구한 날 궁싯거리는 것은 대체 무언가요."

순도는 벤치를 일어나서 연못가로 한 걸음 나섰다.

"하기는 피차에 그 무엇에 홀리웠나 부오. 마치 귀신에게나 홀리우듯이."

연못에 던진 돌이 풍덩 하고 파문을 일으키자 고기 떼가 물 위에 솟아올랐다. 우거진 나뭇가지에서는 새가 날았다.

"유행가에는 가까운 기회나 있지요."

영옥도 따라 일어서서 못가로 해서 순도의 뒤를 따랐다.

“실상은 거기 대해서 조금 이야기 드리려고 했는데요.”

나무 그늘 속으로 사라지는 순도의 꽁무니를 영옥은 바싹 좇았다.

“라디오의 신인의 밤이 있다는데 어떻게 했으면 좋을까 했어요.”

“내가 아우. 고명한 선생들이 많은데 거기 좇을 대로 하지.”

뿌루퉁한 그 꼴이 반드시 즐겁게만 생각되지 않는 것은 순도의 그 말이 영옥을 위한 질투에서 나오는 말이 아니라 참으로 무관심하고 냉정한 태도에서 나온 것인 까닭이었다.

“그렇게 쌀쌀만 하시니 한 고향의 우정이라는 것도 없나요.”

“예술에 우정이 무슨 아랑곳이요. 예술의 길은 피차에 다 제만의 외롭고 쓸쓸한 길인데.”

“그렇다고는 해도 한마디의 충고라는 것도 없어요.”

“소설이 유행가에게다 무슨 충고를 한단 말요.”

생각 같아서는 그 자리에서 그에게 전신을 던지고 찬바람 도는 그 자리를 한 장의 웃음의 장면으로 변하고 맺힌 심회를 풀어 보고도 싶었으나 한결같은 그의 태도에는 한 곳도 붙들 데가 없었다.

“끝끝내.”

“내 뒤를 더 따라오지 마시오.”

“피차에 길이 다르니까.”

순도는 돌아보지도 않고 그늘 속 길을 혼자 멋대로 걸었다.

영옥은 홧김에 손에 쥐이는 얕은 나뭇가지를 훑어 나뭇잎을 되구말구 입에 품었다. 눈물이 빠지지 고였다. 하기는 나뭇잎이 쓴 까닭이었는지도 모르나.

3.

창립된 후 처음으로 당해 오는 공연이라 명호가 거느리고 나가는 음악협회에서는 날마다 회원들이 회관에 모여서 준비연습에 분주하였다. 전에 그 무슨 회관으로 쓰이던 툇물림일 듯도 한 두 칸으로 된 넓은 방에 밤만 되면 이십 명이 넘는 남녀회원이 모여들어 각각 맡은 곡조를 익히기에 이슥할 때까지 떠들썩하였다. 음악협회라고는 하여도 기악보다는 성악들이 위주여서 독창 사중창 혼성합창이 연주의 주목이었다. 높고 얕게 조화된 합창 소리가 회관 안에서 설렜다 가라앉았다 아름답게 울렸다.

영옥이 그날 밤 회관을 찾은 것은 명호의 간곡한 청을 저버릴 수 없었던 까닭이었으나 옆방에서 흐르는 《아름다운 밤》의 멜로디에 귀를 기울이고 있을 때 모르는 결에 가벼운 흥분 속에 잠겨지며 오기를 잘했다고 거듭 느꼈다. 흥분되는 음악적 분위기—외롭게 혼잣길을 걸어가는 영옥에게는 그것이 귀한 것이었다. 걸어가는 길에 의혹과 초조만을 느끼던 그에게 그날 밤의 흥분은 확실히 용기를 주고 결심을 새롭혀 주기에 족하였던 것이다. 오펜바흐의 그 고요한 노래가 눈물이 솟아날 지경으로 아름다웠다. 영옥은 살며시 한숨을 내쉬었다.

한 곡조의 연습이 끝났을 때 긴장이 풀린 회원들의 수선거리는 소리가 나며 지휘를 마친 명호가 곁방으로 들어와서 땀을 훔치며 연주의 효과를 묻는 듯이 싱글벙글 웃으며 피아노 있는 교의에 와서 주저앉았다. 영옥이 수고의 말을 미처 보낼 여유조차 없이 무엇을 생각하였는지 명호는 금시에 자리를 일어서 영옥의 앞으로 가까이 오더니 얼굴이 거의 맞닿을 정도로 몸을 굽히며 영옥의 두 손을 잡는다. 무서우리만큼 가까운 불같이 빛나는 그의 눈은 확실히 그 무엇을 구하는 듯이도 보였으나 사람이 피곤할 때에는 그러려니만 생각하며 영옥은 몸을 피하면서 자리를 냉큼 일어섰다. 그것을 기회로 명호는 영옥의 손을 잡은 채 일순간의 감정을 감추려는 듯이도 날렵하게 회원들 있는 옆방으로 끌고 들어갔다. 영문을 몰라 두근거리는 판에 초면인 수많은 남녀에게 밑도 끝도 없이 일장의 소개를 하는 것이다.

"오늘 처음으로 놀러 오신 동호자 임영옥 씨. 앞으론 우리 협회에도 드셔서 회원의 한 사람으로 힘쓰실 분. 여러분의 애호와 사랑이 날로 깊어 가기를 바랍니다."

아무 예고도 없었던 다따가의 소개에 영옥은 얼굴을 붉히면서도 하는 수 없이 몸을 굽혔다.

"오늘 밤 일부러 와 주신 수고를 회원을 대표해서 감사드립니다."

명호는 이번에는 영옥을 향하여 맞서 허리를 굽히면서 미소를 띠었다.

뭇 시선 속에서 어쩔 줄을 모르고 무춧거리고 있는 가운데에서 남자 회원들의 눈살은 유난스럽게도 귀치않은 것이었다.

"회원이 부족해서 불편을 느끼던 차에 실력 있는 분이 뒤를 이어 참가해 주시니 명호로서는 더없는 영광으로 생각됩니다."

실력이라는 말도 영옥으로서는 고맙지 않은 것이었으나 회원 되기를 승낙한 적도 아직 없는 것을 마치 벌써 회원인 듯이들 들추슬

러대는 것이 괴로웠다.

"여회원 모아들이는 덴 권 선생은 펄펄 나셔. 어디서 찾어오는지 인물만 골라 오시니 솜씨가 놀랍단 말야."

한 사람의 남자회원이 아마도 농을 겸하여서인지 명호와 영옥을 번갈아 보면서 괘사를 피우니 여자회원 한 사람이 뒤를 받아 명호를 조롱하는 듯 맞장구를 쳤다.

"여회원에게 지나쳐 한눈을 파시다 옥주 씨에게 야단날라구 그러시지. 약혼시대같이 몸 가지기 어려운 게 없다는데 가제나 옥주 씨 편이 좀 세신 터에 — 바로 말이지 제가 만약 옥주 씨라면 선생의 거동을 그냥 보고만 있진 않겠어요……."

"농이 진한 모양이오."

명호의 한마디가 그의 입을 막아 버렸으니 망정이지 버려만 두면 무슨 말이 나올는지도 헤아릴 수 없는 경망한 여회원의 어세였다.

영옥은 불쾌하였다. 경솔한 여회원의 태도도 이해하기 어려운 것이었으나 그의 말이 여러 사람에게 줄 인상도 진저리 나는 것이며 그 말의 내용과 — 만약 내용대로라면 명호의 태도도 불쾌하고 싫은 것이었다.

명호가 여학교 교사이자 피아니스트인 옥주와 약혼의 사이라는 것은 금시초문은 아니었으나 이제 막상 터놓고 그 사실을 들었을 때에는 결코 유쾌한 것은 아니었다. 명호의 지나쳐 친절한 태도는 여회원의 말마따나 한눈을 파는 셈인가. 그렇다면 그 또한 유쾌한 것은 아니었다. 장막 속에 은근히 가리워졌던 얼크러진 속을 들여다본 것도 같아서 영옥은 한결같이 불쾌한 심사를 금할 수 없었다. 어느 결에 어느 회원이 숨어들어 치는 것인지 이웃 방에서는 별안간 피아노 소리가 요란하게 울렸다. 그 무슨 광상곡인가 어지러운 곡조는 돌연히 높아졌다 낮아졌다 하면서 수선스럽고 빠르게 울렸다. 마치 자기의 산란한 마음을 그대로 나타낸 것도 같아서 영옥은 별안간의 그 곡조에 몸이 쏠려짐을 느꼈다.

피아노는 피아노대로 울리건만 영옥이 돌연히 피아노의 정서에서 떨어지게 된 것은 회원의 한 사람의 외치는 소리에 문득 정신이 든 까닭이었다.

"옥주 씨. 옥주 씨가 오셌어요."

나갔던 회원이 외치며 들어오는 뒤로 옥주가 따라 들어온 것이다. 공교롭게도 그 자리에 나타난 옥주는 제 소리를 듣고 들어온 범인 셈이었다. 방 안 사람들이 반갑게 맞이하는 그를 초면인 영옥은 복잡한 심정으로 대하지 않을 수 없었다. 빈틈없이 반들반들하고 팽팽한 데다가 안경까지 쓴 그 얼굴을 영옥은 다치기 어려운 것으로 보았다.

명호도 옥주의 앞에서는 온전히 기맥이 없어서 그의 눈짓을 받자 다른 사람들의 존재는 완전히 잊어버린 듯이 한마디 말도 없이 둘만의 옆방으로 들어갔다. 필연코 그 무슨 의논이 있으려니는 짐작하면서도 영옥은 그 거동이 도무지 맞갖지 않았다.

"그게 양식인지 무엔지는 모르겠으나 사나운 꼴 작작 보이구 얼른 결혼해 버리지 그래."

회원들의 눈에까지 날 제는 아마도 두 사람의 거동은 보기 어려운 것인 모양이었다.

"집이 돼야 결혼하지. 결혼하자 곧 든다는데……. 지금 짓는 문화주택이 꼭 구천 원이 먹는데 선생이 삼천 원, 나머지 곱절을 옥주가 당한다나. 그러니 텃세도 꼭 곱절을 쓸 모양이야."

"세야 쓰건 말건 구천 원짜리 문화주택이면 좋지 머냐. 피아노는 이미 있는 것 갖다 놀 테구."

장황한 소문도 귀에 거슬리는 것이었고 도무지가 불쾌한 것뿐이어서 영옥은 명호가 눈앞에 없음을 차라리 기회로 조금 퉁명스럽게 회관을 나와 버렸다.

몹시도 서글퍼지며 외로운 생각이 등줄기에 찬물을 끼얹는 듯도 하였다. 명호들의 세상은 결국 그에게는 너무도 먼 것이었고 세상에는 혼자 걸어 나가야 할 외줄기 기름길만이 있는 것이 쓸쓸하게 내다보였다. 그날 밤 회관을 찾은 것이 뉘우쳐도 졌다.

이튿날 명호가 찾아온 것은 영옥에게는 의외라면 의외였다. 아침도 일찍이 집도 수월하게 찾아서 뜰 안에 들어선 것을 바라보니 명호였다.

"왜 오셨어요?"

어리석은 질문이나 영옥으로서는 중대한 문책이었다.

"어젯밤엔 실례가 많었으나―그러나 왜 모르는 결에 말도 없이 오세요."

"무슨 낯짝을 들고 더 있으란 말예요."

협착한 방 안에 맞아들이기도 괴로워서 영옥은 옷을 쉽게 갈아입고 명호를 데리고 밖으로 나왔다.

"다따가 소개는 왜 하시구. 회원이라구는 왜 추스르세요. 승낙한 적도 없었는데."

"그게 노여우셨나요……. 워낙 소소리패들이라 입들이 수다스러워서 짖어들 대다가 불쾌하게 해 드린 모양인데 앞으론 충분히 주의시킬 테니 과히 허물 마세요."

"아네요. 선생의 태도 그것부터가 불쾌하단 말예요."

하고 뒤미처 호되게 반박하고도 싶었고 구천 원의 문화주택과 피아노의 생활과는 저는 인연이 너무도 멀어요 하고 윽박아 대고도 싶었으나 다시 생각하면 모두가 쓸데없는 말 같아서 영옥은 입을 굳게 다물었다. 그러한 비꼼이 웬일인지 일종의 질투에서 나오는 것 같고 명호들에게 대하여서 질투를 느낄 아무것도 없음을 차게 반성은 하면서도 모순된 자기의 심정을 제 스스로도 이해하기 어려웠다.

"결국 선생들의 처지와 제 처지와는 거리가 너무도 멀어요. 선생의 현재 처지로는 제게 지나친 후의와 친절을 보이시지 말어야 해요. 이미 작정된 행복의 길을 살리셔야 하잖어요."

"그런, 그런 쓸데없는……."

"아네요, 그렇구 말구요. 어젯밤 회원의 말마따나 지금 한눈을 파시는 건 선생으로선 금물이 아네요?"

"그건 오 오해요. 한눈을 파느니 무어니 그런 말로 표시할 감정이 아닌데."

흥분된 서슬에 손을 와서 덥썩 잡는다. 그 무슨 간절한 감정을 하소연하려는 것도 같다.

"어떻든 너무 가깝게 하시진 마세요."

잡히운 손을 징긋이 빼면서 영옥은 순간 부질없고 끝없는 사내의 마음이라는 것을 생각하였다. 애정 위에 애정을 구하고 사랑 위에 또 사랑을 바라서 그칠 줄 모르는 마음—사내의 마음이란 그렇게도 다정다한하고도 욕심 많은 것일까. 애정에 대한 욕심이란 그렇게도 무한한 것일까. 철없이 꾀 없이 허둥허둥 쫓아오는 명호의 손에서 냉정한 마음으로 몸을 막고 빼쳐야 할 것이 도리어 자기편임을 생각하고 영옥은 냉정한 반성을 해야 하는 것이 왜 하필 남자 편보다도 여자 편이어야 하나를 슬퍼하였다.

"제발 앞으론 지나친 후의는 끊어 주세요."

"영옥 씨, 영옥 씨……."

여전히 외치면서 쫓아오는 명호를 돌아보아서는 안 된다. 영옥은 앞만을 곧게 내다보면서 들은 체 만 체 혼잣길을 재게 걸었다.

4.

이제는 벌써 외가닥의 나갈 길이 빤히 보이는 것 같았다.

그 외줄 길에 대한 열정이 불현듯이 곧게 솟아올랐다. 그 열정은 물론 명호와의 사이에 실망과 환멸을 느끼게 됨으로 인한 서글픔과 고독에서 나오는 것이었으나 그러므로 마치 외줄기의 철사와도 같이 날카롭고 곧은 것이었다.

명호에게서 뿌리치고 온 그 길로 영옥은 거리에 들어와 단골 찻집에 들렀다. 거기에서 민수를 만난 것은 더없는 기쁨이었다. 물론 그가 이미 그곳에 있을 줄을 뻔히 짐작하고 온 것이었으면서도 우연히 만나게 된 것 같아서 새삼스럽게 기뻤던 것이다. 조금 찹찹스런 그 독신주의자를 그때까지 꺼려 온 영옥이언만 그 당장에서는 그는 벌써 자기를 구해 줄 주인공과 같이도 반갑게 보였다. 지금에는 벌써 붙들고 솟아오를 생명의 줄은 그밖에 없다고 생각되었기 때문이었다.

탁자에 마주앉자마자 다짜고짜로 첫마디의 사정이었다.

"라디오 방송 신인의 밤에 나가 보기로 결심했어요."

불현듯이 열정이 북돋은 외출의 길이라는 것이 바로 그것이었던 것이다. 마음속에 싸 두었던 중요한 한마디를 말해 버렸을 때 영옥은 무거운 짐을 풀어 버린 듯이도 개운하였다. 민수는 그 한마디에 별안간 생기를 얻은 듯이 누런 안경을 번쩍이며 영옥보다도 오히려 이상의 기쁨을 보이는 것이다.

"듣던 중 반가운 소식이외다. 그러기를 바라 왔고 또 응당 그래야죠. 아시다시피 그런 알맞은 기회는 다시없고 나가시기만 한다면 어떻게든지 성공하시도록 뒤에서 일을 꾸며 놓을 작정이었으니까요."

장황한 설교를 듣고만 있으면 항상 한이 없는 것이기에 영옥은 급히 앞을 서둘렀다.

"방송국에다 속히 출연 가입 수속을 마쳐 놔야 할 텐데요."

"암 하구 말구요. 속할수록 좋을 테니까."

민수는 마시던 찻잔을 놓고 마치 소년같이 민첩하게 자리를 일어섰다.

"남구 군에게 전화를 걸죠."

그 자리로 구석 편 전화실로 들어갔다.

가가(假家)의 차인꾼같이도 고분고분히 분부대로 움직이는 민수의 자태를 바라볼 때 영옥은 통쾌하다느니보다는 마음이 서글펐다. 민수의 태도가 비굴한 것일까. 그보다도 자기 자신의 태도가 더 한층 비굴한 것이 아닌가. 영옥의 심사는 이미 일을 시작해 놓은 그 당장에 있어서도 오히려 갈피갈피 복잡하였다.

전화실을 나온 민수는 벙글벙글 웃으며

“일이 잘돼 들어가기는 하는데.”

다시 자리에 앉지 않고 탁자 위의 담배, 책자 등속을 주머니 속에 수습하면서

“자리를 뜹시다. 오늘 아침 노는 차례라나요. 같이 점심을 먹기로 했지요. 거기서 이야기도 하시고 타협도 하시고…….”

영옥은 굳이 거역하지 않고 자리를 일어서 함께 찻집을 나왔다. 이제는 벌써 범의 새끼를 잡으려면 범의 굴까지라도 사양하고 싶지 않은 처지였다. 민수와 나란히 서서 거리를 걷는 것이 시스럽지도 않았다.

“녀석 요새 번민이 심한 모양인데.”

담배를 붙여 물며 혼잣말이라기에는 좀 크게 중얼거렸다.

“누가요.”

“남구 말예요.”

연기를 내뿜더니

“아마도 아시겠지만 성악도 하고 피아노도 좀 공부한 유명한 보패라고 있지 않습니까. 남구와 약혼의 사이였던 것이 요새 완전히 갈라진 모양이에요. 남구가 사람 잘못 골랐죠. 허영밖에는 없는 여자와 무슨 결혼이 온전히 되겠습니까. 여배우로 행세하기가 평생의

원이라드니 남구도 모르게 어떤 놈팽이와 동경으로 달아났다나 봐요. 금시에 결혼할 것같이 말하드니—별것 아니죠. 남구가 속았죠. 한 가지 자미있는 사실은 그 놈팽이가 삼천 원짜리 백금반지를 보패에게 선사했다나요. 그 선사에 홀리웠는지도 모르죠."

보패의 이름은 영옥도 들은 적이 있기는 하나 민수가 그 길에서 왜 하필 그런 소식을 전하는가가 영옥에게는 모를 일이었다. 다만 한 조각의 거리의 가십을 전하는 셈일까. 그렇지 않으면 그 무슨 뜻을 주자는 것일까.

"별 뜻 없죠. 다만 남구가 요새 번민이 심하다는 것을 말하려는 것뿐이죠. 상처가 대단히 큰 모양인데 마음 보낼 곳 없어 더한층 쓸쓸한 눈친데요."

"민수 씨에겐 그만한 얘기 한 토막쯤 없나요."

"없죠, 없죠. 품행방정한 청교도인 줄 모르시나요."

질색을 하고 펄쩍 뛰면서 잡아떼는 것이 영옥에게는 도리어 우습게 보였다.

빌딩 지하층 그릴에서 남구를 기다려서 세 사람이 식사를 하면서 출연에 대한 타협은 비교적 수월하게 끝났다.

남구는 영옥의 일신에 관한 것을 몇 가지 적고 연주할 곡목을 작성하였다. 영옥이 늘 좋아하고 또 장기인 슈베르트의 《세레나데》와 브람스의 《들장미》의 두 곡목이 선택되었다. 피아노 반주자의 선택은 남구에게 맡기고 그에게서 몇 가지의 주의를 들은 것으로 이야기는 끝났다.

방송이 있기 전 며칠을 기약하고 먼저 시험연주회가 있다는 것이었다. 그 테스트를 통과하여야 방송에 출연할 수 있다는 것이나 그만한 실력과 자신은 이미 준비된 뒤이라 영옥은 방송의 날이 은근히 기다려질 뿐이었다.

"성공하시면 한턱 있어야 합니다."

남구의 말을 영옥이 대답하기 전에 민수가 가로채어서

"여부 있겠나. 자네는 자네로서 난 나로서 배후의 원조나 단단히 하세그려."

식사도 거반 끝났을 때 민수는 차를 저으면서 남구를 찬찬히 바라보았다.

"아까도 말했지만 자네 요새 번민이 과한 모양이야. 얼굴이 못됐을 젠."

"머 무슨 말을 했단 말인가."

남구는 별안간 정신이 번쩍 뜨이는지 들었던 식도를 놓으면서 민수를 바로 건너보았다.

"자네 파혼한 얘기 말일세."

"파 파혼한 얘기를 누 누구와 했단 말인가."

"영옥 씨와."

"미 미쳤나 이 사람."

남구는 금시에 빛을 변하며 눈썹이 험해졌다.

"쓸데없이 실없는 소리는 왜 하나."

"못할 말 무엇인가. 그렇게 허물 되나."

"할 말 따로 있고 말할 처지 따로 있지, 남의 속일을 그렇게 함부로 지껄인단 말인가.”

남구의 노염은 예측 이상으로 큰 것이었다. 무슨 까닭의 노염인지 영옥 자신도 그의 태도를 이해하기 어려울 정도였다. 아무리 말을 들은 상대자가 자기기로서니 한 구절의 로맨스의 실패담이 그렇게도 그를 상하게 하는 것일까. 말을 들은 책임상 영옥의 처지는 딱하고 곤란하였다.

“자네는 자네만 유독 청교도인 척 자처하나 자네 속사정을 지금 영옥 씨 앞에서 얘기한대도 자네 탄하지 않겠나. 인실과의 애기, 연희와의 곡절…….”

“딴은 그럴 법도 하네. 그만두게. 자, 빌 테니.”

이번에는 민수가 뜨끔하면서 정색을 하였다가 금시에 빛을 풀며 웃음으로 그 자리를 얼버무리려고 하였다.

“윤주와 친한 인실을 가로챈 건 자네가 아닌가.”

민수는 기급을 할 듯이 일어나서 남구에게 손을 모고 빌었다.

“제발 살려 주게. 그만두게.”

“자네가 버린 백화점 연희가 지금 어떤 난경에 있는지를 자네 생각이나 해 봤나. 그래두 청교돈가. 못된 청교도. 음흉한 돈 팡…….”

민수는 저린 상처를 다치운 듯이도 절절매면서 하는 수 없이 남구를 뒤로 돌아가 안고 손으로 그의 입을 막아 버렸다.

뜻하지 않은 그 한 토막의 우스꽝스런 희극을 눈앞에 보면서 영옥은 어안이 벙벙하여 해석의 도리를 몰랐다.

무슨 까닭에 친한 동무인 두 사람이 그렇게까지 안달을 하고 법석을 하는지가 도시 이해하기 어려웠다. 두 사람의 그만한 정도의 내막을 들었대야 영옥 자신으로서는 아무 감동도 자극도 받지 않았고 두 사람에게 대한 인상도 처음과 별반 다른 것이 없는 것을 두 사람은 헛되이 자기 한 사람을 둘러싸고 불필요한 감정을 낭비하는 것으로밖에는 보이지 않았다. 결국 자기 한 사람 때문에 일어난 결과임을 생각할 때 어리석은 두 사람의 꼴들을 겉으로는 웃으면서 대하나 속으로는 우울하기 짝 없었다.

"녀석 말을 그대로 다 믿지는 마십시오."

입을 풀리운 남구는 마지막 결론이듯이 영옥을 바라보며 민수를 손가락질하였다. 영옥은 여전히 부드러운 웃음을 띠우면서 일부러 고개를 끄덕여 보였다. 마음은 한없이 우울하고 답답하였으나 다만 하나 눈앞에 닥쳐오는 목표의 길만을 바라보고 그 큰 것을 위하여서는 역시 그만한 우울의 감정쯤은 억지로라도 희생해 버리고 말살해 버리려고 생각하였다.

모처럼의 오찬의 뒷맛이 이지러져 버린 것을 아깝게 여기며 영옥은 식은 차를 단모금에 마셔 버렸다.

5.

시험연주가 있은 지 며칠 안 되어 방송연주의 날이 왔으나 이미 몇 차례의 시험으로 배짱을 든든히 다진 후였건만 영옥은 그날 유독히 설레는 마음을 금할 수 없었다. 시험연주 때에 벌써 충분한 실력을 보였고 그것이 단지 발라맞춤이든 무엇이든 간에 관계자들의 지나친 칭찬의 소리를 들어 왔건만 막상 목적의 날을 당하였을 때 그날은 그날로서의 불안과 초조가 있었던 것이다.

자기에만 유독히 과한 대접이라고 생각하면서 방송국에서 온 자동차에 남구들과 같이 올라 거리를 달을 때 가슴과 머릿속에 금시에 그 무엇이 가득 차지며 애써 마음을 가라앉히려고 할수록 육신은 더한층 굳어 갔다.

자랑스러운 것보다도 근심스러운 것이 앞서며 영광의 자리가 아니라 도리어 수난의 자리로 끌려가는 듯한 생각이 들며 차의 요동과 창밖에 흐르는 거리의 풍경의 심상한 한 폭이 유난스럽게도 순간순간의 마음을 잡는 것이었다. 한자리에 앉은 남구와 민수의 격려의 말은 도리어 뜻 없이 한편 귀로 흘러 버렸다.

다 각각 이런 마음으로 모여들었을 신인들로 하여 방송국의 응접실은 방송의 시간을 앞두고 수선거리고 설렜다. 안타까운 꿈들을 가슴에 품고 닥쳐올 운명의 고패를 바라들 보며 어두운 초조의 빛이 얼굴들을 한 빛으로 칠하였다. 즐거운 듯이 이야기를 하고 웃고들 할 때 그것은 모두 억지로 꾸민 표정이요 거짓 자세에 지나지 못하는 듯이 보였다. 남자들 속에 섞인 몇 사람의 여자—별수 없이 영옥과 비슷한 길을 걷는 처지가 아닐까. 재주조차 팔기 어려운 세상—이라는 느낌이 그 안타까운 분위기 속에 그 어디인지 들여다보였다. 설레는 속을 떠나 영옥은 휴게실 소파에서 피아노 반주자와 몇 가지의 곡목에 대한 주의를 타협하고 있었다. 타협이라는 것보다는 차라리 침착한 태도를 준비하려는 것이었다. 어느덧 방송이 시작되어 응접실 확성기에서는 노래가 흐르기 시작하였다. 방 안의 공기도 가라앉은 듯한 고요한 속에서 누구인지 신인의 목소리가 제

법 유창하게 들려옴이 영옥에게는 일종 신기한 느낌조차 주었다. 가슴이 한층 달떠 가는 속에서 악보에 적힌 노래의 마디를 외우려고 애쓰는 동안에 확성기에서 흐르는 연주의 인물도 몇 차례나 갈렸건만 얼마나의 시간이 지났는지 흥분된 마음에 꿈결같이만 생각되는 판에 문득 눈앞에 남구의 자태를 발견하고 영옥은 암시나 받은 듯이 제물에 자리를 일어섰다. 연주의 차례가 온 것이었다. 반주자와 함께 또렷한 정신없이 복도를 걸어가 방송실에 들어가는 걸음걸이조차 약간 떨리는 듯하였다.

"정성껏—믿습니다."

한마디 귀띔하고는 이어서 방송 소개를 하는 남구의 말소리가 먼 바다 속에서 오는 것과도 같이 아련하게 들렸다. 눈앞의 마이크로폰이 꿈속의 괴물같이 이쪽을 노리고 있는 것을 볼 때 전신이 화끈 달며 머리끝이 솟았다. 그 괴물 앞에 수많은 사람이—명호가 옥주가 민수가 남구가 애란이 인실이 그 외 수천 혹은 수만의 낯모를 사람이 귀를 기울이고 있을 것이 생각되자 몸은 불덩이같이 달았다. 피아노 소리가 떨어지자 또 한 사람 문득 마지막으로 마이크로폰 앞에 떠오르는 사람이 있었다. 순도였다. 공원에서 헤어진 후 다시 만나지 않은 순도가 그 순간 거리의 어느 구석에 묻혀 있을까가 돌연히 생각나며 그가 부르려는 노래가 결국 모두 단 한 사람 순도에게 바치려고 한 것임을 새삼스럽게 깨닫자 그의 그림자가 금시에 눈앞에 활짝 다가오는 듯도 하여 상기된 몸에다 마음의 열성까지를 부어 영옥은 사랑의 노래의 첫마디를 대담하게 불러냈다. 첫마디가 떨어지자 생각은 생각을 잇고 곡조는 곡조를 낳아 노래는 줄줄이 흘렀다.

순도는 그때 거리의 찻집에 앉아 있었다. 그것은 반드시 우연이 아니라 실상인즉 그날 밤의 신인의 밤 방송의 예정을 알아듣고 그렇다고 영옥에게 펴 보일 수도 없는 은밀한 마음으로 그 자리에 앉게 되었다. 식어 가는 찻잔을 앞에 놓고 맞은편 벽에서 흘러오는 라디오의 소리에 정신을 쏠리고 영옥의 차례를 조릿조릿 기다리고 있었던 것이다.

공원에서 영옥의 태도를 나무라고 유행가와 소설의 구별을 엄격하게 판단하고 서글프게 헤어진 후 다시 영옥을 만나고 싶은 생각은 간절하면서도 실상 그를 만나지 못하고 있는 복잡한 순도의 마음이었다. 유행가를 비웃고 소설의 값을 한층 치하하였건만 아직 한 편의 소설도 쓰지 못하고 있는 순도의 심경이었다. 소설을 생각할수록에 소설을 쓰게 되지는 않았다. 참된 소설은 마음속에 있을 수 있는 것같이만 생각되었고 참된 괴롬은 가슴속 깊이 묻어 두어야만 옳을 것같이 생각되었다. 한번 입 밖에 나오면 글자로 나타나면 그것은 벌써 괴롬이 아니요 소설도 아니요 김빠진 허수아비일 듯이만 생각되었기 때문이다. 그러기 때문에 세상의 소설은 모두 마음속에 고여 있을 때만이 참된 것이요 한번 소설로 나타나면 거짓말인 것이다. 차라리 붓을 꺾어 버릴지언정 거짓말을 써낼 수는 없다고 생각한 곳에 그가 소설을 못 쓰는 이유가 있었다. 그러나 한 자도 쓰지는 못하고 허구한 날 궁싯거리고만 있는 괴롬은 더한층 큰 것이었다. 쓰다가는 꾸기고 쓰다가는 버리고 하여 휴지 된 원고지만이 책상 앞에 늘어 갔다. 화를 내고는 거리에 나와 한 잔 차에 분풀이를 하고 하는 요사이의 그였다. 안타까운 심정에 영옥의 생각만이 늘어 갔다. 냉정하게 비웃기는 하였으나 소설 못 쓰는 자기가 유행가를 부르려는 영옥보다 별로 나을 것도 없이 생각되었다. 쌀쌀하게 그를 떨쳐 버린 것이 마음에 저리게 뉘우쳐졌다. 부질없이 냉정하게 군 것은 결국 완고한 고집에서 나온 것이었으나 생각하면 그 모든 것이 영옥에게 대한 질투가 아니었던가를 짐작할 때 마음속에 숨어 있는 것이 결국 그에게 대한 사랑이었던 것을 깨닫기 시작하였다. 그날 밤은 이러한 마음의 고패를 겪은 후이라 영옥의 자태를 가슴속 깊이 간직하고 애달픈 마음으로 라디오 앞에 자리를 잡았던 것이다. 찻잔에서 김이 피어오르듯 마음속에서는 잡을 수 없는 애수가 피어올랐다.

한 사람의 노래가 끝나고 영옥의 소개의 말소리가 들려올 때 순도는 모르는 결에 허리를 세우고 정신을 차렸다. 반사적으로 라디오를 우러러보고는 시선을 탁자 위로 떨어뜨렸을 때 슈베르트의 사랑의 노래가 고요히 흐르기 시작하였다. 바로 귀밑에서 부르는 듯도 한 영옥의 목소리를, 연연한 노래의 구절구절을 그 모두가 자기 한 사람에게 보내진 것으로 생각하면서 순도는 한 마디 한 마디를 놓치지 않으려 하였다. 듣고 있는 동안에 피가 수물거리고 얼굴이 빛나 갔다.

내 노래 사붓이

밤새도록 그대에게 구하노라

고요한 숲을 나려와
임이여 내게 옵소사고

그대도 떨리는 가슴으로
임이여 내 노래 들으소서
내 떨면서 기다리니
오소서 내게 사랑 주소서…….

떨리는 목소리로 노래를 마쳤을 때 영옥은 눈물이 핑 돌며 피아노 앞에 그대로 쓰러질 듯도 하였다. 마이크로폰 앞에 그때까지 귀를 기울이고 있던 순도가 금시에 먼 곳으로 쏜살같이 달아난 듯한 착각이 눈을 후려갈겼던 까닭이다.

반주자가 일어나서 그를 붙드는 동안 남구가 달려오고 민수가 문을 열고 들어오고 하여 다음 순간에는 칭찬의 소리가 그의 귀를 덮을 지경이었다.

"대성공이오."

"오늘 밤 으뜸의 성적이오."

"방송국 총출동으로 함빡들 취하였었소."

방송실을 나가 응접실에 이르렀을 때 신인들과 등대하고 있던 국원들 속에 영옥은 둘러싸였다. 수다스런 말소리에 마음이 현혹할 뿐이었다. 어안이 벙벙하고 얼굴이 달았다. 성공 여부를 자기로 알 수는 없었으며 결국 성적보다는 사람들이 요란히 떠드는 속에 성공이라는 것이 있음을 깨달을 때 문득 서글퍼지며 그 수선스런 자리를 속히 피하고 싶은 생각뿐이었다.

"반가운 손님이 두 분 있는데—감격해서 기다리고 있는."

민수가 전하는 말소리에 영옥은 문득 귀가 뜨이며 반가운 손님이라니—행여나 순도가 아닐까 하는 순간의 생각이 머릿속을 스쳤다. 더 물을 여가도 없이 그를 따라 다른 방으로 들어갔다.

눈앞에서 실망의 빛을 보일 수도 없어 웃음을 띠기는 하였으나 기쁘던 마음은 금시에 움츠러드는 듯도 하였다. 부인란 기자로 있는 한 고향 동무 애란과 또 한 사람 모를 사나이었다.

"뛰어오니까 벌써 방송이 시작됐더구나. 오늘 밤같이 감격한 때도 적었다. 그만하면 큰 성공이지."

애란이 속임 없이 던져 주는 칭찬의 말이 다른 사람들의 그것보다도 한층 기쁘기는 하였다. 그러나 이런 때 순도의 한마디를 듣는다면 얼마나 기쁠까를 생각할수록에 마음 한편으로는 섭섭함을 금할 수 없었다.

"늘 말씀드린 강남레코드회사 문예부장 윤주 씨."

민수의 소개를 따라 맞은편에 앉았던 사나이는 허리를 엉거주춤 일으키고 말을 이었다.

"이런 기회에 뵙기 영광으로 생각합니다."

잘름하고 비대한 그 사나이가 소문에 익은 윤주임을 듣고 영옥은 덩달아 허리를 굽히고 애란의 옆에 자리를 잡았다. 어지러운 마음속을 정리도 못한 채 딴 사람을 차례차례로 만나기가 본의는 아니었으나 현재 놓여 있는 처지상 하는 수 없는 노릇이라고 새삼스럽게 마음을 먹었다.

"오늘 밤 노래는 자미있게 들었을 뿐 아니라 침착한 천분에 실상은 놀라고 있습니다."

윤주의 말을 민수가 괴덕스럽게 채어서

"내 말이 헛말이 아니지요. 칭찬은 천천히 하시구 어서 사무부터 시작하시지."

윤주도 본색을 내는 수밖에는 없었다.

"직업이 직업인 만큼 무엇보다도 먼저 늘 상담이 앞서는데—."

잠시 동안을 두었다가

"민수 씨에게서 들어서 희망하시는 바를 대강 짐작해서 말씀인데 이번 기회에 우리 회사에 나와 주실 의향은 없으신지. 전속가수로 승낙만 하신다면 계속해서 작품은 얼마든지 맨들 작정이고—."

다따가의 청이 영옥에게는 웬일인지 거짓말같이만 생각되어서 대답하기조차 얼얼하였다.

"승낙 여부가 있나요. 물론 좋으시겠지요."

민수의 말을 이어 애란조차가 추스러드는 것이다.

"하룻밤 동안에 출세의 길을 잡었구나. 기회로 생각하고 해 보렴."

한번 목표를 정하기는 한 영옥이언만 갈피갈피 복잡한 심정을 가진 그로서 그 자리에서 선뜻 단마디의 대답을 할 수는 없었다. 기쁘지 않은 것은 아니었다. 그러나 그것을 받아들이기에는 마음이 산란하였고 무엇보다도 말이 너무도 수월하고 조건이 너무도 좋았다. 영옥은 위선 겸양의 말을 한마디 보냈을 뿐이었다.

"천천히 생각해 보지요."

6.

방송이 끝난 후 신인을 망라한 피로연이 있었다. 그 자리에서도 영옥은 국원들에게서 남달리 혀끝에 걸리는 값싼 칭찬의 말을 들으면서 마음으로부터 즐길 수는 없었다. 우울한 시간의 연속이었다.

이날 밤의 연속으로 다음 날 하는 수 없이 민수에게 끌려 그의 아파트를 찾게 되었을 때 우울은 절정에 달하였다. 독신주의자의 방을 찾기가 어색하고 싫었으나 연주 비평에 관한 타협이 있다고 하여 거의 끌리다시피 되었다.

북쪽으로 창이 난 어두운 방에 침대가 놓이고 어지러운 품이 애란이 처음 소개할 때에 하던 말이 생각나며 영옥은 두려운 느낌만이 솟았다.

별반 긴한 타협도 아니건만 이번 그가 쓸 원고에 대한 몇 가지의 의논이 끝났을 때 민수는 어조를 변하였다.

"왜 그렇게 잠자코만 계십니까. 좀 더 적극적으로 절 이용하려고 하시지 못합니까. 실상은 전 그것을 원하는데—."

정신을 차리라는 듯이 별안간 와서 어깨를 흔드는 것이다.

잠깐 침묵을 지켰다가 어조는 다시 변하였다.

"사내가 여자에게 할 말이 있다고 할 때에는 늘 뻔한 속 같지만—."

"무슨 말씀이세요."

"……남녀가 처음 만날 때의 인상이란 대개 거의 결정적의 것인데 영옥 씨를 처음 뵈올 때의 인상도 역시 그런 것이었었지요…….

저같이 사생활이 복잡하고 불행한 사람은 아마도 드물 것예요. 그 한 가지 예가 아시다시피 연희—일전 남구 군이 지껄인 그 연희의 일건인데 세상에서는 저 혼자만이 비난의 목표가 되어 있으나 그런 경우 애정 문제에 있어서 대체 옳고 그른 편이 있을까요. 옳고 그르다느니보다는 일종의 건질 수 없는 숙명이 있을 뿐이지요. 이 숙명에서부터 시작되는 비극이 옛날부터 얼마나 많습니까……. 저같이 불행한 사람도 없을 것예요. 밤에 혼자 고요히 자리에 누우면 세상에는 꼭 나 혼자만 남은 것 같은—어둡고 바람 부는 지구 꼭대기에나 혼자만이 우뚝 서 있는 듯도 한 쓸쓸한 마음을 금할 수 없어요. 금방 그 자리에서 그대로 사라져 버리고도 싶은 그런 외로운 마음, 공부도 음악도 다 귀찮아지는 마음, 그저 그 자리에서 살며시 없어지고 싶은 마음……."

"……."

"……영옥 씨는 늘 즐겁고 유쾌하고 희망만이 있습니까. 쓸쓸한 때는 없습니까……. 문득 가슴이 쓰라려지고 모르는 결에 눈물이 징긋이 고여지고—어린애같이 몸부림쳐 보고 싶은—그런 쓸쓸한 때 없습니까……. 허구한 날 무엇을 생각하시며 댁에 계실 때 무엇을 하시는지가 알고 싶어지는 것은 무슨 까닭인지 저도 실상은 모르겠어요."

민수의 표정은 전에 없이 부드럽고 그의 태도는 애잔하였다. 듣고 보니 결국 마음의 하소연이었으나 하소연을 할 때의 사람의 마음이란 예외 없이 다 아름다운 것이다. 그의 말 속에는 반드시 거짓이 있어 보이지는 않았다. 한 마디 한 마디가 절실한 실감에서 나온,

듣는 가슴에 울려오는 말임에는 틀림없었다. 애란이 말한 민수의 인금과는 또 다른 그의 일면에 접한 듯도 한 느낌조차 생겼다. 그러나 물론 그의 하소연은 영옥으로서는 귀로 들을 것이지 마음으로 들을 것은 아니었다. 부드러운 발음이 한 구절 한 구절 즐겁게 귀를 간지를 뿐이었다.

"제 청이 그다지 불측한 것 같지는 않은데 영옥 씨는 어떻게—."

"사람을 잘못 고르셨어요. 저로서는 들을 취지가 못 되는걸요."

"오해는 하시지 않으시는지."

"오해가 아니라—근본 문제로요."

"……근본 문제라면—애정 말씀이지요. 즉 제가 영옥 씨에게 느낀 인상과는 반대 인상을 제게 느끼셨단 말이지요—아픈 곳을 쏘으셨습니다. 상당히 대담하셔요."

민수는 저으기 실망한 듯한 표정을 지었다.

"……반드시 대담해서가 아니라."

"알 만합니다—순도 말씀이지요. 순도는 저도 압니다만 순직한 청년이지요. 비록 소설은 못 써도 누구보다도 무서운 소설가라고 할 수 있구요. 고집쟁이구 변통이 없구—그러나 믿음직한 사람. 순도와 겨루면 저도 한 수 꺾이우겠는걸요."

"그런 줄 아신다면 아까 같은 말씀 더 마시지요."

민수는 무안한 듯이 한참이나 말을 잊었었으나 무엇을 생각하였는지 다시 자리를 일어나서 이번에는 영옥에게로 가까이 왔다.

"아무리 그러기로서니 말을 그렇게 문덕문덕 막 하세요……. 영옥 씨의 마음이 순도에게로 기운 것을 번연히 알면서도 사내의 마음이란 그렇게 수월하게 번겨지는 것이 아니니까요—저를 아무리 따 보세도 제 마음은 떨어지지 않는걸요. 원래 끈끈한 것이 사내의 마음인지는 몰라도."

몸이 가까이 오면서 영옥은 별안간 목덜미에 더운 숨결을 느꼈다. 황겁결에 벌떡 일어나려 할 때 그의 몸은 완전히 민수의 품 안에 있었다.

"오늘만 뵈올 것이 아닌데 왜 이리 무례한 짓을 하세요."

몸을 잡아나꾸고 몇 걸음 떠났으나 민수는 즉시 와서 팔을 붙들었다.

"아무리 노여하세도 전 저대로 제 마음을 표현하지 않고는 못 견디겠어요. 특별히 저를 원망하실 것이 없는 것은 사내의 마음이란 한번 벗겨만 보면 다 일반인걸요. 순도에게서 기어코 영옥 씨를 뺏어 보고야 말걸요."

어쩌는 수 없이 몸은 다시 그의 팔 안으로 끌려 들어갔다. 부치는 힘에 영옥은 고함이라도 치고 싶었으나 부끄러운 마음에 그러지도 못하고 몸을 요동할 뿐이었다. 우러러보던 민수였건만 그 순간 한 마리의 짐승으로밖에는 보이지 않았다. 분이 머리끝까지 치받치며 전신이 화끈 달았다. 그러나 몸을 움직일수록에 굳세게 붙들릴 뿐이었다. 손에 장기(仗器)가 있다면 그 자리로 그를 해하고도 싶은 심정이었다.

짜장 고함이라도 치려고 하던 순간 그 겸연한 장면에 별안간 공교롭게도 방문이 열린 것은 영옥에게는 다행인지 불행인지 분간할 수 없었다. 열어젖힌 문으로 나타나자 순간 놀라는 표정을 지은 것은 영옥에게는 모를 한 사람의 여인이었다.

민수는 기급을 할 듯이 물러서며 상기된 눈으로 그 돌연한 침입자를 노려보았다. 영옥이 이지러진 몸을 수습하면서 영문을 몰라 한편에 서 있는 동안에 민수와 여인은 한참이나 앙칼진 눈으로 서로 바라만 보고 있더니 이윽고 여인의 입에서는 불이라도 뱉는 듯이 모진 어세가 쏟아져 나왔다.

"어떤 순둥이를 끌어들이고 또 이 짓야. 그 놈의 버릇 언제나 고치누, 악마 같으니."

민수도 펄펄 뛸 듯이 별안간 목소리를 높였다.

"무슨 원수로 허구한 날 나타나 이 발광인지 모르겠네."

"발광? 누가 발광이야. 사람을 요 모양을 맨들어 놓고도 누굴 발광이래. 하루를 살어도 아내겠지. 신신히 일 보고 있는 사람을 꼬여 내다간 짓밟아 망쳐 놓고 자식까지 버리게 하고도 그래도 부족해서 허구한 날 이 꼴이야. 악마가 아니고 무엇인고."

고래고래 소리를 치고는 분김에 손에 닥치는 대로 책상 위 것을 집어 민수의 면상에 던지는 것이었다. 마개 열린 잉크병이었다. 쏟아져서 그의 얼굴과 옷자락에 한바탕 엉키고도 오히려 똑똑 떨어졌다. 바로 바라보기 어려운 꼴이었다.

"오늘은 어떤 일이 있든지 결단을 내고야 말걸."

"미쳤구나."

민수의 짧은 한마디를 여인은 그대로 폭 씌워 엎으며

"미치고 말고. 마지막 판에 헤아릴 것이 무엇인데. 자 어떻게 해 줄 테야. 죽이든지 살리든지—살자고두 하잖는다. 눈앞에서 시원하게 죽어 버리면 그만일 테니, 누가 죽음을 두려워할까.”

문득 치마 틈에서 집어낸 것이 조그만 약병인 것을 보고 영옥은 무서운 생각에 뜨끔하면서 모르는 결에 몸을 쏠렸다. 발악을 들으면서 눈치로 헤아려 보니 수척한 그 여인이 바로 언제인가 남구가 지껄인 연희―백화점에 있다가 민수에게 발견되고 그와 지낸 지 해를 못 넘어 버림을 받았다는 연희임을 알았다. 두 사람 사이의 자세한 곡절은 물론 알 바 없었으나 그 살기를 띤 어지러운 여인의 꼴이 영옥에게는 가엾다느니보다도 두렵게만 생각되었다.

마지막으로 약병을 집어낸 것을 보았을 때에는 벌써 그 자리에 더 서 있을 수 없으리만치 몸이 떨리고 마음이 수선거렸다. 책상 위에 놓인 핸드백을 찾아 쥐는 손도 유난스럽게는 떨렸다.

“같이 먹기 싫으면 나 혼자라도 먹을 테야. 사내라는 건 비겁하구 야비하구…….”

연희의 고함 소리에 영옥은 더 참을 수 없어 그만 열려진 문밖으로 쏜살같이 나와 버렸다. 앞으로 몇 시간 동안에 방 안의 비극이 어떻게 될까를 생각하면 소름이 돋고 머리끝이 으쓱해지는 것이었다.

벌써 민수 개인에 대한 판단의 힘조차 없어지고 한결같이 두려운 생각만이 들어 하필 그날 그 시간에 민수를 찾게 된 것을 아무리 뉘우쳐도 한이 없었다.

지난날부터 계속하여 오는 우울한 생각이 한껏 절정에 이른 것이었다.

목표의 가수의 길이 새삼스럽게 가시덤불같이 험하게 내다보였다.

7.

신인 방송의 밤이 지난 지 일주일이 넘었으나 윤주는 그날 밤의 영옥의 인상을 잊을 수 없었다. 혼자 있을 때의 그의 마음을 차지하는 것도 영옥의 자태였고 친구와 지낼 때의 그의 입을 스치는 화제도 자연 영옥의 위로 향하여 갔다. 남달리 몸이 육중하고 허울이 위대한 육 척 장정의 거한이언만 가정에 있어서의 지위는 그 반대로 초라하고 가엾어서 거센 아내의 앞에서는 소리를 잊은 쥐 행세를 하게 되었다. 세상의 비극은 항상 비뚤어진 대조에서 오는 것이어서 윤주의 처지도 이 예에서 벗어나지 않았다. 아내와 그와의 지위의 대조는 처음부터 거의 숙명적이어서 억지로 꾸며낸 노력으로서는―즉 애써 아내를 달래 본다든가 혹은 억지로 위엄을 보이려고 한다든가 하는 후천적 노력으로서는 도저히 건질 수 없는 것이었다. 이러한 가정적 불행이 그의 마음을 밖으로 향하게 하였는지 혹은 그의 마음이 너무도 허랑하고 정이 많은 까닭에 도리어 가정적 불행이 늘어가는지는 알 바 없으나 어떻든 그의 밖에서의 생활은 어지간히 어지러운 것이었다. 수많은 예기(藝妓)와의 거래는 고사하고라도 가까이 인실과의 관계도 아직 부자연스런 인연을 그대로 끌어가는 중이며 그러면서도 이제 또다시 영옥의 출현에 한눈을 팔게 된 것이다. 그러나 그 모두가 결국 가정의 불행에서 오는 것이라고 생각하는 까닭에 남구는 이날의 윤주의 하소연을 달게 들으며 맞장구까지를 치게 되었다. 바의 오후는 고요하여 두 사람의 음성만이 꺼릴 것 없이 자유롭게 흘렀다.

"대강 이만저만한 줄 알았지 그렇게 뛰어난 줄야 짐작이나 했겠소. 더 말할 것 없이 장안의 일색이구료."

"웬만하니 야단들이지 그렇지 않으면야 그렇게까지 법석을 하나요."

"명호, 민수…… 또 누구요 남구 씨도 한몫 끼었죠 아마."

"그다지 명예롭지도 않습니다만 헛물들을 켜면서—생각하면 우습지요들."

"땅 위 일이란 결국 그런 것이 아니오? 우스울 것도 불명예 될 것도 없지. 자리만 있다면 나도 한구석 비집고 들겠소. 서로들 싸우고 겨루고 떠 보고 하다들—이기고 지는 것이지. 그 격식이 짐승사회와 같다고 반드시 부끄러울 것은 없잖우."

"문제는 저편 뜻에 달렸는데 가장 중요한 편의 의사는 접어 놓고 이편에서들만 법석을 해야 헛일이란 말이지요."

술들이 웬만치 돈 까닭에 말들이 허랑하여 갔으나 남구는 취중에서도 한편 맑은 정신으로 반성할 때에 애무한 한 사람의 의젓한 인격을 도마 위에 올려놓고 뭇 머슴들이 멋대로 의논하고 작정하고 난도질하는 것이 한없이 부끄러워졌다. 사내인 까닭으로의 그러한 특권이 용납되어야 옳을까 되지 않아야 옳을까 하는 의혹이 늘 마음속에 뱅돌면서 윤주의 술과 말을 받음이 도무지 꿈속의 일같이만 생각되었다.

"그의 맘이 그렇게도 굳은가?"

"수월한 줄 알었나요?"

"아무리 굳어도 이편 정성만 지극하다면야."

"어디 최대한도의 정성을 보여 보시지요. 휘어드나 어쩌나."

"될 법하오? 한목 대서 보게."

윤주는 바짝 마음이 당기는지 그 육중한 몸을 앞으로 쏠리고 남구의 눈을 떠 보려는 듯이 노리며 술잔을 들었다. 그 야단스런 꼴이 남구에게는 어리석게도 보이고 한편 두렵게도 보였다.

"―그이만 얻을 수 있다면 난 현재의 모든 것을 버려도 좋겠소―지위도 사람도 집안도 모든 것 다."

민수는 아파트에서의 그 변이 있은 후로는 다시 영옥과도 만날 수 없는 처지에 인실과 가까이 지내는 날이 별안간 많아졌다. 연희의 절박한 자살극의 한 막이 있었건만 어떻게 두루뭉술여 해결을 지었는지 적어도 인실과 거리를 걸을 때의 민수의 거동에는 그런 복잡한 기억의 자취는 티끌만큼도 보이지 않음이 신기하였다. 뱀장어같이 미끄러워 손아귀에 휘어잡을 수 없는―잡았다고 생각하면 어느 결엔지 손가락 사이로 미끄러져 빠지는―그것이 그의 살아가는 태도인지도 모른다. 그런 태도로 사랑과 사랑 사이를 능란하게 헤엄쳐 건너는 것이 그의 일생일는지도 모른다. 인실과 만날 때에는 늘 천연스럽고 그 천연스런 속에서 놀랍게도 애정을 익혀 가는 것이었다.

인실은 인실로서 또한 정이 많아서 윤주와의 오래된 애정의 거래가 있으면서도 민수와의 사랑은 또 그것으로서 충분히 천연스러운 것이었다. 일종의 사랑의 카멜레온이라고 할까. 윤주를 대할 때에는 윤주의 빛으로, 민수를 대할 때에는 민수의 빛으로―경우 경우를 따라서 각각 몸에 맞는 빛으로 몸을 채색하고 장식하는 것이 인실의 놀라운 천재였다. 민수의 생활에 연희와의 파탄이 있은 후로는 더욱 그와 밀접하게 되어 윤주의 눈앞을 거리낄 것이 없었고 고삐 놓인 말의 자유를 그는 마음껏 즐길 수 있었다. 윤주 편에도 인실의 행동에 참견할 아무 힘도 없었고 감정적 요구도 굳이 느끼지는 않았다. 가령 서로 한자리에 앉게 되었을 때에도 피차의 행동은 극히 자유로워서 거역을 하든 한눈을 팔든 피차의 임의였다.

민수와 인실의 동행은 요사이에 들어 별안간 잦아진 것이다. 그날도 두 사람은 늘 하는 버릇으로 거리를 휘돌아 찻집을 모조리 들춘 끝에 술까지 구하게 되었다. 민수의 그 드러내 놓은 자포자기적 태도는 물론 영옥과의 실패에서 온 것이기는 하나 그렇게 부질없이 거리를 휘돌아치는 꼴이란 별수 없이 한 사람의 무위의 거리의 청년의 표본으로밖에는 보이지 않았다. 두 사람이 들어간 바가 공교롭게도 윤주와 남구가 앉아 있는 바로 그 곳이라고 하여도 민수와 인실은 조금도 뜨끔할 것이 없으리만치 마음들이 유하여졌고 윤주 또한 심드렁한 태도로 두 사람을 천연스럽게 맞이하였다.

"시위운동인가. 낮부터 이렇게 무장들을 하고 돌아단기게."

오히려 이 정도의 농을 거는 윤주였다.

"만나고 보니 정말 시위행동같이 됐으나 용서하시오. 숨어서 농간을 부리는 것보다는 도리어 내놓고 무장하는 편이 속임은 없으니."

농은 농으로 이렇게 넌지시 받게 된 것이 민수의 요사이의 발전이라면 발전이었다.

"용서니 무엇이니—민수쯤이 그런 촌스러운 소리를 할 줄은 몰랐소. 나 역 피차의 그만쯤의 도덕을 이해하지 못할 내가 아닌데.”

“도덕 — 악덕이지 도덕이야?”

인실이 따끔하게 쏘아붙일 때에 그를 곁눈으로 비스듬히 가로보며

“인실에게서 도덕의 항의를 들을 줄은 꿈에도 몰랐네.”

싱글싱글 웃는 윤주.

“— 어떻든 잘 만났소. 지금 막 영옥 씨 얘기를 하고 있던 판에 민수 씨야 영옥 씨에 관해서야 횅하실 테니 이야기두 더 듣구 도움두 받을 테구 —.”

윤주는 새삼스럽게 남구를 곁눈질하고 다음으로 민수를 바라보았다.

“내 앞에서까지 뻔질뻔질하게 그런 소리를 할 젠 상당히 대담해졌는데.”

인실은 여자로서 자기 앞에서의 다른 여자의 화제를 못마땅하게 여기는 눈치였으나 윤주에게는 벌써 인실과 영옥은 같은 처지의 여자는 아니었다. 그의 앞을 꺼릴 것 없이 얼마든지 말할 수 있었고 그것으로써 도리어 인실의 마음을 찔러보고도 싶은 충동까지 없지 않았다.

“영옥에게 관해서 횅하다구요? — 글쎄요, 잘 안다면 알고 모른다면 모르고 — 그는 발서 내 뜻 밖의 사람, 내 힘 밖의 사람이니까요.”

이렇게 말하는 민수의 가슴 한구석에는 영옥과의 쓴 한 장면의 기억이 새로 솟아나와 그를 불유쾌하게 비웃는 것이 사실이었다.

“영옥 — 난 되려 그를 미워할는지도 모르죠.”

“그렇다면 — 그런 다행은 없소. 그를 미워하고 그가 뜻밖의 사람

이라면 내겐 더 큰 기쁨이 없겠소. 내가 가장 두려워한 것이 터놓고 말하면 민수 씨였었소. 민수 씨가 참으로 영옥을 미워한다면 그때엔 날 도와주어도 좋잖겠소. 참으로 미워한다면—어떻소. 대답해 보시오."

윤주의 한마디 한마디는 동요하는 민수의 마음을 마치 마술같이 한 고리 한 고리 잡아나꾸어 목적의 함정에 빠치기에 족한 효과를 가진 것이었다. 설레는 마음이 부채질하는 바람에 짜장 활활 불붙어서 뜻에 있는지 없는지 나중에는 흥분된 구절을 뱉게 되었다.

"미워하구 말구요, 내가 지금 세상에서 제일 미워하는 것이 영옥이오. 제일 경멸하고 싶은 것이 영옥이오."

처음부터 잠자코 있던 남구는 민수의 뜨거운 그 한마디에서 말 뒤의 그 무슨 곡절을 민첩하게 짐작하고 불쾌한 시선을 동무에게서 옮기면서 딴전을 보았다. 두 사나이의 회화가 도무지 마음에 거슬리는 불측한 것으로밖에는 들리지 않았다.

"그러면 모든 것이 해결이오."

윤주는 기운을 얻은 듯이 호기롭게 술을 마시고 잔을 민수에게 권하면서

"—이왕 이렇게 된 바에야 꺼릴 것이 있겠소. 우리 피차 친구로서 한 개의 약속을 가지는 것이 어떻소. 이미 민수 씨의 마음을 들었고 내 맘이 또 얼마나 간절한가를 아신다면 그다지 이해하기 어려운 것이라고는 생각지 않는데—."

"무슨 조약이든지 맺읍시다."

"—이미 인실을 차지하신 터이니 대신으로 영옥을 사양하시란

말이오.”

“좋구 말구요, 얼마든지.”

“남구 씨와도 말했지만 난 지금 모든 것을 희생하야도 좋소. 가량 내 지위—민수 씨의 힘으로 뜻을 이룬다면 난 현재의 지위를 그대로 드릴 작정이오. 농담이 아니라 정말.”

“옆에는 사람이 없는 듯이들—뻔질뻔질하구 아니꼬아서 못 듣겠네.”

인실은 사실 더 견딜 수 없어 날카롭게 외치고는 자리를 차고 일어나 앞 탁자로 가 버렸다. 남구야말로 처음부터 불쾌한 생각을 참기 어려워 자리를 뜨려던 차에 인실의 거동에 암시나 받은 듯이 같이 자리를 일어나 자연 그와 동석이 되었다.

“사내 녀석들같이 주제넘고 불측한 동물들이 있을까. 여자를 마치 물건인 양 중간에 세우고 제멋대로들 거래를 하랴는—어느 세상이 되면 그 버릇들 고쳐질까.”

남구도 인실이 말하는 그런 한 사람의 사내이기는 하나 그 자리에서는 도리어 인실의 말에 절대의 동감을 느끼게 되리만치 두 사람은 농부의 쌀늘이 비록 취중이라고는 하여도 불쾌한 것이었다.

“문예부장의 자리와 사랑과—교환조건이 그다지 빼뚤지는 않죠.”

“힘껏 해 보리다.”

두 사나이의 배포는 어지간히들 유들유들하여서 아마도 조약의 마지막 다짐인 듯이 악수를 한 후 술잔을 나누는 것이 옆눈으로 보였다.

윤주의 태도는 잠시 묻지 말고 확실히 그때까지 영옥을 사모하여 오던 민수의 그 경망한 태도가 남구에게는 수수께끼였다. 그 무슨 변이 있었다고 하고 거기에 대한 복수의 심사에서 나온 것이라고 하더라도 한 사람의 인격에 관한 일인 만큼 경솔하고 비루한 그의 행사를 동무로서 슬퍼하였다. 그 자리로 일어나서 정신이 번쩍 들게 두 사람에게 톡톡히 주먹다짐이라도 하고 싶었으나—그것도 못하는 자기 자신을 더한층 슬퍼하였다. 그러나 그 원한을 약간이라도 풀어 준 것이 있다면 인실의 별안간의 의분에 넘치는 짤막한 거동이었다.

"야비한 즘생들."

민수와 윤주의 악수가 끝나고 막 술잔들을 쳐들었을 때에 인실은 더 견딜 수 없어 한마디 짧게 외치며 들었던 자기의 잔을 두 사나이에게로 다따가 내던진 것이다. 문득 들었던 잔들을 떨어뜨리고 이쪽을 노릴 때에 인실은 뒤이어 술병을 던졌다. 민수는 안경을 잃어버리고 윤주의 낯에는 술이 번지르르 흘렀다. 어안이 벙벙하여 한마디의 말도 없을 때 인실은 갈퀴진 한마디를 날카롭게 던졌다.

"안된 것들 같으니. 세상의 착한 사람을 위해서 그 자리로 혀를 물고 꼬꾸라져도 싸겠다."

그 꼴들을 더 보기 어려워 남구는 눈을 징긋이 감으며 자리를 벌떡 일어섰다.

8.

사랑의 기쁨은 굴복을 할 때보다 굴복을 받을 때가 크다.

비록 한 장의 엽서였건만 영옥이 그렇게까지 기뻐한 것은 순도가 은근히 굴복해 온 까닭이다. 피차에 고집스런 마음으로 어느 편이 꺾이어 드나 하고 기다리던 판에 기어코 순도 편에서 먼저 말을 걸어 온 까닭이다. 문밖 고요한 교외에서 하루를 이야기하고 지내자는 간단한 사연이 영옥을 날듯이 기쁘게 하였다. 날을 두고 달을 두고 괴어 온 수심이 한꺼번에 개이는 듯도 하였다.

이튿날 영옥은 원족을 떠나는 아이같이 가벼운 마음으로 집을 나서 약속한 교외를 찾았다. 오래간만에 보는 벌판, 언덕, 초목들이 모두 마음을 뛰놀게 하는 것들뿐이었다. 푸른 하늘을 우러러보면 흰 구름을 잡아타고 금시에 날 듯도 싶었다.

순도를 만난 것은 언덕을 넘은 풀밭에서였으나 일껏 사람을 불러내 놓고도 막상 만나서는 인사 한마디 걸지 않았다. 영옥은 마음 같아서는 오래간만에 만난 터에 순도에게 몸을 솔리고 실컷 응이라도 부리고 싶었으나 말이 없는 이상 그럴 수도 없어 그의 곁에 묵묵히 앉은 채 그의 입이 떨어지기만을 기다렸다. 마음을 뛰놀게 하던 초목도 하늘도 구름도 사랑의 말이 없는 속에서는 다시 의미 없는 것으로 변하였다. 은근한 사랑에는 말이 필요하지 않을까, 말의 실마리를 얻기가 부끄러운 탓일까. 먼저 휘어들기가 싫은 탓일까. 세상에 문학청년이라는 것은 대체 무슨 턱에 무엇을 믿고 그렇게도 교만하고 고집스러울까. 의미 없이 풀을 쥐어뜯으면서 영옥은 순도의 마음속을 이모저모로 헤아려 보았다. 누가 어디 먼저 말을 걸게 되나 보자 하고 은근히 마음속으로 으르고 있는 듯도 한 무거운 침묵이 두 사람 사이에 가로막혔다. 물론 비록 말은 없다 하더라도 순도와 같이 있는 시간이 영옥에게는 가령 명호나 민수나 남구나 그 어떤 사람과 같이 있는 시간보다도 행복스러운 것이기는 하나 그만큼 침묵은 한결 안타까운 것이었다. 먼 바다의 기선같이도 굼뜬 한 조각의 흰 구름이 맞은편 언덕 위 백양나무 사이를 완전히 벗어날 때까지도 두 사람은 그 구름을 우러러볼 뿐 벙어리같이 잠잠하였다.

"어느 때까지나 잠자코만 계시구―실례라고 생각지 않으세요."

구름에서 암시나 얻은 듯 영옥은 이윽고 몸을 일으키면서 한마디 게정을 부렸다.

"할 말이 퍽도 많은 듯하드니 막상 만나고 보니―."

순도도 덩달아 일어서면서 비로소 입을 열었다.

"무엇보다도 앞으로 어떻게 할 작정인지도 알고 싶고―."

지향 없이 발을 옮기기 시작하였다. 앞에는 또 다른 언덕이 가리워 있었다. 두 사람은 풀밭을 걸어 내려 좁은 언덕길을 더듬어 올랐다.

"어떻게 했으면 좋겠어요."

"내 길도 옳게 못 잡는 형편에 다른 사람 몫까지 알 수야 있소."

"기껏 그렇게 대답하실 것을 당초에 말은 왜 내세요."

영옥은 샐룩해지면서 발끝으로 대중없이 풀잎을 찼다.

"어떻게 대답하면 좋단 말요."

속에는 가득히 품으면서도 그것을 마음껏 표현하지 못하는 안타까움에 순도도 할 바를 모르고 실상은 마음을 죄일 뿐이었다. 길바닥의 돌멩이를 집어 뜻 없이 언덕 위로 팔매를 던지는 것이 화풀이도 되고 심심풀이도 되었다. 돌은 언덕을 휘엿이 넘어서는 보이지 [illegible]는 그 너머로 떨어지곤 하였다. 순도는 어린아이와 같이도 몇 번 [illegible] 돌을 집어서는 언덕 너머를 겨누었다.

“[illegible]해요—그 넘에 집이 있어요.”

보다[illegible]해 영옥이 순도의 팔을 나꾸었다.

“빈집[illegible]—상관있나요.”

“아무리 [illegible]집이래도 집에 돌을 던지면 꾸중을 듣잖어요.”

“누구에게[illegible]”

“서양 마마[illegible]게요.”

어느덧 언[illegible] 너머 지붕이 보이기 시작하더니 언덕을 오르는 동안에 산허리에[illegible] 외채의 양옥이 드러났다. 회사엔지 다니는 외국사람 부부가[illegible]었다가 조그만 가정적 갈등으로 해서 아내가 본국으[illegible]자 남편 혼자 빈집에 살기도 멋쩍어서 어딘지로 옮겨 버린 후 완전히 비인 지가 거의 반년에 가깝다는—그런 곡절 있는 집이었다. 거리의 풍편으로 들은 그런 이야기를 마음속으로 새기면서 두 사람은 언덕을 내려 빈집 후원께로 가까이 갔다. 창 안으로는 휘장이 가리워져 있고 짐승 소리 한마디 없는 감감한 속에서 후원의 나무와 풀만이 철망 안에 우거질 대로 우거져 있는 것이 그 무슨 이야기 속의 집과도 같은 신비로운 느낌을 두 사람에게 주었다. 벽으로 얼크러져 올라간 담쟁이 그늘에는 그 무슨 이야기의 나머지가 서리어 있는 듯도 해서 그것이 알 수 없이 마음을 당겼다. 보지 못한 외국사람 두 양주는 담쟁이넝쿨 속 벽 안에서 어떤 살림을 하였을까. 두 사람이 갈라진 이유는 대체 무엇이었을까.

"이왕 빈집이니 기웃거려 볼까요."

문득 호기심을 느끼면서 영옥이 제의하였다.

"돌을 던지면 꾸중을 들어두 기웃거리면 꾸중 듣지 않나."

순도가 싫은 소리로 대답할 때 영옥은 그러나 벌써 철망 사이에 다리를 걸고 있었다. 몸만은 들어섰으나 철망에 걸린 치마폭을 수습하노라고 애를 쓰건만 순도는 그것을 부축해 줄 만큼의 재치도 보이지 않는다. 영옥이 완전히 철망에서 손을 뗀 후에야 순도는 혼자 스스로 뒤를 이어 뜰 안으로 들어섰다. 확실히 불만을 품은 영옥은 한 걸음 먼저 그 자리를 떠나 담장을 등지고 남쪽 벽에 기대어 섰다.

"여자가 항상 제일 원하는 것이 무엇인지 아세요?"

"수수께끼를 거는 셈이오?"

"친절이에요. 따뜻한 마음이에요—아무리 사내 양반이기루 왜 그리 무뚝뚝하세요, 늘."

"내겐 원래 그런 미덕이 없나 부오. 억지로 친절하게 하고 싶지 않을 젠."

"마음에 없으니까 그렇죠."

"그런 뜻의 따뜻한 마음이라면 난 굳이 보이고 싶지 않소. 웃음이라든지 아첨이라든지 재미있는 이야기라든지라면 얼마든지 그런 것을 보이는 사람들이 있잖우—가령 명호나 민수나 그런 지도자들."

"지도자들이 어쨌단 말에요."

영옥은 짜증을 내며 몇 걸음 옆으로 물러섰다.

"왜 늘 그렇게 빈정만 대세요. 그것이 사랑이에요? 사랑이 그래야 돼요? 왜 좀 더 달리 사랑의 마음을 표현하시지 못해요? 늘 윽박어만 댄다면 그것이 미움이지 사랑인가요?"

"어떻게 표현하란 말요? 이것이 내겐 기껏의 표현인데. 나도 실상 어쨌으면 좋을는지 몰라서 그러우."

순도는 사실 어쩔 줄을 몰라서 그 자리에 그대로 아이 모양으로 주저앉아 버렸다.

"―가령 내가 달아날 때 쫓아와서 왜 붙들어 주시지 못하세요. 따뜻한 말을 던져 주시지 못하세요."

영옥도 넘치는 감정을 억잡을 수 없어서 문득 순도에게 달려들며 전신을 솔렸다.

"―제발 더 빗나가지 마세요. 솔직한 마음을 보여 주세요. 냉정하게 구실 젠 제 마음은 저며 내는 것같이 괴로워요."

두 사람은 복받치는 감정을 못 이기고 한데 휩쓸려 그 자리에 쓰러졌다. 순도는 영옥의 따뜻한 체온 속에서 목소리를 놓고 울고 싶었다. 맞닿는 그의 부드러운 입술을 어느 때까지나 놓고 싶지 않았다. 늘 원하고 바라 온 것이 그런 무더운 사랑의 기쁨이었었건만 그것을 대담하게 구하지 못하고 표현하지 못한 것이 생각하면 부끄러웠다. 대체 무엇을 가운데 두고 마음이 지금까지 그 테두리를 한결같이 뱅돌았던지를 알 수 없다. 피차에 처음으로 주고받는 열정에 두 사람은 꿈속에 있는 듯이 혼몽하였다. 잠시 동안 온전히 말을 잊었다. 말없는 열정 속에서는 무슨 생각이 솟아야 옳을 것인지 순도는 모든 것을 잊어야 할 그 무더운 사랑 속에서 오히려 한 갈피의 욕심이 솟아오름을 슬퍼하였다. 사랑의 욕심은 항상 질투에서부터

온다.

"강남레코드에 나갈 작정이오?"

이렇게 물은 순도의 한마디는 질투 이외의 아무것도 아니었던 것이다.

"글쎄요. 멋처럼 희망했던 길을 중간에서 일부러 버릴 수도 없고 어떻게 했으면 좋을는지요."

"윤주라는 위인이 웬일인지 비위에 안 맞는구려. 생긴 품이 음탕한 즘생 같어서 은근히 걱정돼서 하는 말이오."

"세상의 사내란 사내는 왜 모두 그런지요. 윤주뿐이겠어요. 민수란 양반도 점잖은 줄 알았더니 알고 보니 망나니예요."

"그런 것을 날 보고 그 사람같이 하란 말요. 어쩌자는 생각인지 속을 알 수 없구려. 내가 그 사람들을 결코 좋아하지 않는 줄을 뻔히 아는 처지가 아니오."

"그럼……. 나를 의심하는 말씀이죠."

영옥은 불쾌한 생각이 들면서 혼자 자리를 일어섰다.

"정색할 필요야 있소. 의심하지 말라는 말요?"

"얼마든지 의심해 보세요."

영옥은 손을 번긴 듯이 화를 내며 달아나는드키 철망께로 내뺐다. 그 거동에 문득 순도도 노염을 품고 자리를 일어섰다.

"의심하고 말구—밤낮 마음을 괴롭히는 것이 그 생각이오."

"사람을 무시해두 분수가 있죠."

영옥은 얼굴을 붉히면서 혼자 허둥허둥 다시 철망을 타 넘었다.

"사람의 속을 뉘 알꼬."

순도의 이 한마디가 거의 치명적이었다. 날카로운 소리가 나며 급스럽게 서두는 영옥의 치맛자락이 철망에 걸려 보기 좋게 찢어졌다. 노염과 격동을 못 이겨 영옥은 너펄거리는 치마폭을 돌아다보지도 않고 도망이나 하는 듯 쏜살같이 언덕을 달았다.

(—사람의 속을 뉘 알꼬.)

순도는 고집스럽게 한 번 더 마음속으로 이것을 외쳐 보며 아무 감정도 없는 목석같이—기실은 용솟음치는 뭇 감정으로 가슴이 터질 듯도 하였으나—영옥의 뒷모양을 우두커니 바라만 보고 섰었다.

마음의 싸움이 왜 항상 사람을 이렇게도 괴롭히나를 생각할 때 영옥은 숨차게 달으면서도 안타까운 심정에 차라리 이대로 솔곳이 사라졌으면 하고 느꼈다. 물론 우두커니는 서 있을지언정 순도도 똑같은 생각을 마음 한편에 떠올리고 있기는 일반이었다.

9.

영옥이 명호와 옥주의 결혼식에 참례한 것은 교외에서 어설프게 작별하게 된 순도에게 대한 일종의 심술인 셈이었다. 보라는드키 보내 온 청첩을 받았다고는 하더라도 군이 출석할 필요는 없었고 아니꼬운 마음에 도리어 싫은 생각도 들었으나 부러 고집을 피우려는 심사로 몸단장까지를 가뜬하게 한 것이었다.

결혼식도 유달리 야단스럽기는 하였다. 음악협회 일동의 축하의 합창이 있었다. 성스러운 합창 소리가 장내를 더한층 높게 보이고 엄숙하게 가라앉혔다. 음악 속에서는 신랑과 신부의 자태도 한층 엄연하게 보이는 것이었다.

영옥도 지난날에 꿈결 같은 속에서 몸으로 한 번 겪어 본 광경이 언만 떨어져서 그것을 방관할 때에는 또 다른 감상이 솟았다. 이미 헤적거려 본 육체요, 헤벌어진 마음인지도 모르건만 단지 예복으로 단장하고 면사포로 얼굴을 가리웠을 뿐으로 그렇게도 엄숙하고 단정한 것으로 보이는 것일까. 그 한 쌍은 마치 주위 사람들과는 동떨어져서 세상에서 특별히 선택된 신령스런 한 쌍과도 같이 보였다. 결혼식이란 결국 예복과 면사포로 어마어마하게 무장하고 세상 사람에게 장엄한 인상을 주는 일종의 시위운동일는지도 모른다. 옛사람이 예식이라는 것을 꾸며 냈을 때에는 으레 그런 뜻에서 나온 것이겠지만 예복의 우상에서 벗어난 신랑과 신부의 다음날부터의 누그러진 가정생활이라는 것을 생각할 때 사람의 하는 짓이 도대체 야단스럽고 주체스럽게만 여겨져서 영옥은 아닌 때 생각이 자꾸 비판적으로만 들어갔다.

그러나 어떻든 의젓한 두 사람의 자태에 비길 때 그 외 사람들은 모두 금줄을 친 테두리 밖 사람같이만 보였고 더구나 자기의 자태는 외모로나 마음으로나 너무도 초라한 것으로 느껴졌다. 안경을 쓴 옥주의 야무러진 얼굴이 한층 자랑스럽게 보이고 가슴속에 갈피갈피의 비밀을 감추었을 명호의 태도가 능청스럽고 점잖게 보였다. 모르는 숲 속에 외롭게 섞여서 두 사람을 바라보기가 쓸쓸하여지면서 자신의 꼴이 새삼스럽게 내려다보이곤 하였다.

"왔었구먼."

등 뒤에서 귀 익은 목소리 들린 것이 다행이었다. 애란이었다.

"왜 이런 데 숨어서—."

동무의 목소리를 반갑게 여기면서 영옥은 그의 손을 붙들었다.

"—남의 틈에 숨어서 결혼식을 보는 것같이 초라한 꼴은 없는데."

"눈에 띄는 건 더 창피할 것 같애서."

영옥은 픽 웃어 보였다.

"그래두 명호의 요량으론 영옥이 오늘의 주빈일 듯싶은데."

애란도 웃음으로 대답한다.

"비꼬는 요량으로."

"사람의 속을 뉘 알게. 저렇게 나란히 선 것을 보면 세상에는 저 둘밖엔 없는 것같이 정답고 평화롭게 보이지. 그러나 알고 보면 오늘 이 시간까지두 둘 사이에 옥신각신이 삐지 않었다나. 영옥이 이름두 두 사람 입에 안 올랐을 줄 아나."

"그래서 꼴 좀 봐 달라구 청첩을 보냈단 말인가."

"적어두 옥주의 짓 같애, 내 짐작으론—생긴 걸 보지, 여간내긴가. 그러니깐 차라리 앞에 나서 버젓하게 노려 주는 것두 대거리가 돼서 좋을 것 같애."

"대거릴해선 무얼하누."

영옥이 움직일 양도 하지 않고 섰는 것을 보고 애란도 그 자리에 머무르기로 하였다.

"놀라운 소식 또 하나 말할까."

장황한 주례의 말을 듣기도 지리하여서 애란은 한참이나 있다가 또 귓속말을 지껄였다.

"—오늘만에 드는 결혼비가 얼마나 되는지 짐작이나 하나? 놀라지 말라, 일금 오천 원야(也)라. 그 대부분을 옥주 편에서 댄다나. 신랑 측보다두 저 신부 측의 위세들을 보지, 얼마나 장관인가. 피로연은 호텔서, 신혼여행은 금강산으로."

단 둘이 홋홋하게 만난 까닭인지 애란은 전에 없이 말이 많고 수다스러웠다. 영옥은 오래간만에 입이 무겁던 동무에게서 한 사람의 가십쟁이를 본 듯도 하였다.

"옥주 학교 사직한 소문 들었나? 결혼 후에는 구천 원짜리 문화주택에 얌전한 가정인으로 들어앉는대. 현모양처가 또 한 분 생기는 셈이지. 양처—제발 착한 아내나 되라지."

거의 혼자만 지껄이다시피 하는 애란의 입살이 명호는 싸 두고 여자끼리인 옥주 한 사람에게로만 던져짐이 영옥으로서는 애숙도 하였다. 그러나 한편 잠자코만 있기가 미안도 하였다.

"쓸데없는 말을 내가 왜 이리 야단스럽게 늘어놓는고 하면—."

애란의 말은 가려운 데까지 손이 닿았다.

"—도대체 오천 원이니 문화주택이니 피아노니 하는 것이 아니꼬아서 하는 말야. 오천 원을 쓰랴거든 쓰구 문화주택을 지으랴거든 짓지 그런 것은 가만이 잠자코나 할 일이지 무엇이 장하다구 소문을 내구 거리의 이야깃거리를 만들어 내랴고 하느냐 말이지. 옥주의 약은 계책으로 은근히 활짝 선전을 하구 소문을 낸 눈치니 천하에 근성머리가 더럽단 말야. 뒤집어 보면 그게 우리 여성 전체에 대한 도전이 아니구 무어야. 모욕이 아니구 무어야. 왼통 누가 부러워하구 장해 여기나 부지. 비위 사납게 천박한 것—그런 눈치를 알면서 오늘두 올 걸 왔나. 꼴 좀 비웃으러 왔지. 내주장하구 인제 집꼴 되나 보지. 제일 가여운 게 명호야. 평생 환관 노릇을 하구 집안에선 깔리워만 지낼 신세니."

장황은 하였으나 듣고 보니 그럴 법도 하였고 애란의 말 속에는 영옥 자신이 하고 싶던 말도 많았다. 명호와 옥주의 숨겨진 내막을 우연한 기회에 톡 털어 본 듯도 하여서 시원도 한 한편 가엾기도 하였다. 그러려니 짐작하지 못한 바는 아니었으나 막상 또렷이 듣고 보니 일종의 환멸조차 느껴졌다. 대답할 말을 몰라 짐짓 잠자코 있는 동안에 결혼식도 거의 끝나는 모양이었다.

백년해로의 계약을 마친 새 부부는 나갔던 길을 되돌아 나왔다. 양편 숲 속에서 날아드는 오색 테이프의 얼크러진 줄이 걸어 나오는 두 사람을 친친 얽고 뿌려지는 쌀이 길 위에 천하게 널려졌다. 장내가 어지럽게 수물거렸다. 내막을 털어 본 후이므로 그런지 영옥에게는 두 사람의 자태가 새삼스럽게 찬찬히 바라보였다. 알뜰히 바라보려고 고개를 사람들 어깨 사이로 기웃거리는 동안에 수물거리는 파도에 휩쓸려 영옥의 몸도 밀리고 있었다. 두리번거리는 사이에 어디로 사라졌는지 애란의 자태조차 놓쳐 버리고 어느덧 회당 문이 미어지게 꾸역꾸역 나가는 숲 속에 쌓여 있었다.

움직이는 사람들 가운데에는 면목 있는 얼굴도 간혹 눈에 띄기는 하였으나 그 복잡한 속에서 자기의 모양이 문득 민수의 눈에 띌 줄은 몰랐다.

"어디 계신가구 찾었드니—."

옆을 스치고 나선 것을 보니 뜻밖에 민수였던 것이다.

"드릴 말두 있구 한데 마침 잘 만났습니다."

언제인가 그의 아파트에서 그 불측한 짓이 있은 후로 처음 만나는 것이었으나 그 당장 같아서는 노여운 마음에 다시 만나고 싶지도 않고 눈도 지릅떠 볼 것 같지 않던 것이 시간이 흐르면 마음도 누그러지는지 그 자리에서 영옥은 노염을 피울 수도 없었다. 민수의 태도부터가 아무 일도 없었던 듯이 천연스러웠고 그 판에 영옥도 굳이 그를 꾸짖을 수는 없었다.

"위선 피로연에 같이 가셨다가—."

민수는 혼자 작정으로 은근히 영옥의 마음을 나꾸어 보려는 눈치였다.

"거길 뭣 하러요. 여기 나온 것두 가장껏 정성인데."

어느덧 마당에까지 밀려 나왔었다. 넓은 마당에서는 밀렸던 파도도 헤트러지면서 빽빽하던 사람들이 제물에 듬성듬성 헤트러졌다. 등대하고 섰는 여러 대의 자동차가 기우는 햇빛을 받고 검은색으로 눈부시게 빛났다. 신랑신부가 탄 뒤로 차례차례로 가족들과 들러리들이 올라 차는 한 대씩 뒤를 이어 움직이기 시작하였다.

"명호의 특청두 있구 했으니 가시죠—오늘 손두 바쁘다구 해서 친한 내빈들의 뒷갈망을 제가 맡다시피 했는데요."

민수는 차 소리에 충동을 받은 듯이 조급하게 재촉한다.

"안 가요."

"얼른 타세요."

자동차를 가리켰으나 영옥의 대답은 한결같았다.

"싫다니까요."

"실상은 피로연보다두 더 중요한 일이 있어서 그러는데요—."

민수는 하는 수 없이 말머리를 돌리는 수밖에는 없었다.

"강남회사에서는 영옥 씨의 전속 입사를 자기들끼리 임의로 결정해 버렸다는데 늦은 인사지만 거기 대한 영옥 씨 자신의 의견도 듣고 싶고 구체적으로 취입할 레코드의 곡목도 작정해야 하겠고 테스트도 한번 해 봐야겠고 해서 실상 오늘 윤주의 청으로 같이들 만나기로 했는데요. 피로연이 끝나는 대로 곧 적당한 곳에서 모이랴고—."

오래전부터 말썽이 많던 강남회사와의 교섭의 되풀이였으나 진저리가 날 지경의 그 말이언만 영옥은 그래도 번번이 그것을 단번에 차 버리지 못하는 처지였다. 가슴에 걸리는 감정의 체증이 있으면서도 청을 받을 때 외마디에 선뜻 따 버리지 못하는 그였다. 신인방송에 출연하였을 뿐, 그 후 아무런 계획도 없이 지내 오던 판에 일종의 불안과 초조조차 느끼게 되어 언제나 거세게 고집만을 피울 수도 없었던 것이다. 한참이나 잠자코 대답이 없음은 은연중에 그의 말을 받아들이는 셈이었다.

"—오늘 기회만은 놓치지 마십시오."

"피로연엔 아무래두 안 가겠어요."

"그럼 곧 윤주를 만나더래두—."

민수는 벌써 완전히 영옥의 마음을 붙들고 민첩하게 눈치를 나꾸었다.

"—어떻든 차를 타시죠."

찌뿌득은 하면서도 영옥은 마치 모르는 결에 보이지 않는 힘에 이끌리듯 차 앞으로 나서는 것이었다.

10.

영옥이 싫어하는 바람에 피로연으로 이끌 수는 없었으나 윤주를 만날 것을 칭탁하고 민수는 차를 어떤 바 앞에 세웠다. 그것으로써 결혼식 행사에서는 온전히 벗어져 난 셈이었으나 그것이 도리어 민수의 처음부터의 작정이었지 명호에게서 결혼식 내빈의 뒷갈망을 맡은 법도 없었고 그 이상 더 식의 행사에 참례할 의무도 없었던 것이다.

영옥도 피로연에서 벗어져나게 된 것을 크게 다행으로 여기며 그 바람에 민수가 권하는 대로 수월하게 바로 들어갔다.

민수는 차 대신이라고 하면서 퀴라소(curaçao)의 병을 분부하였다. 한 잔의 술이 아니라 한 병의 술이 탁자 위에 올랐다. 밑이 밭은 유리잔에 진득한 누른 술을 따라 놓고 민수는 전화를 걸러 안으로 들어갔다. 회사에 있는 윤주를 부른다는 것이었다.

차 대신이라는 바람에 영옥은 잔의 술을 입에 대었다가 단바람에 한 모금 머금어 보았다. 단술과도 같아서 눅진하게 목을 눅이는 품이 만만할 듯싶어서 한 잔을 완전히 켜 버리는 판에 민수는 마침 윤주가 잠깐 자리에 없다는 뜻을 전하면서 전화에서 돌아왔다.

"좀 있다 다시 걸기로 하구—술맛이 아니구 홍차 맛쯤밖엔 안 되죠."

비인 영옥의 잔을 채우고 자기 몫을 단모금에 마시는 것이다. 기름한 질그릇 병에서 나오는 감빛 술을 영옥은 짜장 홍차쯤으로 짐작하면서 그 단맛에 유혹을 느끼기 시작하였다.

"병째로 청했으니 얼마든지 드시죠. 그까짓 차쯤."

농을 농으로 받으면서 영옥은 술잔을 사양하지 않았다.

"언제인가 아파트에서 실례가 많았으나 벌써 잊어 주셨겠죠."

차차 누그러져 가는 영옥의 모양을 가늠 보면서 민수는 묵은 이야기를 풀어냈다.

"그러나 불측한 소리 같지만 과히 노여하지 마실 것은 그만한 허물은 남자 치고는 여사란 거요. 남자 된 특권—이야 무슨 특권이겠습니까만 일종의 숙명이라고두 할까요. 아마도 지금 이 거리의 사내 치구 누구나 그만한 장면 겪지 않은 사람, 그만한 허물 가지지 않은 사람은 없을 게니요. 적어도 마음을 쪼개 보면 누구나 그만한 일 저지를 위험성은 다 가졌고—결국 평생에 그런 기회가 닥쳐오나 안 오나가 문제일 뿐이라는 걸 알아주십시오."

"……."

"제 입으로 말하긴 변명 같아서 대단히 불리합니다만 알구 보면 남자란—사람이란 그런 겝니다. 내가 지금 이 자리에서 세상의 남자를 대신해서 이 비밀을 고자질한다구 내게 항의할 남자두 없겠거니와 그런 자격을 가진 사내라곤 세상에 태어나지도 않었겠죠."

"……."

"연희 말만 들으면 내가 세상에서 제일 고약한 사내인 셈이지만 피차에 이해만 어그러지면 사람이란 별말이래두 다 하는 법. 날더러 말하라면 내가 그다지 고약한 사내두 아니거니와 연희의 처지가 그렇게 불행할 것두 없구—실상은 현재두 될 수 있는 대로 정성껏 뒤를 보살펴 주는 처지인데 지나친 발악은 쓸데없는 센티멘털리즘일 뿐."

술잔을 거듭하면서 민수는 싱숭생숭 말이 많았으나 단술에 맛을 들인 영옥에게는 그것이 그다지 불쾌한 말들은 아니었다. 별반 반감도 동감도 없이 한 귀로 흘릴 정도로 심드렁하게 듣고 있었다.

"여자를 두고 움직일 때의 사내의 마음이란 것이 원래 고약한 것은 아니지만 경우에 따라 빗나갈 때에 고약하게 나타나는 수도 있겠죠. 결국 생각하면 항상 원인은 여자에게 있기 때문에 죄는 그편이 더 많은 것 같은데—가령 세상의 악마라는 것도……."

무엇을 생각하였던지 민수는 거기서 말을 멈추고 문득 다시 전화를 걸러 안으로 들어갔다. 노엽던 마음이 그만큼이라도 풀리는 것은 술의 덕일까 하고 영옥은 퀴라소의 잔을 신기한 것으로 노려보았다. 마음은 별 궁리 없이 단순하게 가라앉아 갔다.

민수는 부리나케 전화에서 돌아오더니 부랴부랴 영옥을 재촉하였다. 윤주는 벌써 장소를 정하고 먼저 그리로 가서 두 사람 오기를 기다린다는 것이었다. 급스럽게 서두르는 바람에 영옥은 바를 나온 것이며 자동차에 오른 것이며 거나한 정신에 도무지 꿈속 일만 같았다. 벌써 불이 들어온 거리를 달리는 차가 하늘을 달리는 날개인 듯 유쾌하였다.

"좀 야단스런 것 같지만 오늘은 회사로서의 정식 초대라나요. 그래서 특별히 이런 장소를 골랐다는군요."

어두워 가는 뒷골목에서 차가 섰을 때 민수의 설명을 듣고 보니 딴은 조금 거추장스럽게 큰 요정이었다. 그런 길은 처음인 영옥이 문간에서 얼마간 주저는 하였으나 결국은 수월하게 들어서게 된 것은 역시 술김이었을까. 사실 만만히 보고 잔을 거듭한 단술의 효과는 처음에는 몰랐던 것이 차차 그 효험을 나타내는 것이었다. 요정에 들어섰을 때의 그의 눈청은 벌써 바를 나올 때의 아직도 맑던 그 눈청은 아니었다. 다리의 맥도 어딘지 없이 허전거렸다. 복잡한 복도를 꼬부라져 구석 편 방에 들어갈 때까지 도무지 온전한 걸음은 아니었다. 방 가운데 도사리고 앉은 윤주를 보았을 때 문득 부끄러운 생각이 나며 정신이 들었다.

"잘 오셨습니다. 장소가 좀 어떨까도 생각했으나 과히 허물 마시구—."

장소에 관한 설명을 윤주에게서까지 마저 듣게 되는 영옥은 비로소 섬찟한 생각이 나면서 조심스럽게 앉았다.

"제 마음대로는 했습니다만 입사는 이미 작정되신 게니 오늘은 축하를 위한 피로의 잔체를 저로서 드리고도 싶고 해서—."

사실 영옥은 교섭의 회담을 하러 온 것이 아니라 잔치의 대접을 받으러 온 셈이었다. 넓은 식탁에는 야단스럽게 진미가 올랐다. 교섭이래야 문예부의 작곡 작사로 취입할 곡목이 작정되었다는 것과 그 연습을 하러 일차 사(社)에 나와 달라는 것과의 통지와 분부이지 그 이상 별 내용도 없이 주시 만찬이 시작되었다. 극히 어렵고 까다로워야 할 일이 왜 이리도 수월할꼬 생각하면서 영옥의 마음속은 그다지 편편한 것은 아니었다. '기어이 마셔야 된다는' 축배의 석 잔 술이 의외에도 전신에 활짝 피기 시작하였다. 잡담을 건네면서 고래같이 술을 켜는 두 사나이를 영옥은 혼몽한 정신으로 바라보았다. 민수를 꾀바른 사냥꾼으로 친다면 육중한 윤주는 갈데없이 짐승이었다. 사물거리는 눈앞에서 망아지로 보였다가 산도야지로 어리웠다 하였다……. 얼마나 시간이 흘렀는지 실상은 얼마 안 지났겠건만 퍽도 오래된 듯이 생각되는 속에서 영옥은 문득 민수의 흐리멍덩한 한마디를 들었다.

"취한걸—바람 좀 쐬구 오리다."

비틀비틀 나가는 민수를 물끄러미 바라보다가 그의 자태가 문밖으로 사라졌을 때 영옥은 문득 정신이 들며 새삼스럽게 고요하여진 방 안 공기가 몸을 선뜻 스쳐 오고 웅크리고 있는 윤주의 자태가 위험한 짐승으로 느껴지며 별안간 몸서리가 치는 것이었다.

복도에 나선 민수는 문밖에 장승같이 한참이나 우두커니 서 있었다. 짜장 술도 취하기는 하였으나 그러나 거나한 속으로 한 줄기 맑은 정신이 마치 곧은 철사같이 날카롭게 전신을 꿰뚫고 있었다.

(어떻게 해야 옳을꼬.)

짧은 순간의 일이었으나 이런 번개같은 생각이 머릿속에 번적이고 있었다.

(동무의 우의가 중할까, 정조가 중할까.)

언제인가 윤주와 맺은 신사조약을 생각하고 있는 것이었다. 문예부장의 지위와 사랑과의 교환을 걸었던 약속의 일건을 생각하고 있었다. 사내들끼리의 멋대로의 작정이었으니 윤주의 영옥에게 대한 욕망과 민수의 영옥에게 대한 노염—이 두 감정의 합류에서 시작된 것이었다. 윤주로서는 야욕이었고 민수로서는 일종의 분풀이요 복수의 심사였던 것이다. 그러나 처음에는 불측한 농으로 시작된 것이었으나 일단 약속이 성립되었을 때에는 거기에는 스스로 사내로서의 배짱도 서고 위신도 보여야 되게 되었다—민수의 마음의 괴롬은 그 점에 있었던 것이다.

답답한 판에 창을 열고 어두운 뜰을 내다보면서 무더운 얼굴에 바람을 맞다가 민수는 문득 그러고만 있을 수도 없는 듯이 결의를 하고 창 기슭을 내려섰다.

(결국 내 손가락 하나에 달린 일이다.)

방문 옆 벽 위 스위치를 눈 꾹 감고 손가락으로 누르면 그만인 것을 안다. 방 안의 불이 꺼질 것이요, 민수의 앞에 어둠의 세상이 놓여질 것이요, 따라서 그와의 약속은 이행되는 것이다.

등불 아래에서 어둠을 기다리면서 웅크리고 앉았을 윤주의 꼴이 눈앞에 떠오른다. 짐승 같은 꼴이라니! 뒤이어 우두커니 마주 앉아 잠시 후에 올 운명도 모르고 있을 영옥의 자태가 떠오른다. 불한당들의 계책으로 그런 줄도 모르고 지금 막 희생의 단 위에 오르려는 가여운 양! 참으로 가여운 양! 숭한 불한당들! 가여운 양!

민수는 어지러운 생각에 삼삼거리던 방문 앞을 떠나 다시 창 기슭에 올라 가슴을 헤치고 바람을 맞았다. 맞은편 창에서 등불이 흘러 초목이 그 속에서 신선하게 빛났다. 복도에는 어른거리는 보이들의 그림자가 보이고 그 어디인지 방에서는 유흥의 소리가 은은히 들려왔다. 고요한 속에서 시간이 무한히 흐르는 듯한 느낌이 불현듯이 솟으며 민수는 초조하게 창에서 내렸다.

(악마가 되기가 이렇게도 어려운가.)

고개를 흔들며 복도를 거니는 발이 떨린다. 아직까지도 할 바를 모르고 방 안에 우두커니 웅크리고 앉았을 윤주의 꼴이 별안간 딱하게 생각되자 견딜 수 없이 몸이 숭숭거린다. 우의와 정조와—우의가 반드시 정조보다 허름한 법은 없을 것이다. 약속은 약속이다. 한번 입 밖에 내인 장부의 한마디가 그렇게 허수하게 버려질 법은 없다. 조약이란 이행하기 위한 것이다. 아무리 주석에서 맺은 언약이기로 헌신짝같이 내버려질 법은 없는 것이다. 행할 뿐이다. 말은 행하여야 한다.

(악마가 되려다가 미끄러진 팔동이는 악마보다 더 못난 것이다. 어차피 악마의 심정으로 시작된 것이니 차라리 악마가 되어 버리는 것이 편한 노릇이다. 무엇을 주저하랴.)

마음이 작정되자 민수는 더 뭉갤 필요는 없었다. 짜장 금시에 악마로나 환생한 듯이 얼굴을 괴롭게—가 아니라 무섭게 찡그리고 문밖 벽 앞으로 달려들었다. 운명의 골패 쪽이 떨어지는 순간같이 엄숙하고 긴장된 순간이 있을까. 골패 쪽을 쥐인 악마의 손—스위치를 잡은 민수의 손은 나무같이 굳으면서 떨렸다. 항상 망설이는 동안이 길었지 떨어지는 시간은 한순간에 지나지 않는 것이다. 한순간—골패 쪽은 떨어지고 말았다.

민수는 벽에서 번개같이 손을 떼고 장승같이 굳은 몸으로 문 앞에 한참이나 우두커니 섰었다. 무엇이 어떻게 되었는가, 세상이 별안간 함정 속에 빠졌는가, 하늘의 별이 떨어졌는가……. 빙글빙글 돌던 지구덩이가 금방 문득 서 버린 듯도 한 착각이 일어나며 정신이 아찔하여졌다. 문틈으로 들여다보이는 방 안이 어두울 뿐 아니라 복도도 어둡고 세상 전체가 암흑으로 변한 듯싶었다.

(흠, 대체 무엇을 저질렀노. 무엇이 일어났노.)

현기증으로 금시 그 자리에 쓰러질 듯도 한 것을 간신히 몸을 곧추세우고 골을 흔들어 보았다. 골이 떨어지지 않고 그대로 붙어 있음이 신기하였으나 눈앞이 핑핑 도는 판에 그 자리에서 발을 돌리는 수밖에는 없었다. 저주받은 방문 앞에 한시도 더 머물러 있기가 괴로웠다. 거의 미칠 듯이도 수선거리는 머리를 부둥켜안고 복도를 허둥허둥 뛰어가는 것이었다. 어디론지도 모르게 복도를 구부러져서는 대중없이 달았다. 그 무엇에 쫓기우는 듯도 한 참혹한 그 꼴은 자랑에 넘치는 악마의 꼴이 아니라 싸움에 짓찢기우고 달아나는 광대의 꼴이었다.

11.

오후의 강가는 고요하였으나 그러나 또 이날같이 맑은 강물과 찬 바람과 신선한 초목이 민수의 마음을 괴롭힌 적은 드물었다. 흔하게 흐르는 물과 강기슭을 스쳐 내리는 바람이 무거운 마음을 개운하게 덜어줄 줄만 알았던 것이 도리어 효과는 반대여서 나부끼는 풀잎 하나까지도 그의 마음속을 갈피갈피 헤치고 들어 생각을 더하게 하였다.

그날 밤 요정에서 아무것도 모르고 함정에 들어온 영옥을 싸고 윤주와의 사이에 무서운 계책을 썼던 그 저주의 밤이 있은 후 며칠 동안의 낮과 밤을 민수는 무거운 번민 속에서 지내 왔다. 거리에 나가기조차를 피하고 집 안에서 궁싯거리다가 견디지 못하고 뛰어나온 것이 날마다 교외의 강가였다. 그러나 아무리 바람을 맞아도 한 번 저지른 마음의 짐이 좀체 덜어지지는 않았다.

죄라는 것이 무엇인지를 그는 진심으로 생각해 본 적이 없었고 다만 가벼운 입으로 비판해 보고는 수월한 것으로 여겨 왔을 뿐이었다. 무엇이 죄이냐는 둥—시대를 따라 죄의 의식이 다르다는 둥—입으로 지껄이기만 할 때에는 퍽도 수월한 것이었으나 일단 실감으로 그것을 느낄 때에는 무섭고 무겁고 드셈을 깨달았다.

죄는 죄인 것이다. 죄를 결정하는 저울과 자는 다른 아무것도 아니요 참으로 마음인 것이다. 제 아무리 이치를 캐고 장담을 해 보았어도 결국 마음이 무섭고 무거워질 때 그것이 바로 죄라는 것을 깨달았다. 그 마음의 무겁고 음산한 짐을 덜어 줄 사람은 다른 아무도 아니라 참으로 자기 자신임을 깨달았다. 그 의지할 곳 없는 외로운 생각이 두 겹으로 마음을 눌렀다. 죄진 사람의 설레고 음산한—그것이 요사이의 민수의 표정이었다.

(그만 정도의 악마두 되어 보지 못한단 말인가.)

물론 이렇게도 생각은 해 보았다. 당초에 윤주와 계약을 맺을 때에는 제법 악마의 역할을 호돌스럽게 할 수 있을 것 같았고 현대에 있어서 악마 노릇을 함에는 성인 노릇을 하는 이상의 자랑이 있다고 생각하였던 것이다. 그것이 일단 일을 저질러 놓고 볼 때에는 큰 오산이었음을 알고 예측하지 못했던 괴롬이 가위같이 육신을 누르는 것이다. 악마 노릇을 함은 성인 노릇을 하는 것과 똑같은 정도로 어려운 일이요 여간내기가 아니고는 감히 그 노릇을 해낼 장사가 없다는 것을 또렷이 깨달았다. 줄을 타다가 미끄러진 광대와도 같은 희극의 인상을 악마가 되려다가 미끄러진 자신의 꼴에서 보았다.

그렇게 생각할수록에 민수는 자신의 옹졸한 꼴에 비겨 윤주의 배포 유한 태도가 장하게도 우러러보이고 밉살스럽게도 느껴졌다. 체질로나 기질로나 애초부터 맞수가 아니었는지도 모른다. 자기와는 반대로 악마의 소질을 처음부터 갖추어 있었던 윤주임이 틀림없는 것이 차례진 무서운 역할을 능실하게 감당하였을 뿐이 아니라 오늘은 그 보수로서의 민수와의 계약의 조건을 이행하러 강으로 나온다는 약속이었다.

(악마일까 영웅일까.)

어처구니가 없어 민수는 속으로 중얼거려 보면서 윤주의 위인을 알 수 없는 괴물로 생각하는 수밖에는 없었다. 그와 겨루다가 딴죽걸이보기 좋게 쓰러진 자신의 꼴이 한층 가엾게 떠오른다. 너무도 감감한 것이 괴로워 돌을 집어 올려 강물에 던져 본다. 풍덩 소리가 나며 파문이 일고 강 속에 길게 뻗친 자신의 그림자가 깨뜨러진다. 파문이 사라지자 그림자는 제 자리에 모여들었다가 돌을 던지면 다시 흩어지곤 한다. 돌을 수없이 던지는 동안에 물속이 어지럽게 수선거리다가 맑게 가라앉았을 때 민수는 문득 자기 그림자 아닌 또 하나 다른 그림자를 물속에 발견하고 뒤를 돌아보았다. 윤주가 와 있었다. 민수는 홧김에 또 한 번 돌을 집어 물속의 윤주를 힘껏 깨뜨러 버리고는 돌아서서 언덕 위로 뛰어올랐다.

"자네게 할 말도 많네만—감사하다구 하면 옳을는지 어쩌면 옳을는지.”

윤주가 어슬렁어슬렁 뒤를 따르는 것을 알고 민수는 한층 급스럽게 발을 떼었다.

“하긴 입으로만 감사하려는 것이 아니네. 조약을 조약대로 이행해 준 자네가 신사라면 나두 사내대장부 간대루 일구이언을 하겠나. 약속은 약속대루 지키겠네.”

민수가 풀 위에 덜썩 주저앉으니 윤주도 덩달아 그의 옆에 자리를 잡는다.

“그 눈치 누가 모르겠나만 자네겐 아직두 감상이니 무어니 하는 귀찮은 게 남아 있는 모양이야. 내 눈으로 보면 그게 다 아직두 어린 탓, 그다지 괴로워할 법은 없어.”

담배를 내서 불을 붙여 물고는

“고지식한 자네에게 비하면 난 아마 악한 중에서두 상악한인지는 모르겠으나 감상은커녕 마음속에 손톱만큼의 심책두 안 느끼니 대체 웬 까닭인가. 모든 것이 그저 있을 대로 있었고 될 대로 된 것같이밖엔 생각되지 않네. 그다지 야단을 칠 만한 큰일두 아무것두 아니구 넓은 세상 그 어느 구석에서 꽃 한 송이가 깜박한 것쯤밖엔 생각되지 않으니.”

“암, 악한이구 말구. 자네 같은 위인을 알게 된 것이 내겐 일생의 불행이었었네. 일대의 실책이었었네.”

민수는 입에 고인 신물이라도 뱉어 버리는 듯 어세가 급스럽다.

“그러나 당초에 자네의 제의로부터 시작된 일이었지 내가 시킨 일인가. 자네로선 그만하면 복수가 됐겠구 내가 그 복수를 사서 한 셈이니 벼르던 복수를 한 이상에 무슨 더 잔소린가. 그날 밤의 자네의 행동을 칭찬하러 왔지, 그 우울한 꼴 보러 여기까지 나온 줄 아나."

"딴은 악한의 배짱이 그만큼은 서야 되렷다. 악한과 씨름을 한댔자 편편이 질 뿐이지 내야 밑천이나 찾겠나."

민수는 벌떡 자리를 일어서면서 한 옴큼 뜯어 쥔 풀잎을 윤주의 면상에 던졌다.

"쓸데없이 흥분하지 말게. 아직 판이 다 끝난 것은 아니야. 내 자네에게 갚을 게 있으니 말이네. 약속한 문예부장의 자리―언제든지 그것을 자네에게 물려줄 마음의 준비가 내게 있네. 자네 원하는 때 언제든지."

"그래두 조롱인가. 무엇이 부족해서 두구두구 사람의 맘을 성가시게."

소리가 절걱 나게 윤주의 볼을 쥐어박고 민수는 그래도 화를 못 이겨 도야지 목심 같은 그의 목을 팔에 걸었다.

"기어코 쌈을 하자는 셈이지. 어쨌다구 엉뚱하게 내게 화풀이야. 그까짓 분은 강물에나 띄워 버리잖구."

팔에 목을 감기워 말소리조차 끊어지면서 한참 동안이나 꼼짝부득이던 윤주였으나 문득 차력이나 한 듯 힘을 쓰면서 몸을 일으키는 바람에 민수의 몸이 거꾸로 곤두서며 두 몸이 한데 휩쓸려 볼 동안에 언덕을 굴러 내려갔다.

한참 동안 모양들은 안 보이고 깔리거니 눌리거니 두 몸이 한데 엉긴 채 윽박아대는 소리만이 고요한 강가에 세차게 들렸다. 유유한 강물과 나부끼는 초목들은 당초부터 순간순간에 명멸하는 인간사에는 관심을 안 가진 듯 천연스럽게 제 몫만을 보고 있는 그 속에서 그 유유한 자연에 거역이라도 해 보려는 듯이 뛰어나게 두 사람의 기운은 세찼다. 두 몸은 떨어졌다 어울렸다 하면서 강기슭으로 밀려나갔다. 윤주의 몸은 허울만 클 뿐 민수에게 깔리기가 일쑤였다. 목을 눌리우면서 간신히 토막토막의 말소리를 자아냈다.

"……무슨 까닭에 이 짓인지를 다 안다. 아직까지두 영옥을 못 잊어서 그러지. 복수란 얼토당토않은 몽상이었어. 내게 사랑을 사양한 것이 얼마나 원통한가. 더 좀 둬 두구 지긋지긋 정성껏 사랑을 구해 볼걸. 자네 맘속 다 들여다보네."

힘을 불끈 써서 몸을 세우고 민수를 눕히려다가 다시 됩데 깔리고야 말았다. 이제는 벌써 전신을 맞을 대로 맞아 기운도 어지간히 쇠진하였었다. 반대로 민수는 더욱 생기가 팔팔하여지고 기운을 더하여 갔다.

"난 왜 그리 경솔하였던지 모른다. 너 같은 악마와 애초에 쓸데없는 농을 건 것이 내 잘못이었지. 죽어두 이 원한 풀어질 성싶지 않다. 고약한 것. 어떡허면 모든 것이 제대로 돌아설까."

"그만두세. 그만하면 자네가 이겼네. 내가 이긴 줄 알았으나 결국 겉뿐이구 정말 이긴 건 자네네. 마음으로 이겼네. 사랑에 이겼네. 나만 결국 참패네……."

손을 모으고 빌면서 발을 구른 서슬에 윤주는 간신히 몸을 빼치고 민수의 팔을 벗어났다. 민수가 쓰러져 있는 틈을 타서 다시 더 겨를 염도 못하고 허둥허둥 언덕을 올라갔다. 민수가 몸을 일으켜 가지고 뒤를 따르려 할 때에는 벌써 도망의 자세를 하고 쏜살같이 언덕 위를 달아나는 것이었다.

"잠깐 먼 데루 갔다 오려네. 가서 생각해 보겠네. 오늘의 쌈은 이것으로 헤치세."

"도망을 가다니 비겁한 것. 잠깐만 참게, 잠깐만……."

"더 따라오지 말어. 자네가 이겼달밖엔……."

살려 달라고 숨이 차게 줄행랑을 놓는 윤주의 꼴을 우습게 여기면서 뒤를 쫓던 민수는 별안간 그 꼴이 가엾게 보여져서 도중에서 걸음을 늦추어 버리고 말았다. 도망가는 참패병의 뒤를 굳이 쫓을 것은 없다고 생각한 까닭이다. 두 사람 싸움에서 이긴 것은 확실히 자기편임을 느끼면서 민수는 밭은 숨을 쉬면서도 가슴을 내밀고 거리로 들어가는 교외의 길을 자랑스럽게 걸었다.

가쁘면서도 그 길로 민수는 순도를 찾았다. 내친걸음에 그에게 대한 무거운 감정마저 정리해 버리자는 생각이었다. 그러나 순도의 태도는 엽렵하였고 국면은 의외에도 예측치 아니한 방향으로 흘렀다.

"자네게 할 말도 많네만—."

서름서름한 사이였으나 민수는 배짱을 세우고 속을 털어 보일 작정이었다.

"왜 긴치 않게 눈앞에 어른거려. 아예 꼴두 보기 싫다."

외마디의 퉁명스런 호통이었다.

"내가 지금 얼마나 뉘우치고 있다는 것을 알면 자네 생각도 달러지리. 무엇하러 이렇게 구구하게 자네게까지 오겠나. 마음속이나 알아주게."

목소리를 부드럽히며 굽혀도 보았으나 순도의 기색은 여일하였다.

"도대체 꼴이 보기 싫어. 생쥐같이 꾀로만 살아가는 그 꼬락서니가 처음부터 보기 싫었다. 나쁜 짓들은 도맡아 놓고 해 감 직한 세상에서두 가증한 동물."

"욕 받으러 온 게 아니다. 와 준 것만 고맙다구 해라."

당초부터 어울리지 않는 말에 민수도 화가 버럭 나서 그만 마루를 내려서려 할 때 순도의 손이 번개같이 날아오며 볼에 불이 번쩍 났다.

"사람을 조롱하러 왔나, 이 녀석이."

몸을 피하려 하였으나 미처 뺄 새도 없이 뒤에서 덮치는 순도의 팔에 전신을 감기워 버렸다. 싸움이로구나 하고 느끼자 민수는 문득 강가에서 자기가 윤주에게 한 바로 그 공격의 시늉을 이제 거꾸로 순도에게서 당하고 있음을 깨달았다. 별수 없이 뱃심을 정하고는 힘을 쓰면서 몸을 일으키는 바람에 순도의 몸이 곤두서며 두 몸은 한데 휩쓸려 뜰 아래로 쓰러졌다.

"그렇게 노여워할 것이 없는 것이 뭐니 뭐니 해두 자네가 제일 행복자이네. 영옥의 사랑을 완전히 차지한 건 자네뿐이니. 우리는 결국 헛물만 켜면서 가장자리로만 빙글빙글 돌아댄긴 셈야."

"쓸데없는 걱정은 그만두구. 저질러 논 흠집을 어떻게 도로 바로잡아 줄 테냐 말이다."

순도의 팔팔한 기운은 박세고 벌써 두 번째의 싸움이라 민수는 기진한 눈치가 완연하였다. 힘이 부치는 데다가 도무지 악이 나지 않고 흥이 솟지 않았다. 당초부터 싸움의 산수는 기울었던 것이다. 날아오는 주먹을 일일이 막아 내기가 귀치않고 몸 그 어느 구석이 마치 금시에 신경이나 빠진 듯이도 둔해짐을 느꼈다.

"그만두세. 때리려거든 얼마든지 맞기는 하겠네만 더 싸우지 않아두 승패는 이미 결정된 것이네. 자네가 이겼네. 사랑에두 싸움에두 난 참패야……."

간신히 몸을 뺐을 때에 날쌔게 일어서면서 달려드는 순도의 가슴을 힘차게 지르니 무르게도 쓰러져 버린다. 더 싸울 필요도 없었거니와 노곤하고 귀치않은 마음에 그 틈을 타서 민수는 대문을 나와 버렸다.

"도망을 가다니, 비겁한 것."

뒤미처 순도가 쫓아 나오는 것을 보고 민수는 천연스럽게 하려다도 귀치않은 마음에 자연 빨라졌다.

"쫓아오지 말게. 자네가 이겼달밖엔."

알고 보니 쫓아오는 순도의 앞에서 자기는 어느 결엔지 달아나고 있는 것이었다. 부리나케 뛰는 동안에 숨조차 막혀졌다. 숨차게 도망가는 자기의 꼴—민수의 머릿속에는 문득 강가에서 자기에게 쫓기우는 윤주의 꼴이 번개같이 떠오르며 그 꼴이 흡사 지금의 자기의 꼴임을 느꼈다. 윤주와의 싸움에서는 자기가 이겼다고 생각되었으나 이제 순도와의 싸움에서 완전히 참패를 당한 것을 알았다. 그러나 그것이 자기가 범한 허물을 지워 주는 보상이 된다면 또한 원한이 없다고 생각하면서 부끄럼도 없이 정신없이 길을 달리는 것이었다.

12.

공원의 아침은 맑다.

순도와 영옥의 마음속도 연못의 물같이 고요하고 맑은 것이었다.

영옥의 마음이 한결 개운한 것은 그날 아침 순도가 먼저 자기를 찾아 주고 공원까지 끌어내 준 까닭이었다. 사랑의 고집은 마지막까지도 끈끈스럽게 마음을 지배하는 모양이었다.

영옥에게는 그 변이 있은 후 오늘에 이르기까지에 무서운 번민의 날과 밤이 있었다. 봉욕의 순간을 생각하면 살이라도 에우고 싶은 듯한 지옥의 괴롬이었으나 그러나 날이 지날수록에 상처도 사라져 가고 무엇보다도 순도가 그것을 허물하지 않고 용서하여 줌이 그에게는 더없는 구원이었던 것이다. 어디론지 사라져 버린 윤주에게 대하여서는 징계의 길이 없었으나 짐승이 아닌 이상 제 스스로의 뉘우침에 맡겨 두기로 하였고 — 그보다도 영옥과 순도 두 사람에게는 어느 결엔지 큰 깨달음이 생겼던 것이다. 그 깨달음 앞에 지난날의 흠쯤은 그다지 문제가 아니었다.

공원에서 그렇게 두 사람이 조용히 만나기는 언제인가 서글프게 싸우고 헤어진 후 여러 달 만에 처음이었다. 몇 날의 시간이 많은 마음의 변천을 가지고 와서 그때와 오늘과의 두 사람의 처지는 같은 것이 아니었고 마음과 표정 또한 퍽도 다른 것이었다. 험한 한 고패를 지난 후의 평화로운 표정이었다.

"생각할수록에 사람이란 어리석고 앞 눈이 어두운 것이 한 되는 구료."

순도는 나뭇잎을 뜯어 입술에 물면서 나무 그림자 사이로 영옥의 뒤를 천천히 따랐다.

"—첨부터 이날이 올 것을 알았다면 무엇을 즐겨 굳이 파란곡절을 꾸며 놓고 그 속을 괴롭게 헤매 왔단 말요. 단걸음에 순순하게 결말을 잡았드면 될 것을."

"제 생각엔 꼭 무슨 조물주 같은 것이 있어서 사람의 길을 심술궂게 요리조리 틀어 놓고 사람의 걸어가는 등 뒤에서 농간을 부리는 것만 같애요. 마치 소설가 모양으로 부질없이 인생을 기구하게만 꾸며 놓구—조물주란 꼭 소설가와 마찬가지로 심술궂은 것인 듯해요."

"소설가—소설가는 걸작인데. 그러나 나 같은 소설가야 그런 꾀를 부릴 줄이나 아우. 그러게 당초부터 소설가두 아니요 그런 의미의 소설가라면 되구 싶지두 않구."

"애무한 소설가를 걸어서—말이 빗나갔어요. 용서하세요. 어떻든 결국은 되돌아오게 되는 첫길인 것을 공연히 장황하게 빙 돌다가 전신에 상처투성이를 해 가지구 다 저녁때 어슬어슬 돌아오게 되는 것이 피할 수 없는 일이라군 해두 생각하면 원통해요. 같은 값이면 첨부터 순조로웠으면 오죽 좋겠어요."

"조물주의 농간으로만 돌리지 말구 피차의 마음에두 비쳐 봅시다—터놓구 말이지 영옥 씨가 당초부터 괘한 고집을 피우지 않었다면 그렇게 빗이야 나갔겠소."

어느덧 두 사람은 나란히 서서 걸었다. 나뭇잎의 그림자가 두 사람의 얼굴과 몸에 아롱아롱 무늬를 놓으면서 지나간다.

"고집이라니요. 아니 누가 먼저 고집을 피셨어요? 생판 고집 없는 양반이."

영옥은 거의 펄적 뛸 듯이 발을 멈추고는 순도를 찬찬히 바라보는 것이다. 순도는 웃음을 머금으면서 부드러운 낯으로 그의 시선을 받는다.

"그렇게 정색할 게야 있소."

"정색하구 말구요. 고집을 누가 먼저 피웠게."

귀엽게 짜증을 내면서 영옥은 벤치에 가서 덜석 앉는다.

"그럼 말할까 — 명호들에게 지도를 받느니 뭐니 하구 서두른 것두 고집, 강남회사에 들어가느니 뭐니 하구 법석을 한 것두 고집……."

영옥은 참을 수 없다는 듯이 발을 톡 구르고 일어나서 순도의 앞을 가로막고 섰다.

"당초에 길을 옳게 잡아 줄 생각은 하잖구 그렇게 되도록 부러 꾸민 것은 대체 누구의 고집이었어요? 누구의 고집이었어요? 얼른 말씀하세요."

목이 메이는 듯 잠깐 숨을 돌려 가지고는

"— 늘 뿌루퉁하고 빼지구 쌀쌀하구 심술궂구 화만 지르구 — 그 고집엔 그만 지쳤어요."

"한마디 더 하지 — 공연한 일에 이렇게 쓸데없이 법석을 하는 것두 고집이 아니오?"

그 말에는 영옥도 대꾸를 몰라 입을 다문 채 두 사람은 다시 나무 그늘을 걷기 시작하였다.

"어떻든 생각하면 결국 고집의 비극이었었소. 앞으론 고집을 버립시다."

"제발요."

"정말—."

순도는 발을 머무르고 마치 미친 사람 모양으로 영옥의 두 어깨를 억세게 붙들었다. 타는 눈이 녹일 듯이 그를 쏜다.

"—고집을 버리겠소? 그리구 내 시키는 대로만 하겠소? 내 명령대로만—일절 거역 없이."

"아무렴요. 무엇이든지 분부하세요—땅속에래두 들어가죠."

대답이 떨어지기도 전에 순도는 열광적으로 영옥을 안으면서 숙인 그의 얼굴을 찾았다. 바로 머리 위 나뭇가지가 새의 짓인지 바람의 짓인지 별안간 나부끼며 두 사람의 자태를 어른어른 싸고도는 것이 마치 그들과 농을 하자는 것과도 같다.

"그럼 위선 오늘부터 내 분부대로 움직이시오—자 먼저 하숙으로 갑시다."

영옥은 마치 최면술에 걸린 것같이 온전히 순도의 의지대로 발을 떼어 놓았다.

"물론 오늘 문득 작정한 것이 아니라 전부터 생각해 오던 것이지만—."

영옥이 하숙에 이르렀을 때에 순도는 침착한 어조로 분부—가 아니라 선언을 하는 셈이었다.

"—얼른 짐을 싸시오. 오늘루 서울을 떠납시다. 불결한 분위기를 시원하게 떠나서 고요한 속에서 장래의 계책을 다시 세웁시다."

듣고 싶던 말이 바로 그 말이었던 듯이 영옥은 한마디 거역은새로에 눈 한번 깜박거리는 법 없이 침착하게 짐을 싸기 시작하였다. 그 억센 고집도 어디로 갔는지 사랑의 말을 좇는 그의 양은 어른 말에 순종하는 어린아이의 바로 그 양이었다.

"어디로 가느냐구 묻지 마시오. 고향으로 가든 어디로 가든 내게 맡기구 내 뒤만 따르시오. 모든 준비 벌써부터 다 해 가지구 있었던 것요."

서울, 그것이 싫증이 난 영옥에게 초라한 하숙방에 도대체 미련이 남을 것이 없었다. 마치 잠깐 걸어앉았던 대합실 벤치를 떠나는 정도의 심서로 하숙을 나왔다. 두 짝의 트렁크가 양편 손에 들렸을 뿐인—개운한 나그네의 자태였다.

순도의 숙소에 들려 짐을 꾸려 가지고 차 시간을 살펴 역까지 나온 것은 오후를 훨씬 지나서였다. 거리에서 아무도 만나지 않은 것도 요행으로 생각되었다.

어디까지가 한정인지 목적지 모를 두 장의 차표—그것이 순도의 손에 쥐인 것을 볼 뿐 굳이 물어볼 것도 없이 영옥은 순도의 뒤를 따라 기차 속에 몸을 던졌다. 하루 동안에 차례차례로 급스럽게 일어난 모든 거동이 꿈속 일같이만 생각되었다. 행여나 거짓말이나 아닌가 하고 영옥은 손으로 차창을 만져 보았다 자리를 더듬어 보았다 하면서 신기한 생각에 가슴을 떨었다.

아직 해는 길었으나 이미 준비되어 있는 침대차에 올랐던 까닭에 그다지 번잡하게 서두르지도 않고 두 사람은 수월하게 자리에 마주 앉을 수 있었던 것이다. 이제야말로 속임 없이 바라던 세상이 눈앞에 닥쳐오는 것을 느끼며 영옥은 알 수 없이 마음속이 그득 차지는 것이었다.

"이때까지 명령만 들어왔으니 이번엔 제가 명령할 차례예요—제 질문을 꼭 대답해 주세요."

막 차가 움직이기 시작하였을 때 영옥은 응석을 하는 어린아이 양으로 다따가 순도의 손을 잡았다.

"절 얼마나 생각하세요? 어디가 그렇게 좋아요?"

"하늘만큼. 구슬이라면 그대로 입에 삼키고 싶소."

시원스런 이 대답을 비록 짧기는 하건만 하늘 아래에서 가장 행복스런 말로 느끼면서 영옥은 얼굴만이 아니라 전신에다 함빡 미소를 머금었다.

"또 한 가지 분부—."

별안간 정색을 하고 눈으로 창을 가리키면서

"—창을 닫어 주세요. 그리구 휘장을 내리구."

그러나 그 어여쁜 분부를 좇기 전에 순도는 그저 영옥의 상기된 볼을 마치 꽈리를 주무르듯 손가락 사이에 징긋이 집어 보는 것이었다.

《여성》, 1937. 10.~1938. 4.

장미 병들다

싸움이라는 것을 허다하게 보아 왔으나 그렇게도 짧고 어처구니 없고—그러면서도 싸움의 진리를 여실하게 드러내인 것은 드물었다. 받고 차고 찢고 고함치고 욕하고 발악하다가 나중에는 피차에 지쳐서 쓰러져 버리는—그런 싸움이 아니라 맞고 넘어지고 항복하고—그뿐이었다. 처음도 뒤도 없이 깨끗하고 선명하여 마치 긴 이야기의 앞뒤를 잘라 버린 필름의 몇 토막과도 같이 신선한 인상을 주는 것이었다. 그 신선한 인상이 마침 영화관을 나와 그 길을 지나던 현보와 남죽 두 사람의 발을 문득 머무르게 하였는지도 모른다. 그러나 두 사람이 사람들 속에 한몫 끼어 섰을 때에는 싸움은 벌써 끝물이었다.

영화관 음식점 카페 매약점 등이 어수선하게 즐비하여 있는 뒷거리 저녁때 바로 주렴을 드리운 식당 문 앞이었다. 그 식당의 쿡으로 보이는 흰옷에 흰 주발모자를 얹은 두 사람의 싸움이었으나 한 사람은 육중한 장골이요 한 사람은 가무잡잡한 약질이어서 하기는 그 체질에 벌써 승패가 달렸던지도 모른다. 대체 무엇이 싸움의 원인이며 원한의 근거였는지는 모르나 하루아침에 문득 생긴 분김이 아니요 오래 두고두고 엉겼던 분만(憤懣)의 화풀이임은 두 사람의 태도로써 족히 추측할 수 있었다. 말로 겨루다 못해 마지막 수단으로 주먹다짐에 맡기게 된 것임은 부락스런 두 사람의 주먹살에 나타났었으니 약질의 살기를 띤 암팡진 공격에 한 번 주춤하였던 장골은 곱절의 힘을 주먹에 다져 쥐고 그의 면상을 오돌지게 윽박았다.

소리를 치며 뒤로 쓰러지는 바람에 문 앞에 세웠던 나무분이 넘어지며 분이 깨트러지고 노간주나무가 솟아났다. 면상을 손으로 가리워 쥐고 비슬비슬 일어서서 달려들려 할 때 장골의 두 번째 주먹에 다시 무르게도 넘어지고 말았다. 땅 위에 문질러져서 얼굴은 두어 군데 검붉게 피가 배고 두 줄의 코피가 실오리 같은 가느다란 줄을 그으면서 흘렀다. 단번에 혼몽하게 지쳐서 쭉 늘어졌음에도 불구하고 약질은 간신히 몸을 세우고 다시 한 번 개신개신 일어서서 장골에게 몸을 던지다가 장골이 날쌔게 몸을 피하는 바람에 겨뤄보지도 못한 채 또 나가 쓰러지고 말았다. 한참이나 죽은 듯이 고요한 속에서 코만 흑흑 울리더니 마른땅에는 금시에 피가 흘러 넓게 퍼지기 시작하였다.

"졌다."

짧게 한마디—그러나 분한 듯이 외쳤으니 그것으로 싸움은 끝난 셈이었다

"항복이냐."

장골은 늠실도 하지 않고 마치 그 벅찬 힘과 마음에 티끌만큼의 영향도 받지 않은 듯이 유들유들하게 적수를 내려다보았다.

"힘이 부쳐 그렇지 그리 쉽게 항복이야 하겠나."

"뼈다구에 힘 좀 맺히거든 다시 덤비렴."

"아무렴. 그때까지 네 목숨 하나 살려 둔다."

의젓하고 유유하게 대꾸하면서 약질이 피투성이의 얼굴을 넌즈시 쳐들었을 때 현보는 그 끔찍한 꼴에 소름이 끼쳐서 모르는 결에 남죽의 소매를 끌었다. 남죽도 현장에서 얼굴을 피하며 재촉을 기다릴 겨를 없이 급히 발을 돌렸다. 한참 동안 말이 없었다. 우연히 목도하게 된 그 돌연한 장면에서 받은 감격이 너무도 컸다.

강하고 약하고 이기고 지고—이 두 길뿐. 지극히 간단하다. 강약이 부동으로 억센 장골 앞에서는 약질은 욕을 보고 그 자리에 폭삭 쓰러져 버리는 그 한 장의 싸움 속에서 우연히 시대를 들여다본 듯하여서 너무도 짙은 암시에 현보는 마음이 얼떨떨하였다. 흡사 그 약질같이 자기도 호되게 얻어맞고 피를 흘리며 쓰러져 있는 듯도 한 실감이 전신을 저리게 흘렀다.

"영화의 한 토막과 같이 아름답지 않어요? 슬프지 않어요?"

역시 그 장면에서 받은 감동을 말하는 남죽의 눈에는 눈물이 어리어 보였다. 아름답다는 것은 패한 편을 동정함일까. 아름다운 까닭에 슬프고 슬프리만큼 아름다운 것—눈물까지 흘리게 한 것은 별수 없이 그나 누구나가 처하여 있는 현대의 의식에서 온 것임을 생각하면서 현보는 남죽을 뒤세우고 거리목 찻집 문을 밀었다.

차를 청해 마실 때까지도 현보와 남죽은 그 싸움의 감동이 좀체 사라지지 않아서 피차에 별로 말도 없었다. 불쾌하다느니보다는 슬픈 인상이었다. 슬픔으로 인하여 아름다운 것이었음을 남죽과 같이 현보도 느끼게 되었다. 그렇게까지 신경을 민첩하게 일으켜 세우게 된 것은 잠깐 보고 나온 영화 때문이었는지도 모른다.

영화관에는 마침 《목격자》가 걸려 있어서 우연히 보게 된 그 아름다운 한 편이 장면 장면 남죽을 울렸다.

전체로 슬픈 이야기였으나 가련한 주인공의 운명과 애잔한 여주인공의 자태가 한층 마음을 찔렀다. 억울한 혐의로 아버지를 여윈 어린 자식을 데리고 늙은 어머니가 어둡고 처량한 저녁에 무덤 쪽을 바라보는 장면과 흐린 저녁때의 빈민가 다리 아래 장면과는 금시에 눈물을 솟게 하였다. 다리 아래 장면에서는 거지의 자동풍금 소리에 집집에서 뛰어나온 가난한 구민(丘民)들이 그 설핀 음악에 맞추어 춤을 추기 시작하였다. 요란한 소리를 듣고 순검(巡檢)이 달려와서 춤을 금하고 사람들을 헤칠 때 억울한 혐의로 아버지를 재판한 늙은 검사는 양심의 가책을 조금이라도 덜려고 가난한 사람들을 위해 항의를 하나 용납되지 못하고 사람들은 하는 수 없이 비슬비슬 그 자리를 헤어진다. 그 웅성거리는 측은한 꼴들이 실감을 가지고 가슴을 죄었다. 어두운 속에서 남죽은 흐르는 눈물을 손수건으로 몇 번이고 훔쳐 냈다. 눈물로 부석부석한 얼굴을 가지고 거리에 나오자 당면하게 된 것이 싸움의 장면이었다. 여러 가지의 감동이 한데 합쳐서 새 눈물을 자아내게 한 것이다.

하기는 남죽들의 현재의 형편 그것이 벌써 눈물 이상의 것이기는 하다. 두 주일 이상을 겪고 가제 나온 것이 불과 며칠 전이었다. 남죽은 현재 초라한 꼴, 빈 주머니에 고향에 돌아갈 능력도 없고 그렇다고 다른 도리도 없이 진퇴유곡의 처지에 있는 셈이었다. 《목격자》 속의 주인공들보다 조금도 나을 것이 없었다. 현보와 막연히 하루를 지우려 영화구경을 나선 것도 또렷한 지향 없는 닥치는 대로의 길 그 자리의 뜻이었다. 온전히 그날그날의 떠도는 부평초요 키 잃은 배요 목표 없는 생활이었다.

극단 '문화좌'가 설립되자마자 와해된 것이 두 주일 전이었다. 지방공연이라는 점에 중점을 두려고 일부러 서울을 떠나 지방의 도회로 내려와 기폭(旗幅)을 든 것이었으나 그것이 도리어 화 되어 엄격한 수준에 걸린 것이었다. 인원을 짜고 각본을 선택하고 모든 준비를 마친 후 첫째 공연을 내려왔던 것이 그닷한 이유 없이 의외에도 거슬리는 바 되어 한꺼번에 몰아가 버렸다. 거듭 돌아보아야 그럴 만한 원인은 없었고 다만 첩첩한 시대의 구름의 탓임이 짐작될 뿐이었다. 각본을 맡은 현보는 고향이 바로 그곳인 탓으로인지 의외에도 속히 놓이게 되고 뒤를 이어 남죽 또한 수월하게 풀리게 되었으나 나머지 인원들은 자본을 댄 민삼, 연출을 맡은 인수, 배우인 학준, 그 외 몇몇은 아직도 날이 먼 듯하였다. 먼저 나오기는 하였으나 현보와 남죽은 남은 동무들을 생각하고 또 한 가지 자신들의 신세를 돌아보고 우울하기 짝 없었다. 하는 노릇 없이 허구한 날 거리를 헤매이는 수밖에 없던 현보와 역시 별 목표 없이 유행가수를 지원해 보았다 배우로 돌아서 보았다 하던 남죽에게 극단의 설립은 한 희망이요 자극이어서 별안간 보람 있는 길을 찾은 듯도 하여 마음이 뛰고 흥이 나는 것이 의외의 타격에 기를 꺾이우고 나니 도로 제자리에 주저앉은 셈이었다. 파랗게 우러러보이던 하늘이 조각조각 부서져 버리고 다시 어두운 구렁텅이로 밀려 빠진 격이었다.

현보의 창작 각본 「헐어진 무대」와 오닐의 번역극 「고래」의 한 막이 상연 예정이어서 남죽은 그 두 각본의 여주인공의 역할을 자기의 비위에 맞는 것으로 그지없이 사랑하였다. 예술적 흥분 외에 또 한 가지의 기쁨은 그런 줄 모르고 내려왔던 길에 구면인 현보를 칠 년 만에 뜻밖에 다시 만나게 된 것이었다. 이 기우는 현보에게도 물론 큰 놀람이자 기쁨이었다.

극단의 주무를 보게 된 민삼이 서울서 적어 내려 보낸 인원의 열명 속에 여배우 혜련의 이름을 발견하고 현보는 자기 작품의 주연을 맡은 그 여배우가 대체 어떤 인물일꼬 하고 호기심이 일어났을 뿐 무심히 덮어 두었던 것이 막상 일행이 내려와 처음으로 상면하게 되었을 때 그가 바로 남죽임을 알고 어지간히 놀랐던 것이다. 혜련은 여배우로의 예명이었다. 칠 년 전에 알고는 그 후 까딱 소식을 몰랐던 남죽은 그런 경우 그런 꼴로 우연히 만나게 될 줄야 피차에 짐작도 못하였던 것이다. 지난날을 돌아보면서 그날 밤 둘은 끝없는 이야기와 추억에 잠겼다. 서울서 학교에 다닐 때 우연히 세죽 남죽 자매를 알게 된 것은 그들이 경영하여 가는 책점 '대중원'에 출입하게 된 때부터였다. 대중원은 세죽이 단독 경영하여 가는 것이었고 남죽은 당시 여학교에서 공부하는 몸으로 형의 가가(假家)에 기식하고 있는 셈이었다. 세죽의 남편이 사건으로 들어가기 전에 뒷일을 예료하고 가족들의 호구지책으로 미리 벌인 것이 소규모의 책점 대중원이었다. 남편의 놓일 날을 몇 해고 간에 기다려 가면서 세죽은 적막한 홀몸으로 가가를 알뜰히 보면서 어린것과 동생 남죽의 시중을 지성껏 들어 왔다. 남죽은 어린 나이에도 철이 들어서 가가에 벌여 놓은 진보적 서적을 모조리 읽은 나머지 마지막 학년 때에는 오돌지게도 학교에 일어난 사건을 지도하다가 실패한 끝에 쫓겨나고 말았다. 학업을 이루지도 못한 채 고향에 내려갈 수도 없어 그 후로는 별수 없이 가가 일을 도울 뿐 건둥건둥 날을 지우는 수밖에는 없었다. 소설을 닥치는 대로 읽어 대고 아름다운 목청을 놓아 노래를 불러 대곤 하였다. 목소리를 닦아서 나중에 성악가가 되어 볼까도 생각하고 얼굴의 윤곽이 어글어글한 것을 자랑 삼아 영화배우로 나갈까도 꿈꾸었다. 그 시기의 그를 꾸준히 관찰할 수 있는 기회를 가졌던 현보는 그 남다른 환경에서 자라 가는 늠출한 처녀의 자태 속에 물론 시대적 열정과 생장도 보았으나 더 많이 아름다운 감상과 애끓는 꿈을 엿보았던 것이다. 단발한 머리를 부수수 헤뜨리고 밋밋하고 건강한 육체로 고운 멜로디를 읊조릴 때에는 그의 몸 그대로가 구석구석에 아름다운 꿈을 함빡 머금은 흐뭇한 꽃이었다. 건강한 그러나 상하기 쉬운 한 송이의 꽃이었다. 참으로 아담한 꽃을 보는 심사로 현보는 남죽을 보아 왔다. 그러나 현보가 학교를 마치고 서울을 떠날 때가 그들과의 접촉의 마지막이었으니 동경에 건너가 몇 해를 군 뒤 고향에 나와 일없이 지내게 된 전후 칠 년 동안 다만 책점 대중원이 없어졌다는 소문을 풍편에 들었을 뿐이지 그 뒤 그들이 고향인 관북으로 내려갔는지 어쨌는지 남죽과 세죽의 소식은 생각해 보지도 못했고 미처 생각에 떠오르지도 않았다. 그만한 여유조차 없는 것은 다른 사람의 생각은커녕 자신의 생활이 눈앞에 가로막히게 되었고 무엇보다도 현대인으로서의 자기 개인에 대한 생각이 줄을 찾기 어렵게 갈피갈피로 찢어졌다 갈라졌다 하여 뒤섞이는 까닭이었다. 칠 년 후에 우연히 만나고 보니 시대의 파도에 농락되어 꿈은 조각조각 사라지고 피차에 그 꼴이었다. 하기는 그나마 무대 배우로 나타난 남죽의 자태에 옛 꿈의 한 조각이 아직도 간당간당 달려 있는 셈인지도 모르나 아담하던 꽃은 벌써 좀먹기 시작한 그 어디인지 휘줄그러진 한 송이임을 현보는 또렷이 느꼈다.

시간을 보고 찻집을 나와 현보는 남죽을 데리고 큰 거리 백화점으로 향하였다. 준구와 만나자는 약속이었다. 가난한 교원을 졸라 댐은 마치 벼룩의 피를 긁어 내려는 격이었으나 그러나 현보로서는 가장 가까운 동무이므로 준구에게 터놓고 남죽의 여비의 주선을 비치어 둔 것이었다. 남죽에게는 지금 '살까 죽을까가 문제'가 아니라《목격자》속의 빈민들에게 거리의 음악이 필요하듯이 고향으로 내려갈 여비가 필요하였다. 꿈의 마지막 조각까지 부서져 버린 이제 별수 없이 고향으로 내려가 몸도 쉬이고 마음도 가다듬는 수밖에는 없었다. 고향은 넓은 수성평야의 한가운데여서 거기에는 형 세죽이 밭을 가꾸고 염소를 기르고 있다는 것이었다. 남편이 한번 놓였다 재차 들어가게 된 후 세죽은 이번에는 고향에다 편편하게 자리를 잡고 책점 대신에 평야의 한복판에서 염소를 기르게 되었다는 것이다. 도회에 지친 남죽에게는 지금 무엇보다도 염소의 젖이 그리웠다. 염소의 젖을 벌덕벌덕 마시고 기운차게 소생됨이 한 가지의 원이었다.

몇십 원의 노자쯤을 동무에게까지 빌기가 현보로서는 보람 없는 노릇이었으나 늘 메말라서 누런 '현대의 악마'와는 인연이 먼 그로서는 하는 수 없는 것이었다. 찻집이라도 경영해 볼까 하다가 아버지에게 호통을 들은 후부터는 돈을 타 쓰기도 불쾌하여서 주머니에는 차 한 잔 값조차 동떨어질 때가 있었다. 누구나 다 말하기를 꺼려하고 적어도 초연한 듯이 보이려고 하는 '돈'의 명제가 요사이 와서는 말하기 부끄러우리만치 자나 깨나 현보의 머리를 차지하게 되었다. 그 '악마'에 대한 절실한 인식은 일종의 용기를 낳아서 부끄러울 것 없이 준구에게 여비 일건을 부탁하고 남죽에게는 고향 언니에게도 간청의 편지를 내도록 천연스럽게 일렀던 것이다.

그러나 막상 휘줄그레한 포라(poral) 양복에 땀에 절은 모자를 쓴 가련한 그를 대하였을 때 현보는 준구에게 그것을 부탁하였던 것을 일순 뉘우쳤다. 휘답답한 그의 꼴이 자기의 꼴과 매 일반임을 보았던 까닭이다.

그래도 의젓한 걸음으로 층계를 걸어올라 식당에 들어가 두 사람에게 자리를 권하고 음식을 분부하고 난 후 준구는 손수건을 내서 꺼릴 것 없이 얼굴과 가슴의 땀을 한바탕 훔쳐 냈다.

"양해하게. 집에는 아이들이 들끓구 아내는 만삭이 되어서 배가 태산 같은데두 아직 산파도 못 댔네. 다달이 빚쟁이들은 한 두럼씩 문간에 와서 왕메구리같이 와글와글 짖어 대구—어쩌다가 이렇게 됐는지 이제는 벌써 자살의 길 밖에는 눈앞에 보이는 것이 없네……. 별수 있던가. 또 교장에게 구구히 사정을 하구 한 장을 간신히 둘러 왔네. 약소해서 미안하나 보태 쓰도록이나 하게."

봉투에 넣고 말고 풀 없이 꾸겨진 지전 한 장을 주머니에서 불쑥 집어내서 현보의 손에 쥐여 주는 것이다. 현보는 불현듯이 가슴이 찌르르하고 눈시울이 뜨거웠다. 손안에 남은 부풀어진 지전과 땀 배인 동무의 손의 체온에 찐득한 우정이 친친 얽혀서 불시에 가슴을 죄인 것이다.

남죽은 새삼스럽게 고맙다는 뜻을 표하기도 겸연쩍어서 똑바로 그를 바라보지도 못하고 시선을 식탁 위에 떨어뜨린 채 손가락으로 머리카락을 오리오리 매만질 뿐이었다. 낯이 익지도 못한 여자의 앞에서까지 가리울 것 없이 집안 사정 이야기를 터놓고 하지 않으면 안 되는 가난한 시민의 자태가 딱하고 측은하고 용감하여서 ― 그 순간 그 자리에서 살며시 꺼지고도 싶은 무거운 좌중의 기분이었다.

거리에 나와 준구와 작별한 뒤까지도 현보들은 심사가 몹시 울가망하였다. 현보는 집에 돌아가기가 울적하고 남죽 또한 답답한 숙소에 일찍 들어가기가 싫어서 대중없이 밤거리를 거닐기 시작하였다. 동무가 일껏 구해 준 땀내 나는 돈을 도로 돌릴 수도 없어 그대로 지니기는 하였으나 갖출 것도 있고 하여 여비로는 적어도 그 다섯 곱절이 소용이었다. 현보는 다른 방법을 생각하기로 하고 그 한 장 돈의 운명은 온전히 그날 밤의 발길의 지향에 맡기기로 하였다.

레코드나 걸고 폭스트롯이나 마음껏 추어 보았으면 하는 것이 남죽의 청이었으나 거리에는 춤을 출 만한 곳이 없고 현보 자신 춤을 모르는 까닭에 뒷골목을 거닐다가 결국 조촐한 바에 들어갔다. 술

내 나는 진을 남죽은 사양하지 않고 몇 잔이고 거듭 마셨다. 어느 결에 주량조차 그렇게 늘었나 하고 현보는 놀라고 탄복하였다. 제법 술자리를 잡고 얼굴을 붉게 물들이고 뭇 사내의 시선 속에서 어울려 나가는 솜씨는 상당한 것으로 보였다. 술이 어지간히 돌았는지 체면불구하고 레코드에 맞추어 몸을 으쓱거리더니 나중에는 자리를 일어서서 춤의 자세를 하고 발끝으로 달가락달가락 춤을 추는 것이었다. 현보 역시 취흥을 못 이겨 굳이 그를 말리지 않고 현혹한 눈으로 도리어 그의 신기한 재주를 바라볼 뿐이었다. 술은 요술쟁이인지 혹은 춤추는 세상의 도덕은 원래 허랑한 것인지 이해하기 어려운 것은 맞은편 자리에 앉았던 아까 남죽의 귀에다 귓속말로 거리의 부랑자 백만장자의 아들이라고 가르쳐 주었던 그 사나이가 성큼 일어서서 남죽에게 춤을 청하는 것이었고 더 이상한 것은 남죽이 즉시 응하여 팔을 겯고 스텝을 밟기 시작한 것이다. 그것이 춤의 도덕인가 보다만 하고 현보는 웃는 낯으로 한참이나 바라보고 있었으나 손님들의 비난의 소리 속에서 별안간 여급이 달려와서 춤은 금물이라고 질색하고 두 사람을 가르는 바람에 현보는 문득 정신이 들면서 그 난잡한 꼴에 새삼스럽게 눈썹이 찌푸려졌다. 남죽의 취중의 행동도 지나쳐 허랑한 것이었으나 별안간 나타난 부랑자의 유들유들한 심보가 괘씸하게 느껴져서 주위에 대한 체면과 불쾌한 생각에 책임상 비틀거리는 남죽의 팔을 끌고 즉시 그 자리를 나와 버렸다. 쓸데없이 허튼 곳에 그를 끌어온 것이 뉘우쳐도 져서 분이 좀체 가라앉지 않았다.

"아무리 부랑자기로 생면부지에 소락소락 — 안된 녀석."

"노여하실 것 없는 것이 춤추는 사람끼리는 춤을 청하는 것이 모욕이 아니라 되려 존경의 뜻인걸요. 제법 춤의 격식이 익숙하던데요."

남죽의 항의에는 한마디도 대꾸할 바를 몰랐으나 그러면 그 괘씸한 심사는 질투에서 나온 것이었던가. 그렇다면 남죽을 얼마나 사랑하고 있는 셈인가 하고 현보는 자신의 마음을 가지가지로 의심하여 보았다.

"……참기 싫어요. 견딜 수 없어요—죄수같이 이 벽 속에만 갇혀 있기가. 어서 데려다 주세요, 데이비드. 이곳을 나갈 수 없으면—이 무서운 배에서 나갈 수 없으면 금방 미칠 것두 같어요. 집에 데려다 주세요, 데이비드. 벌써 아무것두 생각할 수 없어요. 추위와 침묵이 머리를 가위같이 누르는 걸요. 무서워. 얼른 집에 데려다 주세요."

남죽은 남죽으로서 딴소리를—듣고 보니 오닐의 「고래」의 구절 구절을 아직도 취흥에 겨운 목소리로 대로 상에서 마치 무대에서와 같은 감정으로 외치는 것이었다. 북극 해상에서 애니가 남편인 선장에게 애원하고 호소하는 그 소리는 그대로가 바로 남죽 자신의 절실한 하소연이기도 하였다.

"……이런 생활은 나를 죽여요—이 추위 무섬. 공기가 나를 협박해요—이 적막. 가는 날 오는 날 허구한 날 똑같은 회색 하늘. 참을 수 없어요. 미치겠어요. 미치는 것이 손에 잡힐 듯이 아려요. 나를 사랑하거든 제발 집에 데려다 주세요. 원이에요. 데려다 주세요……."

이튿날은 또 하루 목표 없는 지난날의 연속이었다. 간밤의 무더운 기억도 있고 남죽에게 대한 말끔하게 청산하지 못한 뒤를 끄는 감정도 남아 있고 하여 현보는 오후도 훨씬 늦어서 남죽을 찾았다. 아직도 눈알이 붉고 정신이 개운하지 못한 남죽의 청을 들어 소풍 겸 강으로 나갔다.

서선(西鮮) 지방의 그 도회는 산도 아름다우려니와 물의 고을이어서 여름 한철이면 강 위에는 배가 흔하게 떴다. 나룻배 외에 지붕을 덩그렇게 단 놀잇배와 보트와 모터보트가 강 위를 촘촘하게 덮었다. 놀잇배에서는 노래가 흐르고 춤이 보여서 무르녹은 나무 그림자를 띄운 고요한 강 위는 즐거운 유원지로 변한다. 산 너머 저편은 바로 도회에서 생활과 싸움으로 들복닥거리건만 산 건너 이편은 그와는 별세상인 양 웃음과 노래와 흥이 지천으로 물 위를 흘렀다.

현보와 남죽도 보트를 세내서 타고 그 속에 한몫 끼어서 시원한 물 세상 사람이 된 듯도 싶었다. 백양나무가 늘어선 위로 흰 구름이 뭉실뭉실 떠서 강 위에서는 능라도 일대의 풍경이 가장 아름다웠다. 현보는 손수 노를 저으면서 물결을 거슬러 올라가 섬께로 향하였다. 속을 헤아릴 수 없는 푸른 물결이 뱃전을 찰싹찰싹 쳤다.

"언니에게서 편지가 왔는데—요새는 염소 젖두 적구 그렇게 쉽게 노자를 구할 수 없다나요."

남죽은 소매 속에서 집어낸 편지를 봉투째 서너 조각으로 죽죽 찢더니 물 위에 살며시 띄웠다. 별로 언니를 원망하는 표정도 아니요 다만 침착한 한마디의 보고였다.

"—며칠 동안 카페에 들어가 여급 노릇이나 해서 돈을 벌어 볼까요."

이 역 원망의 소리가 아니고 침착한 농담으로 들리긴 하였으나 그 어디인지 자포자기의 기색이 보이지 않는 것도 아니었다.

"차차 무슨 방법이든지 있을 텐데 무얼 그리 조급하게 군단 말요."

현보는 당치않은 생각은 당초에 말살시켜 버리려는 듯이 어세가 급하고 퉁명스러웠다. 그러나 고향을 그리는 남죽의 원은 한결같이 절실하였다.

"얼음 속에 갇혀 있으면 추억조차 흐려지나 봐요. 벌써 머언 옛일 같어요—지금은 유월, 라일락이 뜰 앞에 한창이고 담 위 장미는 벌써 봉오리가 앉었을걸요."

이것은 남죽이 늘 즐겨서 외이는 「고래」 속의 한 구절이었으나 남죽의 대사는 이것으로서 그치는 것이 아니었다. 물 위에 둥둥 떠서 멀리 사라지는 찢어진 편지 조각을 바라보며 남죽의 고향을 그리는 정은 줄기줄기 면면하였다.

"솔골서 시작해서 바다 있는 쪽으로 평야를 꿰뚫은 흰 방축이 바로 마을 앞을 높게 내닫고 있어요. 방축이라니 그렇게 긴 방축이 어디 있겠어요. 포플러나무가 모여 서고 국제 열차가 갈리는 정거장 근처를 지나 바다까지 근 십 리 장간을 일직선으로 뻗쳤는데 인도교와 철교 사이를 거닐기에두 이십 분이나 걸려요. 물 한 방울 없는 모래 개천을 끼고 내달은 넓은 둑은 희고 곧고 깨끗해서 마치 푸른 풀밭에 백묵으로 무한대의 일직선을 그은 것두 같구. 둑 양편으로 잔디가 깔린 속에 쑥이 나고 패랭이꽃이 피어서 저녁 해가 짜링 짜링 쪼이면 메뚜기와 찌르레기가 처량하게 울지요. 풀밭에는 소가 누운 위로 이름 모르는 새가 풀 위를 스치면서 얕게 날고 마을로 향한 쪽에는 조 수수 옥수수밭이 연하여서 일하는 처녀 아이가 두어 사람씩은 보이죠. 여름 한철이면 조카아이와 같이 염소를 끌고 그 둑 위를 거닐면서 세월없이 풀을 먹여요. 항구를 떠난 국제 열차가 산 모퉁이를 돌아 기적 소리가 길게 벌판을 울려올 때 풀 먹던 염소는 문득 뿔을 세우고 수염을 드리우고 에헤헤헤헤 하고 새침하게 한 바탕 울어 대군 해요. 마을 앞의 그 둑을—고향의 그 벌판을—나는 얼마나 사랑하는지 몰라요. 그리운지 모르겠어요."

남죽의 장황한 고향의 묘사는 무대 위에서와는 또 다르게 고요한 강물 위를 자유롭게 흘러내렸다. 놀잇배에서 흘러나오는 레코드 음악이 속된 유행가가 아니고 만약 교향악의 반주였던들 남죽의 대사는 마디마디 아름다운 '전원교향악'으로 들렸을 것이다.

그의 '전원교향악'에 취하였던 것은 아니나 그의 고향에 대한—적어도 현재 이외의 생활에 대한 그리운 정이 얼마나 간절한가를 느끼며 현보는 속히 여비를 구해야 할 것을 절실히 생각하면서 능라도와 반월도 사이의 여울로 배를 저어 올렸다. 얕아는 졌으나 센 물살을 거슬러 저으면서 섬에 오를 만한 알맞은 물기슭을 찾았다.

"첫 가을이면 송이의 시절—좀 있으면 솔골로 풋송이 따러 가는 마을 사람들이 둑 위를 희끗희끗 올라가기 시작하겠어요. 봉곳이 흙을 떠받들고 올라오는 송이를 찾았을 때의 기쁨! 바구니에 듬짓하게 따 가지고 식구들과 함께 둑길을 걸어 나려올 때면 송이의 향기가 전신에 흠뻑 배이지요. 풋송이의 향기—「고래」 속의 라일락의 향기 이상으로 제겐 그리운 것이에요."

듣는 동안에 보지 못한 곳이언만 현보에게도 그의 말하는 고향이 한없이 그리운 것으로 생각되었다. 모랫바닥이 보이는 강가로 배를 몰아 놓고 섬 기슭을 잡으려 할 때 배가 몹시 요동하는 바람에 꿈에 잠겼던 남죽은 금시에 정신이 깨인 모양이었다. 백양나무가 늘어선 사이로 새풀이 우거져서 섬 속은 단걸음에 뛰어들어가고도 싶게 온통 푸르게 엿보였다. 발을 벗고 물속을 걷기도 귀치않아서 남죽은 뱃전에 올라서서 한걸음에 기슭까지 뛰어 건너려 하였다. 뒤뚝거리는 배를 현보가 뒤에서 붙들기는 하였으나 원체 물의 거리가 먼데다가 남죽은 못 미치는 다리에 풀뿌리를 밟은 까닭에 껑청 발을 건너자 배가 급각도로 기울어지며 현보가 위태하다고 느꼈을 순간 풀뿌리에서 미끄러지며 볼 동안에 전신을 물속에 채워 버렸다. 현보가 즉시 신발채로 뛰어들어 그의 몸을 붙들어 일으키기는 하였으나 전신은 물에 빠진 쥐였다. 팔에 걸린 몸이 빨랫짐같이도 차고 무거웠다.

하루의 작정이 흐려지고 섬의 행락이 틀어졌다. 소풍이 지나쳐 목욕이 된 셈이나 물에 빠진 꼴로는 사람들 숲에 섞일 수도 없어 두 사람은 외따로 떨어져 섬 속의 양지를 찾았다. 사람들 엿보지 못하는 호젓한 외딴 곳에서 젖은 옷을 대충 말리는 수밖에는 없었다. 현보는 신과 바지를 벗어서 널고 남죽은 속옷만을 남기고 치마저고리를 벗어서 양지쪽 풀 위에 펴 놓았다. 차라리 해수욕복이나 입었던들 피차에 과히 야릇한 꼴들은 아니었을 것이나 옷을 반씩들 벗은 이지러진 자태—마치 꼬리와 죽지를 뽑히우고 물벼락을 맞은 자웅의 닭과도 같은 허수한 꼴들은 한층 우스운 것이었다. 더구나 팔다리와 어깨를 온전히 드러내고 젖어서 몸에 붙은 속옷 바람으로 풀밭에 선 남죽의 꼴은 더욱 보기 딱한 것이어서 그 자신은 그다지 시스러워 여기지 않음에도 현보는 똑바로 보기 어려워 자주 외면하지 않을 수 없었다.

별수 없이 그 꼴 그대로 틀어진 반날을 옷 말리기에 허비하고 해가 진 후 채 마르지도 못한 축축한 옷을 떨쳐입고 다시 배를 젓고 내려올 때 두 사람은 불시에 마주보고 껄껄껄 웃어 댔다. 하루의 이지러진 희극을 즐겁게 끝막으려는 듯 웃음소리는 고요한 저녁 강 위에 낭랑하게 퍼졌다.

그 꼴로 혼자 돌려보내기가 가여워서 현보는 그 길로 남죽의 숙소에 들린 채 처음으로 밤이 이슥할 때까지 같이 지내게 되었다. 뜻 속의 것이었든지 혹은 뜻밖의 것이었든지 그날 밤 현보는 또한 남죽과 모든 열정을 주고받았다. 그것은 반드시 한쪽만의 치우친 감정의 발작이 아니라 피차의 똑같은 감정의 말하자면 공동합작이었으며 그 감정 또한 우연한 돌발적의 것이 아니요 참으로 칠 년 전부터 내려오는 묵고 익은 감정의 합류였다. 늦은 밤거리에 나왔을 때 현보는 찬란한 세상을 겪은 뒤의 커다란 피곤을 일시에 느꼈다.

일이 일인 만큼 큰 경험 후에 오는 하루를 현보는 집에 묻힌 채 가지가지 생각에 잠겼다. 묵은 감정의 합류라고는 하더라도 하필 그 시간에 폭발된 것은 이때까지 피차에 감정을 감추고 시험해 왔던 까닭일까, 그런 감정에는 반드시 기회라는 것이 필요한 탓일까 생각하였다. 결국 장구한 시기를 두었다가 알맞은 때를 가늠보아 피차에 훔쳐내인 감정에 지나지 않았다. 사랑이라기에는 너무도 어처구니없는 것인지는 모르나 그러나 사랑이 아니라고 할 수도 없는 것이 비록 미래의 계획이 없는 한 막의 애욕극이었다고는 하더라도 거기에 이르기까지는 오랜 시간의 양해가 있었던 것이라고 생각하였다. 남죽의 마음 또한 그러려니는 생각하면서도 현보는 한편 남자 된 욕심으로 남죽의 허랑한 감정을 의심도 하여 보았다. 대체 지난 칠 년 동안의 그에게는 완전히 괄호 안의 비밀인 남죽의 생활이 어떤 내용의 것이었을까 하는 것이었다. 그에게 있어서 간간이 생리의 정리가 필요하듯이 남죽에게도 그것이 필요하지 않았을까 혹은 한 번쯤은 결혼까지 하였다가 실패하였는지도 모르며 — 더 가깝게 가령 그와 다시 만나기 전에 친히 지냈던 민삼과는 깊은 관계가 없었을까 하는 생각이 갈피갈피 들었으나 돌이켜 보면 그렇게 그의 결백하기를 원하는 것은 순전히 자기 자신의 지나친 욕심이며 그것을 희망할 자격은 자기에게는 없다는 것을 느끼게 되었다. 괄호 안의 비밀, 그의 눈에 비치지 않은 부분의 생활은 그의 계관할 바 아니며 다만 그로서는 그에게 보여준 애정만을 달게 여기면 족한 것이라고 결론하면서 그의 애정을 너그럽게 해석하려고 하였다.

값으로 산 애정은 아니었으나 남죽의 처지가 협착한 만큼 현보는 애정에 대한 일종의 책임을 느껴서 그의 여비 일건을 더욱 절실히 생각하게 되었다. 그를 오래도록 붙들어 둘 수 없는 이상 원대로 하루라도 속히 고향에 돌려보내는 것이 애정의 의무일 것같이 생각되었다.

여비를 갖춘 후에 떳떳이 만날 생각으로 그 밤 이후 며칠 동안은 남죽을 찾지 않았다. 여비를 갖춘대야 생판 날탕인 현보에게 버젓한 도리가 있을 리는 없었다. 이미 친한 동무 준구에게 한 번 청을 걸어 여의치 못한 이상 다시 말해 볼 만한 알맞은 동무는 없었으며 그렇다고 그의 일신에 돈으로 바꿀 만한 귀중한 물건을 지닌 것도 아니었다. 옳은 길이라고는 생각지 않았으나 별수 없이 남은 한 길을 취할 수밖에는 없었다. 진종일을 노리다가 사랑 문갑에서 예금 통장을 집어내기에 성공하였던 것이다. 은행과 조합의 통장이 허다한 속에서 우편예금 통장을 손쉽게 집어내서 도장까지 위조하여 소용의 금액을 감쪽같이 찾아내기는 하였으나 빽빽한 주의 아래에서 그것에 성공하기에는 온 이틀을 허비하였다. 가정에 대한 그 불측한 반역이 마음을 괴롭히지 않는 바도 아니었으나 그만한 희생쯤은 이루어진 애정에 대한 정성과 봉사의 생각으로 닦아 버리려고 생각하였던 것이다.

그 밤 이후 처음으로 만나는데 소용의 금액을 넌지시 내놓음이 받은 애정의 대상을 갚는 것도 같아서 겸연쩍기는 하였으나 그러나 한편 돈을 가진 마음은 즐겁고 넉넉하였다. 마음도 거뿐하고 걸음도 시원스럽게 현보는 오후는 되어서 남죽의 여관을 찾았다.

여관 안은 전체로 감감하고 방에는 남죽의 자태가 보이지 않았다. 원체 아무 세간도 없는 방인 까닭에 텅 빈 방 안을 현보는 자세히 살펴볼 것도 없이 문을 닫고 아마도 놀러 나갔으려니 하고 거리로 나왔다. 찻집과 백화점을 한 바퀴 돌고는 밤에 다시 찾기로 하고 우선 집으로 돌아왔을 때 뜻밖에 남죽의 엽서가 책상 위에 있었다.

연필로 적은 사연이 간단하게 읽혔다.

> 왜 며칠 동안 까딱 오시지 않었어요. 노여운 일 계세요? 여러 날 폐만 끼친 채 여비가 되었기에 즉시 떠납니다. 아마도 앞으로는 만나 뵙기 조련치 않을 것 같어요. 내내 안녕히 계서요.
>
> 남죽 올림

돌연한 보고에 현보는 기를 뽑히고 즉시로 뒷걸음을 쳐서 여관으로 향하였다.

여러 날 안 왔다고 칭원을 하면서 무슨 까닭에 그렇게도 무심하고 급스럽게 떠나 버렸을까. 여비라니 다따가 오십 원의 여비를 대체 어떻게 해서 구하였을까. 짜장 며칠 동안 카페 여급 노릇이라도 한 것일까—여러 가지로 생각하면서 여관에 이르러 다시 방문을 열어 보았을 때 아까와 마찬가지로 텅 빈 것이었으나 그런 줄 알고 보니 사실 구석에 가방조차 없었다. 경솔한 부주의를 내책하면서 그제서야 곡절을 물어보러 안문을 들어서서 주인을 찾았다.

궂은 일을 하던 노파는 치맛자락으로 손을 훔치면서 한마디 불어대고 싶은 듯도 한 눈치로 뜰 안에 나서며 간밤에 부랴부랴 거둬 가지고 떠났다는 소식을 첫마디에 이르고는 뒤숭뒤숭 속 있는 웃음을 띠었다.

"그게 대체 여배우요 여학생이오. 신식 여자들은 겉만 보군 알 수가 없으니."

무슨 소리를 하려는 수작인고 하고 그다지 반갑지는 않았으나 현보는 잠자코 있을 수만 없어서

"여학생으로두 보입디까."

되려 한마디 반문하였다.

"그럼 여배우군. 어쩐지 행동거지가 보통이 아니야. 아무리 시체 여학생이기루 학생의 처신머리가 그럴까 했더니 그게 여배우구료."

"행동이 어쨌단 말요."

"하긴 여배우는 거반 그렇답디다만."

말이 시끄러워질 눈치여서 현보는 귀치않은 생각에 말머리를 돌렸다.

"식비는 다 치렀나요."

그러나 그 한마디가 도리어 풀숲의 뱀을 쑤신 셈이었다. 노파의 말주머니는 막았던 봇살같이 한꺼번에 터져 나오기 시작하였다.

"식비 여부가 있겠수. 푸른 지전이 지갑 속에 불룩하던데. 수단두 능란은 하련만 백만장자의 자식을 척척 끌어들이는 걸 보문 여간내기가 아닌 한다하는 난꾼입디다. 그런 줄 알구 그랬는지 어쨌는지 아마두 첫눈에 후려 댄 눈친데 하룻밤 정을 줘두 부자 자식이 좋기는 좋거든. 맨숭한 날탕이던 것이 하룻밤 새에 지전이 불룩하게 쓸어든단 말요. 격이 되기는 됐어 하룻밤을 지냈을 뿐 이튿날루 살랑 떠난단 말요."

청천의 벼락이었다. 놀라고 어처구니가 없어서 노파의 입을 쥐어박고도 싶었으나 그러나 실성한 노파가 아닌 이상 거짓말도 아닐 것이어서 현보는 다만 벌렸던 입을 다물 수 없었다.

"백만장자의 자식이라니 누 누구란 말요."

아마도 말소리가 모르는 결에 떨렸던 상싶었다.

"모르시오. 김 장로의 아들 말이외다. 부랑자루 유명한."

현보는 아찔해지며 골이 핑 돌았다. 더 물을 것도 없고 흉측한 노파의 꼴조차가 불현듯이 보기 싫어져서 뒤도 돌아다보지 않고 허둥허둥 여관을 나와 버렸다.

(그것이 여비의 출처였던가.)

모르는 결에 입술이 찡그려지며 제 스스로를 비웃는 웃음이 흘러나왔다. 김 장로의 아들이라면 며칠 전 바에서 돌연히 남죽에게 춤을 청한 놈팡이인데 어느 결에 그렇게 쉽게 교섭이 되었던가. 설사 여비를 구하기 위한 수단이라고 하더라도 어둠의 여자와 다를 바가 무엇인가 생각할 때 무서운 생각에 전신에 소름이 쪽 돋으며 허전허전 꼬이는 다리에 그 자리에 쓰러져 울고도 싶었다.

남죽은 그렇게까지 변하였던가. 과거 칠 년 동안의 괄호 속의 비밀까지가 한꺼번에 눈앞에 보이는 듯하여 현보는 속았다는 생각만이 한결같이 들어 온전히 제 정신없이 거리를 더듬었다.

우울하고 불쾌하고—미칠 듯도 한 며칠이었다. 칠 년 전부터 남죽을 알아온 것을 뉘우치고 극단이고 무엇이고를 조직하려고 한 것조차 원(怨) 되었다. 속히운 것은 비단 마음뿐이 아니고 육체까지임을 알았을 때 현보는 참으로 미칠 듯도 한 심정이었던 것이다. 육체의 일부에 돌연히 변조가 생기기 시작한 것은 다음 날부터였으나 첫 경험인 현보는 다따가의 변화에 하늘이 뒤집힌 듯이나 놀랐고

첫째 그 생리적 고통은 견딜 수 없이 큰 것이었다. 몸에는 추접한 병증이 생기며 용변할 때의 괴롬이란 살을 찢는 듯도 하여 이루 헤아릴 수 없었다. 세상에서 흔히 말하는 병이 바로 이것인가 보다 즉시 깨우치기는 하였으나 부끄러운 마음에 대뜸은 병원에도 못 가고 우선 매약점에를 들렀다가 하는 수 없이 그 길로 의사를 찾았다. 진찰의 결과는 예측과 영락없이 들어맞아서 별수 없이 의사의 앞에서 눈을 감고 부끄러운 치료를 받기 시작하면서 찡그린 마음속에는 한결같이 남죽의 자태가 떠올랐다.

마음과 몸을 한꺼번에 속인 셈이나 남죽은 대체 그런 줄을 알았든가 몰랐든가. 처음에는 감격하고 고맙게 여겼던 애정이었으나 그렇게 된 결과로 보면 일종의 애욕의 사기로밖에는 생각되지 않았다. 칠팔 년 전 건강하고 아름다운 꿈으로 시작되었던 남죽의 생애가 그렇게 쉽게 병들고 상할 줄은 짐작도 할 수 없었던 것이다. 굳건한 꿈의 주인공이 칠 년 후 한다하는 밤의 선수로 밀려 떨어질 줄은 생각할 수 없었던 것이다. 아담하던 꽃은 좀이 먹었을 뿐이 아니라 함빡 병들어 상하기 시작하지 않았던가. 책점 대중원 뒷방에서 겨울이면 화롯전을 끼고 앉아서 독서에 열중하다가 이론 투쟁을 한다고 아무나들 붙들고 채 삭이지도 못한 이론으로 함부로 후려 대다가는 이튿날로 학교의 사건을 지도한다고는 조금 출출한 동무들이면 모조리 방에 끌어다가는 의논과 토의가 자자하던 칠 년 전의 남죽의 옛일을 생각할 때 현보는 금할 수 없는 감회에 잠기며 잠시는 자기 몸의 괴로움도 잊어버리고 오늘의 남죽을 원망하느니보다는 그의 자태를 측은히 여기는 마음이 끝없이 솟았다. 어린 꿈의 자라 가는 것은 여러 갈래일 것이나 그 허다한 실례 속에서 현보는 공교롭게도 남죽에게서 가장 측은하고 빗나간 한 장의 표본을 본 듯도 하여서 우울하기 짝이 없었다.

부정한 수단을 써 가면서까지 여비로 만든 오십 원 돈이 뜻밖에도 망측한 치료비로 쓰이게 된 것을 생각하고 그 돈의 기구한 운명을 저주하면서 답답한 마음에 현보는 그날 밤 초저녁부터 바에 들어가 잠겼다. 거기에서 또한 우연히도 문제의 거리의 부랑자 김 장로의 아들을 한자리에서 마주치게 된 것은 얼마나 빼저린 비꼼이었던가. 반지르하면서도 유들유들한 그 꼬락서니가 언제 보아도 불쾌하고 노여운 것이었으나 그러나 남죽 자신의 뜻으로 된 일이었다면 그도 하는 수 없는 노릇이며 무엇보다도 그 당장에서 그 녀석을 한대 먹여서 꼬꾸라뜨릴 만한 용기와 힘 없음이 현보에게는 슬펐다. 녀석도 또한 그 자리로 현보임을 알아차리고 가소로운 것은 제 술잔을 가지고 일부러 현보의 탁자에 와 마주앉으며 알지 못할 웃음을 띠는 것이다.

"이왕 마조 앉었으니 술이나 같이 듭시다."

어느 결엔지 여급에게 분부하여 현보의 잔에도 술을 따르게 하였다. 희고 맑은 그 양주가 향기로 보아 솔내 나는 진인 것이 바로 그 밤과 같은 것이어서 이 또한 우연한 비꼼으로밖에는 생각되지 않았다.

"……이렇게 된 바에 무엇을 속이겠소. 터놓고 말이지 사실 내겐 비싼 홍정이었었소. 자랑이 아니라 나도 그 길엔 상당히 밝기는 하나 설마 그런 흠이 있을 줄야 뉘 알었겠소. 온전히 홀리운 셈이지.

그까짓 지갑쯤 털리운 것야 아까울 것 없지만 몸이 괴로워 못 견디겠단 말요. 허구한 날 병원에만 단기기두 창피하구 맥주가 직효라기에 날마다 와서 켰으나 이 몸이 언제나 개운해질는지…….”

술잔을 내고는 얼굴을 찡그리고 쓴웃음을 띠는 것을 보고는 녀석을 해낼 수도 없고 맞장구를 칠 수도 없어서 현보는 얼떨떨할 뿐이었다.

“……당신두 별수 없이 나와 동류항일 거요. 동류항끼리 마음을 헤치구 하룻밤 먹어 봅시다그려.”

하면서 굳이 술잔을 권하는 것이다.

현보는 녀석의 면상에 잔을 던지고 그 자리를 일어나고도 싶었으나—실상은 웃지도 못하고 울지도 못할 난처한 표정대로 그 자리에 빠지지 않아 있는 수밖에는 없었다.

《삼천리문학》, 1938. 1.

막(幕)

1.

삼십이립(三十而立)—의 옛사람의 말을 생각할수록에 지금의 신세가 억울한데 더한층 안타까운 것은 사십이(四十而)—무엇이던가를 잊어버렸음이다. 삼십에 서지 못했다고 하더라도 사십에는 어떻게 되어야 하는지의 옛사람의 가르침을 어느 결엔지 까먹어 버린 것이 삼십을 넘어 사십을 바라보는 요사이의 세운의 마음을 한층 죄었다.

행차칼이나 목에 멘 듯 괴로운 마음으로 사십의 교훈을 생각하면서 포도를 걸어갈 때 정해 놓고 가가(假家) 유리창에 어리우는 자기의 꼴이 눈에 띈다.

그 자기의 꼴에 한눈을 팔게 된 것이 또 한 가지 요사이의 기괴한 버릇이다. 사람의 모양을 호들갑스럽게 망칙하게 비춰 내는 것이 거리의 유리창의 심술이기는 하나 그 비뚤어진 속으로도 후락한 육체의 꼴이 눈에 드러나 보이는 것은 속일 수 없는 사실이었다. 거리의 목욕탕에 들어가 저울 위에 오를 때 아무리 발을 굴러 보아도 바늘이 십칠 관(貫)을 더 가리키지는 않았다. 이십 사관을 자랑하던 위장부의 늠름하던 체중의 반년 동안의 비참한 몰락인 것이다. 얼굴에 왼통 허구렁이진 것은 오히려 나이의 덕이라고 하더라도 비대하던 몸집이 거의 반쪽으로 축난 것은 유리 속으로 보기 딱했다. 그 헌거(軒擧)롭던 자태가 이제는 하릴없는 등신의 행진이었다.

지난 반년 동안 술이 과했고 몸가짐이 허탕했던 까닭으로밖에는 돌릴 수 없는 것이 그 이상의 이유를 세운은 생각하기도 싫었고 생각했대야 말할 수도 없는 것이다. 지혜 있는 사람같이 또박또박 이치를 따지지 못하나 무거운 울화만은 거리의 누구에게도 밑지지 않게 가슴속에 간직한 그였다.

아침에 집을 나가면 동무들과 휩쓸려 술과 해동무를 하다가는 밤이 돼야 돌아간다. 소리패와 좌석을 같이하고 진종일을 지낸다고 해도 별반 신통한 자미가 있는 것도 아니고 농을 걸고 북새를 놓고 하는 동안에는 도리어 사람이 허름해만지고 처신이 떨어져 갈 뿐이었으나 그러나 집 안에 있을 때의 지옥의 괴롬을 생각하면 그래도 실속은 없으나마 그 긴치 않은 동무들과 자리를 같이하게 된다. 달뜬 마음은 가라앉히고 길을 잡아 보겠다고 몇 번이나 두문불출 집 안에 들어박혀 보려고 애썼는지 모른다. 애를 썼을 뿐이지 그 갑갑한 공기 속에서는 단 반날을 진정하고 앉아서 신문 한 장 편히 읽을 수는 없었다. 생활의 기쁨이라고는 없는 어둡고 무거운 유풍 속에서 아내는 허구한 날 황고집을 피우면서 홍이야항이야 쓸데없는 일에까지 입살이 세다. 생각하면 묵은 대의 희생을 당한 결혼부터가 불행한 것이었다. 남편 된 도리를 다 하지도 못했거니와 아내로서의 부드러운 정리를 받아 본 적이 없다. 남편의 밖에서의 처신이 허랑하다고 활이야살이야 문책이 심하던 끝에 자진해 버리겠다고 약사발 소동을 일으켰던 것이 아직도 기억에 새롭다. 빼어서 던진 약사발이 공교롭게도 뜰 앞 향나무를 맞히면서 뿌리 위에 쏟아져서 독한 잿물 기운에 잎이 타고 가지가 시들기 시작했다. 선친이 돌아가기 전에 손수 심어 놓은 기념수였다. 경망스럽게도 치명의 상처를 입은 향나무를 바라만 보아도 심화가 타올라 와서 그 후부터는 더욱 집이 싫어졌다. 집이 아니라 굴이요 잠간 잠자리를 빌러 들어갈 뿐인 게껍질인 셈이었다. 잠만 깨면 작정 없이 거리로 나와 계획도 지향도 없이 발 가는 대로 뜻을 맡겼다.

자연 삼십의 교훈이 마음속에 절실히 떠오르게 되었고 유리창에 어리우는 메마른 꼴이 눈에 띄게도 된 것이다. 그러나 발맥이 노곤한 판에 단골 찻집에 들어가 이것도 그맘때만 되면 번김 없이 와 앉아 있는 진을 만나 마주앉게 되면 세운은 무시근하게도 교훈도 자기 꼴도 흐리마리 잊어버리고 만다. 긴치 않다고는 해도 그 바람에 아직도 동무만은 버리지 않고 좋든 궂든 사귀어 오는 것이다.

“이십 관짜리 돈키호테의 출근이시라.”

진이 이렇게 괴덕을 부리는 것도 마땅한 것이 세운의 육신이 아무리 축났다고는 해두 진의 체질은 다시 그의 반쪽이었다. 선천적인 데다가 현대인의 신경이 두 겹으로 덮쳐서 빈약한 육체를 만든 것이다.

“이십 관을 십칠 관으로 정정하게. 숫자는 발라야 하니.”

"그럼 십칠 관의 돈키호테. 오래간만에 한번 울어 보게."

울어 보라는 것은 웃어 보라는 뜻이었다. 어디서 배운 것인지 세운은 일부러 호걸스럽게 보이려는 듯이도 꾸며서 웃는 너털웃음의 버릇을 고치지 못했다. 능청스럽게 헐헐대고 웃는 품은 흡사 말이 우는 소리와도 같았다. 그러나 그 말 웃음도 요사이의 그의 입에서는 까딱 들을 수 없던 것이다.

2.

찻집은 차만 먹는 데가 아니라는드키 세운과 진은 대낮부터 술타령이다.

"내가 십칠 관의 돈키호테면 자넨 무엔가?"

술잔을 놓고 세운은 흐릉흐릉 진을 바라본다.

"난 십사 관밖엔 안 되네."

"십사 관짜리 산초 판산가?"

"이렇게 여윈 산초 판사라는 게 있나. 정작 산초는 돈키호테보단 되려 똥똥하고 오돌진 딸보였으리."

"어쨌든 자넨 내 산초가 아니었었나."

"일을 거들어 주었을 뿐이지 자네 종노릇한 법은 없어."

"일이구 무어구 쓸데없는 자네 발설루 멀쩡하던 사람을 요 모양을 맨들었어. 죄가 크지 커."

"되려 치사(致謝)나 하게. 내 덕으루 그래두 그만큼이나 사람 행세를 하잖었나."

"행세라니 요 모양 된 게 요게 행세야. 위신만 떨어지구 욕만 당하구. 문화니 문화인이니 인젠 진저리가 난다. 괜히 어림두 없이 문화인에 요 한몫 끼어 보련 것이 당초에 불찰이었지."

"그게 벌써 돈키호테—여기 집적 저기 집적 그 돈키호테적 심정 때문이었지 문화사업이야 언젤 간들 그를 리가 있나. 문화를 나무랠 건 없어."

십칠 관과 십사 관은 술김에 얼굴이 추렷해 가며 뜨던 입들이 누그러지면서 입방아가 재 간다. 소위 문화사업이라는 것은 그들이 작년 가을까지 한 일 년 동안 해 오던 잡지의 일건을 가리킴이다. 당초의 시작이 말하자면 진의 종용으로 된 일이었다. 때를 맞춘 진의 권고가 번둥번둥 날을 지우기가 무료하던 세운의 호기심과 허영심을 낚아 내기에는 충분하였다. 일거양득이었다. 세운의 허영심도 만족되었으려니와 이 역 할 일 없던 진에게도 어떻든 날마다 돌보아야 할 일이 생겨서 활기를 얻은 것은 사실이었다. 세운에게는 대대로 물려 오는 돈푼이 아직도 조금은 남아 있었고 선친의 피라고 할까 문화사업에 대한 일종 미치광이의 열정과 야심이 부질없이 솟았다. 잡지 경영에 대한 일정한 정견도 지식도 없었으나 문화인의 한몫을 본다는 자랑이 가슴속에 찬란히 빛나고 성산이 어울리지 않더라도 술 먹은 턱만 대면 그만일 것을 생각하고 잡지 창간호 첫머리에 사진을 내걸고 사장의 이름으로 차작(借作)한 발간사(發刊辭)를 발표했을 때에는 세상 사람의 눈이 한꺼번에 자기의 한 몸 위로 쏠린 것 같아서 황겁지겁 기쁨이 가슴을 박차고 솟았다. 선친은 세상을 떠나기 전에 유산의 대부분을 던져 사회봉사로 시민에게 도서관을 기부한 것이 한동안 이야깃거리가 되고 사회의 찬하(攢賀)를 받아 거리의 인기를 휩쓸었으나 눈에 보이게 찬란한 잡지 사업이 결코 그만 못한 것이 아니라고 느껴졌다. 그러나 그런 기쁨도 처음뿐 한두 호를 계속하는 동안에 아무 반향도 없었거니와 곶감 빼먹듯 다달이 뭉칫돈을 뽑아 넣기도 야속하였고 사회 사람 또한 도리어 교만한 눈으로 조롱의 빛을 보일 뿐이었다. 적어도 거리의 문학청년들만은 완전히 휩쓸어다가 뜻대로 휘둘러 볼까 한 것이 그들 역시 존경은커녕 눈알을 희게 해 가지고 멀리서 할금할금 바라볼 뿐이었다. 일 년 동안에 봉도 웬만큼 빠졌고 실속 없는 광대 노릇을 한 것이 겸연도 해서 그다지 많이 남지도 못한 여재를 차라리 술 먹어 없애는 것이 낫다고 고쳐 생각하고는 잡지를 폐간해 버렸다. 진은 그의 뜻을 휘일 수도 없었거니와 그 역 별반 잇속도 없는 일에 어지간히 싫증이 났다. 그러나 할 일 없는 생활이란 더한층 허망하고 쓸쓸한 것이어서 세운은 반년 동안의 허탕한 생활에 몸과 마음이 오싹 바스러져 버린 것이었다.

"잡지에 성공했는지 못했는지는 모르겠으나 다른 건 다 그만두구래두 월매의 맘을 낚군 건 잡지 덕이 아니구 뭔가. 기생이라구 돈에만 홀리우는 줄 아나. 요새 기생은 자네만큼의 허영은 다 가졌다네."

진은 모든 책임을 혼자 도맡을 것도 아니어서 이렇게라도 말길을 돌리는 수밖엔 없다.

"뚱딴지같이 월매는 왜. 알구 보면 월매두 호락호락 외줄에 걸려올 계집이 아니지만 그보다두 내 알구 싶은 건 주리의 일인데 자네 어느 정도로 주리를 후렸나?"

"그런 비밀을 물으면 어떻게 대답하란 말인가. 여자 하나를 후린다는 게 남자에겐 필생의 대업인데 결국 내 재주와 인품을 말하란 말인가. 쓸데없는 속 앓지 말구 어서 오늘 밤 한턱 쓰게."

3.

벌써 돈키호테와 산초와의 관계를 해약해 버린 십칠 관과 십사 관이 그날 밤 카페에 가서 똬리를 틀고 앉은 것은 물론이다.

주리를 옆에 앉히고 따라 주는 술을 받아 마시면서 두 사내는 은근한 공론이 분분하다.

"주리와 사귄 지두 벌써 오래가 아닌가. 그러면서 지금 이 자리에서두 피차의 맘을 알 수나 있나. 적어두 내겐 자네들 맘속이 천 길 바닷속이란 말야."

"욕심두 많지. 주리를 마저 가지잔 말인가. 난다 긴다 하는 놈 다 밀치구 월매를 얻었으면 그만이지—욕심이 과해."

"월매 월매하니 말이지 아까두 말했지만 외줄에 걸려 올 위인이 아니거든. 연분은 깊다구 해두 아직두 맘속은 옳게 모르네. 생각하면 나같이 염복(艶福) 없는 불행한 사내두 드므리. 사내 치구 사랑에만 성공한다면 세상에 무슨 한이 있겠나. 잡지구 문화구가 아랑곳인가. 여자 하나두 못 나꾸규 삼아서 뭣하겠나."

"그게 솔직한 고백인진 모르나—그렇게까지 외통곬로 생각하게 됐단 말인가. 위험한걸. 자네 맘씨가 위험해."

"그러게 마지막으로 주리의 맘속이나 알어봤으면 하는 것이네.

알어서 어쩌자는 건 아니라 알었으면 가슴이 후련하겠단 말이야. 미련이 아니라 내 맘의 한 개의 시험이네."

"얼마든지 알아보게나. 허나 나와의 관계를 굳이 캘 것이 없는 건 수수께끼는 수수께끼대로 두는 것이 운치가 있으니 말야."

"자네에게 청할 것이 아닌진 모르겠으나 주리를 며칠 동안 내게만 맽겨 두게. 화학실의 시험용으로 반응을 살펴볼 테니."

"그 대신 실패할 때에 자네가 져야 할 배상이 클 것을 알아야 하네."

"또 한 번 말해 주리. 이게 마지막 시험이라는 걸."

요행 말이 통하지 못하는 까닭에 주리는 두 사내의 불측한 의논을 속 모르고 딴 귀로 흘리면서 심심하다는 듯이 손가락에다 쏟아진 술을 찍어서 탁자 위에 글씨 장난을 친다.

언제나 드레스를 입고 고수머리를 붉은 리본으로 매어 올린 그의 자태를 세운은 영화잡지에서 본 배우의 인상과도 같이 마음속에서 지워 버릴 수가 없었다. 마음의 고백이란 한번 기회를 잃으면 다시 잡기가 겸연해서 어느 때까지나 심드렁하게 늦춰지는 것이다. 세운은 주리에게 대한 열정을 바닷속을 흐르는 조수같이 은근히 간직해 왔다.

"이런 실례가 어디 있어요. 시퍼런 사람을 옆에 놓고 혼자들만 모를 소리로 수근덕거리니."

주리의 불평은 당연하였다. 짜증을 내고 일어서 가려는 것을 세운이 팔을 붙들어 간신히 자리에 앉혔다.

"대신 산보나 갈까?"

그 카페에서는 시간의 구속이 비교적 자유로울 뿐 아니라 세운은 남과는 다른 중요한 손님이어서 그의 청이라면 좀해 거절을 당하는 법이 없었다. 그 자리로 차를 불러 주리는 두 사람 사이에 끼어 앉았다.

소위 '속력 있는 산보'라는 것이었다. 차를 두 시간 동안 온전히 세내서 시간이 끊어질 때까지 지향 없이 거리를 휘돌아치는 것이다. 늘 하는 버릇이었으나 말하자면 미치광이의 짓이었다. 교외를 한 바퀴 거닐고는 다시 시가로 들어와 휘돌아치는 판에 같은 거리를 두 번 세 번 지나곤 하였다. 가운데 끼인 주리의 따뜻한 체온 속에 묻히면서 두 사내는 흐르는 등불의 행렬을 옆눈으로 스치며 지리한 줄을 몰랐으나 그러나 두 시간은 상당히 길어서 철교를 지날 때에 잠깐들 내려 바람을 쏘이기로 하였다.

이번에는 주리 혼자만이 따로 떨어지고 세운과 진이 한 짝이 되어 나란히 걸었다. 한 묶음이 되었던 셋이 풀려질 때 그것이 가장 무난한 격식일지도 모른다. 몸에 뱄던 주리의 체온과 향기가 차차 일신에서 사라져 감을 느끼면서 세운은 다리 난간에 의지했었다. 진도 덩달아 옆에 서서 두 사람은 강 위를 하염없이 내려본다. 거리의 등불이 멀리 바라다 보일 뿐이요, 배 한 척 없는 강물은 어둠 속에서 한없이 넓어 보인다. 바로 발아래 구비에서는 검은 물이 후미를 쳐서 ㅎㄹ며서 마치 악마의 도가니와 같이도 께름칙하다.

"내가 지금 무슨 생각을 했겠나?"

오래된 침묵을 깨뜨린 것은 세운이었다. 옆구리를 찔리운 진은 어두운 속에서 세운의 옆얼굴을 노렸다.

"어차피 악마의 생각밖에 더 했겠나?"

"맞았네. 노여 말게. 자넬 지금 이 난간에서 밀어 떨어뜨리면 어떻게 될까 생각해 봤네."

"엣 추워. 난 먼저 들어가겠네."

진은 짧게 외치고 짜장 몸이 떨리는 듯이 옷섶을 세우면서 차 있는 곳으로 급스럽게 걸었다.

4.

세운의 의견에 의하면 거리에서는 호텔같이 예절이 바르고 인사성이 깍듯한 데는 없다는 것이다. 들어갈 때나 나올 때나 방에 있을 때나 보이들의 시중은 가려운 곳에 손이 닿을 지경으로 조밀하고 친절하였다. 무례하기 짝 없는 거리와는 딴 세상인 그 속에 있을 때에만은 거리에서 받은 가지가지의 상처와 잡지를 하다가 입은 여러 가지의 봉변을 잊어버릴 수 있었다. 그까짓 하치 않은 문화인이 다 무어며 주제넘은 문학자들이 다 무엇에 쓰자는 것이냐—하고 호텔 문을 나들 때 보이들이 뛰어와서는 구두를 털어 주고 모자를 받아 주고 할 때마다 세운은 고개를 곧추 들고 속으로 한 번씩은 외어 보았다. 편안한 속에서 일없이 하루 이틀 묵는 동안에는 거리에서 받은 모욕의 화풀이는 완전히 된다. 그가 자별스럽게 호텔을 좋아하는 이유는 참으로 그 점에 있었다. 잡지를 하다가 남은 여재를 술값과 호텔 비용에 쓰게 된 것을 통쾌하게 생각하며 진작 그런 용도를 터득치 못했던 것을 오히려 한 되게 여겼다.

이튿날 주리를 데리고 단둘이 호텔문을 밀치고 들어가기가 바쁘게 낯익은 보이가 달려와 전과 같이 허리를 굽히고 모자를 받았을 때 세운은 주리의 면전에서 옷섶이 적어도 아홉 자는 넓어진 듯한 느낌이었다. 객실에 들어가 커다란 검은 의자에 허리를 쉬일 때엔 거리의 왕자는 내노라—하는 자랑이 유연히 솟았다. 마침 가가의 공휴일인 까닭에 세운의 청을 주리는 굳이 사절할 것은 없었던 것이다. 마음의 문제가 아니요, 직업의 문제였던 까닭이다. 주리는 직무상으로는 하필 진뿐만이 아니라 누구나 단골손님의 청은 거역할 처지가 못 되었다. 이날의 세운의 청을 받아들인 것도 간밤에 세 사람이 자동차로 거리를 달렸을 때 이상의 심정으로는 아니었다.

호텔의 풍속은 낡은 것을 좋아하는 듯 의자의 검은 가죽도 진홍빛 카펫도 천정에서 드리운 샹들리에도 낡은 것이었다. 기름진 고무나무와 찬란한 양진달래의 화분도 그 낡은 치장 속에서는 달뜨지 않고 침착하였다. 그런 분위기 속에서의 주리의 자태를 세운은 밤에 볼 때와는 또 다르게 밝은 것으로 느꼈다.

"잡지하다 실패한 얘기 했던가?"

"진 씨에게서 대강 들었죠만."

"진이 녀석 때문에 실없이 망신했어—점심이나 먹으면서 천천히 얘기합시다."

마침 보이가 분부해 놓았던 식사의 준비를 알리러 온 까닭에 세운은 주리를 데리고 식당으로 들어갔다. 식사를 마치고 다시 객실로 나오면서 세운은 말을 계속한다.

"……그래서 난 화풀이로 남은 재산을 술타령에 쓰기로 작정한 것이오. 말하자면 일종의 복수도 되구—."

"갸륵한 심지군요."

주리 자신 그것이 조롱인지 진정인지 모르고 던진 말이다.

"괴벽스런 버릇이라고 할까—예금통장을 늘 몸에 지니는 습관이어서……."

세운은 앉은 자리에 그 통장이라는 것을 속주머니에서 내서 탁자 위에 덜석 던지면서 주리의 표정을 살피는 눈치였다.

"집에 두면 도적을 맞을까 봐서요?"

문득 아내 생각을 하고 아닌 게 아니라 주리의 한마디에 세운은 뜨끔했으나 금방 천연스런 어조로 돌아가면서

"결국 어느 순간에 쓰게 될지를 모르니까 몸에 지니는 것이 편하거든. 위선 당분간 쓸 것인데 얼마나 되겠나 맞춰 봐."

"판도라의 상자 속을 누가 알아요?"

"어디 단위만—천일까 만일까."

"몰라요."

"숫자를 말하는 건 실례라구 치구 그럼—."

세운은 동안을 띄우고는 말머리를 돌렸다.

"주리의 뜻 하나면 이 순간에라도 통장을 살러 버릴 수 있는데."

"통장이 제게 무슨 아랑곳이에요."

"……지금 다따가 하는 소리가 아니오. 오래전부터 하랴던 소리를 이제 이 자리에서 할 뿐요. 다른 누구가 주리에게 어떤 열정을 품고 있는지 모르나 난 나대로의 생각을 첨부터 변함없이 품어 왔던 게요."

"그런 소리 들을랴구 여기까지 동무했던가요?"

일어서는 주리를 붙들면서,

"농이 아니오. 나로선 이게 평생 한 번의 청이고 마지막 시험이오. 주리, 내 미래의 열쇠는 주리의 손안에 있음을 알어주시오."

"그런 중대한 문제를 제겐 왜요. 난 오늘 이럴 줄 모르구 따러 왔네. 진 씨께나 물어보세요."

짜장 진을 사랑하고 있음을 알고 세운은 순간 겸연한 자기의 꼴이 다시 돌려 보였다. 요번에는 나가는 주리를 붙들 염(念)도 못하고 우두커니 서 있을 뿐이었다.

5.

잡지에서 받은 욕보다도 오히려 주리에게서 받은 욕이 더 크고 아팠다. 두 번째의 봉변에 세운은 맥을 잃고 호텔을 나왔다. 주리에게도 부끄럽거니와 그보다도 더욱 진에게는 들 낯이 없다. 생각만 해도 얼굴이 화끈 달고 몸이 오싹 솟는 듯하였다.

마지막 고패에 다다른 듯도 하다. 예료하지 않은 바는 아니었으나 짜장 거기에 이르고 보니 일종 알지 못할 안도의 염과 함께 캄캄한 담쟁이 앞에 가로막힌 듯한 답답한 느낌이 가슴을 쳤다. 인생의 피리어드(period)—뜻 없는 청춘을 저주하듯 그것이 왜 그리 빨리 왔는가.

벌써 갈 곳이 없었다. 월매의 집일까. 마지막 시험까지 지내지 않았던가. 월매의 시험이 또 남았단 말인가. 졌을 때에는 자기가 져야 할 배상이 클 것을 약속한 진과 그 체면으로는 더 어울릴 수도 없어서 혼자 이름도 모를 거리의 술집에서 남은 날을 지내고 거나한 김에 월매의 집을 찾은 것은 밤이 벌써 이슥한 때였다.

시세가 나서 거리의 인기를 독차지하고 그 어느 하루나 불리우지 않는 날이 없는 이름 높은 월매였다. 아침부터 시간을 다는 날도 많았고 초저녁에 불리우면 이차회, 삼차회로 돌아다니다가 밤이 패서야 겨우 집에 들어가는 요사이의 인기였다. 자정을 넘은 시간이기는 했으나 벌써 돌아왔을까 의심하면서 문 앞에 섰을 때 대문이 열린 채로다.

요행으로 여기고 문 안에 들어서면서부터 취한 김에 소리를 쳤다.

"월매. 월매 있나?"

아직 돌아오지 않았음일까. 방 안에는 불이 꺼졌고 인기척이 없다. 목소리를 한층 더 높인 것은 물론 취한 까닭도 있었다.

"월매가 아직 안 올 법이 있나. 월매 — 대답이 없으면 막 들어갈 테다."

섬돌에 올라섰을 때에 겨우 모기 소리만 한 대답이 있었다. 월매는 방 안에 있었던 것이다. 이불 속에서 자아내는 목소리였을까.

"누구예요?"

"누구라니 목소리도 몰라보나. 너무 괄세 마라."

세운은 마루에 털석 주저앉으면서 가쁜 숨을 내쉰다.

"김 선생이세요?"

"발딱 자빠져서 김 선생은 무어야. 그래두 냉큼 일어나 도령님 맞이를 못 나오나?"

"오늘 밤만 용서해 주세요. 몸이 고달퍼서 누웠으니—점잖게 댁으로 돌아가셨다 내일 만나 뵙죠."

"흥, 월매가 사장 영감을 딴다. 세상이 이렇게 됐던가."

"제발 용서하세요."

"하루에 계집 둘에게 요 망신이니, 세운도 이 세상에선 볼일 다 봤지."

"내일 말씀 드릴 테니 노여 마시구 돌아가세요."

"돌아가다니 죽으란 말이냐? 발칙한 것. 먹을 것 다 먹었다구 이제 와서 이 푸대접야. 정 고따위로 군다면 들어가서 능지를 해 놓겠다. 네 방에 못 들어갈 내더냐?"

홧김에 황소같이 소리를 지르면서 구둣발로 허둥허둥 마루에 올라 장지에 손을 대었을 때였다.

"누구야?"

월매 소리가 아닌 그것도 황소 소리만큼은 한 사내의 고함이 별안간 방에서 난 것이다.

"아닌 밤중에 웬 잔소리야. 시끄럽게. 월매 월매 하구 야단이니 세상에서 월매의 임자가 너 하나뿐이더냐."

세운은 정신이 번쩍 들면서 장지에서 제물에 손이 떨어졌다. 안타까워하던 월매의 비밀이 그 눈에 보이지 않는 사내의 고함 소리로 그 자리에 폭로된 것이다. 술이 금시에 깨면서 널판으로 면상을 후려갈기우고 시커먼 구렁 속에 굴러 빠진 듯한 정신의 혼란이 순간 육신을 뒤흔들었다.

그 이름 모를 사내와 한바탕 겨루고 사생결단을 내 보고 싶다는 분한 마음보다도 먼저 자기 얼굴에 진흙을 끼얹이었을 때의 부끄럼이 전신에 용솟음쳐 흘렀다. 사내를 미워할 것도 아니고 계집을 원망할 것도 아니요, 눈앞에 드러난 사실은 다만—자기의 한 몸이 이제는 완전히 진흙 구덩 속에 빠져 버리고 말았다는—그 사실뿐이었다.

다시 더 두말이 없이 더 따지는 법도 없이 세운은 마루를 내려서 대문을 나왔다. 술에서는 깨었으나 다시 그 무엇에 취한 듯한 무의식 중의 황망한 태도였다. 고요한 밤거리를 부는 바람이 무정하게도 무례하게도 대중없이 면상을 스쳤다.

6.

한낮은 되어서 세운은 잠자리에서 일어났다. 그 어느 날 개운한 날은 없었으나 이날은 더한층 몸이 흐리고 무거웠다. 간밤 일이 꿈속 일만같이 생각되다가도 문득 현실이었음을 깨달을 때 관자놀이가 후끈 달곤 하였다.

밑창을 열고 의자에 앉아 맑은 바람을 맞을수록에 정신이 들면서 마음은 괴로워만 갔다. 뜰 앞 향나무를 정면으로 마주 대하고 앉은 것도 오래간만이었다. 향나무를 대할 때마다 돌아간 선친의 의용에 접하고 그 목소리를 듣는 듯한 것이었으나 이날 그가 눈을 새삼스럽게 뜨고 놀란 것은 독한 약사발의 세례를 받았던 나무가 눈을 솔린 그 며칠 동안에 무섭게도 시들어 버렸음이다. 처음에는 한 부분이 탔을 뿐으로 그래도 소생할 희망이 있거니만 생각했던 것이 어느덧 나무 전체가 시들었을 뿐이 아니라 탄 자리는 점점 헤져서 나무의 반 이상이 누렇게 말랐던 것이다. 운명의 날은 벌써 시각을 다투고 있었다. 세운은 모르는 결에 시선을 돌려 하늘을 우러러보았다. 가슴이 아파지며 그 자리에 쓰러져 통곡이라도 하고 싶었다.

세상 사람이 세운을 말할 때에는 반드시 선친의 이름을 들었다. 늘 선친의 공에 비겨서 아들의 하는 일이 판단되었다. 아들의 하는 일은 선친의 공을 한층 빛내이거나 그렇지 않으면 욕되게 하는 두 가지 길밖에 없다. 세운이 잡지 사업을 생각한 것은 선친의 사업에 한 가지를 더하고자 함이었음은 물론이다. 사업을 처음 시작할 때에는 세상은 부전자전의 공덕이라고 찬양하면서 세운의 뜻을 한없이 칭찬하던 것이 한번 실패하게 될 때 인심의 표변(豹變)은 손바닥을 번기는 것보다도 빨랐다. 요사이의 세운의 처신은 온전히 선친의 이름을 그르치고 욕되게 함에 지나지 않는 셈이었다. 자기 한 몸의 번민뿐만이 아니라 선친의 사적까지를 들어서 생각할 때 세운의 괴롬은 뼈를 가는 지경이었다. 향나무의 운명은 선친의 운명만이 아니라 세운 자신에게 보내는 암시가 너무도 컸던 것이다.

주리와 월매가 반드시 원인은 아니었다. 그러나 그들에게서 발붙일 곳을 완전히 잃은 것은 사실이었다. 오후는 되어서 세운은 또—그것이 마치 운명인 듯이 집을 나섰다. 마지막이 될는지도 모르는 향나무를 다시 더 바라보기도 싫어서 부랴부랴 대문을 나섰다. 요정 이층에 올라 완전히 하루의 화대를 달고 오래간만에 월매를 부른 것은 물론 애착도 미련도 아니었다. 다만 그의 마음을 한 번 더 나꾸어 보자는 것이었다. 술이 웬만큼 돈 후에야 비로소 피차에 말이 있었다.

"간밤 일 용서해 주시겠죠—직업이 시키는 노릇이지 진정이야 설마 버렸겠어요."

"요 가살이 같으니 그 수로 몇 놈이나 녹여 냈니."

세운은 놈팽이가 누구냐고는 묻지도 않고 다짜고짜로 월매의 볼을 불이 나게 갈겼다. 월매는 혼을 뽑히우고 한편으로 몸이 쓰러지는 지경이면서도 한마디 항역(抗逆)도 없었다.

"네게 줄 게 있다. 직업이 시키는 노릇이라면 무엇이든지 한다니 난 이것으로 네 직업을 살 테다. 정조와 마음까지두 도맡어 살 테다."

세운의 속주머니에서 나온 것은 호텔에서 주리에게 보였던 예금 통장이었다. 여자의 값을 통장 이상의 것으로 치지 않는 것이 세운의 버릇이었고 반생의 경험에 있어서 그것이 늘 진리임을 깨달아 왔던 것이다. 그러나 그 내어 놓은 통장을 월매는 굳이 거들떠보지는 않았다.

"돈은 돈, 진정은 진정이지 아무렇기루 그렇게까지 사람을 얕잡아 보세요."

"진정이라는 게 항상 귀찮은 물건야. 두말 말구 난 지금 통장으로 네 맘을 샀다. 앞으론 내 명령대로만 좇아야 돼."

무슨 이야기가 있고 무슨 거래가 있었는지 넓은 방에서 두 사람은 날을 지우고 저녁을 보냈다. 이야기에 지치고 술김에 잠들이 들었다가 깨어났을 때에는 이미 밤이었다. 등불이 별스럽게 노오랗고 식탁 위가 어지럽게 널린 것이 알 수 없이 세운의 가슴을 쓰라리게 찔렀다. 요란하던 밖 세상이 무덤 속에 묻혀 버린 듯이도 쓸쓸하다. 잠 속에서 운 것일까. 세운의 두 볼에는 눈물 자국이 보였다. 누운 채로 역시 눈을 방긋이 뜨고 누워 있는 월매를 바라보면서 세운은 목소리를 부드럽혔다.

"아깐 말이 너무 과했던 걸 허물 말구—월매 어디 진정으로 내 말에 대답해 보려나."

월매는 팔을 굽혀서 베개를 삼고 세운을 향해 옆으로 누웠다.

"월매에게두 설마 이 세상 자미가 깨알 쏟듯 자별스럽진 않겠지—어느 때까지든지 살구 싶은가?"

7.

"마지못해 사는 게죠."

"정말."

"나두 몇 번이나 그런 생각 해 봤는지 몰라요."

"좋은 수가 있지—나와 동행할까?"

세운은 벌떡 일어나서 주머니 속을 부스럭거리더니 조그만 종이갑을 집었다. 월매는 처음으로 그 뜻을 짐작하고 깜짝 놀라 덩달아 자리를 일어났으나 설레는 법 없이 즉시 누그러진 태도를 가졌다.

"왜 하필 지금이 맛인가요."

"지금 이 자리에서 문득 생각한 것이 아니라 오래전부터 계획해 오던 것을 특히 오늘로 작정했던 것이니까."

침착하게 종이를 풀고 물을 준비하는 것을 보고는 월매도 가슴이 섬짓해졌다.

“그러나 전—생명이 하나만은 아녜요.”

“뭐? 그럼—.”

이번에는 세운이 휘둥그런 눈으로 월매의 몸을 훑어보았다. 새 생명이 꿈틀거리고 있을 곳을 겨냥하면서—그것이 누구의 생명이든 간에 그 새로운 사실에 놀라지 않는 수는 없었다. 그러나 물론 자기 일이 더 긴하다는 듯이 즉시 눈을 돌리기는 하였다.

“천생에 외로운 팔자—나 혼자 가는 수밖에.”

“에그머니나, 세운 씨! 세운 씨!”

월매가 기겁을 하고 황망스럽게 외쳤을 때에는 세운은 벌써 일정한 분량의 약을 물로 삼키고 자리에 쓰러진 뒤였다.

월매의 고함 소리에 보이들이 달려와 의사를 부르고 응급 치료를 하며 급히 서둔 것이 공을 이루었던지 세운은 교묘하게도 소생되었다. 요행이면 요행이요, 불행이라면 불행이었다.

세운이 간신히 정신을 차리고 눈을 뜬 것은 이튿날 아침 병원 침대 위에서였다.

누구보다도 먼저 눈에 띈 것이 옆에 앉은 월매였다. 간밤과는 달라서 그를 보기가 한없이 겸연쩍다.

“가장 은인인 척하구 남의 얼굴을 그렇게 빤히 보지 마라.”

“은인이 아니라 원수같이 뵈시겠죠. 그러나 제발 이 담엘랑 그런 모험은 혼자 계실 때 하세요.”

“암 혼자 하구말구. 당초에 월매 따위와 동행할랸 것이 오산이었지.”

세운은 문득 생각난 듯이 새삼스럽게 월매의 배를 훑어보았다. 그러나 기맥이 쇠진한 지금의 그에게는 별반 흥미도 질투도 솟지는 않았다.

"이것두 제발 다시 내번국질 말구 잘 간직해 두세요."

월매가 살며시 침대 요속에 넣어 준 것은 간밤의 예금통장이었다. 세운은 다따가 얼굴이 화끈 달며 월매의 볼을 또 한 번 불이 나게 갈겨 볼까 하였으나 몸이 아직 마음대로 움직여지지 않았다. 궁싯거리는 팔을 별안간 달려와서 붙든 것이 어디서 튀어나왔는지 진이었다.

"황천 맛이 어떻던가?"

그답게 사정없는 조롱이었다.

"한 번 실패를 너무들 비웃지는 말게."

"한 번은 왜 한 번야. 자네가 겨우 한 번만 실패했단 말인가? 잡지구 주리구 월매구 다 잊어버렸나?"

"또 한 번 안 하나 보지."

"제발—."

결국 눈을 떠 보아야 어제의 연속인 오늘이지 세상의 운행에는 아무 변화도 없었다. 세운은 간밤 일이 흡사 잘못된 희극의 한 토막 같아서 보람 없는 자기의 꼴이 더한층 의식의 복판을 파고들었다. 재주를 넘다 쓰러진 어릿광대의 꼴— 그것이 자기의 꼴임을 깨달을 때 마음속에는 쇠사슬 같은 결심이 다시 타기 시작하였다.

"하구 말구— 이번엔 독립독행, 기어코 성공해 보일 테니."

그러나 세운의 그 결단의 말도 진의 귀에는 여전히 광대의 헛나

팔 소리로밖에는 들리지 않아서 역시 농으로 대답하는 수밖에는 없었다.

"그렇게 결심한다구 장할 것이 없네—이 세상에선 자네나 내나 다 마찬가지거든."

지껄이다가 월매와 우연히 시선이 마주치자 자기들도 모를 미소를 둘만이 주고받는 것이었다. 누워 있는 세운의 눈에 그 꼴들이 띄지 않은 것이 다행인지도 모른다.

《동아일보》, 1938. 5. 5.~14.(총 7회)

부록

운파 군의 사건이 있은 지도 달포가 넘었다. 주위와 친구들이 한 바탕 떠들썩들 했고 그의 종적을 수색하노라고 발끈들 뒤집혔었으나 이제 와서는 벌써 실종의 사실로밖에는 돌릴 수 없게 되었다. 날마다 내게 쫓아와서는 울고 보채고 하던 군의 부인과 식구들도 결론을 안 바에야 얼마간 가라앉은 것도 사실인 듯해서 요새는 그들의 자태를 보기도 드물게 되었다.

가장을 잃은 집안이 얼마나 쓸쓸하고 적막할 것을 생각하고 그들의 자태에 눈자위가 따끈해지기도 했으나 요새 와서는 나도 가라앉은 마음에 운파 자신의 안위를 미리 생각해 보게 되었다.

그가 언제 돌아올는지 혹은 다시 안 돌아올는지도 모르는 일이요 어느 방향으로 길을 잡았는지도 모를 노릇이나 나는 조만간 그에게서 긴 편지를 받을 것을 예감하고 있다. 편지를 받게 될 때 모든 곡절이 확연히 알려질 것은 사실이나 그러나 지금 이 자리에서도 그의 심중을 모를 바는 아닌 것이 오늘의 그의 심경이나 내 심경이나가 매일반인 까닭이다.

그의 마음을 그대로 내 마음속에 비춰 볼 수 있는 까닭이다. 그의 간 곳이—수소문에 의해서 동경이나 신경(新京)이 아님은 알 수 있으나 어디인가를 캐려는 것이 어리석은 짓임은 다만 지금 이 눈앞의 분위기를 떠나자는 것이 그의 뜻인 듯했으니 말이다. 하기는 그가 가령 구라파의 그 어느 나라에 간다고 하더라도 그 공기가 그 공기일 것이니 차라리 대담하게 남양군도의 한 귀퉁이나 아프리카의 복판에다 그의 자태를 환상함이 더 통쾌한 일이 아닐까. 그러나 이것이 너무 황당한 상상이라면 더 가까운 곳에 넘어지면 코 닿을 곳에 그의 종적을 생각하는 것도 무방한 것이다. 어떻든 답답한 방의 창을 깨뜨리고 창밖 물속에 펑덩 뛰어든 것이 그의 이번의 행동인 것이요 물속에 고래가 있든 악어가 잠겼든 그것은 다음 문제이다.

물론 그의 그런 행동이 벌써 아무 해결의 방법도 되지는 못한다. 십 년 전만 해도 떠난다는 것은 위대한 열정의 명령이었고 따라서 즐거운 해결의 방법이었다. 오늘에 와서는 벌써 떠난대야 갈 곳이 없는 것이다. 하늘에 오르거나 땅속에 들어가기 전에는 땅 위는 무척 좁고 어디를 가든 같은 공기, 같은 조수가 파도칠 뿐이다. 센 물살에다 여윈 다리를 곧추 세우고 간신히 버티고 섰다가 기어코 견디지 못해 그 자리에서 곤두박질을 하면서 답답한 머리를 물속에 박은 것이 운파의 이번의 행동이다. 머릿속이 얼마만은 시원할 것이며 이 점에서 나는 그의 결단성을 한없이 부러워 여기면서 그의 뒷일을 생각해 보는 것이다.

가령 로댕의 '생각하는 사나이'라는 조각을 방 한구석에 세웠다고 생각해 보라. 그야말로 돌같이 입을 다물고 얼굴의 주름살 하나 움직이는 법 없이 언제까지든지 통명스럽게 잠자코 있는 꼴—최근의 운파의 나와 마주 대할 때의 언제든지 어느 장소에서든지의 인상이 바로 그것이었다. 늠실하고 마주 앉아서는 손으로 턱을 괴이거나 그렇지 않으면 바지주머니에 손을 넣고 이쪽이 말을 걸기 전에는 결코 입을 여는 법이 없다. 물론 나는 그의 심중을 잘 읽을 수 있는 까닭에 두 사람 사이의 기분은 조금도 어색할 것이 없을 뿐더러 말없이 잠자코 있는 그편이 도리어 더 자연스럽고 편편함을 느낀다. 술좌석에서는 술 그것이 또 한낱의 벗이 되므로 말의 필요는 더욱 없어지고 자리는 감감해진다. 그날 밤의 그의 태도 역시 그런 것이었음은 물론이다.

'모나미'에 색다른 여자가 나타났다는 소문이 들리자 일주일을 못 넘어 우리도 발을 들여놓게는 되었으나 나는 직업을 가진 사람이요 운파 군은 나와 아니면 동행을 하지 않는 까닭에 한 주일이면 한두 번의 출입 정도밖에는 못 되기는 하였다. 마리는 바탕이 이지적인 데다가 어느 정도의 풍파까지 겪어 온 편이라 침착하고 이해가 빠르고 한 것이 그의 인상과 함께 우리의 호의를 끌게 되었다. 그러나 세 번 출입에 우리는 벌써 그의 마음속을 환하게 들여다볼 수 있었다. 문학을 말해도 어느 정도까지는 분별하고 문학보다도 시대적 이론에 관한 책을 읽고 싶다고도 말은 하나 알고 보면 그것이 한 자태일 뿐이요. 직업의식에 바싹 바스라져서 쉴 새 없이 설레는 태도에 너그러운 여유라고는 조금도 보이지 않는다. 흥을 잃고 실망한 날부터 잠깐 발을 끊었으나 다음부터는 말동무를 대한다느니보다도 한 사람의 여급을 대한다는 정도의 뜻으로 이따금 가다가 심심파적으로 들려보곤 하게 되었다. 그날 밤도 물론 그 정도의 뜻으로 발을 들여 놓은 것이다.

운파와 내가 말 없을 때 마리는 곁에서 술을 따르는 재주밖에는 없어 무료한 공기를 부드럽혀 보려고 애쓰는 눈치였다. 그러나 따라 주는 술을 한 모금 머금고는 다시 입을 다물어 버리는 운파와 나였다. 실속을 말하면 결국 할 말이 없는 것이었고 말의 실마리를 잡기 어려웠던 것이다. 이윽고 마리가 성큼 자리를 일어선 것은 술을 가지러 가자는 것이었으나 뒤미처 한편 좌석에서 운파를 부르는 목소리가, 귀에 익는다면 익고 설다면 설은 참으로 놀라운 한마디가 들려왔다.

"박 동무!"

의아하면서 고개를 돌렸을 때 언제부터인지 구석 자리에 몇몇 친구들과 와 앉아 있던 신문사의 윤 군의 짓임을 알기는 알았으나 그 의외의 한마디가 주는 충동이 너무도 컸던 까닭에 운파는 한참이나 눈을 크게 뜨고 있었다. 조롱일까. 야유일까. 홀 안의 뭇 시선이 운파에게로 쏠린 그 당장에 있어서 그 당돌한 한마디가 적어도 명예로운 칭호는 될 수 없었던 것이다. 한 칠 년 전만 해도 어디서든지 귀 익게 들을 수 있던 그 한마디가 칠 년 후의 오늘 술좌석에서 돌연히 들려올 때 아닌 게 아니라 내 자신도 그 신선한 어감에 귀가 번쩍 뜨이는 판에 당시 그 칭호에 충분히 값갈 만한 일을 해 온 운파에게야 얼마나 감개 깊고 충동적인 발음이었을까는 추측하기에 넉넉하여 그토록 사람의 가슴속을 불쑥 찌르게 한 것은 두말없이 경솔한 악의에서 온 것이 사실이었다. 원래 윤 군이란 위인이 자랑스런 신문인이라기보다는 차라리 주정꾼이요 경박한 거리의 소소리패의 한 사람인 것이다. 과거에 운파들과 같은 범위에 소속되었던 사실을 그 뒤 몇 번이나 발을 접질리우고 몇 고패나 굴러떨어지고 떨어진 오늘에 있어서 아직까지도 자랑 삼아 날름거리는 혀끝으로 어느 좌석에서든지 흘리곤 하는 그의 경솔을 운파는 당초부터 경계하고 멀리해 왔던 것이다. 두 사람 사이의 뜸이라는 것이 이런 점에서 시작되었다면 시작되었을 것이요, 윤 군은 자기 조롱에서 오는 안타까운 심정으로 일종의 압박을 느끼게 되는 운파의 무거운 인격에 대해서 부질없이 공격의 화살을 마음속에 준비해 오던 중인지도 모른다. 생각하면 윤 군도 역시 일종의 시대의 희생을 당한 가엾은 존재이기는 하다.

"박 동무! 술맛 어떤가?"

윤 군이 성큼성큼 걸어와 우리의 탁자 옆에 섰을 때에는 벌써 그들 두 사람은 피차의 심리를 서로 속속들이로 파헤쳐 본 뒤요 일정한 의지의 방향조차 준비되고 있었던 것이다. 그러나 물론 운파의 어조는 침착하고 무거웠다.

"조롱인가."

"조롱이라니 동무란 말이 그렇게 고전적으로 들리나."

윤 군은 한바탕 게정이나 부리려는 듯 숫제 자리에 앉아 버렸다.

"자네 낯짝에 되려 춤 뱉는 셈이네."

운파 군의 한마디에 윤 군은 발끈하는 기색이었다.

"어차피 나서부터 지금까지 남의 춤만 받아 온 낯짝이네. 자네같이 그렇게 도도하게 굳은 절개를 지켜 올 수야 있겠나."

"어서 자리에 가서 술이나 먹게나."

"먹든 말든 왜 이리 주제넘은가. 자네가 이불을 쓰구 열 번을 운다면 나도 한두 번은 우는 사람이네."

"그럼 어서 가서 이불 쓰구 울게나."

"몇 푼어치 양심을 가졌다구 사람을 이렇게까지 얕잡아 봐."

"왜 지근덕거리니. 싸우자는 셈이냐."

운파의 고래 같은 어세에 윤 군도 벌떡 자리를 일어서는 눈치였으나 볼 동안에 다시 그 자리에 쓰러지면서 의자 채 뒤로 나둥그러졌다. 모르는 결에 운파의 번개 같은 주먹에 맞은 것이다.

술을 날라 오던 마리가 기겁을 하고 다시 카운터 쪽으로 피하는 동안에 다른 좌석의 주객들도 줄레줄레 일어서는 것이었다.

쓰러졌던 윤 군은 의자를 들고 일어섰다. 이렇게 된 바에는 하고 운파도 양복저고리를 벗어 부쳤다. 팔팔한 기운에 두 사람은 번개같이 화닥닥 겨뤄 붙었다. 탁자가 흔들리며 술병이 깨뜨러졌다. 창 밑까지 밀려갔을 때 창 기슭의 화분이 굴러떨어지며 두 사람을 한꺼번에 맞췄다. 물론 나는 날쌔게 서둘러 전화로 차를 분부는 해 놓았으나 아무도 말리는 사람 없는 동안에 싸움은 격렬해 갔다. 흡사 고래와 상어의 싸움이어서 서로 상하기는 일반이었다. 차가 달려왔을 때에 코피가 터지고 이마가 찢어져서 두 사람 다 참혹한 꼴이었다. 운파를 간신히 빼내서 끌고 나가 차에 앉히는 동안 아직도 화풀이를 못한 듯 등 뒤에서 윤 군의 고함이 구절구절 들렸다.

"그까짓 양심 몇 푼어치나 돼. 넌 무어구 난 무언데……."

싸움에서 떨어졌을 때 운파는 또 그뿐 돌같이 입을 다물어 버렸다. 이렇다 저렇다의 한마디의 말도 피차에 없이 피곤할 그를 집까지 데려다주고 나는 다시 그 차로 집을 향했으나 그때까지도 운파는 한마디 말이 없었다.

그렇기 때문에 나는 그가 실종하기 직전의 마지막 말이라는 것을 듣지 못한 셈이 되었었다. 그날 밤의 그 차 속에서의 행동이 그를 만난 마지막이었던 까닭이다. 다음다음 날 아침 그의 부인이 집에 뛰어와서 남편이 전날 아침에 나간 채 밤을 지내도록 안 돌아왔다는 뜻을 황겁질겁 전했다. 그가 밖에서 밤을 새우는 일은 좀해 없는 까닭에 나는 일터에 나가는 길로 즉시 여러 군데 전화로 물었으나 그의 소식은 아득했다. 저녁때 부인이 또 달려왔고 날이 새면 또 달려와 그렇게 해서 하루에도 몇 차례씩 쫓아오게 되었으나 운파의 소식은 그뿐 자취가 끊어진 채 일주일이 지나고 열흘이 넘고 달포가 되어 기어코 실종의 사실로 판명되었던 것이다.

운파의 '생각하는 사나이'의 자세가 시작된 것은 물론 훨씬 이전의 일이다. 한 반년 전 들어간 지 불과 몇 달도 못 되는 어떤 교직을 그만두고 물러나왔을 그때부터 무언 침묵의 그 표정이 얼굴에 새겨졌던 것을 나는 잘 안다. '우울'이란 말이 한동안 유행했던 것이 사실이긴 하나 그러나 그것이 헛되게 과장된 정이거나 혹은 차례차례로 전염된 모방만이 아니요 역시 '우울'은 견디기 어려운 우울이다. 같은 계급 같은 공기 속에 산다 하더라도 날마다 얼마의 금전을 주머니 속에 준비해 넣고 술잔이나 찻잔에 엄벙해 지내거나 그렇지 않으면 집 안에 들어박혀 책권이나 뒤적거리는 종류의 생활쯤으로는 도저히 '우울'의 진짬의 지독한 맛은 모르는 것이요, 어떤 직업적 기관이나 단체 속에 객관과 직접으로 접촉할 때에 비로소 뼈를 가는 듯한 우울이라기보다 살인적 괴롬의 맛을 참으로 맛보게 된다. 운파가 교직에 있으면서 느낀 것도 그것이며 교직을 물러나온 것도 그 까닭이었다. 민첩한 신경이 피곤한 끝에 육체가 피로하고 무언 침묵의 표정이 시작된 것이다. 그가 얼마나 피곤했던가는 한 가지의 사실을 들면 그만이다. 거리에서 나와 함께 식사를 할 때 중도에서 문득 수저를 버리고 그대로 그만 식사를 중지해 버린다. 물론 식욕이 없는 것이나 그보다도 식사를 하기가 거추장스럽고 귀치않다는 것이다. 식당을 나와서는 의례히 먹었던 커피를 게워 버리고야 만다. 결코 빈약하지 않은 비교적 큰 편인 그의 육신으로 이 피로만은 어쩌는 수 없는 모양이었다.

집으로 찾아와서 나와 마주 앉으며 하는 소리가 세상 사람들이 무던히는 용감하다는 것, 왜 냉큼 죽지들 못하고 추접스럽게 살아가느냐는 것이었다.

"지랭이를 밟아본 적이 있나. 몸이 두 동강이 나두 세 동강이 나두 동강마다 목숨이 붙어서 다시 굼틀굼틀 살아난단 말야. 밟히고 맞으면서 지싯지싯 살아가는 사람의 꼴이 바로 그것이 아니구. 먼저 내 자신부터가 죽지 않으면서 큰소리만 같으나 얻어들 맞거든 좀 사나운 꼴들 보이지 말구 그 자리루 차례차례 죽어 주었으면 하네. 악마 같은 생각인진 몰라두 생명의 행복이 더 중할까, 사람의 결이라는 게 더 중할까. 그까짓 결머리두 없이 살아선 또 무엇하나."

하면서 싸움의 경우를 구체적으로 설명한다. 겨루고 겨루다 기진맥진할 때까지 겨뤄 피를 흘리고 쓰러져 그대로 고요하게 거꾸러지는 그림—얼마나 아름다운 것이냐는 것이다.

이어 단체의 운명이라는 것을 말하며 개인의 경우와 역시 같음을 설명한다. 바다 가운데서 폭풍우를 만나 파선의 지경에 이르렀을 때 선객의 한 사람 한 사람의 운명은 바로 기선 전체의 운명인 것이며 잠기는 선체와 함께 한 사람도 남기지 않고 몽탕 그대로 한 치 두 치 바다 속에 가라앉는 광경—비장은 하나 이 또한 깨끗하고 아름답다는 것이다.

"결국 나두 한 사람의 예술가인지두 몰라."

픽 웃으면서 결론을 말하고는 창밖 화초 포기 위로 시선을 돌린 채 그뿐 그만 입을 다물고는 언제까지든 꽃송이만을 바라보는 것이다.

패배의 이론이며 죽음의 예술이 도시 그의 소위 '결머리'의 결벽에서 나온 일종의 역설임을 나는 잘 안다. 죽음이라고 해도 물론 그 자신의 개인의 죽음을 암시하는 것이 아니요 괴롬 끝에 나온 일종의 자포적 언설임을 나는 잘 안다. 하기는 요번의 실종으로 그는 죽음의 예술을 대신한 폭이 충분히 되기는 하나.

전무후무로 격에도 없는 돈 이야기를 꺼낸 것도 극히 최근의 일이다. 이제 보면 그것이 실종의 준비였던 듯하다.

드는 돈 천 원을 어떻게 하면 얻을 수 있느냐는 의논이었으나 천 원의 개념과 실감이 없는 내게는 수수께끼보다도 어려운 과제였다. 운파는 자신 여러 가지 방법을 말하면서 나의 의견을 구하려는 것이었으나 방법의 판단도 내게는 인연 밖의 일이어서 다만 천 원의 돈이 빚어낼 아름다운 환상에 잠기는 것이 그 자리에서의 한껏의 정성이었다. 시골서 오는 추수로 집안의 일 년의 생계는 이럭저럭 다스려 가는 운파이긴 하나 그에게도 역시 다따가의 드는 돈 천 원은 어려운 과제인 듯싶었다.

도박 행위에 의하지 않고는 당장에 천 원을 구할 수는 없는 노릇인데 그런 도박의 기관이 거기에 있을 성싶지는 않았다. 미두래야 세월없는 노릇이요 마작이라도 그런 큰 판은 없을 듯하다. 안동현에 가서 경마나 해 볼까—하품에 섞어 그런 소리도 하다가 나중에는 무는 수밖에는 없다고 작정하고 친히 거래하는 유한마담이 한 사람 있으니 그에게서 돌려 보는 것이 단 한 가지의 수라고 결론을 지었다.

그가 짜장 그 유한마담에게서 돈을 돌렸는지 혹은 달리 그 무슨 도리가 있었는지 그 후의 일은 나의 알 바 못 되나 어떻든 그가 나와 돈 이야기를 한 것은 그것이 단 한 번의 일이었으며 지금 생각하면 부합되는 점이 많다는 것이다. 그리고 나도 격이 아닌 돈 이야기로 해서 무의미는 하나 그러나 어떤 의미에서는 확실히 그와의 유쾌한 시간을 보냈음도 사실이었다.

따져 보면 그의 마음이 기둥을 잃고 헤매이기 시작한 지 칠 년이 된 셈이다. 칠 년 전 그가 몇 해의 고생을 겪고 그곳을 놓여나왔을 때 그 순간이 바로 그의 전기가 갈려지는 한 큰 분수령이었다. 화려한 페이지는 벌써 번겨져 넘어가고 다음 날부터 바로 오늘까지의—무슨 시대라고 할까, 역시 '칠 년간'이라고밖에는 부르는 수가 없으나—'칠 년간'이 시작된 것이다. 마음에 변화가 있는 것은 아니나 무기력한 팔을 꼬아 보면서 지난날을 추억해 보는 길밖에는 없었다.

건강이 웬만큼 회복되었을 때 무료도 하고 답답도 한 판에 신문사에 자리를 얻고 들어가게 되었다. 분주한 분위기 속에서 '잡념'을 잊을 수는 있었으나 그러나 편집실 안의 어지러운 공기라는 것은 가령 회관 안의 공기에 비하면 너무도 무미건조하고 살풍경한 것이었다. 열정이라는 것도 없거니와 그 열정의 통일과 방향이라는 것이 있을 리가 없다. '회관'의 기쁨이라는 것은 참으로 그 안에서 친히 잠자고 모이고 이야기하고 한 사람이 아니고는 도저히 알 수 없는 듯하다.

비 오는 날, 눈 오는 밤 혹은 닭 소리 들리는 새벽—그때그때의 회관의 정서라는 것은 그 어느 다른 세상에서는 구할 수 없는 즐겁고 흥분되고 그 무엇으로 마음속을 흐뭇이 채워 주는 그런 것인 듯하다. 역사를 꾸며 가는 낮과 밤의 흥분—회관의 이 맛을 운파가 신문사 편집실 안에서 찾아내려야 도리어 찾으려는 편이 무리였을 것이 사실이다.

그러나 항상 창조적인 군이 아무 속에 있어서나 열정의 방향을 찾지 못할 리는 없었다. 분주하고 요란한 그 속에서도 그는 머릿속을 정리하고 책권을 들치면서 위대한 논문의 제작을 남몰래 시작하고 있었던 것이다. 고대로부터 현대에 이르기까지의 '정의의 역사적 고찰'이라는 방대하고도 대담한 계획의 저술이었다. 이 정의의 논무의 착상은 참으로 그에게는 필생의 대업이어서 논문의 완성 여부는 주위의 동무들의 다대한 관심을 끌고 있었던 터이었다. 그러나 시내의 닻은 참으로 너무도 큰 것이었고 사람은 환경의 구속에서 벗어나려야 벗어날 수 없는 것인 듯하다. 나는 지금 이 자리에서 그의 논문의 미완성을 보고하면서 마음속의 눈물을 금할 수 없는 자이다. 같은 편집실에서 숨을 쉬면서 그만 유독 떨어진 생활을 할 수도 없는 터에 휩쓸리는 동안에는 도리어 그들의 영향을 입게 되는 수도 많았다. 한 해 두 해 지내는 동안에는 술도 늘고 거리의 지도도 휑하게 익히게 되었다.

하루는 거리에서 조금 유축인 낯선 집에 들어갔다가 새로 왔다는 한 사람의 여급을 보고 깜짝 놀랐다. 괴이한 인연이라고 할까, 사 년 전에 지방에서 같이 일 보던 동무였던 것이다. 그동안 산산이 흩어져 어떻게들 하고 살고 있는가, 가끔 생각해 내던 중의 한 사람, 만나고 보니 그다지 변하지도 않은 얼굴에 분을 바르고 술잔을 권하게 된 그였던 것이다. 이야기를 주고받고 술을 마시고 하는 동안에 시간도 흘렀으나 그 의외의 반가운 기우가 금시에 피차의 화로 변할 줄이야 누가 알았으랴. 한 사람의 사복이 나타나 그의 옆에 앉더니 구면인 듯이도 그와 말을 건네는 것을 운파는 영문을 모르고 바라보고 앉았다가 이윽고 두 사람이 일어서면서 운파에게까지 동행을 요구했을 때에야 비로소 그는 뜨끔해지면서 곡절을 짐작하게 되었던 것이다. 여자에게는 아직도 여죄가 남아서 수색의 대상이었던 것이다. 한마디의 시대적 해설을 붙인다면 이때에는 법도의 수준이 몇 곱절 더 옹색해지고 엄격해진 때였다.

그날 밤에 들어간 채 허물없이 반년 동안이나 부대끼는 동안에 외부의 사정도 퍽은 변해졌었다. 다시 나왔을 때에는 벌써 편집의 자리는 없어진 뒤였다. 축난 건강에 두 번째의 무료하고 답답한 시절이 시작되었다.

그러는 동안에 '정의의 논문'은 어느 속에 들어가 묻혔는지 다시 그것을 들춰내서 논조를 계속할 기력조차 없게 되었다. 정의의 논문은새로에 기괴한 일이 일어난 것은, 그는 깊이 간직했던 몇 권의 책까지 불가불 불에 살라 버리지 않으면 안 될 처지를 당하고 있었던 판이다.

어디 가 묻혔던지 마침 눈에 뜨이지 않았던 까닭에 어쩌다 그때에 화장의 변을 모면한 '정의의 논문'의 신세가 다행이라면 다행이었고 불행이라면 불행이었다.

변화 혹은 변천이란 말이 나날이 그 내용을 드러내고 인상을 또렷하게 해 가는 시절이었다. 운파는 이제는 완전히 키를 잃고 초점 없는 시선을 허공에 멀끔히 던지고 지내는 날이 많았다. 빈속에 술을 고래같이 켜게 되었다.

하루아침 술이 깨인 맑은 정신에 문득 생각하고 일기를 적기 시작하게 되었다. 생각하면 연전의 '정의의 논문'의 뒤를 잇는 한 가닥의 방향을 찾으려는 것 같은 심정의 발로이던지도 모른다.

물론 번기는 날도 많았으나 정신이 맑은 날이면 반드시 몇 장씩 적어 놓는다. 간행물 위에 '지성의 옹호'라는 제목이 굵게 나타나 어중이떠중이 다 한 마디씩 입 참례를 할 때 그는 그것을 비웃는 일기를 썼다가는 다시 다음날 반성의 붓을 들어 자신의 지성론을 한바탕 쓰는 것이며 또 어떤 날이면 집에 돌아가던 길에 개천에 빠진 노인의 양(樣)을 보고 가서는 세밀한 감상을 주관적 색채를 가미해서 길게 적어 보곤 하였다.

그러나 결국은 그 전부가 마음의 불안정한 방탕에서 나왔음은 그 일기조차도 때때로 가다가는 몇 달씩 끊어지는 때가 있었을 뿐 아니라 나중에는 그 무의미한 것에 싫증이 나서 그만 일기장을 찢어버리는 동시에 어디서 뛰어나왔던지의 '정의의 논문'마저 같은 기회에 불살라 버리고 말았으니 오래도록 끌어오던 '정의의 논문'도 기어코 여기서 끝나 버리고 만 것이다.

드디어 반년 전에 어떤 교직에 들어가게 된 것이 옳든 그르든 생활의 한 통일을 얻은 것이었으나 그의 결벽으로 그런 사회에 맞춰 나갈 수는 만무한 것이며 아까 말한 것과 같이 불과 몇 달이 못 돼 피곤한 신경과 육체로 그 자리를 물러나온 것이다. 이어 돌부처의 표정이고 실종의 사건을 일으킨 것이다.

따져 보면 꼭 칠 년 동안이다. 그동안을 무슨 시대라고 했으면 좋을는지 별수 없이 '칠 년……'이라고 부를 수밖에는 없는 칠 년간이었다. 무기력한 방탕에서 시작해서 실종의 사건으로 끝난 칠 년간이었다.

이 칠 년간의 이야기는 운파의 평생의 한 시기 동안의 간단한 약도에 지나지 못하는 것이며 그의 칠 년 전까지의 생활에 비기면 본론에 대한 한 부록에 지나지 못하는 것이다. 더 크게 잡아 시대의 부록이라고 보아도 좋다. 어떻든 이 기록은 운파 군에 있어서는 한 부록에 그치는 것이요 그러기를 나는 원하는 것이다. 다시 말하면 군은 이 부록을 얼마든지 뛰어넘어 칠 년 전의 본론에다 다음 본론을 연속해 달라는 것이다.

나는 마음속에 운파 군의 자태를 부단히 생각하면서 이것을 써

온다. 이 조그만 기록이 군의 눈에 뜨일는지 안 뜨일는지는 의문이나 만약 뜨인다고 해도 과히 낯을 찡그리지는 않으리라고 생각한다. 비록 짧고 거칠기는 하나 내 요량으로는 충실하고 바르게 군을 그려본 셈이다. 군이여, 불미가 있거든 용서하고 편지를 달라. 군의 편지를 날마다 고대하고 있는 지 오래이다.

《사해공론》, 1938. 9.

소라(蠑螺)

하루에도 몇 차례씩 고깃배가 들어올 때마다 판매소 창고 앞은 모이는 사람들로 금시에 장판을 이룬다. 선창에 수북이 쌓인 고기를 혹은 그물째로 혹은 통에 담아서 창고에 옮기기가 바쁘게 포구의 여인들은 함지를 들고 모여들 든다. 판매소 서기가 장부를 들고 고기를 나누고 적고 할 때에는 어느덧 거의 고기만큼의 수효의 여인들이 그를 둘러싸고 만다. 고기와 사람의 산더미 속에서 허덕이면서 한 사람씩 한 사람씩 함지에 분부(分付)해 주면 여인들은 차례차례로 담아 가지고는 그 길로 읍내로 향한다. 읍내 장터까지는 오 리 길이다. 여인들은 하루에도 몇 차례씩 그 길을 그렇게 왕복함으로써 한 집안의 생계를 이어 간다.

학수는 그 여인들 속에 그 어느 때라도 어머니의 자태를 보지 않을 때가 없다. 늙은 어머니에게는 한 마리의 나귀가 있었다. 망아지보다도 작고 등어리의 털이 거의 슬려서 없어진—아마도 어머니의 연세만큼이나 늙었을 그 나귀가 어머니에게는 단 하나의 귀한 살림의 연장이었다. 늙은 나쎄로는 부치는 근력에 함지를 이고 오 리 길을 걷기는 힘들다. 어머니는 함지 대신 수레에 고기를 받아 가지고는 나귀를 몰고 읍내 길을 걷는 것이었다. 가는 길은 힘드나 오는 길은 빈 수레 속에 고기 대신에 몸을 얹고 가벼운 것이었다. 그 어머니의 양(樣)을 학수는 해변에 서서 혹은 뱃전에 의지해서 물끄러미 바라보는 것이다. 마음이 저리고 가슴이 아프지 않은 바는 아니었으나 그러나 불효니 무어니 그 이전의 절박한 문제로 학수의 가슴속은 가득 찼던 것이다. 읍내의 학교를 중도에서 나온 지도 반달이 가까우면서 아직도 어지러운 마음속을 정리도 못했거니와 나갈 길의 지향을 못 찾고 갈팡질팡하고 있는 중이다. 불역에 나와 서서 바다를 내다보고 판매소의 요란한 광경을 바라보고 하는 것이 결코 한가한 심사에서 나온 것이 아니라 마음속에는 겹겹의 근심과 우울이 구름같이 피어오르는 것이었다. 어머니의 자태를 물끄러미 바라보는 것이 불효의 탓이 아니라 눈을 솔리는 것보다는 차라리 그 애쓰는 자태를 바라봄이 얼마간이라도 어머니의 짐을 덜어 주자는 그런 뜻임은 물론이었다. 그렇기 때문에 어머니가 나귀를 몰고 판매소 앞을 떠나 읍으로 향하는 큰길로 들어설 때에는 학수는 은근히 모래불을 지나 밭둑에 나서서 멀어지는 어머니의 자태를 어느 때까지나 우두커니 바라보는 것이었다. 어머니는 이웃집 분녀와 동행하는 때가 많았다. 그런 때이면 둘이 무슨 이야기를 하는지 분녀는 함지를 인 채 나귀 옆에 서서 걸음을 같이하면서 자별스럽게 웃고 지껄이고 하였다. 그 정경을 학수는 더없이 귀엽고 부러운 것으로 여기면서 두 사람의 자태가 읍으로 향한 곧은길 저편으로 까아맣게 사라질 때까지 시름없이 바라보곤 했다.

분녀와의 사이도 사실은 학수가 학교를 버린 후부터는 뒤틀리고 빗나가기가 일쑤였다. 앞으로 졸업을 일 년 앞둔 모처럼의 길을 중간에서 접질리우고 말하자면 쫓겨난 것이니 기대가 컸던 분녀에게 큰 실망을 주었을 것은 사실이었다. 농업학교를 마치면 보통학교의 삼종 훈도나 금융조합의 서기쯤은 제물에 떼 놓은 셈이다. 포구 사람들이 우러러볼 뿐이 아니라 읍내에서 제법 뽐을 내게 되었다. 일 년이면 얻을 그 아름다운 결과를 학수는 조그만 불찰로 스스로 버리고 만 셈이다. 분녀와의 사이에는 그가 그렇게 출세했을 후의 언약이 피차에 은연중에 맺어졌던 것이다. 포구 사람들도 그것을 믿었고 분녀는 거기서 한 층의 용기를 얻어 날마다의 일에도 힘이 맺히고 마음이 기뻤다. 그만큼 일단 일이 어그러졌을 때의 분녀의 받은 타격은 컸고 마음은 무거워만 졌다. 그 당초에는 입맛을 잃고 며칠 동안은 일도 손에 잡히지 않는 지경으로, 그때부터 학수와의 사이에는 말도 적어지고 사이도 점점 뜨게 되었다. 분녀의 마음도 괴로울 것이나 학수의 마음속은 더 말할 것 없이 괴롭고 무거운 채로 지금에 이른 것이다. 그렇다고 학수가 자진적으로 분녀에게 설명하고 원하고 할 수도 없는 노릇이어서 그는 다만 괴로운 심사를 꾹 참고는 분녀의 자태를 멀리서 바라보는 버릇을 배웠을 뿐이다. 특히 그가 어머니의 나귀 옆에 서서 읍으로 동행할 때에는 그 화목스러운 양이 마치 두 모녀의 양과도 같이 보였다. 학수는 괴로운 가운데에서도 남모를 일종의 위안을 움켜 내면서 될 수 있으면 어머니의 혼잣길보다도 분녀와의 동행하는 것을 보려고 불역에서 그 기회를 은근히 살피고 엿보는 날이 요사이에 와서는 많아졌던 것이다.

책이 화였다. 그런 풍속이 시작되기는 벌써 여러 해 전부터였으니 그런 줄을 알면서도 그 금단의 그물에 걸린 것이 온전히 자신의 실책임을 학수는 물론 깨닫기는 했다.

공교롭게 양잠 당번이어서 하룻밤에 뜻 맞는 동무가 삼사 인이나 모이게 된 것이 불행의 근원인지도 모른다. 겨우 한잠을 자고 일어난 누에는 그다지 많은 뽕을 요구하지 않는다. 어슴푸레한 저녁 농장 뽕밭에 나가 한꺼번에 몇 바구니를 뜯어 오면 하룻밤의 누에의 양식으로는 충분하였다. 이 수월한 작업을 마쳤을 때 동무들은 한가하게 밤 화단을 돌아보거나 우리 안의 소나 양을 희롱하거나 임의였다. 학수는 가장 친한 동무 명재와 함께 화단 옆 잔디 위에서 무엇인지를 격렬하게 토론하다가 어두워짐을 따라 방에 들어갔을 때 두 사람 사이에는 별안간 말이 끊어지면서 그 대신에 각각 간직했던 책을 내서 읽기 시작했다. 긴장된 마음에 지나쳐 정신없이 독서에 열중하였던 탓일까. 밖에 누가 왔었는지 방에 별안간 들어온 것이 누구인지를 분별할 힘조차 창졸간에 없었던 것이다.

문제가 커져서 학수와 명재는 몇 차례씩 직원실에 불리어서는 많은 시선 앞에서 얼굴을 붉히고 말을 더듬고 하지 않으면 안 되었다. 그뿐이 아니었다. 명재는 읍내의 집에서 학수는 오리나 떨어진 포구의 집에서 각각 담임의 방문을 받았다. 설렌수록에 일이 벌어만 져서 결국 갈 데까지 가고야 말았다. 여러 날 동안의 불안이 있은 후에 학수와 명재는 기한 없는 금족을 당했고 근 달포의 금족의 기한이 끊어지자 마지막 통첩을 받게 되었다. 예측은 한 결말이었으나 너무도 큰 변에 처음에는 어안이 벙벙하였다. 하기는 처음부터 학교가 큰 희망에 넘치는 것도 아니요 깨알 쏟듯 재미있는 것도 아니기는 아니었다. 단지 일종의 습성으로 날마다의 판에 박은 듯한 일과로 다니게 될 뿐이었다. 남달리 지나쳐 일찍이 깨인 비애임을 그들은 잘 안다. 그러나 그들의 진짜 마음속은 그런 것이라고 하더라도 우선 발 디딜 곳을 잃어버렸음이 애틋했고 창졸간에 앞길에 대한 계책이 서지 않던 것이다. 예측하지 못한 커다란 우울이 엄습해 와서 어두운 장막을 눈앞에 드리웠다. 더구나 학수는 분녀와의 미래를 생각할 때 더한층 괴롬이 컸다. 좁은 학교의 공기라는 것은 지나쳐 인색하고 답답하고 협착한 것으로 여기기는 했으나 그렇게 빨리 반대의 효과가 닥쳐올 줄은 꿈꾸지 못했던 것이다.

인색하고 협착하다면 학수들이 그날 밤에 당한 변부터가 그런 것이었으나 평일에도 그는 네 활개를 펴고 시원한 공기를 마음껏 마셔 본—그런 적이 혹은 그런 감동을 받아 본 적이 몇 해 동안에 한 번도 없었다. 늘 달팽이같이 움츠리고 쪼그리고 감각과 신경과 지혜를 죽이고 허구한 날 그 무슨 꾸중과 벌을 기다리는 허물없는 어린아이의 꼴이었다. 오죽하면 그 인색한 속에서 학수가 발견한 유일의 자유로운 천지라는 것이 그 기괴하고 야릇한 곳이었을까.

네 쪽의 벽으로 된 반 평도 차지 못하는 공간이라면 세상 사람은 대체 무엇을 상상할까. 학수에게 가장 자유롭고 가장 너그럽고 가장 넓고 가장 신성하게 여겨진 그 세상을 세상 사람은 항용 생각지도 못하며 생각할 필요도 없는 것이다. 왜 그러냐 하면 학수에게 가장 자유롭고 신성한 그곳은 세상 사람에게는 가장 추접하고 구역나는 곳이니 말이다. 그 구역나고 추접한—아니 넓고 신성한 곳에 과즉(過則) 십 분이나 이십 분의 시간을 웅크리고 앉았을 때가 학수에게는 가장 자유로운 시간이었던 것이다. 주머니 속에 감추어 두었던 담배를 피우며 유유한 마음으로 생각에 잠겼다, 벽의 낙서를 바라보았다 하는 것이 얼마나 즐거운지 모른다. 벽의 낙서는 반역의 표현이요 한 사회의 평판의 기록이다. 낙서를 바라볼 때에 학수는 교내의 동향과 인물들의 평판을 한꺼번에 손안에 쥘 수가 있었다. 참으로 그 야릇한 공간 안은 다른 동무에게도 같은 기쁨을 가져다주고 같은 습관을 길러 주었는지는 모르나 학수에게는 교내에서 그 어느 곳보다도 즐거운 곳이었다. 양잠실에서 거북한 책도 그 속에서는 지극히 자유롭고 기할 것이 없었다. 펴든 책을 여러 장을 넘기는 동안에 정신은 통일되고 문리는 발라져서 학수는 필요 이상의 시간을 보내는 수가 많았고 차라리 그것을 원했다. 어떻든 가장 뜻있는 시간 가장 중요한 시간이 그 불과 몇십 분이었던 것이다. 하기는 그 별천지에도 간간이 변이 없지는 않았다. 하루는 글에 열중하였을 순간 별안간 밖의 문이 열리는 바람에 기겁을 하고 들었던 책을 떨어뜨려 아깝게도 어두운 밑 세상으로 장사 지내 버린 일도 있기는 있었다. 밖의 동무가 웃는 바람에 학수도 하는 수 없이 표정이 이지러지기는 했으나 이것이 그 속에서 받은 한 가닥의 수난이라면 수난이었다.

학교를 나온 후부터는 하염없이 바다를 바라보는 날이 늘어 갔다. 모래언덕에 서서 쉴 새 없이 꿈틀거리는 창파를 바라보는 동안에 지난날의 인색하던 기억이 혹은 기쁘게 혹은 슬프게 마음속에서 부서지고 사라져 갔다.

맑은 모래불이 포구에서 시작해서 바다의 후미를 몇 고패나 굽이굽이 돌아 남쪽으로 아련하게 연했고, 모래불 등으로는 해당화가 송이송이 푸른 전을 수놓았다. 그러므로 오 리 장간의 넓은 벌판이 뻗치고 벌판 끝에 읍내가 아물아물 보였다. 모래불 밖으로 열린 바다—바다는 무엇하자고 왜 그리도 넓은가. 그 필요 이상으로 넓은 바다는 아마도 조물주가 잘못 만든 것이거나 그렇지 않으면 우주를 만들다가 지친 판에 귀치않다는 듯이 중도에서 그대로 버려둔 것이거나 라고 학수는 생각했다. 그렇지 않다면 그 넓고 자유로운 세계의 설명이 마음속에 서지 않는 것이다. 바닷빛에는 층이 있어서 가까운 데는 희고 그 다음은 초록이요 먼 곳은 푸른빛이어서 초록과 푸른빛과는 칼로 가른 듯이 구별이 확실했다. 초록 바다 위에서는 갈매기가 날고 푸른 바다 위에는 어선과 발동선이 아물거렸으나 위대한 바다에 비기면 값없는 장난감같이밖에는 보이지 않았다. 먼 수평선 위를 외줄기의 연기를 허공 위에 그리면서 기선이 지나는 때가 있었다. 끝에서 끝으로 기선이 사라질 때까지는 한 시간이 넘어 걸렸다. 기선은 움직이지 않고 한자리에 서 있는 듯했고 연기는 날리는 법 없이 그림 속에서처럼 공중에 얼어붙은 것 같았다. 다만 기적 소리만이 동안을 두고 뽀오 뽀오오 아련히 울려올 뿐이었다. 그만큼 바다는 넓었다. 비록 그다지 변화는 없다 하더라도 다만 한없이 넓은 그 탓으로만도 그 넓은 것을 사랑함으로써 학수는 진종일이라도 바다를 바라볼 수 있었고 그럼으로써 조금도 권태와 염증을 느끼는 법이 없었다. 모래언덕에 앉아서 혹은 불역에 내려가서 아침의 바다 대낮의 바다 저녁의 바다를 차례차례로 즐기고 맛보고 하는 동안에 그는 그 속에서 그 무엇을 얻으려는 듯도 했다. 단조한 그 속이언만 자꾸만 들여다보는 동안에 그 무엇이 가슴속에 흘러오고 금시에 손에 잡힐 듯했다. 옛 시인이 반드시 바다에 대해서 그 무슨 영원한 것을 읊었을 것 같으며 그것이 무엇이었을까를 학수는 맨주먹으로 터득하려고 은연중에 마음이 설렜다. 다른 것은 모르나 지금까지의 세상에 비해서 바다는 얼마나 활달하며 그 뜻을 사람에게 전하고 가르쳐 주려고 하는가를 그는 쉽게 깨달을 수 있었다. 인색하고 협착하던 학교에 비겨서 얼마나 활달하고 너그러운가 바다는. 학교에서는 기껏해야 네 쪽의 벽으로 된 반 평에도 차지 못하는 야릇한 공간에서 학수는 자유의 세상을 구하지 않았던가. 바다와 네 쪽의 벽과—이 얼마나의 차이인가. 바다는 그런 인색하고 추잡한 세상과는 엄청나게 거리가 멀다. 기가 막히게 풍격이 위대하다. 학수는 전엔들 그것을 느끼지 못한 바는 아니었겠지만 요사이의 처지로서는 그것이 새로이 한 큰 발견과도 같은 기쁨을 가져왔다.

하루는 강천수 공장의 발동선을 탔다. 바다 밖에 늘일 덤장그물을 실은 어선을 여러 척 끌고 발동선은 저녁때는 되어서 포구를 떠났다. 아는 사공의 권고를 받아 학수는 소풍 겸 발동선에 올랐던 것이다. 그는 발동선에 대해서는 전부터 특별한 애착을 가지고 있었다. 이것만 한 척 손에 넣을 수 있다면 학교고 뭐고 집어치우고 바다에서 살아 볼까 하는 생각이 일찍부터 마음을 당겼다. 어떻게 하면 천여 원을 손에 잡을 수 있을까 그것으로 발동선을 살 수 있을까 하는 것이 항상 마음속에 어리우는 숙제였다. 학교를 마친다는 뜻도 결국은 발동선을 구하는 수단으로 하자는 뜻에 지나지 않았던지 모른다. 바다 복판에 섰을 때 거기서 한층 더 넓어지는 바다와 작아지는 포구와 읍내를 바라볼 때 학수는 육지에서 느낀 이상의 몇 곱절의 신기한 감상을 받았다. 바다는 모래언덕에서 볼 때의 바다보다도 제한 없이 더욱더욱 넓어지고 열려져서 눈 닿는 가이 없었다. 바다는 무한대의 힘이요 자랑이었다. 그 속에 새 그물을 던지고 그물 안에 든 고기 떼를 선창에 퍼 담는—그 경영이 또한 사람의 하는 일로서 그렇게 유유하고 의젓할 데는 없을 듯이 느껴졌다. 사람과 자연은 싸우는 것이 아니라 서로 조화되고 합치되는 것이라고 느껴졌다. 비록 싸움이 있다고 하더라도 사람과 사람의 싸움같이 그렇게 작고 좀스럽고 인색한 것은 아니다. 죽든지 살든지 간에 보람 있고 장하고 늠름한 것이다. 바다 밖에서 여러 시간을 지내는 동안에 학수는 일종의 묵시의 계시를 받은 듯 마음이 빛나고 그득 차고 만족스러웠다. 여러 척의 목선에는 고기더미 수북이 쌓였고 학수의 마음속에는 묵시의 영감이 가득 넘쳐서 육지로 돌아오는 길은 한결 기쁘고 듬직한 것이었다. 발동선은 가벼운 폭음을 올렸고 사공들은 노래 구절을 길게 빼었다. 푸르고 붉은 깃발이 돛대 위에 날려 고기의 수확이 많음을 자랑했다. 황혼 속에 자옥한 바다를 건너 포구에 가까워 갈 때 육지에 아물거리는 사람들의 기쁨에 뛰노는 양이 눈에 어리었다. 불역에 가까워 감을 따라 마음도 뛰놀았으나 발동선 좁은 뱃기슭에 올라서서 포구의 사람들을 신기한 것으로 보고 있던 학수는 지나쳐 기뻤던 그날의 마지막 수확인 듯 불의에 발을 빗디디고 뱃전 밖으로 떨어졌다. 바닷물에 빠져 아닌 때 물세례를 받은 학수는 하는 수 없이 헤엄을 쳐서 멀어지는 배 뒷전을 따랐다. 옷이 물에 젖어서 몸이 무거웠다. 불역과의 거리가 가까웠으니 망정이지 좀 더 멀었던들 헤엄쳐 나가기가 곤란하였을 것이다. 모래 위에 기어올랐을 때에는 물에 빠진 개이라도 참혹한 꼴이었다. 그러나 그다지 불쾌한 생각 없이 그것도 하루 동안의 감격 대신에 받은 한 작은 귀여운 선물이라고 여기면서 사람의 틈을 빠져서 급하게 집으로 향하였다.

부엌일을 하던 어머니는 그 꼴을 결코 칭찬하지는 않았다. 꼴좋다 학교를 그만두더니 날로 주렵이 들구 꼬락서니가 사나워만 가는구나, 츨츨치 못한 것, 이 몸이 얼른 죽어야 저 꼴을 안 보게 되지—하는 어머니의 꾸중이 마음을 꼬치꼬치 찔렀다. 그렇게까지 싫은 소리를 할 어머니가 아니언만 요새의 고생과 불미한 자식의 보람 없는 꼴을 보면 그것도 마땅하려니는 생각되나 그러나 학수의 마음속은 한없이 쓰리고 불쾌하였다. 그렇다고 대꾸를 할 수도 없이 잠자코 또 다시 퉁명스럽게 집을 나와 버렸다.

사람의 세상이란 참으로 왜 이리도 인색한가—중얼거리면서 발가는 곳이 역시 바다였다. 갈아입지 못한 옷이 무겁게 드리우고 물방울이 모래 위에 떨어졌다. 해변은 어느덧 어두워지고 파도 소리만이 변함없이 규칙적으로 흘러왔다. 모래언덕에 섰을 때 어두운 바다는 한없이 멀고 깊고 장하게 눈앞에 가로누웠다. 조수 냄새와 해초 냄새가 전신을 눅진하게 채워 주는 듯도 하다. 그는 바닷바람을 몇 번이고 한껏 마셔 보았다. 그럴수록에 그 무슨 한없는 큰 신비가 그 속에 숨어 있는 듯이 느껴졌다. 무엇이 있어, 바닷속에는 반드시 그 무슨 큰 것이 있어, 사람을 호리는 장한 그 무엇이 있어, 그러나 어떻게 하면 그것과 사람과를 조화시킬 수 있을까, 어떻게 그 위대한 자연과 사람을 일치시킬 수 있을까—학수는 어둠 속을 노리면서 어느 때까지나 궁리에 잠겼다.

하루는 무료한 판에 읍내를 들어갔다. 그 일이 있은 후 불쾌한 마음에 발을 끊고 까딱 출입을 금하고 있었던 것이나 오래간만에 명재도 만날 겸 집을 떠났던 것이다.

명재도 그 모양 그 주제였다. 얼굴이 얼마간 축난 듯도 했으나 그제나 이제나 별반 차가 없는 자태였다. 그 역 무료하던 판에 옷을 주섬주섬 걸치고 나왔다. 거리 밖 벌판으로 들어가 백양나무 아래에 두 사람은 앉았다.

먼 둑 위를 오후의 기차가 연기를 뿜으며 달았다. 기적 소리가 산모롱이에 부딪쳐 야단스럽게 울려왔다. 사라지는 기차의 뒷모양을 우두커니 바라보던 명재가 별안간 입을 열었다. 빌어먹을 달아나 날까.

그의 말에 의하면 서울 갈 계획이 틀어졌다는 것이다. 집안 형편이 학수같이 핍박하지는 않아서 학교를 나오게 되자 즉시 서울로 가서 공부를 계속할 작정이었던 것이 여러 가지로 서둘러 보아야 역시 지금 형편으로는 그것이 허락되지 않는다는 것이었다. 그것이 명재의 우울의 원인이었다. 빌어먹을 달아나 날까—이것이 홧김에 나오는 탄식이었다.

물론 학수도 같은 마음이었다. 어떻게 하면 막힌 앞길을 열어 볼까, 차라리 이 고장을 떠나면 그 무슨 길이 열리지나 않을까 하는 것이 핍박한 마음의 일시의 위안이었던 것이다. 바다를 접할 때에는 바다의 위력에 눌리어 그 매력에 취해 버리고 마나 벌판의 기차를 볼 때에는 그 또한 한 가지의 신선한 매력이요 유혹이었다.

생각만 해야 답답하니 좀 걸어나 볼까. 해결 없는 무더운 공기에 견디기 어려워 학수는 명재를 재촉해서 벌판을 걸었다. 벌판은 활달하고 넓은 것이나 결국 사람의 생활을 그곳까지 연장시켜 볼 때 그곳 또한 답답하고 협착한 곳이 되었다. 인색하고 빽빽한 인간사를 귀치않고 불서러운 것으로 여기면서 두 사람은 어느 때까지나 풀밭을 거닐었다.

읍내에서 집으로 돌아가는 길 다릿목에서 우연히도 학수는 역시 읍내 장에까지 갔다 오는 분녀를 만났다. 처음에는 양편에서 다 무춧거렸으나 결국은 말없는 속에서 나란히 서서 동행이 되었다. 빈 함지를 인 분녀의 걸음은 개운하고 빨랐다. 한참 동안이나 피차에 말이 없음을 괴롭게 여기는 판에 분녀가 먼저 입을 열어 읍에는 무엇하러 갔다 오느냐고 물었다. 명재를 만난 곡절을 이야기했을 때 분녀는 펄쩍 뛰면서 만날 사람이 없어서 겨우 명재를 만났어 끼리끼리 모인다구 그따위 부랑자 날탕패의 시거구 몰려다니니 학교까지 쫓겨났지 그래두 심을 못 채리구 쫓아다니다니 아직두 철이 안 든 셈이지—하고 명재에게 대한 욕과 학수에게 대한 비난을 센 입살로 한꺼번에 주워 댔다. 멋두 모르구 주제넘게 웬 잔소리야 명재가 왜 어디가 나쁘단 말야 왜 남만 못하단 말이야 아무것두 모르는 거리 사람들의 하는 말을 그대로 받어 가지구는 경솔하게 야단이야—하고 학수는 톡톡히 분녀를 꺾으려 했다. 그러나 분녀도 황고집을 부리면서 명재의 말이라면 사족을 못 쓰는 그에 대한 비난을 늘어놓고는 요번에 학수가 받은 봉변이 결국 명재가 충충댄 탓이라는 것, 그에게서 애매하게 물들었다는 것을 말했다. 학수가 아무리 동무를 막아 주려고 해도 분녀의 고집은 당할 수 없어 주춤하는 동안에 분녀는 한번 터진 입심으로 하고 싶은 말은 다 내섬기는 것이다. 나중에는 꺼내는 소리가 영진이의 이야기였다. 학수들보다는 한 해 앞선 그는 학교를 졸업하자 읍내 금융조합에 서기로 들어가 집안을 제법 옳게 다스려 가는 것이었다. 분녀의 말을 빌면 위인이 어찌도 착실한지 조합 안에서나 거리에서도 신용을 얻어서 읍에서는 모범 청년으로 돌리게 되고 일 년 동안이나 충실히 저축한 돈으로 얼마 안 가 잔치까지 하게 된다는 것이었다. 색시는 분녀의 동무 봉선이라는 것이다. 들으라는드키 높은 목소리로 지껄이는 분녀의 뜻을 학수가 모르는 바는 아니었고 그의 답답한 심경을 추측하지 못하는 바는 아니었으나 다따가 영진이의 이야기를 그렇게 야단스럽게 늘어놓는 것을 참을 수 없이 불쾌히 여겼다. 홧김에 퉁명스럽게 한마디 툭 쏘는 소리가 그럼 왜 대신 시집이래두 가지 하는 싫은 소리였다. 이 한마디가 고집스런 분녀의 마음을 찌른 모양이었다. 시집가구말구 그만큼 착실한 사람에게 가게 되문 왜 안 가겠어 봉선이 신세가 오즉 부러운데 부랑자들보다야 인끔으로야 열 곱절 백 곱절 웃질이지—하고 재빠르게 지껄이는 것이다. 학수의 마음이 편할 리 없다. 어째 또 한번 지껄여 봐 부랑자 누가 부랑자야—하면서 노여운 마음에 주먹으로 분녀의 턱을 치받쳤다. 주춤하면서 서는 것을 이어 빰을 두어 번 갈겼다. 네까짓 게 무에라구 무얼 믿구 그따우 큰소리를 탕탕해—분김으로 하면 발길로 차 버리고도 싶었다. 분녀는 얼굴이 새빨개지면서 그 자리에 푹 주저앉고 말았다. 한마디의 대꾸도 없을 뿐이 아니라 눈물이 빠지지 흐르면서 그만 울음이 터져 버렸다. 다시 그런 버릇 했다 봐라—큰소리를 한마디 남기고는 학수는 그를 다시 돌아보지도 않고 혼자 버덩 길을 재게 걸어갔다.

이 조그만 일이 있은 후로 학수의 마음은 더한층 괴로워졌다. 날이 지나자 곧 자기의 행동이 뉘우쳐지며 분녀에게 대한 거동이 과혹(過酷)했던 것을 깨달았다. 결국 이 사건으로 해서 울적한 심사는 더한층 늘어 갔을 뿐이다. 끼니만 지나면 바다에 나가게 되고 풀밭에 서면 그 자리에 엎드려서 엉엉 울고 싶은 충동조차 솟았다. 나날이 그것이 일과였고 그날이 전날의 연속이 되고 했으나 그러는 하룻날 우연히 읍내에서 명재가 찾아왔다. 풀밭에 앉아 바다를 내다볼 때 별안간 등 뒤에 나타나 소리를 건 것이 명재였다.

서울 가는 것두 틀리구 이 계획 저 계획두 다 어그러진 판에 집구식에만 허구한 날 묻혀 있기두 울적해서 자네간이 날마다 바다로 나오기루 했네. 이리 기울이거나 저리 기울이거나 사람 된 바에야 길이 열려지구 방법이 있겠지. 사람의 자식이 그렇게 근심과 걱정만 하구야 어찌 살겠나. 새옹마의 득실이라구 뒤틀린 길이 바로잡힐 날두 있겠지. 설마 세상의 길이 그렇게 빽빽하구 군색한 것이겠나. 바람이나 쏘이면서 마음을 크게 먹을 도리나 배우세그려—마치 며칠 동안에 사람이 변한 듯이도 서글서글하고 명랑한 어조로 명재는 이렇게 길게 내섬기면서 손에 들고 온 보자기를 내보인다. 학수는 자기 홀로의 우울에 잠겨 있던 판에 그의 사람이 변한 듯도 한 어조도 놀라운 것이었으나 내 든 물건을 의아해하면서 무엇이냐고 물었다. 자네가 새삼스럽게 놀랠 만한 별로 신기한 것은 아니나 그러나 대단히 뜻있고 중요한 것이네—하면서 명재는 보를 앞에 내놓는 것이다. 그 형상으로써 대개 추측은 되었으나 그래도 선뜻 손을 대지 않고 대체 무엇이냐고 물었을 때 명재는 빙그레 웃으면서 그제서야 보를 풀기 시작했다. 물건 그것은 하치않고 평범한 것이나 그 정신이 우리에게 용기와 힘을 주는 것이네—말이 끝난 때 보 속에서는 풋볼 한 개가 굴러 나왔다. 흠 하면서 학수가 그것을 물끄러미 바라볼 때 명재는 자네는 아직두 이 뜻을 모르리 하로 이틀 이것을 차 보고 굴려 보는 동안에 뜻을 알어 가리 하면서 그것을 사게 된 곡절을—학교에서 배우던 책을 통틀어 싸 가지고 책점에 팔아서 그 값으로 그 한 개의 볼을 샀다는 것을 이야기했다. 범연하게 들으면서 그때까지도 영문을 모르고 우두커니 앉았던 학수도 명재가 볼을 들고 일어서서 넓은 풀밭 위에서 한바탕 탕 차서 푸른 하늘 위로 까아맣게 올렸을 때 불현듯이 충동을 느끼면서 벌떡 자리를 차고 일어섰다. 두 사람의 볼 차는 소리가 풀밭 위에 탕탕 울렸다. 발끝에서 떨어지자 금시에 하늘 위로 솟아올라 맑은 푸른 빛 속에 둥실 뜨는 그 탄력 있는 자태를 바라볼 때 학수는 차차 명재의 뜻이 알려지는 듯했다. 아까까지의 우울도 어느 결엔지 사라지고 분녀와 어머니의 사정도 잊어버리고 오금에 솟는 힘이 근실근실 전신에 파도쳐 흘렀다. 또 한 가지 신기한 발견이 있었다. 볼을 찬 지 불과 십 분이 못 되어서 그 탄력 있는 명랑한 볼 튀는 소리를 듣고 포구의 아이들이 몰려왔고 장정들도 어슬렁어슬렁 뒤를 따라 풀밭으로 몰려드는 것이었다. 학교 운동장에서 볼을 찰 때와는 또 의미가 달랐다. 운동에 별반 흥미를 느끼지 못하던 학수가 이제 그 속에서 새로운 뜻을 길어 내게 되었다. 아이들과 장정들도 어느덧 두 사람의 경기 속에 들어들 와서 한데 휩쓸려서 유쾌하게 웃고 쓰러지고 지껄이고들 했다. 구르는 볼을 먼저 집은 사람이 힘껏 차올리면 볼은 쏜살같이 하늘로 쑤욱 솟는 것이다. 솟는다 솟는다 까아맣게 솟는다 하늘 위에 오른다—볼과 함께 그것을 쳐다보는 사람들의 마음들도 볼 동안에 하늘 위로 까아맣게 솟는 것이었다.

볼차기가 시작된 후로 학수는 확실히 새로운 힘과 새로운 방법을 발견한 셈이었다. 참으로 예측하지 못했던 신기한 발견이었다.

명재는 날마다 읍내에서 오 리 길을 혹은 걸어서 혹은 자전거로 나왔다. 두 사람이 볼을 가지고 풀밭에 이를 때이면 반드시 아이들을 선두로 장정들이 모여든다. 사공의 김 선달 박 서방…… 밭에서 최 서방 이 도령…… 흰기니 할 때면 수십 명의 장정이 볼 동안에 모여들었다. 볼 소리가 한번 울리기 시작하면 풀밭은 금시에 왁자지껄해지며 유쾌한 장마당으로 변한다.

어떤 때는 학수들은 포구를 떠나 슬며시 바우개로 이르는 고개를 넘어온다. 포구에서 댓 마장 떨어진 곳이나 고개를 바로 넘은 곳에는 바다가 후미져 도는 아늑하고 고요한 풀밭이었다. 그곳까지도 사람들은 따라오는 것이었다. 두 시간 세 시간 차는 동안에는 사람들도 물론 차례차례로 다소간 갈리기는 했으나 처음부터 끝까지 화하는 사람도 많았다. 으슥한 후미 속에 볼 소리는 맑게 울리고 그 소리와 함께 사람들의 마음들도 유쾌하게 화하고 일치되었다. 볼이 올릴 때에는 마음도 올리고 볼이 설 때에는 마음도 섰다. 한바탕 차고 풀밭 위에 군데군데 앉아 쉴 때에도 뭇사람의 마음은 같은 생각 같은 방향으로 정지되었다. 잠자코 그 무엇을 기다리는 듯이 고요히들 앉았을 때에는 학수는 벌떡 일어서서 한 자리 연설이라도 하고 싶은 그런 충동을 느꼈다. 그때면 물론 집안일이고 분녀의 일이고 간에 그런 사소한 세상일은 씻은 듯이 마음속에서 자취 없이 사라져 버리는 것이었다.

《농업조선》, 1938. 9.

공상구락부

"자네들, 무얼 바라구들 사나."

"살아가자면 한 번쯤은 수두 생기겠지."

"나이 삼십이 되는 오늘까지 속아 오면서 그래두 진저리가 안 나서 그 무엇을 바란단 말인가."

"그 무엇을 바라지 않고야 어떻게 살아간단 말인가. 말하자면 꿈이네. 꿈꿀 힘 없는 사람은 살아갈 힘이 없거든."

"꿈이라는 것이 중세기 적에 소속되는 것이지 오늘에 대체 무슨 꿈이 있단 말인가. 다따가 몇백만 원의 유산이 굴러 온단 말인가. 옛날의 기사에게같이 아닌 때 절세의 귀부인이 차례질 텐가. 다 옛날 얘기지 오늘엔 벌써 꿈이 말라 버렸어."

"그럼 자넨 왜 살아가나. 무얼 바라구."

"그렇게 물으면 내게두 실상 대답이 없네만. 역시 내일을 바라구 산다구 할 수밖에. 그러나 내 내일은 틀림없는 내일이라네."

"사주쟁이가 그렇게 말하던가. 관상쟁이가 장담하던가."

"솔직하게 말하면 —."

"어서 사주쟁이 말이든 무어든 믿게나. 무얼 믿든 간에 내일을 생각하는 마음이야 일반 아닌가. 결국 그것 없이는 살아갈 수 없는 게니까. 악착한 현실에서 버둥버둥 허덕이지 말구 유유한 마음으로 찬란하게 내일이나 꿈꾸구 지내는 것이 한층 보람 있는 방법이야. 실상이야 아무렇게 되든 간에 꿈조차 꾸지 말라는 법이야 있겠나."

"그렇구말구. 꿈이나 실컷 꾸면서 지내세그려. 공상이나 실컷 하면서 지내세나그려."

"꿈이다. 공상이다."

이렇게 해서 좌중에 공상이란 말이 시작되었고 거듭 모이는 동안에 지은 법 없이 공상구락부라는 명칭까지 붙게 되었다.

구락부라고 해야 모이는 집이 따로 있는 것도 아니요 부원이 많은 것도 아니요 하는 일이 또렷한 것도 아닌—친한 동무 몇 사람이 닥치는 대로 모여서는 차나 마시고 잡담이나 하고 하는 정도의 것이었다. 다시 말하면 직업 없는 실직자들이 모여서 하는 일 없는 날마다의 무한한 시간과 무료한 여가를 공상과 쓸데없는 농담으로 지우게 된 것에 지나지 않는다. 공상구락부란 사실 허물없는 이름이었고 대개는 하루의 대부분의 시간을 찻집에 들어가서 식어 가는 커피잔을 앞에 놓고 음악 소리를 들어가면서 언제까지든지 우두커니들 앉아 있는 꼴들은—좌중의 어느 얼굴을 살펴보아도 사실 부질없는 공상의 안개가 흐릿한 눈동자 안에 서리서리 서리우지 않을 때가 없었다. 꿈이란 눈앞에 지천으로 놓인 값없는 선물이어서 각각 얼마든지 그것을 집어 먹든 시비하는 사람은 없는 것이다. 그 허름한 양식으로 배를 채우려고 한 잔의 차와 음악을 구해서는 차례차례로 거리의 찻집을 순례하는 것이다. 솔솔 피어오르는 커피의 김을 바라볼 제 그 김 속에 나타나는 꿈으로 얼굴을 우렷이 아름답게 빛내이는 것은 유독 총중(叢中)에서 얼굴이 가장 뛰어나고 문학을 숭상하는 청해 군뿐만이 아니었다. 어느 때부터인지 코 아래에 수염을 까무잡잡하게 기르기 시작한 천마 군도 그랬고 비행사 되기를 원하는 유난히 콧대가 엉크런 백구 군도 그랬고 총중에서 가장 몸이 유둘유둘한 운심도 또한 그랬던 것이다. 꿈이라면 남에게 질 것 없다는 듯이 일당백의 의기를 다 각각 가슴속에 간직하고는 의자에 깊숙이 몸을 잠그고 앉아서 음악에 귀를 기울이고 있는 네 사람의 자태를 그 어느 날 그 어느 찻집에서나 발견하지 못하는 때는 없었다.

"남양의 음악을 들으면 난 조그만 섬에 가서 추장 노릇을 하고 싶은 생각이 버쩍 생긴단 말야."

그 추장 노릇의 준비 행동으로 코 아래 수염을 기르는 것일까. 총중에서 누구보다도 가장 추장의 자격이 있다면 있을 천마는 음악에 잠기면서 꿈의 계획을 피력하는 것이다.

"—세상에서 가장 이상적인 부락을 맨들겠네. 섬에는 물론 새 문화를 수입해서 각 부문에 전부 근대적 시설을 베풀고 한편으로는 농업을 힘써서 그 농업 면에도 근대화의 치장을 시키고 농업 면과 공업 면이 잘 조화해서 조금도 어긋나고 모순되지 않도록 즉 부락민은 농사에 종사하면서도 도회에서 살 수 있도록—그러구 물론 누구나가 다 일해야 하구 일과 생활이 예술적으로 합치되도록 그렇게 섬을 다스려 보겠네. 노동이 있을 뿐 아니라 예술이 있고 음악이 있고 음악에 맞춰서 일이 즐겁고 수월하게 되는 부락—그 부락의 추장 노릇을 하고 싶은 것이 평생 원이야."

"그럴 법하긴 하나 원두 자네답게 왜 하필 추장 노릇이란 말인가. 이왕 꿈이구 공상이라면 좀 더 사치하고 시원스런 것이 없나. 공중을 훨훨 날아 본다든지 하는 비행가 되기가 내겐 천상 원인 듯하네. 꿈이 아니라 가장 가능한 일인 것을 시기를 놓쳐 버리고 나니 별수 없이 공상이 되구 말었으나."

백구는 천마를 핀잔주듯이 말하면서 은연중에 자기의 공상을 늘어놓는 셈이었다.

"추장이니 비행가니 공상들두 왜 그리 어린애다운가. 어른은 어른답게 어른의 공상을 해야 하잖나."

청해의 차례이다. 다른 동무들과 달라 그다지 부자유롭지 않은 처지에서 반드시 취직 걱정도 할 것 없이 안온하게 지내 가는 그가 문학서를 많이 읽고 생활의 기쁨이라는 것을 유달리 느껴 오는 탓일까. 그렇지 않으면 남보다 뛰어난 얼굴값을 하자는 수작일까. 하필 하는 소리가

"두구 보지 내 이십 세기의 클레오파트라를 찾어내지 않고 두는가. 세기의 미인 만대의 절색—그 한 사람을 위해서는 천 리 길을 걸어도 좋고 만 리 길을 걸어도 좋은—그의 분부라면 그 당장에서 이 내 목숨하나 바쳐도 좋은—그런 절색, 내 언제나 구해 내구야 말걸. 이 목숨이 진(盡)할 때까지라도."

하는 것이다.

"찾어내선 어쩌잔 말인가. 지금 왜 절색이 없어서 걱정인가. 할리

우드만 가 보게. 클레오파트라 아니라 그 이상의 몇몇 곱절의 이십 세기의 일색들이 어항 속의 금붕어 새끼들같이 시글시글 끓을 테니. 가르보나 시어러는 왜 클레오파트라만 못하단 말인가. 디트리히나 콜베엘두 몇 대 만에 태어나는 인물이겠구, 아이린 단이나 로자스두 천 사람 만 사람 가운데의 한 사람인 인물이네. 요새 유명한 다니엘 다리유는 어떤가. 미인이 아니래서 한인가. 미인이 없는 것이 아니라 자네 차례에 안 가서 걱정이라네. 이 철딱서니 없는 동양의 돈 후안 같으니."

천마의 핀잔에 청해는 가만있지 않는다.

"다리유나 로자스를 누가 미인이래서. 그까짓 할리우드의 여배우라면 자네같이 사족을 못 쓰는 줄 아나. 이 통속적인 친구 같으니. 참된 미인은 스크린 위에 있는 것이 아니라 더 다른 숨은 곳에 있는 것이라네."

"황당하게 꿈속의 미인만을 찾지 말구 가까이 눈앞에서부터—자네 대체 '미모사'의 민자는 그만하면 벌써 후리게 됐나 어쨌나. 민자쯤을 하나 후리지 못하는 주제에 부질없이 미인 타령은 무어야."

운심의 공격에 청해도 얼굴을 붉히면서 할 말을 모르는 것을 보면 미모사의 민자는 아직 엄두도 못 낸 눈치였다.

"어서 나와 같이 세계일주 계획이나 하게. 이것이야말로 공상이 아니라 계획이네. 세계를 일주해 봐야 자네의 원인 절색두 찾어낼 수 있지, 찻집 이 한구석에 가만히 앉어서야 이십 세기의 일색을 외친들 다따가 코앞에 굴러떨어지겠다. 내 뜻을 이루게 되면 그까짓 세계일주쯤이 무엇이겠나. 자네두 그때엔 한몫 끼워 주리. 자네 비위에 맞는 미인을 얼마든지 구할 수 있도록. 자네뿐이겠나 천마 군의 추장의 꿈두 백구 군의 비행가의 공상두 그때엔 다 실현하게 되리. 내 성공하는 날들만을 빌구 기다리구들 있게."

운심의 뜻이니 성공이니 하는 것은 그가 오래전부터 '꿈'꾸고 생각해 오던 광산의 일건이었다. 고향이 충청도인 그는 특수광 지대인 고향 일대에 남달리 항상 착안해서 엉뚱하게도 광맥에 대한 욕망을 품고 있어 온 지 오래였다. 물론 당초부터 광산을 공부한 것도 아니요, 전문적 지식을 갖추고 있는 것도 아니요, 다만 만연히 상식적으로 언제부터인지 그런 야심을 가지게 되었던 것이다. 서울에서 공부를 마치고는 그대로 눌러서 날을 지우게 된 그로서 공상구락부에서 꾸는 그의 꿈은 언제나 광산에 대한 애착이요 공상이었다.

그러나 세상에 기적이라는 것이 있듯이 공상도 간간이 가다가 공상의 굴레를 벗어나서 실현의 실마리를 찾는 것인 듯하다. 아마도 사람에게 공상이라는 것을 준 조물주의 농간이라면 농간이 아닐까. 운심은 다행일지 불행일지 그 조물주의 농간을 입어 그의 공상의 현실과의 접촉점을 우연히도 찾게 되었던 것이다. 이때부터 그의 공상은 참으로 공상 아닌 현실의 성질을 띠고 나타나게 되었고 그뿐 아니라 동무인 세 사람에게도 그것이 영향이 되어 그들은 벌써 공상만이 아니라 공상을 넘어서의 찬란한 계획을 차차로 생각하게 되었던 것이다. 신기한 일이었다.

고향을 다녀온 운심의 손에 이상한 것이 들려 있었다. 알고 보면 그 일 때문에 일부러 시골 있는 동무에게서 편지를 받고 내려갔던 것이나 근처 산에서 희귀한 광석을 주워 가지고 온 것이다. 여전히 공상의 안개가 솔솔 피어오르는 찻집 좌석에서 운심은 주머니 속 봉투에서 집어낸 그 광석을 내보이면서 설명하는 것이었다.

"돌멩이 속 틈틈에 거무스름한 납덩어리가 보이잖나. 손톱자리가 쑥쑥 들어가는 이것이 휘수연(輝水鉛)이라는 것이네. 몰리브덴이라구 해서 경금속으로 요새 광물계에서 떠들썩하는 것인데 가볍기 때문에 비행기 제조에 쓰이게 되어 군수품으로 들어가거든. 시세가 버쩍 올라 한 톤의 시가가 육천 원을 넘는다네. 광석 채로 판다구 해두 퍼센티지에 따라서 팔수록에 그만큼의 이익은 솟을 것이네. 고향에서 한 삼십 리 들어간 산속에서 발견한 것인데, 늘 유의하고 있던 동무가 내게 알려준 것이네. 한 가지 천운으로 생각되는 것은 실상은 들어본즉 애초에 어떤 사람이 그 산을 발견해 가지고 일을 시작했다가 성적이 좋지 못하다고 단념하구 산을 버렸다는 것인데 아마도 그 사람은 휘수연의 광산이라는 것을 몰랐던 모양이구 알았어두 그때엔 시세도 없었던 모양이데. 버린 것을 줍지 말라는 법이야 있겠나. 별반 수고두 하지 않고 남이 발견한 것을 차지한 셈인데 꼭 맞힐 듯한 예감이 솟네. 희생을 당하더래두 집안을 훌두드려 파는 한이 있더래두 이 산만은 꼭 손을 대 보구야 말겠네. 공상구락부의 명예에 걸어서래두 성공해 보겠네. 맞혀만 보게. 자네들 꿈쯤은 하루아침에 다 이루게 될 테니."

자준은 멍하니들 앉아서 찬란한 그의 이야기에 혼들을 뺏히우고 있었다. 금시에 천지가 바뀌고 해가 서쪽에서 뜨게 된 듯도 한 현혹한 생각들을 금할 수 없었고 운심이란 위인을, 늘 보던 한 사람의 평범한 동무를 새삼스럽게 신기한 것으로들 바라보는 것이었다. 오돌진 그의 육체 속에 그런 화려한 복이 숨어 있었던가 하고 눈이 부실 지경이었다.

그렇게 되고 보니 운심은 제법 틀이 생기고 태도조차 의젓해져서 거리를 분주하게 휘돌아치는 꼴조차 그 어디인지 유유한 데가 보였다. 위선 사사로운 몇 군데 광무소를 찾아 감정을 해 보고 마지막으로 식산국(殖産局) 선광(選鑛)연구소에서 결정적 판단을 얻기가 바쁘게 지도와 인지를 붙여서 그 자리로 출원해 버렸다. 당분간 시굴을 해 볼 필요조차 없이 곧 본격적으로 채굴을 시작하려고 즉일로 고향에를 내려갔다. 땅마지기나 좋이 팔아서 천 원 돈을 만들자마자 부랴부랴 올라와서 속허원(速許願)을 내서 광업권 설정을 하고 일 년분 광구세까지 타산해 놓고 앞으로 일주일이면 당장에 일을 시작하게까지 재빠르게 서둘러 놓았던 것이다.

동무들은 그의 활동력에 놀라면서 그가 다시 고향으로 떠나려는 전날 밤 송별연을 겸해 모였을 때에 그의 초인적 활동을 칭찬하고 성공을 빌면서 새로운 인격의 탄생인 듯이도 그를 찬양하였던 것이다. 지금까지의 공상들이 더한층 현실성과 생색을 띠우고 아름답게 빛났던 것은 물론이다. 백구는 그 자리에서 금시 한 사람의 비행가나 된 듯 비행기의 설화를 시작하는 것이다.

"속력이 무척 빠르고 원거리로 날 수 있는 것은 물론 군용기에 지나는 것이 없으나 민간에서 쓸 수 있는 특수기로라면 영국의 드 하빌랜드 코멧 장거리 비행기 같은 것이 가장 튼튼한 것인데 사백사십팔 마력 최고 속도 한 시간에 삼백칠십육 킬로—이만하면 세계 일주두 편히 되지. 이런 장거리 비행기가 아니라면 차라리 조그만

걸 가지구 가까운 곳에서 장난하기 좋은데 가령 불란서서 시작한 부우 드 쉘이란 것이 있지 않은가. 그것도 속력이 한 시간에 백 킬로는 되거든."

"염려할 것이 있나, 무엇이든지 뜻대로지."

운심은 얼근한 김에 술잔을 들고는 동무를 응원하는 것이다.

"세계일주를 하거든 같이 맞서세나그려. 자네는 비행기로 난 배로. 비행기로 일주일 동안에 세계를 일주한 기록이 천구백삼십삼년에 서지 않았나 왜. 그러나 난 그런 급스런 일주는 뜻이 적은 것이라구 생각하네. 불란서 어떤 시인은 팔십 일 동안에 세계를 유람했구 세계일주 관광선이란 것두 넉 달 만에 한 바퀴 유람들을 하구 하지만 그런 것은 재미가 덜할 것 같어. 이상적 세계일주로는 역시 그 시조인 십육 세기 마젤란의 격식이 옳을 듯하네. 삼 년 동안이 걸리지 않았나. 그는 고생하노라고 삼 년이나 지웠지만 나는 그 삼 년 동안을 각지에서 적당히 살면서 다니자는 것이네. 시절을 가려 적당한 곳을 골라서는 몇 달씩 혹은 한철을 거기서 살고는 다음 목적지로 향하는 것이네. 그렇게 각지의 인정, 풍속과 충분히 사괴이고 생활을 즐기면서 다니는 곳에 참된 유람의 뜻이 있지 않나 하네. 가령 봄 한철은 파리에서 지내고 여름은 생 모리츠(St. Moritz)에서 지내고 가을은 티롤(Tyrol)에서 겨울은 하와이에서 다시 부에노스아이레스에서 다음에 서전(瑞典)에서 ― 이렇게 해서 세계를 모조리 맛보자는 것이네."

"그 길에 제발 나두 동행하세나. 이십 세기의 절색을 찬찬히 구해보게."

청해의 농담도 벌써 농담만은 아닌 듯 또렷한 환영이 눈앞에 보여 와서 그는 눈동자를 빛내면서 술잔을 거듭 들었다.

"어떻든 내 자네들 구세주 되리, 공상구락부의 명예를 위해서래두. 그것이 동무의 보람이란 것이 아닌가."

운심은 어느덧 곤드레만드레 취해서 나중에는 혀조차 꼬부라지는 판이었으나 그래도 이튿날에는 말끔한 정신과 개운한 몸으로 동무들의 전송을 받으면서 늠름하게 출발의 첫걸음을 떼어 놓았다. 고향에 내리기가 바쁘게 사람들을 모아 일을 시작하고 있다는 소식을 며칠 안 가 동무들은 듣게 되었다.

운심이 시골로 간 후 그에게서 소식은 자주 듣는다고 해도 아무래도 무료한 마음들을 금할 수 없었고 공상의 불꽃도 전과 같이 활활 붙지는 못했다. 세 사람이 찻집에 모여들 보아도 좌중의 공기가 운심이 있을 때같이 활발하지 못했고 생활의 경우가 갈린 이상 마음들도 서로 떨어지는 것 같아서 서먹서먹한 속에서 공상구락부의 명칭조차 그림자가 엷어 가는 듯한 기색이었다. 그러는 중에 생긴 한 가지의 큰 변동은 천마와 백구가 뒤를 이어 차례차례로 직업을 얻게 된 것이었다. 물론 다따가 돌연히 된 것이 아니라 어차피 무엇이든지 일을 가져야 하겠기에 두 사람 다 은연중에 자리를 구해는 오던 중이었다. 그것이 공교롭게도 바로 이때 두 사람이 전후에서 천마는 신문사에 백구는 회사에 각각 자리를 얻게 되었던 것이다. 근무시간을 가진 두 사람은 낮 동안 온전히 매어 지내는 속에서 자유로이 시간을 가지지 못하고 밤에 들어서야 겨우 박쥐같이 거리로 활개를 펴고 날았으나 피곤한 몸과 마음에 꿈을 꾸고 공상을 먹을 여가조차 줄어 가던 것이다. 결국 세 사람을 잃은 청해 혼자만이 자유로운 몸으로 허구한 날 미모사에 나타나 민자를 노리면서 날을 지우게 되었다. 공상구락부란 대체 그만 없어지고 만 것일까 하는 생각은 세 사람의 가슴속에 다 각각 문득 솟는 때가 있었다.

하루는 청해가 역시 미모사에서 차 한 잔을 앞에 놓고 우두커니 앉아 있으려니 별안간 눈앞에 나타난 것이 의외에도 운심이었다. 놀라서 멍하니 바라보고 있는 동안에 운심은 막 시골에서 올라오는 길이네 하고 앞자리에 덜썩 주저앉는다. 사실 광산에서 그대로 빠져나온 듯이도 촌스러운 허름한 차림이었다.

"자네 내 주머니 속에 지금 돈이 얼마나 들었는지 짐작하겠나."

운심은 빙그레 웃으면서 두두룩한 가슴을 두드려 보았다. 물론 속주머니에 가득찬 것이 돈이라는 뜻임이 확실하였다.

"이럴 것이 없네. 남은 동무들을 속히 모으게. 취직들 했다는 소리는 들었네만 오래간만에 얘기두 많어."

그날 밤으로 천마와 백구를 불러 네 사람이 오래간만에 한자리에 모여 편편하게 가슴을 헤치게 되었다.

"난 지금 운명의 희롱을 받고 있다구밖엔 생각할 수 없네. 일이라구 시작은 했으나 이렇게 잘 필 줄은 몰랐구 너무도 어이가 없어 세상에 이런 수두 있나 이것이 정말일까 하는 생각이 하루에도 몇 차례씩 드네. 파기 시작한 지 얼마 안 돼서 수위 부광대(富鑛帶)를 막 났는데 하루에도 몇 톤씩 나오데나그려. 사람을 조롱하는 셈인지 어쩌는 셈인지 조물주의 조화를 알 수나 있겠나. 한편 즉시 시장으로 보내군 하는데 벌써 돈 만 원의 거래는 됐단 말이네. 난 지금 꿈을 꾸고 있는 셈이지 결코 현실 속에 살고 있는 것 같지는 않어. 이렇게 된 바에야 더욱 전력을 들일 수밖에 없는데 번 돈 전부를 넣어서 위선 완전한 기계장치를 꾸미랴고 하네. 이번엔 그 거래 겸 자네들과 놀 겸 해서 온 것이네만."

당사자인 운심 자신이 놀라는 판에 동무들이 안 놀랄 수는 없었다. 식탁 위 진미보다도 술보다도 눈앞의 명기들보다도 그들은 더 많이 운심의 이야기에 정신을 빼긴 것은 사실이었다.

"우리들의 공상두 이제는 정말 실현할 날이 얼마 남지 않었네. 일이 되기 전에는 세계일주니 비행기니 하는 공상이 아무래두 어처구니 없는 잠꼬대같이 들리더니 지금 와서는 차차 현실성을 띠어 가는 그 모양이 또 어처구니없게 생각된단 말이네. 세상에 사람의 일같이 알 수 없는 것이 있겠나. 땅속의 조화와 같이 사람의 일이란 참으로 알 수 없는 신비야."

"공상 공상 하구 헛소리루 시작된 것이지 사실 누가 이렇게 될 줄 야 알었겠나. 지금 세상 그 어느 다른 구석에 이런 일이 또 한 가지 있으리라고는 도저히 생각할 수두 없네."

"제발 이 일이 마지막까지 참말 되어 주기를—운심이 최후까지 성공하기를 동무들의 이름을 모아서 충심으로 비는 바이네."

모두들 달뜬 마음으로 동무를 찬미하고 술을 마시고, 밤이 늦도록 기쁨을 다할 수는 없었다. 넘치는 기쁨은 마치 식탁 위에 뻴 새가 없는 술과 같이도 무진장이었다. 잔치는 하룻밤에 그치는 것이 아니었다. 이틀이 계속되고 사흘로 뻗쳤다. 운심이 모든 준비를 갖추어 가지고 다시 고향인 일터로 떠났을 때에야 동무들은 비로소 마음을 가라앉히고 공상의 고삐를 조이고 각각 맡은 직업으로 나가게 되었다. 공상이 실현될 때는 실현되더라도 그때까지는 역시 사소한 맡은 일에 마음을 바침이 사람의 직분인 듯도 하다. 물론 직업이 없는 청해는 역시 자기의 맡은 일—미모사에 나가 다시 민자를 바라보게 되었던 것은 말할 것도 없다.

그러나 세상에 기적이라는 것이 간간이 가다가 생길 수 있는 것이라면 나타났던 기적이 꺼지는 법도 있을 수 있는 것이 아닐까. 운심은 이번의 자기의 성공을 설명하기 어려워서 사람의 일이란 알 수 없는 신비라고 탄식했고 자기의 경우를 운명의 희롱이나 아닌가 하고 의심도 했다. 그러나 그 의심과 탄식도 결국은 시간이 해결해 주는 것일 것이며 그마따나 조물주의 농간에 맡기고 기다리는 수밖에는 없는 것이다.

참으로 사람의 일이 알 수 없는 것임은 두 번째 나타난 운심의 자태를 보지 않고는 모를 일이었다. 운심이 내려간 지 달포나 되었을 때였다. 청해가 여전히 미모사에서 건들거리고 있을 때 오후는 되어서 그의 앞에 두 번째 나타난 것이 운심임을 보고 청해는 놀라서 첫 번 때와 똑같이 멍하니 앉아 있었다. 그때의 청해의 한 가지의 변화라면 전번과는 달리 달포 동안 진을 치고 있는 동안에 완전히 민자를 함락시켜 그를 수중에 넣고 뜻대로 휘이게 되었던 것이다. 때마침 민자와 마주 앉아 단 이야기에 잠겨 있던 판이다 다따가의 동무의 출현에 사실 뜨끔하고 놀랐던 것이다.

"자넨 항상 기적같이 아무 예고두 없이 불쑥불쑥 나타나네그려. 이번엔 또 무슨 재조를 피우랴나."

전번과 똑같은 마치 산속에서 그대로 뛰어나온 길인 듯한 허름한 차림임을 보고 청해는 농담을 계속했다.

"자네 내 주머니 속에 지금 돈이 얼마나 들었는지 짐작하겠나—하고 왜 얼른 묻지 않나. 그 두두룩한 속주머니 속이 이번에두 지전으로 그득 찼겠지. 자넨 아무리 생각해두 보통 사람은 아니야. 초인이야 영웅이야—아니 수수께끼요 신비야."

그러나 운심은 첫 번 때와 같이 빙그레 웃지도 않으면서 동하지 않는 엄숙한 표정을 지닌 채 분부하는 듯 짧게 외쳤을 뿐이었다.

"동무들을 속히 모아 주게."

한참이나 동안을 떼었다가 조건까지 첨부했다.

"요전같이 굉장한 데를 고르지 말구 될 수 있는 대로 간단하구 조촐한 좌석을 잡아 두게."

그날 밤 네 사람이 한자리에 모여 앉았을 때에도 물론 전번과 같이 좌중의 공기가 유쾌하지도 즐겁지도 않고 알 수 없이 무겁고 서먹서먹한 것이었다. 물론 운심의 입이 천근같이 무거웠던 것이요 그의 입이 떨어지기 전에는 아무도 감히 입을 열 수 없었던 까닭이다. 마치 제사의 단 앞에나 임한 듯 운심은 음식상을 앞에 놓고 간신히 무거운 입을 열었다.

"난 지금 운명의 희롱을 받구 있다구밖엔 생각할 수 없네."

별것 아닌 첫 좌석에서 말한 그 한마디언만 그의 심상치 않은 태도에 긴장하고 있던 동무들은 그 말 속에서 첫 번에 들었던 것과는 다른 뜻을 민첩하게 직각할 수 있었던 것이다.

"자네들의 공상의 책임을 졌던 나는 지금 말할 수 없는 괴롬과 두려움을 느끼고 있는 중이네. 내 운명이라는 것이 이제야말로 참으로 얼마나 무서운 것인가를 느끼게 됐네."

숨들을 죽이고 잠자코만 있는 동무들은 별수 없이 그들의 예감이 적중된 셈이어서 더 듣지 않아도 결과를 넉넉히 짐작할 수 있었다. 운심의 그 이상의 말은 다만 자세한 설명으로밖에는 들리지 않았다.

"사람의 일이라는 것이 아무리 생각해두 그렇게 만만하게 잘될 리는 만무한 것이야. 그것을 똑똑히 알게 됐네. 소위 부광대라는 것도 그다지 큰 것이 못 돼서 일을 시작하자마자 얼마 안 돼서 벌써 광맥이 끊어져 버린 것이네. 원래 휘수연의 광맥은 단층이 져서 찾기 어려운 것이라군 하는데 광맥이 끊어진 위와 아래를 아무리 파가두 줄기를 찾을 수가 없네그려. 아마도 지각의 변동이 몹시 심했던 것인 듯해서 기술자를 들여 아무리 살펴보아두 광맥의 단층이 정단층인지 역단층인지 수직단층인지조차도 알 수 없단 말야. 괜히 헛땅만을 파면서 하루에 기계와 인부의 비용이 얼마나 드는 줄 아나. 기계장치니 뭐니 해서 거진 수만 원이나 들여놓고 이 지경을 만났으니 일을 중단할 수두 없는 처지요, 그렇다구 막대한 비용을 들여가면서 헛일을 계속할 수두 없는 것이구, 첫째 벌써 그런 비용을 돌려낼 구멍조차 없어져 버렸네. 어쨌으면 좋을는지 밤에 잠 한숨 이룰 수 있겠나. 물론 하소연할 곳조차 없는 것이구 이렇게 이런 자석에서 자네들에게 얘기하는 것이 처음이네. 별수 없어 운명의 희롱을 받은 셈이지 다른 것 아니야."

긴 설명을 듣고도 동무들은 다따가 대답할 바를 몰랐다. 자기 일들만같이 실망과 놀람이 너무도 커서 탄식했으면 좋을는지 동무를 위로했으면 좋을는지 격려했으면 좋을는지 금시에는 정리할 수 없는 얼뻥뻥한 심정이었다.

"사람의 일이란 알 수 없는 것이야. 당초에 그런 산을 발견할 줄도 모른 것이요 발견하자마자 옳게 맞힐 줄도 몰랐다. 그러던 것이 오늘 다따가 맥이 끊어질 줄도 누가 알았겠나. 모두가 땅속의 조화같이두 알 수 없는 것이야. 혹 앞으로 일을 계속하다가 다시 또 풍성한 광맥을 찾을는지도 모를 일이지만 아무리 애써 봐두 벌써 일을 더 계속할 처지는 못 되는 것이네. 불가불 내일부터래두 모든 것을 던져 버려야 하는데—지금의 마음을 도저히 건잡을 수는 없어."

"자네 일은 말할 수 없이 섭섭하고 가여운 것이어서 어떻다 위로할 수도 없으나—지금까지의 호의가 마음속에 배어서 고맙기 한량없네."

동무를 위로하는 천마의 가장껏의 말이 이것이었다.

"공상이란 물거품과도 같이 부서지기 쉬운 것! 사람의 힘으로나 어찌 눈에 안 보이는 일을 헤아릴 수 있겠나. 부서지는 공상, 깨지는 꿈—난 웬일인지 이 자리에서 엉엉 울고 싶네. 자네 자태가 너무도 안타깝게 보여서."

사실 백구의 표정은 금시 그 자리에서 울 것도 같은 기색이었다. 기생의 자태가 그의 옆에 없었던들 탄할 것 없이 목소리를 놓았을는지도 모른다.

"민자를 후리기를 잘했지. 어차피 미인탐구의 세계일주의 길을 못 떠나게 될 바에는."

애수의 장면을 건지려는 듯이 청해는 모든 것을 농담으로 돌렸으나 그러나 그의 마음속도 따져 보면 쓸쓸하지 않은 것이 아니었다.

"어떻든 오늘 밤 모임이 공상구락부로서는 최후의 모임 같은 느낌이 자꾸만 드네. 화려한 꿈이 여지없이 부서져 버린 것이네."

운심의 그 한마디부터가 마지막 한마디인 듯한 생각이 나면서 비장한 최후의 만찬을 대하고 있는 듯도 한 감상이 동무들의 가슴속을 흐리게 해서 모처럼의 별미의 식탁도 그날 밤만은 흥이 없고 쓸쓸하였다.

그날 밤의 그 쓸쓸한 기억을 남겨 놓고 운심은 다음날 또다시 구름같이 사라져 버렸다. 고향으로 간 것은 틀림없는 것이나 사업을 계속하는지 어쩌는지는 물론 알 바도 없었다. 구만 리의 푸른 창공으로 찬란한 생각을 보내며 아름답게 피어오르는 구름을 잠깐 동안 잡았던 동무들은 순식간에 그 구름을 놓치고 하염없이 빈 허공을 바라보는 격이 되었다. 천마는 분주한 편집실 책상 앞에 앉았다가는 그 어떤 서슬에 문득 운심을 생각하고는 사라진 추장의 옛 꿈을 번개같이 추억하다가는 별안간 책상 위에 요란히 울리는 전화의 종소리로 인해 꿈에서 놀라 깨어 가는 것이었고 백구 또한 무료한 회사의 책상 앞에 우두커니 앉아서는 까마득하게 사라진 비행기의 꿈을 황소같이 입안에 되씹고 곱씹고 하는 것이었다. 청해 역시 잡았던 등불이나 잃어버린 듯 집에서 책을 읽는 때에나 미무사에서 차를 마실 때에나 운심을 생각하고는 풀이 없어지며 인생의 적막을 느끼곤 했다. 혹 가다가 토요일 밤 같은 때 세 사람이 찻집에서 만나게 되어도 그들은 생각과 일에 지쳐서 벌써 전과 같이 아름다운 공상의 잡담을 건네는 법도 없이 우울한 표정으로 찻집을 바라보면서 마음속으로는 인생의 답답함을 탄식하고 원망하였다.

"운심이 요새 어떻게 하구 지낼까?"

"뉘 알겠나. 그렇게 되면 벌써 사람 일이 아니구 하늘 일에 속하는 것을. 하늘 일을 뉘 알겠나."

"우리 맘이 이럴 제야 운심의 심중은 어떻겠나. 꿈이라는 것이 구름같이 항상 나타났다가는 꺼져 버리는 것이기에 한층 아름다운 것이긴 하나 운심의 경우만은 너무도 그것이 어처구니없구 짧었단 말이네."

"꿈이라는 것이 원래 사람을 실망시키기 위해서 장만된 것이 아닐까. 우리가 조물주의 뜻을 일일이 다 안다면야 웬 살 재미가 있구 꿈이 마련됐겠나."

쓸데없는 회화로 각각 답답한 심경을 말하고 그 무슨 목표를 잡으려고들 애쓰는 그들이었으나 날이 지나고 달이 지나도 종시 이렇다 하는 생활의 표지를 찾을 수는 없었던 것이다. 다만 나날의 판에 박은 듯도 한 일정한 생활의 범위와 지리한 되풀이가 있을 뿐이었다. 그러는 중에서도 은연중에 운심의 뒷일을 궁금히 여기는 그들에게 하루는 우연히도 한 장의 소식이 날아들었다.

뜻밖에 운심에게서 오는 한 장의 엽서를 받고 청해는 사연을 전할 겸 천마와 백구를 찾았던 것이다. 물론 기쁜 편지가 아니었고 궁금히 여기는 그의 곡절을 결정적으로 알렸을 뿐이었다. 내용은 간단했다.

일을 더 계속해 보았으나 이제는 완전히 실패임을 알고 모든 것을 던져 버렸네. 그동안의 손해로 해서 얻은 것을 다 넣었을 뿐 아니라 되려 수만금의 빚으로 지금엔 벌써 목조차 돌리지 못하게 되었네. 이 자리로 세상을 하직하고 죽어야 옳을지 살아야 옳을지 지금 기로에 헤매고 있네. 수척한 내 꼴을 보면 모두들 놀라리. 아무래도 일을 다시 계속해 볼 계책은 서지 않네. 두 번째의 기적이 일어나기를 또 누가 바라겠나. 잘들 있게. 다시 못 만나게 될지 혹은 만나게 될지 지금 헤아릴 수 없네.

세 사람이 엽서를 낭독하고는 그 채 묵묵하니 말들이 없었다. 결국 기다리던 마지막 소식이 왔구나, 세상이 끝났구나 하는 생각이 각 사람의 가슴속에 서리어 있을 뿐이었다. 가엾구나 측은하구나 하는 감상의 여유조차 없는 그 이전의 절박한 심경이었다.

"운심은 죽을까 살까."

이어서 일어나는 감정이 이것이었다. 이 크고 엄숙한 예측 앞에서 동무들은 한 결심을 하지 않으면 안 되었다.

"죽어서는 안 돼. 전보래두 치세나."

세 사람은 황겁지겁 각각 전보도 치고 편지도 쓰고 하면서 그 절박한 순간에 있어서 문득 운심은 죽을 위인이 아니야, 두고 보지 반드시 또 한 번 일어나서 그 광산으로 성공하지 않는가, 편지 속에도 그것이 약간 암시되어 있지 않는가, 두 번째 기적을 또 누가 바라겠나 한 속에 은근히 기적을 바라는 심정이 나타난 것이며, 만나게 될는지 못 만나게 될는지 한 속에도 역시 만나게 될 희망이 은연중에 번역되어 있지 않은가, 운심은 죽을 위인이 아니야, 보통 사람 아닌 초인적인 성격이 반드시 그의 핏속에 맥 치고 있어―하는 생각이 돌면서 얼마간 기운들을 회복하고 마음을 놓게 된 것이었다.

"운심은 사네. 다시 광산을 시작해서 이번에야말로 크게 성공해서―우리들의 공상도 다시 소생돼서 실현될 날이 반드시 있으리."

절박한 속에서의 이 한 줄기의 광명을 얻어 가지고는 세 사람은 그 자리에서 희망을 회복하고 그 한 줄기를 더듬어서 지난 꿈의 실마리를 다시 풀기 시작하면서 운심의 뒷일을 한결같이 빌고 축복하는 것이었다. 흐렸던 세 사람의 얼굴에 평화로운 기색이 내돌며 거리를 걸어가는 그들의 발자취 또한 개운한 것이었다.

《광업조선》, 1938. 9.

해바라기

1.

언제인가 싸우고 그날 밤 조용한 좌석에서 음악을 듣게 되었을 때 즉시 싸움을 뉘우치고 녀석을 도리어 측은히 여긴 적이 있었다. 나날이 생활의 불행은 센티멘털리즘의 결핍에서 오는 것이 아닐까. 사회의 공기라는 것이 깔깔하고 사박스러워서 교만한 마음에 계책만을 감추고들 있다. 직원실의 풍습으로만 하더라도 그런 상스러울 데는 없는 것이 모두가 꼬불꼬불한 옹생원이어서 두터운 껍질 속에 움츠러들어서는 부질없이 방패만을 추켜든다. 각각 한 줌의 센티멘털리즘을 잃지 않는다면 적어도 이 거칠고 야만스런 기풍은 얼마간 조화되지 않을까.

—아닌 곳에서 나는 센티멘털리즘의 필요라는 것을 생각하면서 모처럼의 일요일도 답답한 것이 되기 시작했다. 확실히 마음 한 귀퉁이로는 지난날의 녀석과의 싸움을 되풀이하고 있었다. 싸움같이 결말이 늦은 것은 없다. 오래도록 흉측한 인상이 마음속에 남아서

불쾌한 생각을 가져오곤 한다. 즉 싸움의 결말은 그 당장에서 나는 것이 아니라 오래도록 마음속에서 얼마든지 계속되는 것이다. 창밖에 만발한 화초포기를 철망 너머로 내다보면서 음악을 들을 때와도 마찬가지로 나는 녀석을 한편 측은히 여겨도 보았다. 별안간 운해가 찾아온 것은 바로 그런 때였다.

제 궁리에 잠겨 있던 판에 다따가 먼 곳에서 찾아온 동무의 자태는 퍽도 신선한 인상을 주었다. 몇 해만이건만 주름살 하나 없는 팽팽한 얼굴에 여전히 시원스런 낙천가의 모습 그대로였다.

“싸홈의 기억에 잠겨 있는 판에 하필 자네가 찾어올 법이 있나.”

“싸홈두 무던히는 좋아하는 모양이지.”

“욕을 받구까지야 가만 있겠나.”

“싸웠으면 싸웠지 기억은 뭔가. 자넨 아직두 그 생각하구 망설이는 타입을 벗어나지 못한 모양이야. 몇 세기 전의 퇴물림을. 개운치두 못하게 원.”

“핀잔만 주지 말구—센티멘털리즘의 필요라는 건 어떤가?”

“센티멘털리즘으로 타협하잔 말인가. 싸우면 싸웠지 타협은 왜. 싸홈이란 결코 눈앞에서 화다닥 끝나는 게 아니구 길구 세월없는 것인데 오랜 후의 결말을 기다리는 법이지 타협은 왜—.”

“자네 낙관주의의 설명인가.”

“낙관주의 아니면 지금 이 당장에 무엇이 있겠나. 방구석에 엎드려 울구불구만 있겠나.”

운해는 더운 판에 저고리를 벗고 부채를 야단스럽게 쓰기 시작했다.

"내 낙관주의의 설명을 구체적으로 함세—봄부터 어떤 산업회사에 들어가 월급 육십 원으로 잡지 편집을 해 주고 있네. 틈을 타서 영화 회사 촬영대를 따라 내려온 것은 촬영 각본을 써 주었던 까닭—."

간밤에 일행과 여관에 들었다가 아침에 일찍이 찾아온 것은 묵은 회포를 이야기할 겸 내게 야외촬영의 참관을 권하자는 뜻이었다. 물론 이런 표면의 사정이 반드시 그의 낙관주의의 설명은 아닌 것이요 그것을 터놓고 이야기하는 그의 태도가 낙관적일 뿐이다. 그의 처지를 설명하는 어조에는 오히려 일종의 그 스스로를 비웃는 표정조차 있었던 것이요 그런 그의 태도 속에 나는 낙관의 노력의 자취를 역력히 보는 듯했다. 과거에 있어서도 문학의 세상과 인연이 없는 것은 아니어서 열정의 나머지를 기울여 평론도 쓰고 문학론도 해 오던 그였다. 영화에 손을 댄 것도 결국은 막힌 심정의 한 개 구멍을 거기서 찾자는 셈이라고 짐작하면 그만이다.

그가 쓴 각본 「부서진 인형」 속에 남녀 주인공이 강에서 배를 타다가 물속에 빠지는 장면이 있다는 것이다. 그 장면의 촬영을 보러 가자고 운해는 식모가 날라 온 차를 마시고 나더니 나를 재촉한다. 물에 빠진 가엾은 남녀의 꼴을 보기보다도 내게는 나로서 강에 나갈 이유가 있기는 있었다.

"올부터 모래찜을 시작했네. 어떤 때엔 매생이를 세 내서 고기두 더러 낚어 부구, 일요일마다 강에 안 나가는 줄 아나. 오늘은 망설이던 판에 뜻밖에 이렇게 자네에게 끌리게 됐을 뿐이지."

"됐어. 모래찜과 낚시질과."

운해는 무릎을 칠 듯이 소리를 높였다.

"강태공의 곧은 낚시를 물에 드리우는 그 일밖엔 우리에게 오늘 무엇이 남었나. 금방 세상이 두 동강으로나 나는 듯 법석을 하구 비관을 할 것은 없어. 사람 있는 눈치만 나면 언제까지든지 웅크리고 엎드리는 두꺼비를 본 적이 있나. 필요한 건 다른 게 아니라 그 두꺼비의 재조라네."

듣고 보니 넘성하고 일어서는 그의 자태가 그대로 두꺼비의 형용이었다. 오공이 같은 체격이며 몽총한 표정이 바로 두꺼비의 인상임을 나는 신기한 발견이나 한 것처럼 바라보았다. 옷을 갈아입고 같이 집을 나섰을 때 나는 더욱 그를 주의해 바라보며 짜장 두꺼비를 느끼기 시작했다.

운해가 동무들과 함께 전주를 다녀온 것이 오 년 전이었다. 그가 막 전주서 올라왔을 때의 인상—그것이 내가 이 몇 해 동안 그에게서 받은 인상 중에서 가장 선명한 한 폭이기는 하나 그러나 그때의 인상이 반드시 전주로 가기 전의 파들파들한 열정시대의 그것보다 초라한 것은 아니었으며 오늘의 그의 인상이 또한 과히 그때에 떨어지는 것도 아니다. 생각건대 이 두꺼비의 인상을 그는 열정시대부터 벌써 육체와 마음속에 준비해 가지고 오늘에 미친 것인 듯도 하다. 물론 다만 소질의 문제만이 아니요, 노력의 결과 (중략) ……[1] 없는 오늘 그가 그의 유(流)의 철학을 마음속에 세우게

---

1 《조광》(1938. 10.)에는 없으나, 『해바라기』(학예사, 1939)에는 '(중략)…'이 들어가 있다. 원래 '노력의 결과'에 대한 설명이 있었으나 검열 등으로 삭제된 것으로 여겨진다.

되었음으로 인해서 짜장 두꺼비의 형용을 가지게 된 것으로써 설명할 수 있을 듯하다.

"석재 소식 자조 듣나."

거리에 나섰을 때 운해는 역시 같은 한 사람의 서울 동무의 이야기를 꺼냈다. 전주시대부터 운해와 걸음을 같이한 나와보다도 물론 그와 더 절친한 사이에 있는 석재였다.

"녀석두 체질로나 기질로나 나와는 달러서 꼬물거리는 성질이거든. 요새 죽을 지경이지."

"두꺼비 되긴 어려운 모양인가."

"직업두 웬만한 건 다 싫다구 집에서 번둥번둥 놀구만 있으랴니깐 하로는 부(府)에서 나와서 방어단원으로 편입해 버리지 않었겠나. 공교로운 일도 있지. 등화관제 연습 날 밤 불 꺼진 거리를 더듬고 걸으랴면 방어단원들이 여기저기서 소리를 치면서 포도를 걸으라고 경계가 심하지 않은가. 나두 거리 복판을 걷다가 한 사람에게 호되게 꾸중을 받고 포도 위로 올라섰을 때 가로수 곁에 웅크리고 선 것이 누구였겠나. 어렴풋한 속에서도 그렇듯이 짐작되는 국방색 단원복과 모자를 쓴 것이 석재임을 알었을 때 얼마나 놀랐겠나. 자네에게 보이고 싶은 광경이었었네. 이튿날 벼락같이 찾어와서 하는 말이 단원복을 맨드는 데 십오 원이 먹었는데 그 십오 원을 맨들기 위해서 다따가 하는 수 없어 층층한 책을 뽑아 가지구 고물 서점을 찾었다나—."

운해는 껄껄 웃었으나 석재의 자태가 너무도 선명하게 눈앞에 떠오르는 바람에 목을 눌리우는 것 같아서 나는 웃을래야 웃음이 나오지 않았다.

“정직한 대신 사람이 외통골이래서 마음의 괴롬이 한층 더하거든.”

“나두 집에 두꺼비나 길러 볼까.”

농이 아니라 사실 내게는 운해의 탄력 있고 활달한 심지와 태도가 부러운 것이었다.

배로 강을 건너 반월도에 이르렀다.

강 위에는 수없이 배가 떴고 언덕과 섬에는 사람들이 들끓었다. 강 건너편에 운해의 일행인 촬영대의 일동이 오물오물 몰켜 있는 것이 보였으나 운해는 굳이 참견하러 갈 필요를 느끼지 않는 모양이었다.

섬의 풍경은 해방적이어서 사람들이 뒤를 이어 꼬여들건만 수영복을 입은 사람이 드물었다. 몸에 수건 하나 걸치는 법 없이 발가숭이째로 강에 뛰어들었다가는 기슭에 나와 모래 속에 몸을 묻고들 했다. 거개가 장골들이었다.

“저것두 내 부러운 것의 한 가지.”

운해는 내 시선의 방향을 더듬으면서 이쪽저쪽에 지천으로 진열된 육체의 군상을 바라보았다.

“결국 저 사람들이 가장 잘사는 사람들일는지두 모르네. 곰상거리는 법 없이 날마다 고깃근이나 구워 먹구 모래찜을 하는 동안에 신경이 장작같이 무즈러지거든.”

그러나 굳이 모르는 그 사람들을 탄복할 것 없이 나는 운해 자신이 옷을 벗고 수영복을 갈아입었을 때 그의 장한 육체에 솔직하게 놀라지 않을 수 없었다. 목덜미가 떡메같이 굵고 배꼽은 한 치 가량이나 깊은 듯하다. 그 어느 한구석 빈 데가 없이 옷을 입었을 때의 인상보다도 몇 곱절 충실하다.

"훌륭한걸!"

내 눈 안에 꽉 차는 그의 육체를 나는 그 무슨 탐탁한 물건같이도 아름답게 보았다.

"몇 관(貫)이나 되나?"

"십팔 관이 넘으리. 저울에 오를 때마다 느니까."

"훌륭해. 그 육체 외에 더 바랄 것이 무엇이겠나. 자네 낙관주의라는 것두 결국은 그 육체에서 시작된 것인가 부네."

"육체가 먼전지 정신이 먼전진 모르나 요새 부쩍 몸이 늘기 시작한단 말야. 그렇다구 저 사람들같이 고기를 흔히 먹는 것두 아니네만. 월급 육십 원으로야 고긴들 마음대루 먹겠나. 결혼두 아직 못 하구 있는 처지에—."

결혼이란 말이 다따가 내게는 또 한 가지 신선한 인상을 가지고 들려왔다. 운해는 내 표정을 살피는 눈치더니 좀 더 자세한 이야기가 있는 듯 자리를 내려서며 걷기 시작한다.

"실상은 오늘 자네에게 들리랴고 한 중요한 이야기가 그 결혼의 일건이구 오늘 이 당장에서 자네에게 그 약혼자까지 선뵈랴는 것이네."

하면서 운해는 섬 위를 이쪽저쪽 살피는 눈치나 아직 그 약혼자가 나타나지는 않은 모양이었다. 금시초문의 그의 사정 이야기에 나는 정색하면서 그의 곁을 따라 걸었다.

"평생 독신으로 지낼 수도 없겠구 결혼하는 편이 역시 합리적이라구 생각한 까닭인데 아무래두 집 한 채는 장만해야 할 테니 삼천 원은 들 터—자네두 알다시피 내게는 돈 삼천 원이 있을 리 있나. 규수는 바로 이곳 사람으로 현재 여학교에 봉직하고 있는 중이지만 결혼하면 서울로 데려가야 할 터. 이것이 한 가지의 곤란이구 당초에 동무의 소개로 알게 된 것이나 워낙 거리가 떨어져 있는 까닭에 연애니 무어니 하는 감정적 과정이 아직 생기지두 못한 채 타성으로 질질 끌어 오늘에 이른 것인데 자네두 알다시피 내게 미묘하고 세밀한 연애의 감정이니 하는 것이 있을 리가 없구 무엇보다두 그런 쓸데없는 감정의 낭비를 극도로 경멸하는 내가 아닌가. 그런 까닭에 지금까지 약혼의 사이라는 형식으로 오기는 했으나 실상인즉 그를 아직도 완전히 모르고 또 이해도 못하고 있다는 것이네. 연애니 뭐니 하구 경멸은 했으나 이런 어리석을 데가 있겠나. 지금 와서 결혼이 촉박하게 되니 비로소 불찰이 느껴지면서 마음이 황당해 간단 말이네. 결말이 짜장 어떻게 될는지 해서 마음이 설레고 불안해 간단 말야. 오늘 두 사람은 자네와 한데 어울려 시스럽지 않은 분위기 속에서 그의 마음을 가늠도 보구 불안한 공기를 부드럽혀두 볼까 한 것이네. 자네에겐 폐가 될는지두 모르나 친한 사이에 허물할 것두 없을 법해서."

듣고 보니 그가 나를 찾았던 이유의 속의 속뜻도 비로소 알려지고 그의 연애라는 것도 과연 그다운 성질의 유유한 것임을 느끼면서 나는 마음속에 생각하는 바가 많았다.

"낙관주의자두 연애에 들어선 초년병이네그려."

"너무 낙관했기 때문에 이제 와 이렇게 설레게 된 것인지두 모르지. 그러구 한 가지의 불안은—."

말을 끊더니 먼 하늘을 보며 빙그레 미소를 띠었다.

"—그가 너무도 미인이라는 것이네."

"흠 행복자야!"

"오거든 보게만 평양서두 이름이 높다네. 약혼자가 미인인 까닭에 느끼는 불안—자네 읽은 소설 속에 그런 경우 더러 없었나."

"연애에 성공하기를 비네."

모래 위를 두어 고패나 곱돌아 물가를 오르내리는 동안에 짜장 그의 약혼자가 나타났다. 멀리 보트를 저어 오는 것을 운해가 눈 빠르게 발견하고 내게 뙤어 주었다. 배는 사람이 드문 물가를 찾아서 한 귀퉁이에 대었다. 운해가 쫓아가 그를 부축해서 내려 주고는 한참 동안이나 서서 이야기가 잦더니 이리로 걸어오는 것이었다. 아닌 게 아니라 나는 별안간 눈이 번쩍 뜨이는 '이름 높은 미인'을 보고 인사하는 말조차 어색해졌다. 짙은 옥색 적삼 위에서 그의 눈과 코는 아로새긴 것같이 또렷하고 선명하다. 상스러운 섬의 풍속 속에서 그를 보기가 외람한 듯한 그런 뛰어난 용모였다.

"운해 군에게서 말씀들었습니다만 쉬이 경사를 보신다구요."

나로서는 용기를 다해서 한 말이었으나 그에게는 그닷한 영향도 인 준 듯

"글쎄요."

하고 고개를 약간 숙였을 뿐이었다.

글쎄요—이 말의 뜻을 생각하면서 두 사람의 모양을 바라볼 때

나는 그 속에 끼인 내 존재의 무의미한 역할을 깨닫기 시작했다. 운해의 부탁으로는 나도 한몫 끼어 시스럽지 않은 분위기를 만들고 불안한 공기를 부드럽혀 달라는 것이었으나 두 사람의 모양을 바라볼 때 그것이 도저히 내 역할이 아님과 남의 연애 속에 들어가 잔말질을 함이 얼마나 쑥스러운 짓인가를 즉시 느끼게 되었다. 무엇보다도 그 약혼자가 결코 범상한 여자가 아님을 안 것이요 그가 뿌리는 찬란한 색채와 자극이 너무도 큰 까닭에 그의 옆에 주책없이 머물러 있기가 말할 수 없이 겸연쩍던 것이다.

"잠깐 물에 잠겼다 올 테니 얘기들 하구 계시죠."

운해가 빌 듯이 붙드는 것이었으나 굳이 그 자리를 사양하고 물가로 나갔다.

걸으면서도 머릿속에 새겨진 두 사람의 인상의 대조가 너무도 선명하게 마음을 괴롭혔다. 두꺼비와 공작—별수 없이 이것이다. 운해가 잘 아는 어색한 공기라는 것이 결국은 이 너무도 큰 대조에서 오는 것이요, 두 사람 사이의 비극—만약 그런 것이 온다고 하면—은 참으로 약혼자의 너무도 뛰어난 용모에서 시작된 것이라고밖에는 생각할 수 없다. 내가 그렇듯 탄복한 십팔 관을 넘으리라는 탐탁하고 훌륭하던 운해의 육체건만 약혼자의 맑은 자태와 비길 때 그렇게도 떨어지고 손색 있어 보임이 웬일인지를 알 수 없었다. 기울어진 대조에서 오는 불길한 암시를 떨어 버리려는 듯 나는 물속에 텀벙 잠겨 깊은 곳으로 헤엄치기 시작했다. 모래 언덕에 앉은 두 사람의 자태가 차차 멀어지는 것을 곁눈질하면서 자꾸만 헤엄쳐 들어갔다.

밤거리에서 단 둘이 술상을 마주 대했을 때 운해는 낮에 섬에서의 내 행동을 책하며 결국 단 둘이 앉았어도 별 깊은 이야기를 못했다는 것을 고백하고는 눈치가 어떻더냐고 도리어 내게 자기들의 판단을 맡기는 것이었다.

"글쎄."

나는 어리뻥뻥해서 이렇게 적당하게 대답해 두는 수밖에는 없었으나 대답하고 나서 문득 그 한마디가 바로 그의 약혼자가 섬에서 내게 대답한 같은 한마디였음을 깨닫고 놀라지 않을 수 없었다. 시대에 민첩한 낙관주의자도 연애에는 둔하고 불행한 것인가 하고 마음속으로 동무를 가엾게도 여겨 보았다.

"막차로 일행들보다 먼저 떠나겠으나 자네 알다시피 이런 형편이니까 틈 있는 족족 나려는 오겠네. 즉 자네와 만날 기회두 많다는 것이네."

"부대 연애에 성공하구 속히 결혼하도록 하게."

축배인 양 나는 술잔을 높이 들어 그에게 권했다.

2.

두어 주일 후이었다. 일요일 오후는 되어서 운해는 두 번째 나를 찾았다. 내가 그때까지 집에 머물러 있었던 것은 그의 방문을 예측하고 있었던 까닭이요 그의 찾아온 목적까지도 짐작하고 있었던 것이다. 영화 각본의 책임자로 촬영대 일행과 온 것도 아니요 그렇다고 약혼자와의 결혼 때문에 온 것도 아니었다. 결혼 — 은커녕 가엾게도 그와 반대의 목적으로 온 것이다. 끝난 연애—놓쳐 버린 연애의 뒷소식을 알리러 온 것임을 나는 안다.

"자넨 무서운 사람이네. 자네 신경 앞에는 모든 것이 발각되구 마는 것을 이제야 겨우 깨달었네. 그러면은 그렇다구 그때에 왜 그런 눈치 못 뙤어 주었나. 솔직하게 일러만 주었던들 다른 방책이 있었을 것을."

두꺼비같이 덜썩 주저앉더니 운해는 원망하듯 늘어놓는다.

"나두 민망해서 못 견디겠네만 그러나 일이 그렇게 대담하게 될 줄야 뉘 알었겠나."

"내가 비록 호인이기로 그렇게까지 눈치를 몰랐을까. 아츰에 그 집에를 갔드니 되려 반가워하면서 내게 곡절을 물으랴고 드는 것을 보니 집안사람들두 까딱 모르고 지냈나 부데."

"대담한 계획이야."

"영원의 여성—나를 인도해 가지는 못할지언정 나를 버리고 가다니 무서운 세상이다."

주의해 보니 운해는 벌써 술잔이나 기울이고 온 모양이었다. 슬픈 표정이라기보다는 울적한 낯에 거나한 기운이 돌고 있었다. 그의 그런 심정을 나는 이해할 수 있으며 그에게서 듣지 않아도 그의 사정을 거리의 소문으로 이미 잘 알고 있었던 것이다.

약혼자가 며칠 전에 달아난 것이다. 교직을 버리고 성악을 공부한다는 사람의 뒤를 따라서 동경으로 건너갔다는 것이다. 거리에는 크게 소문이 나고 구석구석에서 이야깃거리가 되었다. 공작같이 찬란하던 그의 용모의 값을 한 셈이다. 소식을 들은 순간 나는 섬에서 느낀 예감이 적중한 것을 느끼고 한참 동안 가슴이 설렘을 어쩌는 수 없었다. 운해를 위해서는 그지없이 섭섭한 일이기는 하나 엄숙한 사실 앞에는 하는 수 없는 노릇이다. 운해와의 약혼을 표면으로 내세우고 그 그늘에서 참으로 즐기는 사내와 만나고 있었던 것이 짐작되며 섬에서의 그의 표정과 말투 속에 벌써 그것이 암시되어 있지 않았던가. 운해는 그것을 모르고 일률로 결혼의 길만을 생각하고 있었던 셈이다.

"내 사랑 끝났도다."

노랫조로 부르는 운해의 목소리는 그러나 반드시 비장한 것은 아니었다. 오장육부를 찌르고 뼈를 긁어내고—응당 그런 심경이어야 할 것이지만 운해의 경우는 반드시 그런 것이 아니고 그 어디인지 넉넉하고 심드렁한 태도조차 보였다.

"그러나 내 마음 편하도다."

사랑이 끝났으므로 참으로 그의 마음은 편한 듯도 보였다. 결국 연애도 그에게 있어서는 생활의 전부가 아닌 것일까. 그의 모든 생활의 다른 경우와 같이 간단하고 유유하게 정리할 수 있는 것일까—나는 그의 모양을 새삼스럽게 찬찬히 바라보았다.

밖에서 만찬을 같이하려고 함께 집을 나오자마자 운해는 다시 걸음을 돌리면서 나를 집으로 끌어들였다. 불란서어나 독일어 책을 빌려 달라는 것이다.

"어학이나 시작하면 생활에 풀이 좀 날까 해서."

"기특하구 장한 생각이야."

나는 초보적인 독일어 책 몇 권을 뽑아 가지고 나와서 그에게 전했다.

"이히 바이스 니히트 바스 졸 에스 베도이텐 다스 이히 조 트라우리히 빈(내가 이렇게 슬픈 것이 무엇을 의미하는지 나는 알 수 없네)!"

큰 거리에 나왔을 때 운해는 문득 언제 기억해 두었던 것인지 하이네의 시인 듯한 한 구절을 외우는 것이었으나, 노래의 뜻같이 반드시 슬픈 것이 아니요 그의 어조는 차라리 한시라도 읊는 듯 낭랑한 것이었다. 흥에 겨워 몇 번이고 거듭 외웠다.

"이히 바이스 니히트 바스 졸 에스 베도이텐 다스 이히 조 트라우리히 빈!"

술이 고주가 된 위에 밤이 깊은 까닭에 이튿날 아침에 떠나보낼 생각으로 나는 운해를 집으로 끌고 왔다.

나란히 자리를 펴고 누웠으나 담배를 여러 개째 갈아 물어도 좀체 잠이 오지 않았다. 고요하기에 그는 이미 잠이 들었으려니 하고 운해 편을 바라보았을 때 감긴 눈 속으로 한 줄기 눈물이 흘러 귓방울을 적시고 있는 것이다. 나는 가슴이 뭉클해지면서 얼굴을 반듯이 돌리고 말았다.

"자네 감상주의를 비웃었으나 오늘 밤은 내 차례네."

눈을 감은 채 목소리가 부드럽다.

"보배를 — 약혼자 말이네 — 내 얼마나 사랑했는지 아무두 모르리. 끔찍이두 사랑하기 때문에 어쩔 줄을 모르다가 결국 그를 놓치구야 말었네. 다른 그 누구와 결혼하게 되든지 간에 평생 그를 잊을 수는 없을 듯해."

"아직두 여자 생각하구 있었나. 술 취하면 눈물 나는 법이니."

농으로는 받았으나 그의 심중을 모르는 바는 아니었다.

"지금의 이 심중을 한마디로 표현할 수 없을까. 꼭 한마디로 자네 좀 생각해 보게."

나는 궁싯거리면서 생각하려고 애썼다. 그의 슬픈 심경의 적절한 표현이라는 것을 찾으려고 무한히 애를 쓰면서 시간을 보내나 종시 그것이 떠오르지는 않는 것이다. 밤이 얼마나 깊었을까. 그러나 나는 그런 헛수고를 할 필요는 도무지 없었던 것이다. 애쓰는 나를 버려두고 운해는 혼자 어느 결엔지 잠이 들어 있었으니까. 눈물은 꿈에도 흘린 법 없듯 코 고는 소리가 점점 높게 방 안에 울렸다.

3.

다음 일요일 나는 운해의 세 번째의 자태에 접하게 되었다.

일주일 전과는 퍽도 다른 아니 그 어느 때보다도 달라서 씻은 듯이 신선한 인상으로 나타났다. 쉴 새 없이 발전해 가는 유기체라고 할까. 나는 사실 그의 번번의 자태에 눈을 굴리는 것이나 그날의 인상이란 그 어느 때보다도 신선하고 당돌해서—참으로 나는 놀라는 수밖에는 없었다.

그의 대담하고 거뿐한 차림차림부터가 내 눈을 끌기에 족했다. 그런 차림으로 기차를 타고 거리를 지나온 것일까. 마치 소년 선수 같이 신선한 자태가 아닌가. 넥타이 없는 샤쓰 바람에 무릎 위로 달룽 오르는 잠방이를 입고 긴 양말에 등산구두, 둥근 모자에 걸망을 진—별것 아니라 한 사람의 등산객의 차림인 것이나 그것이 다른 사람 아닌 바로 운해 군의 차림이기 때문에 물론 나는 신기하게 본 것이다. 손에 든 것도 자세히 보니 늘 짚는 단장이 아니고 피켈인 모양이었다.

"자넨 번번이 나를 놀랠랴구만 나타나나. 이담엔 대체 또 어떤 꼴로 찾어올 작정인가."

"필요에 따라서야 무슨 옷인들 못 입겠나. 자네가 무례하다구 생각해 주지 않는 것만 다행이네."

"필요라니 등산이 자네 목적 같은데 등산하러 평양까지 왔단 말인가."

"등산은 등산이래두 뜻이 달러. 자네 들으면 또 놀라리."

"그 륙색인지 한 것 속에는 무엇이 들었나."

걸망을 내리더니 부스럭부스럭 봉투에 든 것을 집어냈다.

"놀라지 말게—광산으로 가는 길이네."

"광산!"

"중석 광산을 발견했어."

"미친 소리."

"자넨 눈앞에 보물을 두고두 방구석에서만 꼼질꼼질 대체 하는 것이 무엔가. 성천 있는 동무가 하로는 산에 나갔다가 이상한 돌을 줍어서 곧 내게로 보내지 않었겠나. 나두 그런덴 눈이 좀 밝거든. 식산국 선광연구소와 그 외 사사로운 광무소 몇 군데를 찾어서 감정을 해 보니 아니나 다를까, 중석이라는 게네. 함유량두 상당해서 육십 퍼센트는 된다지. 부랴부랴 광산과 조사실에서 대장을 열람했드니 아직두 출원하지 않은 장소란 말이네. 그것을 안 것이 어제 낮,

실제로 한번 돌아보고 곧 올라가 출원할 작정으로 급작스레 밤차로 떠난 것이네. 형편에 따라서는 회사두 하로 이틀 쉬일 생각이네."

봉투 속에서 나온 것은 몇 개의 까무잡잡한 돌멩이었다. 내 눈으로는 알 바도 없으나 납덩어리같이 윤택도 아무것도 없이 다만 은은하고 굳은 무게만을 가지고 있는 그것이 딴은 그 무슨 귀중한 뜻을 가지고 있으려니는 막연히나마 짐작되었다. 그의 흉내를 내서 나도 한 개를 집어 들고는 멋도 모르면서도 이모저모 살피기 시작했다.

"흰 것은 석영이네. 중석이란 원래 석영맥에 붙어 있는 것이거든. 그 붙는 모양과 형식에도 여러 가지 구별이 있는 것이지만 어떻든 그 석영을 깨트리고래야 중석을 얻는 것이네."

운해의 설명도 내 귀에는 경 읽는 소리였다. 중석이란 명칭부터가 먼 세상의 암호로밖에는 생각되지 않았다.

"중석이란 대체 무엇하는 것인가?"

"자네 무지에는 놀라나는 수밖엔 없어. 중석두 모르구 오늘 이 세상에 살아간단 말인가 — 텅스텐 말이네. 철물 중에서 가장 강하고 견고한 것이기 때문에 요새 군수품으로 쓰이게 된 것인데 시세가 어느 정돈지 아나. 한 톤에 평균 칠천 원이라네. 육십 퍼센트의 함유량이래두 사천 원이 되는 것이구 단 십 퍼센트래두 칠백 원은 생기거든. 중석광이라구 이름만 붙으면 시작해두 채산이 맞는다는 것이네. 그러게 조선에만두 출원하는 수가 전에는 일 년에 단 삼십 건이 못 되던 것이 요새 와서는 하루에 평균 삼십 건을 넘는다네. 지금 특수광 지대로 충청북도와 금강산을 세이나 평안남북도의 지경 일대두 상당하구 성천 같은 곳도 장차 유망하지 않은가 생각하네."

"자네의 풍부한 지식과 세밀한 조사에는 놀라는 수밖엔 없으나 성천이 유망하다면 자네 얼마 안 가 백만장자 되게."

그의 설명으로 나는 적지 않이 계몽이 되어 중석에 대한 일반 지식을 얻기는 했으나 어쩐 일인지 모든 것이 꿈속 일같이만 생각되었다.

"문제는—지금 가 보려는 산 일대가 정말 중석광 지댄가 아닌가 동무가 줍은 이 돌이 윈처에서 굴러 온 것이나 아닌가 중석 지대라면 얼마나 큰 범위의 것인가 하는 것인데 전문가 아닌 내 눈으로 확실히야 알겠나만 가 보면 짐작은 되리라고 생각하네. 참으로 유망한 것이라면 자네 말마따나 백만장자 될 날두 멀지 않네."

"제발 백만장자나 돼 주게. 동무 가운데 한 사람쯤 백만장자가 있다구 세상이 뒤집힐 리는 없으니."

"오늘은 바빠서 이렇게 한가하게 할 순 없어. 자네에게 한 가지 청은—."

운해는 주섬주섬 돌덩이를 봉투에 넣어서 륙색 속에 수습하고는 나를 재촉했다.

"오후 차까지 아직두 몇 시간이 있으니 자네 아는 광무소에 가서 자네 눈앞에서 한 번 더 감정시켜 보겠네. 앞장을 서서 광무소까지 안내를 하게."

여가가 있었던 까닭에 쾌히 승낙하고 같이 집을 나섰다.

오전의 산들바람을 맞으며 피켈을 단장 삼아 내저으면서 걸어가는 운해의 자태는 일종의 독특한 매력을 가진 것이었다. 옷맵시가 오돌진 육체에 꼭 들어맞아서 평복을 입었을 때의 두꺼비의 인상과는 또 달라 한결 거뿐하고 칠칠한 것이었다. 걷어올린 소매 아래에 알맞게 탄 두 팔이 뻗치고 다리 아래가 훤히 터져서 보기에도 시원스러웠다. 무엇보다도 그 등산의 차림이야말로 그에게는 가장 잘 맞고 어울리는 차림인 듯도 했다. 그 차림으로 휘파람이나 한 곡조 길게 뽑으면서 걷는다면 도회의 가로수 아래서의 오전의 풍경으로는 그에 미칠 것이 없을 듯했다.

나는 친히 아는 사람의 광무소를 찾았다. 거기서 내가 다시 놀란 것은 젊은 주인의 즉석에서의 판단에 의해서 그것이 상당히 우수한 중석광이요 함유량도 육십 퍼센트를 내리지는 않으리라는 확언을 얻은 것이다. 정확한 분석을 하려면 방아로 돌멩이를 찧고 가르고 해서 하루가 걸린다기에 그것을 후일로 부탁하고는 위선 그곳을 나왔으나 그 대략의 판단만으로도 그 자리에서는 족했고 나는 짜장 신기한 생각을 금할 수 없었던 것이다.

차 시간을 앞두고 식당에 들어갔을 때 또 한 번 그를 따져 보았다.

"자네 정말 출원할 작정인가?"

"오만분지 일 지도 다섯 장과 출원료 백 원 벼락같이 구해 놓고 내려왔네."

더 묻지 말라는 듯이 큰소리였다.

"……멀 그리 또 꼼질꼼질 생각하나. 군수공업으로 쓰인다니까 번민하는 모양인가. 아무 걸루 쓰이든 광석은 광석으로서의 일을 하는 것이네. 그렇게 인색하고 협착한 것은 아니니 걱정할 건 없어."

"……이왕이면 석재두 한몫 넣어 주지."

"암 출원하게 되면 녀석 한몫 안 끼이게 될 줄 아나. 그렇지 않어두 일이 없어 번둥번둥하는 판인데 일만 되면 같이 산에 들어가 어련히 일 보게 안 될까. 녀석뿐이겠나. 짜장 성공하게 되면 자네게두 응당 한몫 노나 주겠네. 자네 일상의 원(願)인 극장두 지을 테구 촬영소두 꾸밀 테구 문인촌두 세울 테구 문학상 제도두 맨들 테구……."

"잡기 전부터 먹을 생각만."

"기적이라는 것이 있을냐면 있게 되는 것이네, 있게 되는 법이네."

"어서 남의 계획만 장하게 하지 말구 자네 월급 육십 원 모면할 도리나 생각하게—육십 원이 화 돼서 결혼두 못하게 되지 않었나."

말하고 나서 나는 번개같이 뉘우쳤다. 무심히 던진 말이지만 결혼이라는 구절이 그의 마음의 상처를 다시 스칠 것은 당연하지 않은가.

"쓸데없는 소리에 밥맛 없어진다."

그러나 운해로서는 사실 그것이 농이었음을 알고 나는 안심했다.

"결혼이구 보배구 벌써 그 다음 날부터 잊어버리기루 했었네. 연애가 생활의 전부가 아닌 게구 결혼 문제 같은 것두 일생일대의 중대사라고는 생각지 않네. 하랴면야 앞으로도 얼마든지 기회가 있을 테구 되려 한 번 실패가 새옹마의 득실루 더 큰 행복을 가져올는지 뉘 아나."

반드시 그가 거짓말을 하고 있다고는 생각지 않았으나 보배 개인에게 대한 그의 특별한 심정을 묻지만 않는다면 대체로 그는 벌써 그 자신을 회복하고 바른 키를 잡은 것이 사실이었다.

"그까짓 연애가 다 무엔가. 속을 골골 앓구 눈물을 쫄쫄 흘리구."

사실 임박한 차 시간에 역에 나가 표를 사 가지고 폼에 들어갔을 때까지 — 그의 자태 속에서 지난날의 괴롬의 흔적이라고는 한 점도 찾아볼 수 없었다. 연애란 어느 나라 잠꼬대냐는드키 상쾌한 그의 모양에는 다만 앞을 보는 열정과 쉴 새 없이 그 무엇을 꾸며 나가려는 진취적 기력만이 보일 뿐이었다. 잠시도 쉬는 법 없이 기차 시간표를 세밀히 조사하면서 쓸데없는 잡스러운 밖 세상의 물건은 하나도 그의 주의를 끌지 않는 눈치였다.

차에 올라 창 옆에 자리를 잡은 그를 향해 나는 다시 한 번 축원의 말을 던졌다.

"부대 성공하게. 갈 때 또 들리게."

차가 움직이기 시작할 때 그는 모자를 벗어서 창밖으로 흔들어 보였다. 두루뭉수리 같은 그의 오돌진 머리가 그 무슨 굳센 혼의 덩어리같이도 보여 올 때 짜장 그는 광산으로 성공하게 되지 않을까 하는 찬란한 환상이 문득 가슴속을 스쳤다.

《조광》, 1938. 10.

가을과 산양

화단 위 해바라기 송이가 칙칙하게 시들었을 젠 벌써 가을이 완연한 듯하다. 해바라기를 비웃는 듯 국화가 한창이다. 양지쪽으로 날아드는 나비 그림자가 외롭고 풀숲에서 나는 벌레 소리가 때를 가리지 않고 물 쏟아지듯 요란하다. 아침이나 낮이나 밤이나 그 어느 때를 가릴까 사람의 오장육부를 가리가리 찢으려는 심사인 듯하다. 애라에게는 가을같이 두려운 시절이 없고 벌레 소리같이 무서운 것이 없다. 지난 칠 년 동안—준보를 알기 시작했을 때부터 그 어느 가을인들 애라에게 쓸쓸하지 않은 가을이 있었을까. 밤자리에 이불을 쓰고 누우면 눈물이 되로 흘러 베개를 적신다.

"사랑이란 무엇인가."

스스로 물을 때

"외롭고 적적하고 얄궂은 것."

칠 년 동안에 얻은 결론이 이것이었다. 여러 해 동안 적어 온 사랑의 일기가 홀로 애태우고 슬퍼한 피투성이의 기록이었다. 준보는 언제나 하늘 위에 있는 별이다. 만질 수 없고 딸 수 없고 영원히 자기의 것이 아닌 하늘 위 별이다.

한 마리의 여우가 딸 수 없는 높은 시렁 위 포도송이를 바라보고 딸 수 없으므로 그 아름다운 포도를 떫은 것이라고 비난하고 욕질한 옛날이야기를 생각하며 애라는 몇 번이나 그 여우를 흉내 내어 준보를 미워해 보려고 했는지 모르나 헛일이어서 준보는 날이 갈수록에 더욱 그립고 성스럽고 범하기 어려운 것으로만 보였다. 이 세상은 왜 되었으며 자기는 왜 태어났으며 자기와 인연 없는 준보는 왜 나타났을까—.

준보의 마음과 자기의 마음은 왜 그다지도 어긋나며 준보가 그다지 대수롭게 여기지 않는데도 왜 자기의 마음은 한결같이 그에게로 기울을까—자나 깨나 애라에게는 이것이 큰 수수께끼였다. 준보가 옥경이와 결혼한다는 발표가 났을 때가 애라에게는 가장 무서운 때였다. 동무 옥경이의 애꿎은 야유였을까, 결혼의 청첩은 왜 보내 왔을까, 애라에게는 여러 날 동안의 무서운 밤이 닥쳐왔다. 자기의 패배가 무엇에 원인 되었나를 생각하고 자기의 육체를 저주하고 얼굴을 비추어 주는 거울을 깨뜨려 버렸다. 칠 년 동안의 불행을 실어온다는 거울을 깨뜨려 버리고는 어두운 방 안에서 죽음을 생각했다. 몸이 덥고 가슴이 답답하고 불 냄새가 흘러오면서 세상이 금시에 부서지는 듯했다. 그 괴로운 죽음의 환영에서 벗어나는 데 일주일이 넘어 걸렸다. 준보를 얼마나 미워하고 옥경이를 얼마나 저주했을까. 그런 고패를 겪었건만 그래도 여전히 준보에게 대한 미련과 애착이 끊어지지 않음은 웬일일까.

준보는 자기를 위해 태어난 꼭 한 사람일까. 전세에서부터 미래까지 자기가 찾는 사람은 단 한 사람 준보라는 지목을 받아 온 것일까. 너무도 고전적인 자기의 사랑에 애라는 싫증이 나면서도 한편 여전히 그 사랑에 매어 가는 스스로의 감정을 어쩌는 수 없었다. 준보 외에 그의 영혼을 한꺼번에 끌어당길 사람은 다시 그의 앞에 나타날 성싶지는 않았고 그런 추잡한 생각을 하는 것부터가 싫었다. 준보는 무슨 일이 있었든 간에 그에게는 영원의 꿈이요 먼 나라이다. 준보의 아름다운 환영을 가슴속에 간직해 가고 평생을 지내겠다고 마음먹었을 때 애라에게는 절망의 속에서도 한 줄기 희망이 솟아올랐다.

"일르는 말은 안 듣구 언제까지든지 어쩌자는 심사냐. 늙어 빠질 때까지 사람이 홀몸으로 지낼 수 있을 줄 아나 부다."

어머니는 오래전부터 내려오는 혼인 말을 되풀이하고는 딸의 마음을 야속히 여기고 때때로 보챈다. 그러나 애라는 자기 방에 묻힌 채 책을 읽거나 무료해지면 염소를 끌고 풀밭으로 나간다. 고요한 마음의 생활을 보내며 준보들의 동정을 들으면서 가을을 보내고 가을을 맞이해 왔다.

며칠 전 준보에게서 편지를 받고 애라는 가라앉았던 가슴이 다시 설레기 시작하고 마음의 상처가 다시 살아났다. 준보 부부가 별안간 음악 수업자로 미주로 떠나게 되었다는 것이요 그들 송별의 잔치를 동무들이 발기한 것이었다. 인쇄된 청첩에 준보는 기어이 출석해 달라는 뜻을 따로 적어서 보냈던 것이다. 초문의 소식에 애라는 놀라며 곧 옷을 차리고 나섰다가 다시 반성하고 머뭇거려도 보았으나 결국 출석하기로 했다.

오후의 호텔은 고요하면서도 그 어디인지 인기척을 감추고 수떨스런 기색을 보이고 있었다. 손님들의 자태는 그리 보이지 않건만 잔치를 준비하는 중인지 보이들의 오락가락하는 모양이 눈에 삼삼거린다. 복도를 들어가 바른편 객실을 기웃거렸을 때 모임에 출석하는 사람인 듯한 사오 인이 웅얼거리고들 앉았다. 낯설은 속에 어울리기도 겸연해서 애라는 복도를 구부러 왼편 객실로 들어갔다. 카운터에서 한 사람의 보이가 계산에 열중하고 있을 뿐 객실은 고요하다. 애라는 차 한 잔을 분부하고는 창 가까이 자리를 잡았다. 창밖은 조그만 뜰이 되어서 몇 포기의 깨끗한 백양나무가 여름 한철 깊은 그늘 속에서 이슬을 뿜고 있던 것이 이 역 어느덧 가을을 맞이해서 병들어 가는 잎들이 바람도 없건만 애잔하게 흔들리고 있다. 가을은 어느 구석에든지 숨어드는구나, 여기도 밤에는 벌레 소리가 얼마나 요란할까—생각하면서 찻잔을 들려고 할 때 공교롭게도 문득 눈앞에 나타난 것이 준보였다. 그날 모임의 주빈답게 검은 예복으로 단장한 그의 자태가 그 어느 때보다도 신신하게 눈을 끌었다. 그렇게 가깝게 면대하기는 오래간만이었다. 언제든지 그의 앞이 어렵고 시스럽고 부끄러운 애라였다. 가슴이 두근거리며 고개를 숙여버렸다.

"진작 만나 뵙고 여러 가지 얘기 드리랴던 것이 급작스리 떠나게 돼서 이제야 기회를 얻었습니다. 옥경이의 희망도 있구 해서 별안간 미주행을 계획한 것인데 한 일 년 지내구 내년 가을에는 구라파로 건너갈 작정입니다만."

준보의 장황한 설명에 애라는 한참이나 동안을 두었다가 입을 열었다.

"그러실 줄 알었죠. 별일 없으면서두 떠나신다니 섭섭해요. 어데를 가시든지 편안하세야죠. 두 분의 행복을 비는 것이 이제는 제 행복이 됐어요……. 행복이구 불행이구 간에 어쩌는 수 없이 그것만이 밟어야 할 길이 된 것을요."

다음 말까지에는 또 한참이나 동안이 뜬다.

"남의 집 창밖에 서서 안을 기웃거리는 가난한 마음을 짐작하실 수 있으세요. 안에는 따뜻한 불이 피고 평화와 단란이 있죠. 밖에 서 있는 마음은 칩고 떨리고."

준보가 그 대답을 하는 데 다시 한참이 걸린다.

"……경우가 어떻게 됐든 간에 그동안의 애라 씨의 심정을 나는 감사의 생각 없이는 받을 수 없었습니다. 칠 년 동안의 변함없는 정성에 값갈 만한 사내가 아닌 것을요."

"감사란 말같이 싫은 말은 없어요. 제가 요구할 권리가 없듯이 감사하실 것은 없으세요."

"감사는 하면서두 요구에 대답하지 못하는 것을 슬퍼합니다. 일이 애끓게 그렇게 되는군요. 솔직하게 말하면 처음엔 무심했던 것이 차차 그 곧은 열정을 알게 됐을 때 난 무서워도 졌습니다."

"그래요. 전 남을 무섭게만 구는 허수아빈지두 몰라요."

"……운명이라는 것 생각해 보신 적 있습니까. 슬픈 것 기쁜 것 어쩌는 수 없는 운명이라는 것……."

"운명을 생각할 때 진저리가 나구 울음이 나요."

"……거역하구 겨뤄 봐두 할 수 없는 것. 고지식이 항복할 수밖엔 없는 것."

"결국 그렇게 돌리구 그렇게 생각할 수밖엔 없겠죠. 슬픈 일이긴 하나……."

시간이 가까워 와 그 객실에까지 사람의 그림자가 어른거리게 되었을 때 두 사람은 회화를 그쳤으나 이윽고 다른 방에서 연회가 시작되었을 때에도 애라에게는 은근히 준보의 모양만이 바라보였다. 그의 옆에 앉은 옥경이의 자태까지도 범하기 어려운 하늘 위 존재로 보임은 웬일이었을까. 연회가 끝난 후 여흥으로 부부의 피아노 듀엣의 연주가 있었다. 건반 앞에 나란히 앉아 가벼운 곡조를 울리는 두 사람의 자태는 그대로가 바로 곡조에 맞춰 승천하는 한 쌍의 천사의 자태이지 속세의 인간의 모양들은 아니었다. 그렇듯 아름다운 두 사람의 모양은 애라와는 너무도 먼 지경에 놓여 있었다. 그 거리가 구만 리일까 십만 리일까—애라는 그날 밤같이 준보들과의 사이에 큰 거리를 느껴 본 적은 없었다.

"이것이 준보가 말한 운명이란 것인가."

애라는 새삼스럽게 서러운 생각이 들며 그날 밤 출석을 뉘우치고 될 수 있으면 그 자리를 물러나고도 싶었으나 그런 무례를 범할 수도 없어 그 괴로운 운명의 시간을 그대로 참을 수밖에는 없었다. 가슴속은 보이지 않는 눈물로 젖었다.

괴로운 시간에 놓여서 사람들과 함께 식당을 나오게 되었을 때 다시 다음 괴롬이 준비되어 있었다. 옥경이가 긴한 듯이 달려와서 옆에 서는 것이었다.

"이렇게 와 주어서 고맙긴 하나 한편 미안두 해요."

그러나 옥경이의 태도는 자랑에 넘치는 태도였지 미안하다는 태도는 아니었다.

"애라도 소풍 겸 저리로나 떠나 보면 어때. 좁은 데서 밤낮 속만 태우지 말구."

조롱인지 충고인지 그러나 애라는 그것을 충고로 듣는 것이 옳은 듯했다.

"목적두 없이 가선 멋하누."

"그렇게 또렷한 목적 가진 사람이 어디 있겠수. 목적을 가졌다구 다 이루어지는 것두 아니구. 그저 맘속에 늘 무엇을 생각하구만 있으면 그것이 목적이 아니우."

"무얼 생각하누."

"가령 고향을 생각해두 좋지. 외국에 가서 고향을 생각하는 속에 목적은 아니지만 그 무엇이 있을 법 하잖우."

"어서 무사히 다녀들이나 와요."

"구라파로나 떠나 봐요. 내년 가을쯤 파리에서나 같이 만나게."

애라에게는 옥경이와의 대화가 도시 괴로운 것이었다. 준보들과 작별하고 그 괴로운 분위기를 떠나 한 걸음 먼저 거리로 나왔을 때 지옥을 벗어나온 듯도 했으나 한편 거리의 등불이 왜 그리 쓸쓸하게 보이고 오고 가는 사람들의 모양이 왜 그리 무의미하게 보였을까. 찻집에 들렀을 때 레코드에서는 베토벤의 《운명 교향악》이 흘렀다. 열리지 않는 운명의 철문을 두드리는 답답하고 육중한 음향이 거의 육체를 협박해 오는 지경이었다. 《운명 교향악》은 음악이 아니요 운명 그것이다. 《운명 교향악》을 작곡한 베토벤은 음악가가 아니요 미치광이나 그렇지 않으면 조물주다. 애라는 《운명 교향악》을 들을 때마다 몸에 소름이 치고 금시 미칠 듯이 몸이 떨리고 한다.

"찻집에서까지 《운명 교향악》을 걸 필요가 무엔가. 즐겁게 차 먹으러 오는 곳에 미치괭이 음악이 아랑곳인가."

애라는 중얼거리며 분부했던 차도 마시는 둥 만 둥 찻집을 뛰어나와 버렸다. 등줄기를 밀치는 듯 등 뒤에서 교향악의 연속이 애끊게 울려오는 것을 들으며 거리를 걷는 애라의 마음속에는 무거운 구름이 겹겹으로 드리웠다.

이튿날 역에서 준보 부부를 떠나보내고 집으로 돌아온 애라는 한꺼번에 세상이 헐어진 것 같은 생각이 나며 눈알이 둘러 패일 지경으로 어두웠다. 두 번째 죽음을 생각하고 약국에서 사 온 약병을 밤새도록 노리면서 한 생각을 되하고 곱돌아 하는 동안에 나중에는 죽음 역시 쓸데없는 것으로 생각되었다.

(어차피 짓궂은 운명이라면 그 운명과 겨뤄 보는 것이 어떨까. 진 줄은 뻔히 알지만은 그 패배의 결론과 다시 대항하는 수도 있지 않은가. 즉 두 번째 싸움이다. 이번이야말로 사생결단의 무서운 싸움이다.)

이렇게 깨닫자 애라에게는 절망 속에서도 다시 한 줄기의 햇빛이 돋아오며 문득 옥경이의 권고가 생각났다.

"……구라파로나 떠나 봐요. 내년 가을쯤 파리에서나 같이 만나게……. 또렷한 목적 가진 사람이 어디 있겠수. 그저 마음속에 늘 무엇을 생각하구만 있으면 그것이 목적이 아니우……."

옥경이가 무슨 뜻으로 했든지 간에 이제 애라에게는 이것이 한 줄기의 암시였다. 애라는 머릿속에 다따가 보지 못한 외국을 환상하며 책시렁에서 한 권의 책을 뽑아 기행문의 구절구절을 마음속에 외워 보는 것이었다.

"—시월을 잡아들면 파리는 발서 아주 겨울 기분이 돈다. 나뭇잎새는 죄다 떨어지고 안개 끼이는 날이 점점 늘어 가서 그 안개 속을 사람의 그림자가 어렴풋하게 거무스름하게 움직이게 된다—."

그 사람의 그림자를 마치 자기의 그림자인 듯 환상하고 그 파리의 한구석에서 준보를 만나게 될 것을 생각하면서 기행문의 구절구절을 아끼면서 두 번 읽고 다시 되풀이하였다.

그날부터 애라에게는 또렷한 구체적 성산도 없으면서 다시 먼 곳을 꿈꾸는 버릇이 시작되었다. 외국의 풍경을 상상하고 준보의 뒷일을 궁금히 여기면서 그러나 기실 하루하루가 더욱 쓸쓸하고 적막해 갈 뿐이었다.

외로운 꿈에서 깨어서는 게같이 방 속에서 나와 뜰에 매인 흰 염소를 데리고 집 앞 풀밭을 거닌다. 턱 아래다 불룩하게 수염을 붙인 흰 염소는 그 용모만으로도 벌써 이 세상에 쓸쓸하게 태어난 나그네다. 초점 없는 흐릿한 시선을 풀밭에 던지면서 그 어느 낯설은 나라에서 이 세상에 잘못 온 듯이도 쓸쓸하게 운다. 울면서 풀을 먹고 풀에 지치면 종이를 좋아한다. 그 애잔한 자태에 애라는 자기 자신의 모양을 비해 보고 운명을 생각하면서 종이를 먹인다. 한 권의 잡지면 여러 날을 먹는다. 백지를 먹을 뿐 아니라 인쇄된 글자까지를 먹는다. 소설을 먹고 시를 먹는다. 잡지 대신에 애라는 하루는 묵은 일기장을 뜯어서 먹이기 시작했다. 칠 년 동안의 사랑의 일기—지금에는 벌써 쓸모없는 운명의 일기—그 두터운 일곱 권의 일기장을 모조리 찢어서 염소의 뱃속에 장사 지내기 시작했던 것이다. 흰 염소는 애잔한 목소리로 새침하게 울면서 주인의 운명을—슬픈 역사를 싫어하지 않고 꾸역꾸역 먹는다.

염소 배가 불러지면 주인은 염소를 몰고 풀밭을 떠나 강가로 나간다. 물을 먹이면서 주인은 흰 돌 위에 서서 물소리 속에 흘러간 지난날을 차례차례로 비치어 본다. 해가 꼬박 져서 집으로 돌아오면 다시 게같이 꿈의 보금자리인 방으로 기어든다. 방에서는 가을 화단이 하늘같이 맑게—그러나 쓸쓸하게 내다보인다.

해바라기 송이가 칙칙하고 국화가 한창이다. 양지쪽으로 날아드는 나비 그림자가 외롭고 풀숲에서 나는 벌레 소리가 때를 가리지 않고 물 쏟아지듯 요란하다. 아침이나 낮이나 밤이나 그 어느 때를 가릴까. 사람의 오장육부를 가리가리 찢으려는 심사인 듯도 하다. 애라에게는 가을같이 두려운 시절이 없고 벌레 소리같이 무서운 것이 없다. 밤 자리에 이불을 쓰고 누우면 눈물이 되로 흘러 베개를 적시고야 만다.

《야담》, 1938. 12.

산정(山精)

여름 내나 가을 내나 끄스른 얼굴이 좀체 수월하게 벗어지지 않는다. 아마도 해를 지나야 멀쑥한 제 살을 보게 될 것 같다. 바닷바람에 밀지지 않게 산기운도 어지간히는 독한 모양이다.

"호연지기가 지나친 모양이지."

동무들은 만나면 칭찬보다도 조롱인 듯 피부의 빛깔을 걱정한다. 나는 그것을 굳이 조롱으로는 듣지 않으며 유쾌한 칭찬의 소리로 들으려고 한다.

"두구 보게. 역발산(力拔山) 기개세(氣蓋世) 안 하리."

큰소리도 피부의 덕인 듯, 나는 그을은 얼굴을 자랑스럽게 쳐들어 보이곤 한다.

학교에 등산구락부가 생기면서부터 신 교수 박 교수와 세 사람이 하는 수 없이 단짝이 되어 버렸다. 학생들을 인솔할 때 외에도 대개는 세 사람이 주동이 되어서 등산을 계획하고 실행하고—차례차례로 산을 정복해 왔다. 학교와 가정과 거리와 그 외에는 생각지도 못하던 세상—산을 새로 발견한 셈이었다. 한두 번 오르는 동안에 산의 매력이 전신에 맥쳐 오면서 산의 맛을 더욱 터득하게 되었다. 동룡굴을 뚫고 묘향산을 답파한 데서부터 시작되어서 여름부터 가을 동안 차례로 장수산을 정복하고 대성산을 밟고 가까운 곳으로는 사동까지 나가고 주암산을 돌기는 예사로 되었다. 일요일만 돌아오면 의례히 걸망들을 짊어지고 나서게 되었다. 거리에 나가 별일 없이 하루를 허비하거나 집에서 책자를 들척거리는 것보다도 한결 그편이 더 뜻있음을 알게 된 것이다. 하룻길을 탈 없이 다녀만 오면 가슴속이 맑아지고 몸이 뿌듯이 차져서 눈에 보이지 않는 힘이 그 어느 구석에 포개지는 것 같다. 사람의 일생은 물론 노동의 일생이어야 되나 산에 오름은 결코 소비적인 행락이 아니요 반대로 참으로 생산적임을 알게 되었다. 기쁨과 함께 오는 등산의 공을 몸과 혼을 가지고 느끼게 되었다. 동무가 말하는 '호연지기'가 끄스른 피부 그 어느 구석에 간직해 있다면 산의 덕이 이에 더 큼이 있으랴.

스타킹 위로 벌거숭이 무릎을 통째로 드러내 놓고 등산모를 쓰고 륙색을 메고 피켈을 짚고 나선 모양은 완전히 세 사람의 야인이다. 선생이니 선비니 하는 귀치않은 직책과 윤리를 떠나서 평범한 백성으로 변한다. 그 자유로운 모양으로 거리를 지나고 벌판을 걸을 때 벌써 신 교수가 아니고 신 서방이며 박 서방, 이 서방인 것이다. 하기는 이 범용한 흰 지이비 될 양으로 거추장스런 옷 벗어 버리고 등산복으로 갈아입는 셈인 것이다.

그 범속한 차림으로 거리에 나서 륙색 속을 더 충실히 채워 가지고는 목적지로 향하는 것이나, 목적지는 처음부터 결정된 때도 있고 차리고 나선 후에 작정되는 때도 있었다. 그날 같은 날은 나선 후에 작정된 것이었다. 백화점에서 머뭇거리면서 어디로 갈까를 망설이던 끝에 작정된 것이 서장대 방면의 코스였다. 서장대로 나가 야산들을 정복하고 남포 가도로 나서서 돌아오자는 것이었다. 그날의 세 사람의 륙색 속을 별안간 대로 상에서 수색당했다면 요절할 광경을 이루었을는지도 모른다. 김말이 점심밥과 술병과 과실이 든 것은 별반 신기한 것이 못 되나, 항아리 속에 양념해 넣은 소고기와 석쇠와 숯이 그 속에 있을 줄야 누구나 쉽게 상상하지 못할 법하다. 산허리에 숯불을 피우고 석쇠를 걸고 맑은 공기 속에서 고기를 구워 먹자는 생각이었다. 별것 아니라 고깃집 협착한 방 안의 살림살이를 하늘 아래 넓은 자리 위로 그대로 이동시키자는 것이었다. 워낙 고기를 즐기는 박 서방의 제안이었으나 그 기발한 생각은 즉석에서 두 사람의 찬동을 얻어 그날의 명물 진안이 된 것이었다.

따끈 쪼이지도 않고 흐리지도 않은 알맞은 가을 날씨였다. 나뭇잎이 혹은 물들고 혹은 떨어지기 시작하고 과실점 앞에는 햇과실이 산더미같이 쌓이기 시작하는 시절이었다. 보통문을 지나 벌판에 나섰을 때 세 사람은 소고기 항아리와 석쇠와 숯과 술과 밥을 짊어지고 다리가 개운들 했다. 시들은 잡초가 발아래에 부드럽고 익은 곡식 냄새가 먼 데서 흘러온다. 아지 못할 새빨간 나무열매가 군데군데에서 눈에 뜨이는 것도 마음을 아이같이 즐겁게 한다.

밭둑을 지나 산기슭에 이를 때까지도 신 서방의 이야기는 진하는 법이 없다. 거리에 있을 때에는 엄두도 안 내던 이야기가 일단 길을 떠나게 되면 세 사람 사이에 꽃피기 시작하는 것이었으나 총중에서도 신 서방의 오산 있었을 때의 가지가지의 쾌걸담은 늘 나의 귀를 끈다. 짧은 경력에도 불구하고 그는 거기서 많은 인생의 폭을 살아온 듯 뒤를 잇는 이야기가 차례차례로 그림같이 내 눈 속에 새겨진다. 동료와 낚시질을 떠났다가 비를 만나 주막에 들러 소주 타령을 했다던 이야기—직원 가운데에 사냥 잘하는 포수가 있어 서해바다로 물오리 사냥을 나가게 되면 해 뜰 때 해 질 무렵이 한창 오리들의 날아오는 고패여서 아침 고패에 한바탕 잡아 가지고는 술집에 들어가 안주 삼아 하루 동안 술 놀이를 하다가는 저녁 고패에 또 한바탕 사냥을 나서면 술기운에 손이 떨려 총 겨냥이 빗나가기만 하고 결국 한 마리의 수확도 없이 집으로 돌아왔다던 이야기—비등한 이야기에는 한이 없는 것이었다. 그날은 오산을 떠나던 때의 이야기였다. 구수한 말소리가 말할 수 없이 진귀한 것으로 내 귀에는 한 마디 한 마디 들려온다.

"……명색은 나를 보내는 송별연이지만 나두 내 몫을 내서 세 사람이 톡톡 터니까 합계 육십 원야(也)라. 시간이 파하자 읍내로 나가서 제일가는 청운루를 찾어 육십 원을 통째로 주고 이 몫어치만 먹여달라고 도급을 매끼지 않았겠나."

어느 때까지나 놀았는지 곤드레만드레 취해서 나중에는 의식의 분별이 없게 되어 세 사람이 공교롭게도 함께 취중의 욕망에 사로잡히게 되었으나 기생이라고는 처음부터 끝까지 꼭 한 사람만이 시중하고 있었고 주인에게 술값의 셈을 따지니 단 십 원밖에는 남지 않았다는 것이란다.

"……어떻게 했겠나. 십 원을 자리에 놓고 제비를 뽑지 않았겠나.

공교롭게도 내가 맞췄다. 그렇게 되니 두 친구는 껄껄껄껄 앙천대소를 하면서 차라리 잘됐다구 보내는 한 사람을 위해서 담박한 심사로 나를 축수하네그려. 취한 판이라 십 원을 가지구 여자를 데리구 옆방으로 들어간 것은 물론이어니와 여자두 된 여자라 십 원은 도루 사양해서 술값에 넣어 준단 말이네. 즉 밤은 됐는데 십 원어치 술이 더 남었단 말이네."

데설데설 웃으며 땀을 씻느라고 모자를 벗었을 때 신 서방의 머리카락은 바람에 우수수 흩어져서 벗어진 이마에 제법 훌륭한 풍채를 띤다. 벌써 반백이 되어 버린 희끔한 머리오리에 풍상 많은 과학자의 반생이 적혀 있는 듯 인상 깊은 그의 자태와 그날의 이야기가 알 수 없는 조화를 띠고 나의 마음속에 새겨진다.

"……발써 날이 훤하게 밝은 새벽 세 사람은 하는 수 없이 나귀를 세 내서 한 사람이 한 필씩 타고는 집으로 향할 때 어스러지는 달은 서천에 걸리구 찬바람이 솔솔 불어와 가슴속에 스며들구 — 그렇게 통쾌한 날두 드물었어……."

아직 청운의 뜻을 반도 이루지 못한 소장 과학자의 유쾌한 웃음소리가 산허리를 굴러 내려 벌판 건너편으로 사라진다. 나뭇가지 풀잎도 마음 있는 듯 나부끼는 양이 흡사 그 웃음소리에 뜻을 맞추려는 것인 듯도 하다. 확실히 그 웃음소리로 해서 우리들의 걸음도 한결 가벼웠다.

산을 넘고 골짝을 지나고 또 산을 넘었을 때 몸도 허출해지고 시계도 벌써 낮을 가리킨다. 과수원 옆 평퍼짐한 산허리에 자리를 잡고 짐들을 내린다. 풀밭에 서서 아래를 굽어볼 때 골짝에는 인가가

드뭇하고 먼 벌판에는 철로가 뻗쳤고 산을 넘은 맞은편 하늘 아래에는 등지고 온 도회가 짐작된다.

목청을 놓아 노래를 부르면서 돌을 모아서는 화덕을 만든다. 검불을 긁어서 불을 피우고 솥을 얹으니 산비탈에 때 아닌 아지랑이가 아롱아롱 피어오른다. 이윽고 고기 굽는 연기가 피어오르고 양념 냄새가 사방에 흩어지면서 조그만 살림살이가 벌어지고 사람의 경영이 흙과 초목 사이에 젖어든다. 금목수화토 오행이 모두 결국 사람의 경영을 도와줄 뿐이요 광막한 누리 속에 그득히 차 있는 그 무엇 하나 사람의 그 경영을 반대하고 멸시하는 것은 없다. 술잔이 거듭 돌아 간잎이 너볏너볏 펴질 때 마음은 즐겁고 멀리 내려다보이는 속세가 아무 원한 없는 담담하고 하잘 것 없는 것으로 차라리 그리웁게 바라보인다.

별로 신기할 것도 없는 평범한 행사요 하루였건만 그것이 항간이 아니고 산인 까닭에 순간순간이 기쁨에 차진 것이요 감격에 넘치는 것이었다. 짧은 하루가 오랜 하루 같고 인생의 중요한 고패를 넘는 하루 같다. 몇 시간 동안의 살림의 자취를 그 이름 모를 산비탈에 남긴 후 불을 끄고 뒷수습을 하고 산을 내려와 다시 벌판에 나섰을 때 세상이 눈앞에 탄탄대로같이 열리면서 그런 유쾌할 데는 없다. 전신에 꽉 배인 산의 정기를 느끼며 훤히 트인 남포 가도를 걸으면 길음길음에 산 냄새가 띠돈다.

저녁때는 되어서 거리에 다다를 때 세 사람의 자태는 거리에서는 완전히 타방의 나그네다. 아직까지도 거나해서 휘적휘적 걷는 세 사람의 야릇한 풍채가 사람들의 눈을 알뜰히 끈다. 이미 속세쯤은 백안시하고 흘겨볼 만한 용기를 얻은 세 사람은 그 무엇 하나 탄할 것도 부끄러워할 것도 없이 찻집에 들어가 한잔 차에 목을 축이고는 그 길로 목욕탕으로 향해 더운 목욕물 속에 하루의 피로를 깊숙이 잠근다.

목욕물은 피곤을 풀어 주고 산 때를 씻어 주면서도 몸속에 배이고 배인 산정기만은 도리어 북돋아 주고 간직해 주는 듯 목욕을 마치고 자리에 나서면 전신이 뿌듯하고 기운이 넘친다. 저울에 오르면 확실히 근수도 는 듯 흔들리는 바늘이 킬로를 가리키면서 언제까지든지 출렁출렁 춤을 춘다. 카메라 속에 남은 필름에다 그 벌거숭이의 몸들을 각각 찍어 수습하고 나면 그 하루 동안에 그 무슨 위대한 역사의 한 장이나 창조들 하고 난 듯한 쾌감과 자랑이 유연히 솟는다. 거리에 나섰을 때 참으로 세상은 내 것인 듯 세 사람은 각각 가슴을 내밀고 심호흡을 거듭한다. 그날 저녁, 집으로 바로 돌아가기가 아까운 듯 기어코 탈선을 해 버린 것은 그 유쾌한 감정의 연장으로였다.

"한 군데 가 볼까."

박 서방의 제의를 거역할 리는 없는 터에 세 사람은 결국 뒷골목의 그 '수상한 집'이라는 것을 찾아냈다.

날이 밝으면 다시 교직과 책임이 우리를 부르게 될 것이나 그날 하루는 마지막의 일순간까지라도 교직을 벗어난 세 사람의 야인의 자유로운 해방의 날이어야 한다.

청하지 않은 술이 뒤를 이어 대중없이 들어오고 단간방에 여자는 세 사람이었다. 정체 모를 세 사람의 머슴 사이에 끼어 세 사람의 여자는 갖은 교태를 부리며 한없이 술을 권한다.

"신 서방의 허물이요."

낮의 산에서의 신 서방의 지난 때 이야기를 생각하고 이렇게 문책하는 것이었으나 물론 이것은 농담인 것이요 신 서방의 허물은 세상 어느 구석에서든지 항상 되풀이되는 것이다. 다만 하나의 암시가 되었다면 되었을까—그 밤과 이 밤과 같다면 같고—다른 것이 있다면 여자가 한 사람이 아니었다는 것이다. 즉 제비를 뽑아서 신 서방만을 이롭힐 것은 없었던 것이다.

온전히 야생의 날이었다. 문명을 벗어나서 야생의 부르짖음만이 명령하는 날이었다. 산의 죄가 아니요 산의 덕이다. 전신에 흠뻑 배이고 넘치는 산정기의 덕이었다. 더럽혀진 역사의 한 장이 아니고 역시 옳은 역사의 한 장이었다. 등산복을 입고 스타킹을 신고 있는 한 부끄러울 것 없는 밤이었다.

산은 야릇한 것—나는 지금 아직 산 때를 완전히 벗지 못한 피부를 바라보면서 산정기를 또 한 번 불러본다.

《문장》, 1939. 2.

이효석전집 편찬위원장
이우현(이효석문학재단)

자문위원 (가나다순)
곽광수(서울대학교 명예교수, 불문학)
김명렬(서울대학교 명예교수, 영문학)
김용직(서울대학교 명예교수, 국문학, 학술원 회원)
김창진(전 가톨릭대학교 교수, 국문학)
박성창(서울대학교 교수, 국문학)
방민호(서울대학교 교수, 국문학)
성석제(소설가)
신범순(서울대학교 교수, 국문학)
오정희(소설가)
이영준(경희대학교 교수, 한국현대문학)
이영춘(시인)
이익섭(서울대학교 명예교수, 국어학)
주종연(국민대학교 명예교수, 국문학)

일어 번역
장순하(시조시인)
이호철(소설가)
한성례(세종사이버대학교 교수, 일문학)
이로미(일어 번역가)

텍스트 교감 · 편집 팀
이상옥(책임자, 서울대학교 명예교수, 영문학)
공강일(서울대학교 대학원 국문학 박사과정 수료)
나보령(서울대학교 대학원 국문학 박사과정 수료)
송민자(춘천교육대학교 졸업)
이지훈(서울대학교 대학원 국문학 박사과정 수료)